História das Origens da Consciência

ERICH NEUMANN

História das Origens da Consciência

Uma Jornada Arquetípica, Mítica e Psicológica sobre
o Desenvolvimento da Personalidade Humana

Prefácio de
Carl G. Jung

Tradução
Margit Martincic

Com a colaboração de
Daniel Camarinha da Silva
e
Adail Ubirajara Sobral

Editora
Cultrix
SÃO PAULO

Título do original: *Ursprungsgeschichte des Bewusstseins.*

Copyright © 1968 Kinder Verlag GmbH, Munique.

Copyright da edição brasileira © 1990, 2022 Editora Pensamento-Cultrix Ltda.

2ª edição 2022.

Todos os direitos reservados. Nenhuma parte desta obra pode ser reproduzida ou usada de qualquer forma ou por qualquer meio, eletrônico ou mecânico, inclusive fotocópias, gravações ou sistema de armazenamento em banco de dados, sem permissão por escrito, exceto nos casos de trechos curtos citados em resenhas críticas ou artigos de revistas.

A Editora Cultrix não se responsabiliza por eventuais mudanças ocorridas nos endereços convencionais ou eletrônicos citados neste livro.

Obs.: Publicado anteriormente como *História da Origem da Consciência*.

Editor: Adilson Silva Ramachandra

Gerente editorial: Roseli de S. Ferraz

Gerente de produção editorial: Indiara Faria Kayo

Preparação de originais e revisão técnica: Verbenna Yin

Editoração eletrônica: Ponto Inicial Design Gráfico

Revisão: Claudete Agua de Melo

Dados Internacionais de Catalogação na Publicação (CIP)
(Câmara Brasileira do Livro, SP, Brasil)

Neumann, Erich

    História das origens da consciência : uma jornada arquetípica, mítica e psicológica sobre o desenvolvimento da personalidade humana/Erich Neumann; tradução Margit Martincic; prefácio de Carl G. Jung; com a colaboração de Daniel Camarinha da Silva e Adail Ubirajara Sobral. – 2. ed. - São Paulo: Editora Cultrix, 2022.

    Título original: Ursprungsgeschichte des Bewusstseins

    Bibliografia.

    ISBN 978-65-5736-220-4

    1. Arquétipo (Psicologia) 2. Consciência 3. Personalidade I. Martincic, Margit. II. Jung, Carl G., 1875-1961. III. Silva, Daniel Camarinha da. IV. Sobral, Adail Ubirajara. V. Título.

22-121937	CDD-150.1954

Índices para catálogo sistemático:
1. Consciência : Psicologia junguiana   150.1954

Cibele Maria Dias - Bibliotecária - CRB-8/9427

Direitos de tradução para o Brasil adquiridos com exclusividade pela EDITORA PENSAMENTO-CULTRIX LTDA., que se reserva a propriedade literária desta tradução.

Rua Dr. Mário Vicente, 368 — 04270-000 — São Paulo, SP – Fone: (11) 2066-9000

http://www.editoracultrix.com.br

E-mail: atendimento@editoracultrix.com.br

Foi feito o depósito legal.

Sumário

Prefácio 11

Introdução 13

A mitologia como projeção do inconsciente – Os estágios arquetípicos do desenvolvimento da consciência – O aspecto histórico do desenvolvimento – A significação criativa da consciência – Fatores transpessoais e pessoais – O desenvolvimento da consciência como evento histórico e ontogenético – Sobre o método – O objetivo da pesquisa: terapia individual e cultural.

PARTE I
OS ESTÁGIOS MITOLÓGICOS NA EVOLUÇÃO DA CONSCIÊNCIA
A. *O mito da criação*

I. A Ouroboros 26

A ouroboros como símbolo cosmológico, histórico e ontogenético da aurora dos tempos – O simbolismo da origem: o redondo perfeito, o germe, o que contém em si os opostos – O que repousa na eternidade – As duas interpretações do redondo: o ventre e os pais – A ouroboros maternal e o germe do ego: a mãe boa – O incesto urobórico como desejo da unidade original – Os Pais Primordiais unidos num único ser – A ouroboros de acento paternal: o início do vir a ser pela autogeração – O conhecimento pré-mundano no estágio da ouroboros – O simbolismo do esquema corporal – A ouroboros alimentar: o simbolismo metabólico na mitologia dos eventos primordiais – A autarquia no estágio da ouroboros – A separação da ouroboros: a centroversão como base do posicionamento do ego diante do mundo e do inconsciente – A ouroboros como símbolo perfeito da individuação.

II. A Grande Mãe – O Ego Sob o Domínio da Ouroboros 52

O ego saindo da ouroboros e os dois aspectos da Grande Mãe – A supremacia do mundo e do inconsciente: o matriarcado como fase psicológica – A criança – O filho-amante da Grande Mãe; a fase adolescente do ego: simbolismo da vegetação e falicismo – A Grande Mãe como virgem e prostituta – A fertilidade da Mãe Terrível: avidez de sangue, crueldade, castração, despedaçamento – O incesto matriarcal em oposição ao incesto urobórico.

Egito, Canaã, Creta e Grécia como império da Grande Mãe Terrível

Ísis-Osíris – O conto de Bata – Aserá, Anate, Astarote – O simbolismo da fecundidade no círculo cultural cretense-miceniano – As deusas-mães e a mitologia do herói na Grécia.

As fases da relação do amante adolescente com a Grande Mãe

A fase vegetativa: entrega ao destino e castração matriarcal – Os renitentes: fuga, defesa, obstinação, autoemasculação, suicídio – Reavaliação e repressão da Grande Mãe – Os gêmeos hostis e a figura do antagonista.

III. A Separação dos Pais Primordiais – O Princípio dos Opostos 100

O nascimento da consciência pela separação dos Pais Primordiais: a mitologia da criação da luz – A emancipação do ego e a autonomia da consciência: o ser diferente, a vontade de dominar – O nascimento do princípio dos opostos: masculino-feminino, exterior-interior, bem-mal – As consequências negativas da atividade heroica do ego: perda do paraíso, isolamento, pecado original – Agressão e desenvolvimento do ego – A masculinidade crescente do ego.

B. *O Mito do Herói*

I. O Nascimento do Herói 122

Os pais duplos – A mãe virgem – A estrutura dupla do herói – O grupo de homens e o desenvolvimento da consciência – A masculinidade "superior", os pais e o "céu": o lado espiritual – A iniciação e a geração do ego-herói – O ritual do rei egípcio como ritual de renascimento.

II. O Assassinato da Mãe 137

O ego masculino e a superação da Mãe Terrível – O renascimento pelo incesto heroico – O simbolismo da masculinidade superior – O fracasso: o perigo da castração "superior": Sansão, Édipo e o "dia morto" de Barlach – A *Oréstia* e o fim do matriarcado.

III. O Assassinato do Pai 152

A imagem do pai – A instância do mundo dos pais e o coletivo cultural – "Voz" e consciência ética – O herói como filho do pai transpessoal e inimigo do pai pessoal – A luta contra o "elemento masculino terrível" – Do matriarcado ao patriarcado – A mudança do ritual de coroação – O fracasso: a castração patriarcal – aniquilação do espírito.

C. *O Mito da Transformação*

I. A Cativa e o Tesouro 170

A dupla orientação dos motivos mitológicos: nível objetivo e nível subjetivo – A libertação da cativa como objetivo da luta com o dragão – A transformação do feminino pela autotransformação do masculino: a separação da *anima* do arquétipo da mãe – A superação do medo primário diante do elemento feminino – A conquista da amada, companheira e auxiliadora – A descoberta do mundo psíquico – O tesouro como preciosidade dificilmente alcançável: a realidade criativa da alma – A realidade psíquica do ritual na mudança antropocêntrica: o herói, o Grande Indivíduo, o portador da cultura – *O Hieros Gamos* como imagem mitológica da síntese de consciência e inconsciente – O duplo aspecto do ritual de fertilidade – Perseu como paradigma do mito do herói.

II. A Transformação ou Osíris...189

As três modalidades da atividade heroica: transformação do mundo exterior, redenção do mundo interior, transformação da personalidade – Centroversão e indestrutibilidade: o mito de Osíris – Osíris e o ritual matriarcal de fertilidade: falo vivo, deus dos cereais, despedaçamento – Osíris permanece: a múmia de membro longo – Osíris superior e Osíris inferior – Osíris como vencedor da morte – O simbolismo da coluna *djed*: fertilidade inferior, continuidade, elevação do inferior – Osíris e o simbolismo da ascensão – A dupla estrutura de Osíris: Osíris e Rá –Autorregeneração e transformação: o rei egípcio e o ritual de Osíris, a unificação das partes da alma – As três esferas do ritual de Osíris: festa de primavera, cerimônia de coroação e festa *sed* – A substituição do matriarcado pelo patriarcado: Hórus como filho de Osíris – A identidade pai-filho: Osíris como rei dos espíritos, o rei-Hórus como filho e herdeiro – O falo do espírito e a transformação – Hórus e Osíris como ego e self – O mito de Osíris como mito do herói da transformação: O Ser Perfeito – Efeitos do mito de Osíris.

PARTE II
OS ESTÁGIOS PSICOLÓGICOS DO DESENVOLVIMENTO DA PERSONALIDADE
Uma Contribuição à Energética Psíquica e à Psicologia da Cultura
A. *A Unidade Original – Estágios Mitológicos: Ouroboros e a Grande Mãe*

Centroversão e Formação do Ego...220
(Estágios mitológicos: Ouroboros e Grande Mãe)

O ego como complexo – O aspecto estrutural e genético da interpretação – Os estágios arquetípicos como série S. D.

O Germe do Ego na Situação Urobórica Original 224

As três frentes: ego e mundo, ego e grupo, ego e inconsciente – A exteriorização da psique como base da introjeção e da projeção – O domínio do inconsciente coletivo na reação grupal e na apercepção mitológica.

O Desenvolvimento do Ego fora da Ouroboros 231

A ouroboros como estado fronteiriço da consciência – A natureza pleromática da ouroboros e a ameaça do incesto urobórico – A inteireza amórfica do mundo e do inconsciente e a debilidade do ego.

A Centroversão no Orgânico e no Nível da Ouroboros 240

O self corporal: a identidade de corpo e psique – A ouroboros alimentar e o simbolismo metabólico da psique.

A Centroversão, o Ego e a Consciência 246

A consciência como órgão de percepção – A representação pictórica dos mundos exterior e interior – O distanciamento do sistema consciente – A consciência como órgão de segurança da centroversão – O complexo do ego como representante da inteireza – O conflito entre ego e inconsciente: a mãe terrível, o antagonista e os renitentes – O ego criativo como órgão filial da centroversão – A diferenciação da psique e a autonomia da consciência.

As Fases Subsequentes do Desenvolvimento do Ego 256

O narcisismo e o simbolismo da vegetação da fase adolescente: a dependência do ego dos processos autônomos do inconsciente – Os níveis intermediários: a indistinção entre o ego e as figuras contrassexuais do inconsciente – Falicismo e simbolismo animal: a intensificação da atividade do ego pela sua identificação com os componentes instintivos do inconsciente – A masculinidade "superior" e o ego do herói: a independência do ego diante do sistema corporal e a sua agregação ao princípio espiritual – Regressão e desenvolvimento do ego.

B. *A Separação dos Sistemas – Estágios Mitológicos:*
Separação dos Pais Primordiais e Luta com o Dragão

Centroversão e Diferenciação 264

(Estágios mitológicos: separação dos Pais Primordiais e luta com o dragão)

O fortalecimento do sistema do ego na resistência ao inconsciente – A transferência das tendências agressivas do inconsciente para a atividade do ego – O posicionamento ativo do ego diante do inconsciente e o advento da individualidade.

A Fragmentação dos Arquétipos 268

Componentes materiais e emocionais do inconsciente – A experiência discursiva dos arquétipos pelo ego como proteção da consciência – A experiência dos opostos nos arquétipos como ato de consciência – A configuração do inconsciente como resultado da sistematização da consciência.

A Exaustão dos Componentes Emocionais: Racionalização 269

A alteração do efeito do símbolo na assimilação pela consciência – A experimentabilidade do mundo e do inconsciente como consequência da desemocionalização – A exaustão dos componentes emocionais como desenvolvimento do homem medular para homem cortical – A reação da consciência do indivíduo aos instintos da espécie – Desemocionalização e objetividade.

A Personalização Secundária 280

A deflação do transpessoal – A personalização de conteúdos transpessoais – O distanciamento entre psique e mundo dos objetos por meio da introjeção – O acento masculino do desenvolvimento da consciência.

A Transformação dos Componentes Prazer-Desprazer 285

O movimento da libido entre consciência e inconsciente – O prazer como conflito entre consciência e inconsciente – Sofrimento e sentimento de culpa como resultado do conflito do prazer.

A Formação das Instâncias da Personalidade 290

As fases arquetípicas como fases do ego – Formação de instâncias, centroversão, unidade da personalidade – Formação da sombra – *Anima*.

A Função Sintética do Ego 296

A visão do mundo – A formação do cânone cultural – A integração da personalidade.

C. *A Consciência em Equilíbrio e em Crise*

A Compensação dos Sistemas Separados: O Equilíbrio na Cultura 302

O cânone cultural e a exigência educacional do coletivo – A função compensatória do mundo dos símbolos – O símbolo como expressão do lado espiritual – A garantia da segurança da personalidade pelo cânone cultural – A relação criativa entre o "Grande Indivíduo" e o coletivo – A luta dos Grandes Indivíduos contra o cânone cultural.

A Cisão dos Sistemas: Cultura em Crise 316

A massificação do homem e a dissolução do cânone cultural no Ocidente – O alheamento do inconsciente – A castração patriarcal: a sujeição pelo espírito – A perversão do processo de diferenciação: rigidez da consciência, perda da função integradora, bloqueio das emoções, desvalorização do transpessoal, supervalorização da racionalização – As consequências da dissolução do cânone cultural: a inflação da esfera privada, a arbitrariedade de arquétipos isolados, a atomização do indivíduo, a massificação reacionária.

D. *A Centroversão nas Fases da Vida*

A Significação dos Níveis Etários 328

O prolongamento da infância e a repetição ontogenética da diferenciação da consciência humana

Os processos de diferenciação e a adaptação à realidade externa: a diferenciação tipológica, a transição da orientação integradora para a orientação da consciência, desemocionalização, personalização secundária, linha patriarcal do desenvolvimento da consciência – A estruturação das instâncias da personalidade: *persona, anima,* sombra – Da segurança no inconsciente à segurança no cânone cultural: da centração nos instintos à centração no ego – O conflito psíquico como base energética da formação da personalidade – Os dois caminhos da transferência de libido para o mundo: projeção e interesse da consciência.

Ativação do Inconsciente Coletivo e as Mudanças do Ego na Puberdade 336

A projeção dos arquétipos e o desligamento do romance familiar – O "renascimento", o nascimento do ego do herói: a posição central do ego no coletivo.

A Centroversão na Realização do Self na Segunda Metade da Vida 337

De adolescente a adulto – A integração como inversão da diferenciação: deflação do mundo, integração das instâncias da personalidade, ativação dos componentes emocionais, anulação da personalização secundária – O "símbolo unificador" como manifestação da centroversão – A psicologia da transformação e a experiência do self.

APÊNDICE I

O grupo, o Grande Indivíduo e o Desenvolvimento do Indivíduo......................345

Massa e grupo – O aspecto espiritual do totem – Formas de manifestação do "Grande Indivíduo" – O indivíduo na sucessão dos Grandes Indivíduos – O acento espiritual do grupo masculino.

APÊNDICE II

A Formação do Homem de Massa e os Fenômenos da Recoletivização..............358

Do grupo à massa – Sombra e homem-massa – Atomização e massificação reacionária – A dissolução regressiva da personalidade na massa – O caráter ilusório do delírio da massa.

Notas Bibliográficas 365

Prefácio

Pediu-me o autor que prefaciasse o seu livro com algumas poucas palavras introdutórias, o que faço de pronto por considerá-lo extraordinariamente bem-vindo. Ele começa no ponto preciso em que, se me fosse dada uma segunda vida, eu começaria a reunir os *disjecta membra* do meu próprio trabalho e todos aqueles "começos interrompidos", ordenando-os e fazendo deles um todo. Ao ler o manuscrito, tornou-se claro para mim a magnitude das desvantagens dos trabalhos pioneiros: perambulamos por regiões desconhecidas; somos desviados do caminho por analogias, perdendo repetidamente o fio de Ariadne; somos possuídos por novas impressões e novas possibilidades; e a pior desvantagem de todas é o pioneiro só saber posteriormente aquilo que deveria ter sabido antes. A vantagem da segunda geração é ter um quadro mais claro, ainda que incompleto; certas paisagens, que ao menos tocam as fronteiras do essencial, tornaram-se familiares e sabe-se agora o que deve ser sabido se se pretende explorar o território recém-descoberto. Assim advertido e preparado, pode um representante da segunda geração alcançar as conexões mais distantes, deslindar problemas e fazer um relato coerente do campo de estudo como um todo, cuja visão geral o pioneiro só poderá obter no final do trabalho da sua vida.

O autor realizou essa difícil e meritória tarefa com notável sucesso. Conseguiu estabelecer padrões e criar desse modo um todo unificado, algo que nenhum pioneiro teria podido fazer ou sequer tentar. Como a confirmá-lo, esta obra tem como ponto de partida o próprio lugar em que eu, despercebidamente, aterrissei, há muito tempo, no novo continente, ou seja, o reino do *simbolismo matriarcal*; e, como quadro conceitual das suas descobertas, o autor se serve de um símbolo cuja significação me ocorreu, pela primeira vez, nos recentes escritos que dediquei à psicologia da alquimia: a *ouroboros*. Fundamentado nisso, ele foi bem-sucedido na construção de uma história ímpar da evolução da consciência e, ao mesmo tempo, na representação do corpo dos mitos como a fenomenologia dessa evolução. Chega, assim, a conclusões e percepções que estão entre as mais importantes já alcançadas nesse domínio.

Para mim, como psicólogo, é natural que o aspecto mais valioso da obra seja a sua contribuição fundamental para uma psicologia do inconsciente. O autor situou os conceitos da psicologia analítica, demasiado complexos para tantas pessoas, em uma base evolutiva segura, erigindo sobre ela uma estrutura abrangente em que as formas empíricas do pensamento encontram o devido lugar. Nenhum sistema pode prescindir de uma hipótese geral que dependa, por sua vez, do temperamento e de pressupostos subjetivos do autor, e, simultaneamente, de dados objetivos. Em psicologia, esse fator é da maior importância, pois a "equação pessoal" dá colorido à maneira de ver. A verdade final, se existe tal coisa, exige o concerto de muitas vozes.

Posso apenas parabenizar o autor pela sua realização. Que este breve prefácio leve até ele os meus sinceros agradecimentos.

C. G. JUNG
1º de março de 1949.

Introdução

Esta tentativa de esboçar os estágios arquetípicos do desenvolvimento da consciência baseia-se na moderna psicologia profunda. É uma aplicação da psicologia analítica de C. G. Jung, mesmo que nos empenhemos em amplificar essa psicologia e possamos, especulativamente, ultrapassar as suas fronteiras.

Ao contrário de outros sistemas de pesquisa, possíveis e necessários, que consideram o desenvolvimento da consciência em sua relação com fatores ambientais exteriores, a nossa investigação se preocupa mais com os fatores interiores, psíquicos e arquetípicos, que determinam o curso desse desenvolvimento.

Os elementos estruturais do inconsciente coletivo recebem de Jung a denominação de "arquétipos" ou "imagens primordiais". São as formas pictóricas dos instintos, uma vez que o inconsciente se revela à mente consciente em imagens que, tal como nos sonhos e fantasias, dão início ao processo de reação e assimilação conscientes.

> Essas imagens-fantasia têm, sem dúvida, suas analogias mais próximas nos tipos mitológicos. Devemos, por conseguinte, supor que correspondam a certos elementos estruturais *coletivos* (e não pessoais) da psique humana em geral e, tal como os elementos morfológicos do corpo humano, sejam herdadas[1].

Os elementos estruturais arquetípicos da psique são órgãos psíquicos de cujo funcionamento depende o bem-estar do indivíduo e cujo dano acarreta desastrosas consequências:

> São, ademais, causas infalíveis das desordens neuróticas e mesmo psicóticas, e se comportam exatamente como órgãos físicos ou sistemas funcionais orgânicos negligenciados ou maltratados.[2]

O propósito deste livro é mostrar que uma série de arquétipos é o principal constituinte da mitologia, que esses arquétipos mantêm entre si uma relação orgânica e que a sua sucessão por estágios determina o crescimento da consciência. No curso do seu desenvolvimento ontogenético, a consciência individual do ego tem de passar pelos mesmos estágios arquetípicos que determinaram a evolução da consciência na vida da humanidade. Na sua própria vida, o indivíduo tem de seguir a estrada percorrida antes dele pela humanidade, estrada na qual esta deixou marcas da sua jornada impressas na sequência arquetípica das imagens mitológicas que em breve iremos examinar. As imagens arquetípicas são, normalmente, vividas sem distúrbios e o desenvolvimento da consciência nos indivíduos se processa tão naturalmente quanto o desenvolvimento físico nos estágios da maturação corporal. Como órgãos da estrutura da psique, os arquétipos se articulam uns com os outros do mesmo modo autônomo que os órgãos físicos e determinam a maturação da personalidade de maneira análoga à ação dos componentes hormonais biológicos na constituição física.

Além de uma significação "eterna", o arquétipo é dotado também de um aspecto histórico de igual legitimidade. A consciência do ego se desenvolve mediante a passagem por uma série de "imagens eternas", e o ego, transformado nessa passagem, experimenta constantemente uma nova relação com os arquétipos. A relação do ego com a natureza eterna das imagens arquetípicas é um processo de sucessão temporal, isto é, ocorre em estágios. A capacidade de perceber, de compreender e de interpretar essas imagens se transforma à medida que a consciência do ego muda, no decorrer da história ontogenética e filogenética do homem; para a consciência do ego em evolução, o caráter relativo da imagem eterna se torna, em consequência, cada vez mais pronunciado.

Os arquétipos determinantes dos estágios do desenvolvimento consciente constituem apenas um segmento da realidade arquetípica como um todo. No entanto, tirando proveito da visão evolutiva ou sinótica, podemos traçar uma espécie de linha de orientação que passa por um ilimitado simbolismo do inconsciente coletivo. Essa linha nos ajuda a orientar-nos na teoria e na prática da psicologia profunda.

A investigação dos estágios arquetípicos do desenvolvimento da consciência não apenas fornece uma contribuição ao desenvolvimento da personalidade humana como também proporciona uma melhor orientação psicológica em certo número de tópicos secundários, como, por exemplo, a história da religião, a antropologia, a psicologia folclórica e outros assuntos semelhantes – campos para os quais se viabiliza, dessa maneira, uma classificação histórica do desenvolvimento psicológico e, portanto, uma compreensão mais profunda.

É bastante surpreendente que essas ciências especializadas não se tenham permitido até agora um enriquecimento suficiente com base na psicologia profunda e menos ainda na psicologia junguiana. Apesar disso, o ponto de partida psicológico dessas disciplinas se revela de maneira cada vez mais clara e começa a tornar-se evidente ser a psique humana a fonte de todos os fenômenos religiosos e culturais. Desse modo, não é possível evitar por muito mais tempo o encontro final com a psicologia profunda.

Devemos enfatizar que a nossa exposição do mito não está baseada em nenhum ramo especializado da ciência, seja a arqueologia, a religião comparada ou a teologia, mas única e simplesmente no trabalho prático do psicoterapeuta, cuja preocupação é o fundamento psíquico do homem moderno. Por conseguinte, o ponto de partida e objeto real deste trabalho é a conexão entre a sua psicologia e as camadas mais profundas da humanidade ainda vivas nele. O método dedutivo e sistemático de exposição que adotamos pode, a princípio, obscurecer a significação tópica e terapêutica das nossas descobertas; quem, no entanto, estiver familiarizado com eventos psíquicos em nível mais profundo reconhecerá a importância e a relevância dessas conexões, cuja ilustração detalhada, oferecida pelo material empírico moderno, reservamos para um exame posterior.

Como é bem sabido, o método "comparativo" da psicologia analítica coteja o material simbólico e coletivo encontrado em indivíduos com os produtos correspondentes da história da religião, da psicologia primitiva etc., chegando, dessa maneira, por meio do estabelecimento do "contexto", a uma interpretação. Quanto a nós, suplementamos esse método pela adoção da abordagem evolutiva, que considera o material do ponto de vista do estágio alcançado pela consciência em desenvolvimento e, portanto, pelo ego nas suas relações com o inconsciente. Nosso trabalho vincula-se, por conseguinte, com a obra inicial e fundamental de Jung, *The Psychology of the Unconscious* (A Psicologia do Inconsciente), muito embora tenhamos sido obrigados a fazer-lhe algumas correções. Conquanto na psicanálise freudiana a abordagem evolutiva tenha culminado em uma teoria concretista e estreitamente personalista da libido, a psicologia analítica não prosseguiu nessa linha.

A emergência do fundamento humano coletivo como realidade transpessoal forçou-nos a reconhecer o caráter relativo da nossa posição. A multiplicidade de formas e fenômenos em que se expressa a infinita diversidade da psique humana, assim como a extensa gama de culturas, valores, padrões de comportamento e visões de mundo produzidas pela vitalidade da estrutura psíquica do homem, devem fazer toda tentativa de orientação universal parecer um empreendimento perigoso. E, contudo, é necessário fazer essa tentativa, mesmo sabendo que a nossa orientação de caráter especificamente ocidental é apenas uma entre muitas. A evolução da consciência como forma de evolução criativa constitui a realização peculiar do homem ocidental. A evolução criativa da consciência do ego significa que, mediante um processo contínuo que abarca milhares de anos, o sistema consciente absorveu um número cada vez maior de conteúdos inconscientes e estendeu progressivamente as suas próprias fronteiras. Embora vejamos (desde a antiguidade até os nossos dias) cada cânone cultural novo, moldado segundo um padrão distinto, superar continuamente o que o precede, o Ocidente foi bem-sucedido em alcançar uma continuidade cultural e histórica na qual cada cânone foi gradualmente integrado. É nessa integração que reside a estrutura da consciência moderna, e o ego tem de absorver, em cada período do seu desenvolvimento, parcelas essenciais do passado cultural que lhe é transmitido pela educação a partir do cânone dos valores da sua cultura.

O caráter criativo da consciência é a característica central do cânone cultural do Ocidente. Na cultura ocidental e, em parte, no Extremo Oriente, podemos acompanhar o desenvolvimento ininterrupto, embora com frequência caprichoso, da consciência, ao longo dos últimos dez mil anos. Somente aqui o cânone do desenvolvimento por estágios, encarnado coletivamente em projeções mitológicas, tornou-se um modelo do desenvolvimento do ser humano individual; só aqui o coletivo se apossou dos começos criativos da individualidade, mantendo-os como o ideal de todo desenvolvimento individual. Sempre que esse tipo de consciência criativa do ego se desenvolveu, ou se desenvolve, os estágios arquetípicos da evolução da consciência vigoram. Em culturas estacionárias ou em sociedades primitivas em que as características originais da cultura humana ainda são preservadas, os estágios iniciais da psicologia do homem predominam de tal maneira que os fatores individuais e criativos não são assimilados pelo coletivo. Na realidade, os indivíduos criativos dotados de uma consciência mais forte são até rotulados, pelo coletivo, de antissociais.[3]

O totalitarismo político ou religioso pode prejudicar a criatividade da consciência, visto que toda fixação autoritária do cânone acarreta esterilidade de consciência. Essas fixações, contudo, só podem ser provisórias. Com relação ao homem ocidental, a vitalidade assimilativa da sua consciência do ego é mais ou menos assegurada. O progresso da ciência e a ameaça cada vez mais evidente das forças inconscientes à humanidade impelem a consciência do homem ocidental, a partir de dentro e de fora, a uma autoanálise e a uma expansão contínuas. O indivíduo é o portador dessa atividade criativa da mente e se mantém, portanto, como o fator decisivo em todos os futuros desenvolvimentos do Ocidente. Isso se verifica independentemente de os indivíduos cooperarem e determinarem de maneira mútua a democracia espiritual em que vivem.

Toda tentativa de esboçar os estágios arquetípicos do ponto de vista da psicologia analítica deve começar pelo estabelecimento de uma distinção fundamental entre fatores psíquicos pessoais e transpessoais. Os fatores pessoais são os que pertencem a uma personalidade individual e não são compartilhados por nenhum outro indivíduo, sejam eles conscientes ou inconscientes. Os fatores transpessoais, por sua vez, são coletivos, suprapessoais ou extrapessoais, e devem ser considerados, não como condições externas da sociedade, mas como elementos estruturais internos. O transpessoal é um fator sobremodo independente do pessoal, uma vez que este, não apenas coletiva mas também individualmente, é um produto da evolução.

Toda pesquisa histórica – e toda abordagem evolutiva é, nesse sentido, histórica – deve, por isso, começar pelo transpessoal. Na história da humanidade, assim como no desenvolvimento do indivíduo, há, de início, preponderância de fatores transpessoais; só no curso do desenvolvimento é que o domínio pessoal se torna visível e alcança independência. O homem consciente individualizado da nossa era é um homem posterior, cuja estrutura está construída sobre estágios humanos prévios, pré-individuais, dos quais a consciência individual se afastou apenas de modo lento.

A evolução da consciência por estágios é, ao mesmo tempo, um fenômeno humano coletivo e um fenômeno individual particular. Assim, deve-se considerar o desenvolvimento ontogenético uma recapitulação modificada do desenvolvimento filogenético.

Essa interdependência de coletivo e individual representa dois concomitantes psíquicos. De um lado, a história primitiva do coletivo é determinada por imagens primordiais interiores cujas projeções se manifestam no exterior como poderosos fatores – deuses, espíritos ou demônios – que se convertem em objetos de culto. De outro, os simbolismos coletivos do homem também aparecem no indivíduo, e o desenvolvimento, ou mau desenvolvimento, psíquico de cada indivíduo é regido pelas mesmas imagens primordiais que determinam a história coletiva do homem.

Como nos propusemos a expor todo o cânone de estágios mitológicos, a sua sequência, as suas interconexões e o seu simbolismo, não só é permitido, mas imperativo, extrair o material relevante de diferentes esferas da cultura e de diferentes mitologias, sem levar em conta se todos os estágios estão ou não presentes em toda cultura.[*]

---

[*] Uma investigação exaustiva dos estágios arquetípicos nas esferas individuais da cultura e da mitologia seria sobremaneira interessante, porque a ausência ou a ênfase exagerada de estágios individuais nos permitiria chegar a importantes conclusões a respeito das culturas envolvidas. Uma pesquisa desse tipo será, sem dúvida, empreendida mais tarde.

Em consequência, não defendemos a ideia de que todos os estágios do desenvolvimento consciente devam ser encontrados sempre em toda parte e em toda mitologia; não mais do que a teoria da evolução defende a ideia de que os estágios evolutivos de toda espécie animal se repetem na evolução do homem. Na verdade, afirmamos que esses estágios de desenvolvimento se organizam em uma sequência ordenada e determinam assim todo desenvolvimento psíquico. Sustentamos, do mesmo modo, que esses estágios arquetípicos são determinantes inconscientes, podendo ser encontrados na mitologia, e que só poderemos chegar à compreensão do desenvolvimento psíquico em geral e do desenvolvimento individual em particular se considerarmos a estratificação coletiva do desenvolvimento humano ao lado da estratificação individual do desenvolvimento consciente.

A relação entre o transpessoal e o pessoal – que desempenha decisivo papel em toda vida humana – também está prefigurada, mais uma vez, na história humana. Mas o aspecto coletivo dessa relação não significa que eventos históricos ímpares ou recorrentes sejam herdados, visto que não há até o presente prova científica da herança de características adquiridas. Por isso, a psicologia analítica considera que a estrutura da psique é determinada por dominantes transpessoais *a priori* – os arquétipos –, órgãos e componentes essenciais da psique que, desde o início, moldam o curso da história humana.

O motivo da castração, por exemplo, não resulta da herança de uma ameaça interminavelmente repetida de castração por parte de um pai primordial, ou melhor, de uma infinidade de pais primordiais. A ciência nada descobriu que pudesse sustentar essa teoria, que pressupõe, além disso, a herança de características adquiridas. É cientificamente impossível reduzir a dados históricos e personalistas a ameaça de castração, o parricídio, a "cena primal" do intercurso parental, e assim por diante; isso presumiria descrever a história primitiva da humanidade nos moldes de uma família patriarcal burguesa do século XIX. *

---

* Para evitar mal-entendidos, frisamos aqui, de uma vez por todas, que quando falarmos, nas nossas exposições, de castração, estaremos nos referindo ao símbolo da castração e nunca ao complexo personalista da castração, adquirido na infância individual pela ameaça e que está relacionado concretamente com a genitália masculina.

O nível do filho-amante e da sua relação com a Grande Mãe é enfatizado falicamente, significando que a atividade do jovem é representada em termos simbólicos pelo falo e que o ritual da fecundação domina o seu mundo. Por isso, o jovem é ameaçado e aniquilado pelo símbolo da castração, que é também muitas vezes executada ritualmente. No entanto, o simbolismo da castração deve ser entendido em sentido geral, apesar de a sua terminologia derivar da fase fálica do jovem. O simbolismo existe tanto nos primeiros estágios pré-fálicos infantis como nos posteriores, pós-fálicos masculinos e heroicos. Assim, por exemplo, a privação da vista da fase posterior é uma castração simbólica. O simbolismo negativo da castração é típico da atividade inimiga do inconsciente diante do eu e da consciência, mas se relaciona estreitamente com o símbolo positivo do sacrifício, cuja característica é a entrega ativa do eu ao inconsciente. Ambos os símbolos – tanto o da castração como o do sacrifício – são unidos no arquétipo da entrega, que pode ser ativa ou passiva, ou ainda positiva e negativa, e que domina a relação do eu com o *self* nos diversos estágios do desenvolvimento.

Um dos propósitos deste livro é mostrar que, no tocante a esse e a outros "complexos" semelhantes na realidade lidamos com símbolos, formas ideais, categorias psíquicas e padrões estruturais básicos, cujos modos de operação, em sua variedade infinita, governam a história da humanidade e do indivíduo.[*]

O desenvolvimento da consciência em estágios arquetípicos é um fato transpessoal, uma dinâmica autorrevelação da estrutura psíquica que domina a história da humanidade e do indivíduo. Os próprios desvios da trilha da evolução, assim como a sua simbologia e sintomatologia, devem ser entendidos em relação com o padrão arquetípico prévio.

Na primeira parte da nossa exposição – Os Estágios Mitológicos na Evolução da Consciência – é enfatizada a ampla exposição do material mitológico, assim como a demonstração das conexões entre os símbolos e os vários estratos do desenvolvimento consciente. Somente com esse pano de fundo podemos compreender os desenvolvimentos normais da psique, ao lado dos fenômenos patológicos em que aparecem, de modo constante, problemas coletivos, que, como problemas básicos da existência humana, devem ser entendidos desse ponto de vista.

Além de desvelar os estágios evolutivos e as suas conexões arquetípicas, a nossa investigação tem também um objetivo terapêutico ao mesmo tempo individual e coletivo. É de suma importância para o desenvolvimento ulterior da consciência e para a síntese da personalidade a integração dos fenômenos psíquicos pessoais aos símbolos transpessoais correspondentes.[**]

A redescoberta dos estratos culturais e humanos de que esses símbolos derivam reside no significado original da palavra "*bildend*" – "formando". A consciência adquire, assim, imagens (*Bilder*) e cultura (*Bildung*), amplia o seu horizonte e se carrega de conteúdos que constelam um novo potencial psíquico. Surgem novos problemas, mas também novas soluções. À medida que os dados puramente pessoais se associam aos dados transpessoais e o aspecto humano coletivo é redescoberto e começa a adquirir vida, novas percepções e possibilidades de vida acrescentam-se à personalidade rígida, marcada por um personalismo estreito, do homem moderno, com a sua alma doente.

---

[*] Ao longo do livro, usamos os termos "masculino" e "feminino" nesse sentido, não como características pessoais ligadas ao gênero, mas como expressões simbólicas. Ao dizermos que dominantes masculinos ou femininos se intrometem em certos estágios ou em certas culturas ou tipos de pessoa, fazemos uma afirmação psicológica que não deve ser reduzida a termos biológicos ou sociológicos. O simbolismo do "masculino" e do "feminino" é arquetípico e, portanto, transpessoal; nas várias culturas envolvidas, ele é projetado erroneamente em pessoas, como se estas carregassem as suas qualidades. Na realidade, todo indivíduo é um híbrido psicológico. Nem mesmo o simbolismo sexual pode ser derivado da pessoa, visto que a precede. Inversamente, uma das complicações da psicologia individual reside na existência, em todas as culturas, de uma violação da integridade da personalidade sempre que esta se identifica, quer com o lado masculino ou com o feminino do princípio simbólico dos opostos.

[**] Neste ponto, enfatizaremos apenas o conteúdo material dos símbolos, discutindo na Parte II o efeito de cura e de "formação do todo" resultante dos componentes emocionais do inconsciente coletivo.

O nosso alvo não se restringe a indicar a relação correta entre o ego e o inconsciente, e entre o pessoal e o transpessoal. Temos também de perceber que a interpretação personalista, falsa, de tudo o que é psíquico configura-se como a expressão de uma lei inconsciente que constrange o homem moderno a interpretar, em toda parte, de maneira errônea o seu verdadeiro papel e significação. A nossa tarefa só será cumprida quando tivermos deixado claro até que ponto a redução do transpessoal ao pessoal vem de uma tendência que teve um dia um significado muito profundo, mas que a crise da consciência moderna tornou inteiramente desprovida de sentido e coerência. Só poderemos restituir aos fatores transpessoais o peso e sentido originais – sem o que é impossível uma vida individual e coletiva saudável – quando tivermos reconhecido o modo como o pessoal se desenvolve a partir do transpessoal, desapegando-se dele, mas permanecendo sempre enraizado nele, apesar do papel essencial da consciência do ego.

Isso nos conduz a um fenômeno psicológico que será plenamente discutido na Parte II com referência à "lei da personalização secundária". Essa lei afirma que conteúdos primariamente transpessoais, e que assim apareceram na origem, são, no decorrer do desenvolvimento, tidos como pessoais. Em certo sentido, a personalização secundária de conteúdos transpessoais primários é uma necessidade evolutiva, mas constela perigos que são, para o homem moderno, de certo modo excessivos. A estrutura da personalidade requer que os conteúdos que assumiram originalmente a forma de deidades transpessoais devam, por fim, ser experimentados como conteúdos da psique humana. Esse processo, contudo, só deixa de ser um perigo para a saúde psíquica quando a própria psique é considerada, do ponto de vista suprapessoal, um mundo numinoso de acontecimentos transpessoais. Se, por outro lado, reduzirmos os conteúdos transpessoais a dados de uma psicologia puramente personalista, o resultado será não apenas um estarrecedor empobrecimento da vida individual – que poderia permanecer somente como preocupação privada –, mas também uma congestão do inconsciente coletivo, de consequências desastrosas para toda a humanidade.

Tendo penetrado, em sua investigação dos níveis inferiores da psique individual, na camada coletiva, a psicologia tem diante de si a tarefa de desenvolver uma terapia cultural e coletiva adequada ao trabalho com os fenômenos de massa que ora devastam a humanidade. No futuro, um dos mais importantes propósitos de toda psicologia profunda será a sua aplicação ao coletivo. Ela terá de corrigir e prevenir as perturbações da vida coletiva, da vida do grupo, por meio da aplicação dos seus pontos de vista específicos.[*]

---

[*] Compare com o livro *Tiefenpsychologie und neue Ethik*, Rascher, Zurique, 1949.

A relação entre o ego e o inconsciente, e entre o pessoal e o transpessoal, decide o destino do indivíduo, assim como o da humanidade. O palco desse encontro é a mente humana. Nesta obra, encaramos uma substancial parte da mitologia como uma autodelineação inconsciente do crescimento da consciência no homem. A dialética entre a consciência e o inconsciente, a sua transformação, a sua autolibertação e o nascimento da personalidade humana a partir dessa dialética compõem o tema da Parte I.[*]

---

[*] *A História das Origens da Consciência* deverá ser seguida pela *Psicologia do Feminino*, na qual deverão ser apresentados os estágios psicológicos da evolução feminina e as suas diferenças em relação à psicologia da consciência masculina.

Às duas segue-se uma *Mitologia da Infância*, que deverá mostrar o surgimento ontogenético da evolução filogenética por estágios na infância. Em trabalhos posteriores, deve-se pesquisar a *Psicologia do Homem Criativo* como variante da evolução normal, focalizando a sua relação alterada com a evolução por estágios; e, finalmente, uma *Mitologia das Neuroses* versará sobre os desenvolvimentos defeituosos em relação aos estágios arquetípicos da evolução da consciência.

PARTE I

Os Estágios Mitológicos na Evolução da Consciência

Nature rejoices in nature.
Nature subdues nature.
Nature rules over nature.
Ostanes

[A natureza se regozija com a natureza.
/A natureza subjuga a natureza.
/A natureza governa a natureza.]

A. O Mito da Criação
I. A Ouroboros
II. A Grande Mãe – O Ego sob o Domínio da Ouroboros
III. A Separação dos Pais Primordiais – O Princípio dos Opostos

A natureza se regozija com a natureza.

I

A Ouroboros

Das was die Mitte bringt
ist offenbar
das, was am Ende ist und anfangs war.

[O que o centro traz /
é, evidentemente, /
o que existe no fim e existia no início.]
Goethe,
Westöstlicher Diwan [Divã Ocidental]

Os estados mitológicos na evolução da consciência têm início com o estágio em que o ego se acha contido no inconsciente e levam a uma situação em que o ego não apenas toma consciência da sua própria posição e a defende com heroísmo, mas também se torna capaz de ampliar e relativizar as suas experiências mediante modificações efetuadas pela sua própria atividade.

O primeiro ciclo do mito é o mito da criação. Aqui, a projeção mitológica do material psíquico surge na forma cosmogônica, como mitologia da criação. O mundo e o inconsciente predominam e formam o objeto do mito. O ego e o homem encontram-se apenas nascentes, sendo o seu nascimento, o seu sofrimento e a sua emancipação as etapas do mito da criação.

No estágio da separação dos Pais Primordiais, a semente da consciência do ego finalmente se afirma. Enquanto ainda se encontra nas dobras do mito da criação, essa semente penetra no segundo ciclo, ou seja, o mito do herói, no qual o ego, a consciência e o mundo humano se tornam conscientes de si mesmos e da sua dignidade.

No princípio está a perfeição, a totalidade. Só é possível "circunscrever" ou descrever essa perfeição original simbolicamente; a sua natureza desafia toda descrição não mítica, porque aquilo que descreve – o ego – e aquilo que é descrito – o princípio, que antecede todo ego – mostram ser grandezas incomensuráveis tão logo o ego tenta captar o seu objeto conceitualmente, como um conteúdo de consciência.

É por essa razão que, no princípio, há sempre um símbolo, cujo traço mais marcante é a multiplicidade de sentidos, seu caráter indeterminado e indeterminável.

Pode-se apreender o princípio em dois "lugares": é possível concebê-lo na vida da humanidade, como a primeira alvorada da história humana, e na vida do indivíduo, como a primeira alvorada da infância. A autorrepresentação da alvorada da história humana pode ser percebida a partir da descrição simbólica que recebe no ritual e no mito. A primeira alvorada da infância, assim como da humanidade, é descrita nas imagens que surgem das profundezas do inconsciente e se revelam ao ego já individualizado.

O estado de alvorada que caracteriza o princípio se projeta mitologicamente em forma cósmica, surgindo como o princípio do mundo, como a mitologia da criação. Os relatos mitológicos do princípio devem começar, invariavelmente, com o mundo exterior, porque o mundo e a psique são ainda um só. Não há ainda um ego reflexivo e autoconsciente capaz de referenciar algo a si mesmo, isto é, de refletir. A psique não apenas se encontra aberta ao mundo, mas ainda é idêntica e indiferenciada do mundo; ela conhece a si mesma como mundo e no mundo, experimentando o seu próprio vir a ser como um vir a ser do mundo; ela experimenta as suas próprias imagens como os céus estrelados e os seus próprios conteúdos como os deuses criadores do mundo.

Ernst Cassirer[4] mostrou que, em todos os povos e religiões, a criação aparece como a criação da luz. Daí o advento da consciência, manifesta como luz em contraste com as trevas do inconsciente, ser o verdadeiro "objeto" da mitologia da criação. Cassirer demonstrou também que, nos diferentes estágios da consciência mitológica, a primeira coisa a ser descoberta é a realidade subjetiva, a formação do ego e a individualidade. O princípio desse desenvolvimento, considerado, do ponto de vista mitológico, o princípio do mundo, é o advento da luz, sem a qual nenhum processo do mundo pode ser visto.

A primeira alvorada é, no entanto, ainda mais antiga do que esse nascimento da luz a partir das trevas, estando cercada de uma ampla gama de símbolos.

A forma de representação peculiar ao inconsciente não é a mesma da mente consciente. É uma forma que não tenta nem é capaz de apreender e definir os seus objetos em uma série de explanações discursivas ou de reduzi-los à clareza por meio da análise lógica. O modo de ação do inconsciente é distinto. Os símbolos se reúnem em torno da coisa a ser explicada, compreendida e interpretada. O ato de tornar-se consciente consiste no agrupamento de símbolos ao redor do objeto, todos eles circunscrevendo e descrevendo, a partir de vários lados, o desconhecido. Cada símbolo desvela outro lado essencial do objeto a ser percebido, aponta para outra faceta do seu significado. Somente o cânone de tais símbolos congregados em torno do centro em questão, o grupo simbólico coerente, pode levar a uma compreensão daquilo para que os símbolos apontam e que tentam expressar. A história simbólica do princípio, que se dirige a nós a partir da mitologia de todas as épocas, constitui a tentativa da consciência pré-científica do homem, semelhante a uma criança, de dominar problemas e enigmas que, na sua maioria, estão além da percepção até mesmo da nossa moderna consciência desenvolvida. Se, com resignação epistemológica, a nossa consciência é constrangida a considerar irrespondível e, portanto, não científica a questão do princípio, ela pode estar certa; mas a psique, que não pode ser instruída nem enganada pela autocrítica da mente consciente, sempre reformula essa questão como uma questão essencial para ela.

A questão do princípio é também a questão: "de onde?". Trata-se da pergunta original e fatídica a que a cosmologia e os mitos da criação sempre tentaram dar novas e diferentes respostas. Essa pergunta original acerca da origem do mundo é, ao mesmo tempo, uma pergunta sobre a origem do homem, da consciência e do ego; é a pergunta fatal: "de onde eu vim?", que desafia o ser humano assim que este atinge o limiar da autoconsciência.

As respostas mitológicas a essas interrogações são simbólicas, como todas as que vêm das profundezas da psique, do inconsciente. A natureza metafórica do símbolo expressa que "isto é semelhante a isto, aquilo é semelhante àquilo". Jamais uma resposta simbólica deve ser entendida concretamente ou tomada ao pé da letra, porque seria confundida com a resposta matematicamente lógica da consciência que diz: "Isto é isto, aquilo é aquilo". A declaração da identidade – e a da lógica da consciência, erigida sobre ela – não tem valor para a psique nem para o inconsciente. A psique, como o sonho, mistura; fia e tece, combinando cada coisa com cada outra coisa. O símbolo é, por conseguinte, uma analogia; é mais uma equivalência do que uma equação; nisso reside a sua riqueza de significados, mas, da mesma maneira, o seu caráter instável. Apenas o grupo simbólico, um compacto de analogias parcialmente contraditórias, pode fazer que algo desconhecido e incompreensível para a consciência se torne mais inteligível e conscientizável.

Um dos símbolos da perfeição original é o círculo. Aliam-se a ele a esfera, o ovo e o *rotundum* – o "redondo" da alquimia.[5] É o redondo de Platão que está no princípio.

> Por conseguinte, o demiurgo fez o mundo na forma de uma esfera, dando-lhe essa figura, de todas a mais perfeita e a mais igual a si mesma.[6]

O círculo, a esfera e o redondo são aspectos do Autocontido, sem começo nem fim; na sua perfeição pré-mundo, precede todo processo, é eterno, porque, em sua rotundidade, não há antes nem depois, não há tempo; não há em cima nem embaixo, não há espaço. Tudo isso só pode surgir com o surgimento da luz, da consciência, que ainda não está presente; aqui ainda domina a divindade não exteriorizada, cujo símbolo é, por conseguinte, o círculo.

O redondo é o ovo, o Ovo do Mundo filosofal, o núcleo do princípio e a semente de onde, como ensina em toda parte a humanidade, surge o mundo.[7] É também o estado perfeito em que os opostos estão unidos – o princípio perfeito, pois os opostos ainda não se separaram e o mundo ainda não começou, é o final perfeito, uma vez que, nele, os opostos tornaram a juntar-se em uma síntese e o mundo se encontra, uma vez mais, em repouso.

O continente dos opostos é o *t'ai chi* chinês, um redondo que contém o negro e o branco, a noite e o dia, a terra e o céu, o masculino e o feminino. Diz Lao-Tsé a seu respeito:

> *There was something formless yet complete,*
> *That existed before heaven and earth;*
> *Without sound, without substance,*
> *Dependent on nothing, unchanging,*
> *All pervading, unfailing.*
> *One may think of it as the mother of all things under heaven.*[8]

> [Havia algo sem forma, porém completo, / Existente antes do céu e da terra; / Sem som, sem substância, / De nada dependente, imutável, / Impregnando tudo, inquebrantável. / Pode-se considerá-lo a mãe de todas as coisas sob o céu.]

Cada um desses pares de opostos forma o núcleo de um grupo de símbolos que aqui não podemos descrever com grandes detalhes; alguns exemplos devem bastar.

O redondo é uma cabaça que contém os Pais Primordiais.[9] No Egito, como na Nova Zelândia, Grécia, África e Índia, os Pais Primordiais, o céu e a terra, jazem um sobre o outro no redondo, unidos na ausência do espaço e do tempo, porque, até então, nada se pôs entre eles para criar a dualidade a partir da unidade original. O continente dos opostos masculino e feminino é o grande hermafrodita, o elemento criador primal, o *purusha* hindu, que combina em si mesmo os polos.

> No começo, este mundo era apenas Alma (Atman), na forma de uma pessoa. Olhando em volta, ele não viu senão a si mesmo. Primeiro disse: "Eu sou"... Era, na verdade, grande como uma mulher e um homem estreitamente abraçados. E causou a queda (*pat*) daquele eu em duas partes. Surgiram daí um marido (*pati*) e uma esposa (*patni*).[10]

O que aqui se diz da divindade relembra o Homem Original de Platão; aí também o redondo hermafrodita está no princípio.

Esse estado perfeito de ser, onde os opostos estão contidos, é perfeito porque é autárquico. A sua autossuficiência, autossatisfação e independência de todo "tu" e de todo "outro" são indícios da sua eternidade autocontida. Em Platão, lemos:

> E ele estabeleceu o universo como uma esfera que se revolve num círculo, una e solitária, e, contudo, em virtude da sua excelência, satisfeita consigo mesma, sem precisar de outra amizade ou outra relação.[11]

A perfeição daquilo que repousa em si mesmo não contraria, de modo algum, a perfeição daquilo que circula em si mesmo. Embora sendo algo estático e eterno, imutável e, portanto, sem história, o repouso absoluto é, ao mesmo tempo, o lugar de origem e a célula-semente da criatividade. Vivendo no ciclo da sua própria vida, é a cobra circular, o dragão primal do princípio, que morde a própria cauda, a autogerada Ουρόβορος*.

Trata-se do antigo símbolo egípcio,[12] do qual se afirma: "Draco interfecit se ipsum, maritat se ipsum, impraegnat se ipsum".[13] Ela mata a si mesma, casa-se consigo mesma e engravida a si mesma. É homem e mulher, gerando e concebendo, devorando e dando à luz, ativa e passiva, em cima e embaixo, ao mesmo tempo.

A representação provavelmente mais antiga da ouroboros encontra-se em uma taça de Nippur[14] e, como Serpente Celestial, ela já era conhecida na antiga Babilônia;[15] mais tarde, na mesma área, foi descrita com frequência pelos mandeístas; Macróbio atribui a sua origem aos fenícios. É o arquétipo do εν γò πᾶν**, "o Todo é Um", aparecendo como Leviatã e Aion, como Oceano e Ser Primal, que diz: Sou Alfa e Ômega". Como o Kneph da Antiguidade, ela é a Cobra Primal, a "divindade mais antiga do mundo pré-histórico".[16] Podemos remontar a ouroboros ao Apocalipse de São João, aos gnósticos[17] e aos sincretistas romanos;[18] há desenhos dela nas pinturas em areia dos índios navajos[19] e em Giotto;[20] nos a vemos no Egito, na África, no México, na Índia, entre os ciganos, como amuleto,[21] e em textos alquímicos.[22]

O pensamento simbólico retratado nessas imagens do redondo busca captar conteúdos que mesmo a nossa consciência atual só consegue entender como paradoxos, justamente por não poder captá-los. Se dermos o nome de "tudo" ou de "nada" ao princípio, e se falarmos, nesse sentido, de totalidade, unidade, não diferenciação e ausência de opostos, todos esses "conceitos", se

---

* Daqui em diante transcrita como "Uroboros".

** Tudo isso é Um.

os encararmos mais de perto e tentarmos "concebê-los" em vez de apenas ficar pensando neles, serão, como vamos descobrir, imagens derivadas e abstraídas desses símbolos básicos. As imagens e símbolos têm sobre as formulações filosóficas paradoxais de unidade infinita e de totalidade não imaginada a vantagem de a sua unidade poder ser vista e percebida como tal num relance.

Além disso, todos esses símbolos com que o homem buscou captar o princípio em termos mitológicos encontram-se tão vivos hoje quanto sempre estiveram; têm o seu lugar não apenas na arte e na religião, mas também nos processos vivos da psique individual, em sonhos e fantasias. E, enquanto o homem existir, a perfeição continuará a manifestar-se como o círculo, a esfera e o redondo; e a Divindade Primal, que é suficiente em si mesma, assim como o *self* que ultrapassou os opostos, reaparecerão na imagem do redondo, a mandala.[*]

Esse redondo e essa existência no redondo, existência na ouroboros, são a autorrepresentação simbólica do estado inicial, mostrando tanto a infância da humanidade como a da criança. A validade e a realidade do símbolo da ouroboros repousam em uma base coletiva. Esse símbolo corresponde a um estágio evolutivo que pode ser "relembrado" na estrutura psíquica de todo ser humano. Ele opera como um fator transpessoal que aí se encontrava como um estágio psíquico de existência anterior à formação de um ego. Ademais, a sua realidade é reexperimentada em todo início de infância, e a experiência pessoal que a criança tem desse estágio pré-ego refaz a velha trilha percorrida pela humanidade.

Uma semente embrionária e ainda não desenvolvida da consciência do ego dorme no redondo perfeito e nele desperta. Pouco importa se se trata de uma autorrepresentação desse estágio psíquico, manifesto num símbolo, ou se um ego posterior descreve esse estágio preliminar como o seu próprio passado. Como o ego não tem, nem pode ter, experiências próprias no estado embrionário, nem sequer experiências psíquicas – uma vez que a consciência que tem experiências dorme ainda na semente –, o ego posterior descreverá esse estado precedente, de que tem um conhecimento indefinido, posto que passível de ser percebido simbolicamente, como uma época "pré-natal". Trata-se da existência no paraíso, no qual a psique tem a sua morada pré-mundo, época anterior ao nascimento do ego, época do envolvimento inconsciente, época do flutuar no lago dos não nascidos.

O tempo do princípio, anterior ao surgimento dos opostos, deve ser compreendido como a autodescrição daquele grande período em que não havia ainda consciência. Trata-se do *wu chi* da filosofia chinesa, cujo símbolo é

---

[*] Cf. a obra de Jung e o seu estudo sobre a mandala em pessoas normais e doentes, crianças etc.

o círculo vazio.[23] Tudo ainda se encontra no "agora e sempre" da existência eterna; o sol, a lua e as estrelas, símbolos do tempo e, portanto, da transitoriedade, ainda não foram criados; e o dia e a noite, o ontem e o amanhã, o vir a ser e o perecer, o fluxo da vida e o nascimento e a morte, ainda não entraram no mundo. Esse estado pré-histórico do ser não é o tempo, mas, da mesma maneira como a época que precede o surgimento do homem, o nascimento e a geração, a eternidade. E, assim como não há tempo antes do nascimento do homem e do ego, mas apenas eternidade, não há igualmente espaço, mas somente infinidade.

A pergunta primária: "de onde?", como pergunta inicial e como pergunta pelo princípio, só pode ser respondida por uma única resposta e por duas interpretações concernentes a essa pergunta. A única resposta é: do redondo; e as duas interpretações: do ventre e dos pais.

É essencial para toda psicologia e, de modo particular, para toda psicologia da infância, compreender esse problema e o seu simbolismo.

A ouroboros representa o redondo que contém, isto é, o ventre primal materno e o útero, mas também a união do antagonismo masculino-feminino, os ancestrais, pai e mãe unidos em coabitação permanente. Embora pareça bem natural que a pergunta original deva estar vinculada ao problema dos Pais Primordiais, devemos perceber de uma vez por todas que lidamos com símbolos da originação, e não com a sexualidade ou com uma "teoria genital". O problema em torno do qual se revolvem as asserções mitológicas – e que, desde o começo, foi a questão primordial para o homem – está, de fato, ligado às origens da vida, do espírito e da alma.

Isso não significa que o homem primevo tenha sido uma espécie de filósofo; interrogações abstratas dessa espécie eram inteiramente alheias à sua consciência. A mitologia, no entanto, é produto do inconsciente coletivo e quem conhece a psicologia primitiva deve ficar estupefato diante da sabedoria inconsciente que se eleva das profundezas da psique humana em resposta a essas dúvidas inconscientes. O conhecimento inconsciente do fundamento da vida e das relações entre ela e o homem está registrado no ritual e no mito; essas são as respostas dadas pelo que o primitivo denomina alma e mente humanas às perguntas que eram muito vivas para ele, embora nenhuma consciência do ego as houvesse formulado de maneira consciente.

Muitos povos primitivos não reconhecem a ligação entre o intercurso sexual e o nascimento. Onde o intercurso sexual costuma ter início na infância, mas não leva à geração de crianças, como entre os primitivos, é natural concluir que o nascimento da criança nada tem que ver com a impregnação por um homem no ato sexual.

Contudo, a questão acerca da origem sempre deve ser respondida por "ventre", pois a experiência imemorial da humanidade é que toda criatura recém-nascida vem de um ventre. É por essa razão que o "redondo" da mitologia é chamado também de ventre e útero, muito embora esse lugar de origem não deva ser entendido no seu sentido concreto. Com efeito, toda a mitologia diz repetidamente que esse ventre é uma imagem, sendo o ventre da mulher apenas um aspecto parcial do símbolo primordial do nosso lugar de origem. Esse símbolo primordial significa muitas coisas ao mesmo tempo: não é apenas *um* conteúdo ou parte do corpo, mas uma pluralidade, um mundo ou região cósmica que abriga muitos conteúdos dentro de si e onde muitos têm a morada do seu ser. "As Mães" não são uma mãe.

Todas as coisas profundas – abismo, vale, solo, assim como o mar e o fundo do mar, fontes, lagos e poços, a terra, o mundo interior, a caverna, a casa e a cidade – são partes desse arquétipo. Tudo o que é grande e envolvente e que contém, circunda, envolve, protege, preserva e nutre qualquer coisa pequena pertencente ao reino maternal primordial.[24] Quando observou que todas as coisas ocas eram femininas, Freud teria tido razão se o tivesse percebido como um símbolo. Ao interpretá-lo como a "genitália feminina", cometeu profundo erro de compreensão, porque a genitália feminina é apenas uma minúscula parte do arquétipo da Mãe Primordial.

Comparada a essa ouroboros maternal, a consciência humana se sente embriônica, porque o sentimento do ego é o de estar plenamente contido nesse símbolo primordial. Ele é apenas um frágil e indefeso recém-chegado. Na fase pleromática da vida, em que o ego flutua no redondo como um girino, nada existe além da ouroboros; é o tempo em que ainda não existe humanidade, apenas a divindade, o mundo, tem existência. É natural, portanto, que as primeiras fases da consciência do ego humano em evolução estejam sob o domínio da ouroboros. São as fases de uma consciência do ego infantil que, embora já não sendo embrionária e possuindo existência própria, vive ainda no redondo, de que ainda não se desprendeu e do qual mal começa a se distinguir. Esse estágio inicial, em que a consciência do ego ainda se encontra no nível infantil, é marcado pela predominância do lado maternal da ouroboros.

O mundo é experimentado como todo envolvente e, nele, o homem experimenta a si mesmo, como um eu, apenas de maneira esporádica e momentânea. Assim como o ego infantil, vivendo outra vez essa fase, muito pouco desenvolvido e cansando-se com facilidade, emerge como uma ilha do oceano do inconsciente apenas ocasionalmente, voltando a afundar, assim também o homem primevo experimenta o mundo. Pequeno, frágil e muito dado ao sono, isto é, sobremaneira inconsciente, ele flutua no instintivo como o animal.

Envolto e sustentado pela grande Mãe Natureza, embalado nos seus braços, ele é entregue a ela para o bem ou para o mal. Ele nada é; tudo é mundo. O mundo o abriga e alimenta, e ele mal tem vontade e age. Um nada fazer, um jazer inerte no inconsciente, um mero estar no inexaurível mundo crepuscular, com todas as necessidades sendo supridas sem esforço pela grande nutridora – eis o estado primevo, "beatífico". Todas as características maternais positivas estão em evidência nesse estágio, no qual o ego ainda é embrionário e não tem atividade própria. A ouroboros do mundo maternal é vida e psique numa só coisa: fornece alimento e prazer, protege e aquece, conforta e perdoa. É o refúgio de todo sofrimento, alvo de todo desejo. Porque essa mãe é sempre a realizadora, doadora e auxiliadora. Essa imagem vívida da Grande e Boa Mãe foi, em todos os momentos de aflição, o refúgio da humanidade, e sempre o será; porque o estado de ser contido no todo, sem responsabilidade ou esforço, sem dúvidas e sem desunião do mundo, é paradisíaco e jamais pode ser realizado outra vez, em sua despreocupação prístina, na vida adulta.

Por ora, o lado positivo da Grande Mãe parece estar encarnado principalmente nesse estágio da ouroboros. Somente num nível muito superior a "Boa Mãe" tornará a aparecer. Então, quando já não tem relação com um ego embrionário, mas com uma personalidade adulta, amadurecida por uma rica experiência do mundo, ela se revela outra vez como Sophia, a Mãe "cheia de graça", ou, derramando as suas riquezas na plenitude criadora da verdadeira produtividade, como a "Mãe de Tudo o que é Vivo".

O estado primordial do perfeito estar contido não se refere a um estado histórico da humanidade (Rousseau ainda projetava essa fase psíquica no passado histórico, como o "estado natural" do selvagem). É, antes, a imagem de um estágio psíquico da humanidade, discernível apenas como imagem fronteiriça. Por mais que o mundo tenha forçado o homem primitivo a encarar a realidade, foi com grande relutância que este penetrou conscientemente nessa realidade. Mesmo hoje podemos ver, no comportamento dos primitivos, que a lei da gravidade, a inércia da psique, o desejo de permanecer inconsciente, constitui uma característica humana fundamental. E, todavia, mesmo isso é uma falsa formulação, uma vez que parte da consciência como se esta fosse a coisa natural e autoevidente. No entanto, a fixação na inconsciência, a atração descendente da sua gravidade específica, não pode ser considerada um desejo de permanecer inconsciente; pelo contrário, é *essa* a coisa natural. Há, como força contrária, o desejo de se tornar consciente, um verdadeiro instinto que impele o homem nessa direção. Não há necessidade de desejar permanecer inconsciente; somos primariamente inconscientes e podemos, no máximo, vencer a situação original em que o homem dormita no mundo, dormita no inconsciente, contido no infinito como um peixe no mar circundante.

A evolução em direção à consciência é o que há de "não natural" na natureza; é exclusiva da espécie Homem, tendo este denominado a si mesmo, a partir disso, e com toda razão, *Homo sapiens*. A luta entre o que é específico do homem e o que é universalmente natural constitui a história do desenvolvimento consciente do homem.

Enquanto é fraca e sente a carga da sua existência como algo pesado e opressivo, ao mesmo tempo que considera o cochilo e o sono como um delicioso prazer, a consciência do ego infantil ainda não descobriu sua própria realidade e peculiaridade. Enquanto isso, a ouroboros reina como grande roda rodopiante da vida, na qual todo o ainda não individualizado é contido na união dos antagonismos, não apenas como algo perecível, mas também como algo que deseja perecer.

O homem ainda não está em oposição à natureza, o ego ainda não está assentado em si mesmo em oposição ao inconsciente, mas o ser-ele-próprio é a experiência da exceção, molesta e dolorosa, que deve ser dominada. Falamos, nesse sentido, de "incesto urobórico". Não é preciso dizer que o termo "incesto" deve ser entendido de modo simbólico e não em sua conotação concreta e sexual. Sempre que aparece, o motivo do incesto é uma prefiguração do *hieros gamos*, a consumação do casamento sagrado – que só atinge a sua forma verdadeira com o herói.

O incesto urobórico (ou ourobórico) é uma forma de penetração na mãe, de união com ela, contrastando com outras formas de incesto posteriores. No incesto urobórico, a ênfase no prazer e no amor não é, de forma alguma, ativa, mostrando-se mais como desejo de se dissolver e ser absorvido; é um deixar-se tomar passivamente, um submergir no pleroma, um perecer no oceano do gozo e morrer no amor. A Grande Mãe recolhe e acolhe dentro de si o infantilmente pequeno e repetidas vezes a morte está sob o signo do incesto urobórico da dissolução final, da união com a Mãe. A caverna, a terra, a tumba, o sarcófago e o caixão mortuário são os símbolos desse ritual de religamento que se inicia com o sepultamento em posição fetal nos túmulos da Idade da Pedra e termina com as urnas cinerárias dos modernos.

Muitas modalidades de nostalgia e de saudade se referem a esse retorno ao incesto urobórico da autodissolução, da *unio mystica* dos piedosos e do querer-ser-inconsciente do beberrão ao "romantismo da morte" das raças germânicas. O incesto que chamamos de urobórico é o abandono de si mesmo e o regresso. É a forma de incesto do ego infantil, que ainda se acha muito próximo da mãe e ainda não encontrou a si mesmo, mas pode ser também a forma de incesto do ego enfermo de um neurótico e a de um ego tardio e cansado que, após ter se realizado, retorna à Mãe.

Apesar da sua própria dissolução e do aspecto mortal da ouroboros, o ego embrionário não experimenta o incesto urobórico como algo hostil, ainda que ele seja aniquilado. O retorno ao grande redondo é um acontecimento pleno de confiança passiva e infantil, pois a consciência do ego infantil sempre sente o seu redespertar, após a sua imersão na morte, como um renascimento. Ela se sente protegida pelas profundezas maternais, mesmo quando o ego desaparece e não há consciência de si. A consciência da humanidade se sente, com toda razão, como filho dessas profundezas primordiais, porque não apenas na história da humanidade a consciência é um produto tardio do ventre materno do inconsciente, mas também, em toda vida espiritual, a consciência reexperimenta o seu emergir do inconsciente no crescimento da infância – e toda noite, no sono, morrendo com o sol, ela torna a mergulhar nas profundezas do inconsciente, renascendo pela manhã e começando o dia mais uma vez.

A ouroboros, o grande redondo, não é somente o ventre, mas também os "Pais Primordiais". O pai primordial está unido, na unidade urobórica (ou ourobórica), à mãe primordial, sendo eles inseparáveis. Nisso tem vigência ainda a lei primordial pela qual em cima e embaixo, pai e mãe, céu e terra, Deus e mundo se refletem mutuamente e nenhum é separável do outro. De que outra maneira poderia a conjunção dos opostos, como estágio inicial da existência, ser representada mitologicamente a não ser pelo símbolo dos pais primordiais?

Desse modo, os pais primordiais, quando são a resposta à pergunta sobre a origem, são o próprio universo e o símbolo primordial da vida eterna. Eles são a perfeição de onde tudo brota; o ser eterno que gera, concebe e faz nascer a si mesmo, que mata e revivifica. Sua unidade é um estado de existência transcendente e divino, independente dos opostos – a *"Ain-Soph"* sem forma da cabala, que significa a plenitude infinita e o nada. A imponência desse símbolo primordial da psique não reside apenas no fato de ele conter em si o estado não diferenciado, a transcendência dos opostos e a união; a ouroboros simboliza também o impulso criador do novo começo, a "roda que gira por si mesma", o primeiro movimento e a espiral,[25] como o movimento ascendente em círculos da evolução.[26]

Esse primeiro movimento, o elemento criativo do ato genésico, agregado naturalmente ao lado paterno da ouroboros – como começo do vir a ser no tempo –, é mais difícil de ser apreendido numa imagem do que o lado da ouroboros materna. Quando, por exemplo, lemos, na teologia egípcia, passagens como

> Atum, que em Heliópolis se tornou um masturbador, empunhou o seu falo para excitar o gozo. Um irmão e uma irmã foram gerados, Shu e Tefnut,[27]

Ou

> Copulei com o meu punho, uni-me à minha sombra e ejaculei da minha própria boca. Vomitei fora como Shu e cuspi fora como Tefnut,[28]

vemos então a expressão clara da dificuldade de apreender o início criador em um símbolo. Isso se relaciona com o que chamamos hoje de geração espontânea ou a automanifestação de Deus. A força original das imagens ainda brilha por entre os nossos termos bem mais abstratos. A modalidade urobórica do gerar, em que aquele que gera e aquele que concebe são um só, leva à imagem do sair-de-si pelo sêmen, sem parceiro e sem dualidade.

Considerar essas imagens "obscenas" é incorrer no erro de uma profunda incompreensão. A verdadeira vida daqueles tempos era sexualmente muito mais ordenada, ou seja, mais pura do que a da maioria das culturas posteriores; o simbolismo sexual, no culto e no ritual, assim como no mito e na imagem, quer, no entanto, ser entendido de modo sagrado e transpessoal. Trata-se do simbolismo do criativo e não da genitalidade pessoal. É apenas incompreensão personalista o fator que torna "obscenos" esses conteúdos sagrados. Nisso o judaísmo – e, com ele, o cristianismo (incluindo Freud) – contribuíram de modo significativo e desastroso para esse mal-entendido. Na luta pelo monoteísmo e pela ética da consciência, a dessacralização dos valores pagãos era uma necessidade e, historicamente, um progresso, mas levou à completa distorção do mundo primordial do tempo antigo. O efeito da personalização secundária na batalha contra o paganismo foi a redução do transpessoal ao pessoal.* Os rituais sagrados tornam-se agora sodomia; os cultos, prostituição, e assim por diante. Uma época cuja compreensão voltou a se abrir para o transpessoal precisa anular esse processo.

Os símbolos ulteriores da criação mostram como se formula melhor o que realmente se queria dizer. E isso sem que tenha havido repressões. O que deveria ser expresso desde o início não se referia ao sexo; era simbólico – mas é justamente esse o esforço com o qual a humanidade primitiva luta para encontrar as palavras que mostrem o que estava em jogo para ela.

A imagem do deus primordial e autofecundante ganha variações novas no Egito e na Índia, movimentando-se ambos no mesmo sentido, isto é, o da "espiritualização". Essa espiritualização é, no entanto, idêntica ao esforço de compreender a natureza da força criadora que está presente no princípio:

> *It is the heart which makes all that results, to come out, and it is the tongue, which repeats (expresses) the thought of the heart... that is what causes all the gods to be born, Atum with his Ennead, and every divine utterance manifests itself in thought of the heart and speech of the tongue.*

---

* Cf. Parte II.

[O coração faz surgir tudo que resulta e a língua repete (exprime) o pensamento do coração... Eis o que causa o nascimento de todos os deuses, Atum com a sua Enéade, e toda asserção divina se manifesta no pensamento do coração e na fala da língua.]

Ou:

The Demiurg who created all the gods and their Kas is in his heart and in his tongue.[29]

[O Demiurgo que criou todos os deuses e seu Kas está no seu coração e na sua língua.]

E, por fim, chegamos ao simbolismo mais espiritual e abstrato, em que Deus é o "sopro da vida":

Ele não me gerou da sua boca nem me concebeu no seu punho, mas me soprou do seu nariz.[30]

A transição das imagens para o conceito torna-se, nessa formulação do princípio criador, duplamente clara, quando se sabe que, nos hieróglifos, "pensamento" é escrito com a imagem de "coração" e "verbo", com a de "língua".

Nesse ponto do mito egípcio e do esforço criativo deste, temos o início do que, milênios mais tarde, encontraria a sua expressão não só no Gênesis da Bíblia, mas igualmente na doutrina do Logos, expressão essa que jamais se conseguiu separar totalmente da imagem primordial da divindade autorrevelante e automanifestante.

É compreensível que o princípio criador do qual nasce o mundo seja derivado da natureza criativa do próprio homem. Do mesmo modo que o homem – e tal como ainda hoje dizemos por meio das imagens da linguagem – extrai criativamente os conteúdos de si mesmo, da sua própria profundidade e se "exterioriza", assim também fazem os deuses. Desse modo, Vishnu, como javali, cria a terra, tirando-a do fundo do mar, e Deus mentaliza o mundo no coração e o exterioriza no verbo criador. Assim, o verbo, a fala, é um produto superior, a exteriorização de alguém que estava imerso dentro de si, isto é, que havia mergulhado nas suas próprias profundezas. Quando falamos de "introversão", dizemos a mesma coisa. Por isso, "tapas", aquecimento interno e "incubação" é, na Índia, o elemento criador, com a ajuda do qual surge toda a criação. A autofecundação da introversão, a experiência fundamental do espírito autogerador, torna-se clara no seguinte texto:

Ele, Prajapati, se pôs a orar e jejuar, porque desejava rebentos e se fecundou a si mesmo.[31]

Ou, como diz um texto egípcio:

Meu nome foi: aquele que se criou, deus primordial dos deuses primordiais.[32]

O mesmo princípio do "aquecimento" encontramos nos Brâmanas como caminho da criação:

> É que este universo nada era no princípio; não havia céu nem terra nem atmosfera. Este, por ter sido não existente, orientou o seu pensamento: quero ser. Ele se aqueceu internamente.

Após descrever uma longa série de aquecimentos cosmogônicos e o nascimento dos elementos, o texto prossegue:

> Ele encontrou uma base na terra. Após haver encontrado uma base firme na terra, desejou: quero propagar-me. Aqueceu-se e engravidou.[33]

Assim como o lado maternal da ouroboros dá à luz sem procriação, do mesmo modo o seu lado paternal procria sem o ventre materno. Os dois lados são complementares e pertinentes um ao outro. A pergunta primária é uma pergunta sobre a origem daquilo que move toda vida. Os mitos da criação oferecem uma resposta a essa pergunta: dizem ser a criação algo que não é plenamente exprimível pelos símbolos da sexualidade e se esforçam, se assim se pode dizer, por captar em uma imagem o informulável.

Verbo criador, sopro criador, *pneuma* – isto é, espírito criador. Mas esse conceito de espírito é apenas a abstração do vento-*ruach-pneuma-animus* procriador que vivifica pelo "inspirar". O falo solar que simboliza o elemento criador é a fonte do vento, tanto em um papiro mágico egípcio como na visão de um psicótico moderno.[34] Esse vento, vindo através de um tubo que vai de Deus Pai no Sol até Maria, penetra, na forma da pomba *Ruach* do Espírito Santo, sob a saia daquela que concebe imaculadamente; ele é o pássaro fecundador dos primitivos e o espírito ancestral que, na forma de vento, fecunda tanto mulheres quanto tartarugas, abutres-fêmeas etc.[35]

O animal como fecundador, a divindade como fecundador, a divindade como animal, o animal como divindade – por toda parte, o enigma da fecundação está junto à alegria criadora. A humanidade pergunta pela origem de tudo o que é vivo, pergunta na qual ela funde em uma só coisa a vida e a alma como alma viva, a energia, o espírito, o movimento, a respiração e o mana portador da energia vital. Esse Um que se acha no princípio é a força criadora contida na unidade urobórica dos Pais Primordiais, de onde sopra, gera, dá à luz, movimenta, respira e fala. "À medida que o vento sopra, tudo cresce", diz o *Upanishad*.

Embora o ego também experimente – e deva experimentar – a ouroboros como o terrível poder sombrio do inconsciente, a humanidade de modo algum associa esse estágio da sua existência pré-consciente apenas com a experiência de medo e entorpecimento. Mesmo quando, para o ego consciente, a luz e a consciência andam juntas, assim como a treva e o inconsciente, a humanidade sabe ainda de outro conhecimento que, conforme acredita, é mais profundo e "além-mundo". Do ponto de vista mitológico, esse estar-iluminado costuma ser projetado no conhecimento adquirido antes do nascimento ou depois da morte.

No *Bardo Thödol, o Livro Tibetano dos Mortos*, instrui-se o morto com um ensinamento que culmina no conhecimento de que ele é idêntico à grande luz branca que está além da vida e da morte:

> Tua própria consciência, luzente, vazia e inseparável do Grande Corpo de Radiância, não tem nascimento nem morte, e é a Luz Imutável – Buda Amitaba.[36]

Esse saber é pós-consciente, pós-terreno e além-mundano; é ser-ciente na perfeição após a morte; porém é, do mesmo modo, pré-consciente, pré--mundano e pré-natal. A isso se refere o *midrash* judaico, ao atribuir um conhecimento ao não nascido, no ventre materno, e ao dizer que, sobre a sua cabeça, brilharia uma luz na qual ele percebe todos os extremos do mundo.[37] O ser antes do princípio é igualmente todo-relacionado com uma presciência. Aquilo que, ainda no redondo, participa do conhecimento do não plasmado, do mar primordial da sabedoria. Esse mar primordial – símbolo também do princípio, porque a ouroboros como cobra-círculo é também o oceano – é a fonte primal não apenas da criação, mas também da sabedoria. É por isso que os primeiros portadores da sabedoria surgem com frequência do mar, na forma de seres meio-peixes, tal como o Oânes babilônico, e trazem aos homens a sua sabedoria como revelação.

A sabedoria é pré-mundana, isto é, "pré-egoica", anterior ao nascimento da consciência; por isso, em termos mitológicos, ela é pré-natal. Assim, o ser após a morte e o ser anterior ao nascimento dentro da ouroboros são a mesma coisa. O círculo de vida e morte é fechado em si mesmo, é a roda do renascimento, e aquele que é instruído no *Bardo Thödol* e não atinge no estado pós-vida o conhecimento mais elevado, tornará a nascer. Para ele, a instrução após a morte é, portanto, simultaneamente, pré-natal.

A teoria mitológica do pré-conhecimento explica também a concepção segundo a qual todo conhecimento é "memória". A tarefa do homem no mundo é relembrar com a sua consciência aquilo que era conhecimento antes de existir a consciência. Nesse sentido, diz-se do *saddik*, o "homem justo perfeito" do hassidismo, movimento místico judaico do final do século XVIII:

O Saddik descobre aquilo que se perdeu desde o nascimento e o restitui aos homens.[38]

É a mesma concepção da doutrina filosófica de Platão sobre a visão pré-natal das ideias e a lembrança renovada. O conhecimento primordial daquele que ainda está contido no perfeito torna-se evidente para nós na psicologia da criança. Nela, isso é bem claro, razão por que, entre muitos povos primitivos, a criança é tratada com especial respeito. Na criança, os grandes arquétipos e imagens do inconsciente coletivo são realidade viva e se acham muito próximos; na verdade, muitos dos seus ditos e reações, perguntas e respostas, sonhos e imagens, exprimem esse conhecimento que ainda deriva da sua existência pré-natal. É uma experiência transpessoal e não adquirida pessoalmente, uma propriedade trazida por ela do "outro lado". Por isso, esse conhecimento é considerado, com justiça, um conhecimento ancestral e a criança, um ancestral renascido.

A teoria da hereditariedade, ao comprovar que, em termos biológicos, a criança carrega dentro de si a herança ancestral, "sendo" até, em larga medida, essa herança, também justificada do ponto de vista psicológico. O transpessoal como arquétipo e instinto do inconsciente coletivo é, por essa razão, definido por Jung como "a experiência ancestral dentro de nós";[38a] desse modo, a criança, cuja vida como entidade pré-pessoal é largamente determinada pelo inconsciente coletivo, é de fato a portadora dessa experiência ancestral que nela vive.

No mundo primevo da consciência, em que o ego debilmente desenvolvido ainda se encontra sob o domínio do inconsciente, rege, além do simbolismo cujos estágios mitológicos estamos tentando descrever, outra escala de símbolos, que corresponde à imagem mágica do corpo na psique. Nela, determinados grupos de símbolos são atribuídos a determinadas regiões corporais. O esquema primitivo do corpo, composto de abdômen, peito e cabeça, é usado ainda hoje na psicologia corrente. Nesse esquema, e de modo abreviado, o abdômen significa o mundo instintivo; o peito com o coração, a zona dos sentimentos; e a cabeça com o cérebro, a do espírito. A psicologia moderna e a linguagem são influenciadas, até hoje, por esse esquema primitivo do corpo, que é mais desenvolvido na psicologia indiana; na Kundalini Yoga, a consciência ascendente desperta e ativa os diferentes centros do corpo-alma. Nela, o diafragma corresponde à superfície da terra, sendo o desenvolvimento que ultrapassa essa zona agregado ao "sol nascente", à consciência que começa a deixar para trás o inconsciente e os seus liames.

O esquema corporal, como arquétipo do homem original a cuja imagem o mundo foi criado, é o símbolo básico de todos os sistemas em que partes do mundo são coordenadas com regiões do corpo. Essa coordenação é encontrada em toda parte, tanto no Egito como no México, tanto na literatura indiana como na cabala. Não somente Deus, mas também o mundo, são criados à imagem do homem. A relação do mundo e dos deuses com o esquema corporal é a primeira forma concretista da "imagem antropocêntrica do mundo", pela qual o homem está no centro ou no "coração" do mundo. Ela deriva da autossensação corporal, carregada de mana, que tem sido erroneamente entendida como "narcisista".

A carga de mana originalmente associada a tudo o que faz parte do corpo se expressa no medo primitivo das influências e atuações mágicas, que se baseia no fato de que cada parte do corpo, do cabelo caído até o excremento, pode representar e influenciar o corpo inteiro. O simbolismo da mitologia da criação, segundo o qual tudo que sai do corpo é criativo, também tem a sua origem na carga de mana dos corpos. Não apenas o sêmen, mas também a urina e a saliva, o suor, as fezes e o hálito, as palavras e as ventosidades, estão carregados de *criatividade*. De tudo isso nasce um mundo; toda essa "exteriorização" é "nascimento".

Para o homem primitivo, assim como para a criança, com o seu inconsciente superacentuado, a principal ênfase recai na região abdominal, com sua preponderância de vida vegetativa. O "coração" é, para eles, o centro mais elevado, representando o mesmo que é para nós a cabeça com que pensamos. Para o grego, a sede da consciência é o diafragma; para o indiano e o hebreu, é o coração. Para ambos, o pensar é emocional, estando ligado ao afeto e à paixão. A exaustão dos componentes emocionais[*] ainda não se efetuou. Só quando é uma paixão que comove o coração, o pensamento atinge a consciência do ego e é percebido; somente a proximidade arquetípica da ideia afeta a consciência. O coração, no entanto, é também a sede da decisão ética; ele simboliza o centro da personalidade que, no Julgamento dos Mortos egípcio, era pesado. No misticismo judaico, ele desempenha o mesmo papel,[39] e falamos também do "bom coração" de um homem como se fosse um órgão ético. Tudo o que se situa abaixo do coração faz parte do reino do instinto. O fígado e os rins são centros viscerais de grande importância para a vida psíquica. O homem cuja consciência e inconsciência devam ser julgadas é examinado "pelo coração e pelos rins"; o exame do fígado como centro divinatório é tão conhecido como o castigo de Prometeu que, por haver roubado o fogo e pela sua extraordinária ampliação da consciência, é punido com remorsos pela águia de Zeus, que lhe dilacera o fígado. Mas todos os centros abdominais, que funcionam como centros afetivos e regem também a sexualidade, já são centros de uma ordem superior. Bem mais embaixo está o plano psíquico dos processos intestinais do trato alimentar. O impulso de comer, a

---

[*] Cf. Parte II.

fome, parte dos aspectos mais elementares dos impulsos psíquicos do homem e a psicologia do abdômen representa um papel decisivo nos primitivos e nas crianças. Estar saciado ou não, sedento ou não, determina tanto mais o estado psíquico quanto menores forem a consciência e o desenvolvimento do ego. Para o ego embrionário, o aspecto alimentar é o único fator importante, do mesmo modo como, para o ego infantil – que considera a ouroboros materna como a fonte de alimento e de satisfação –, essa esfera continua a ser extremamente enfatizada.

A "ouroboros" é, na verdade, a "devoradora da cauda" e o símbolo do canal alimentar domina todo esse estágio. O estágio pantanoso da ouroboros e do matriarcado primitivo, segundo a descrição de Bachofen, é um mundo em que todas as criaturas se entredevoram. O canibalismo é sintomático desse estado de coisas. Nesse nível, que é pré-genital, porque o sexo ainda não é operativo e a tensão polar entre os sexos ainda não surgiu, há apenas um mais forte que come e um mais fraco que é comido. Nesse mundo animal, uma vez que o cio é relativamente raro, a psicologia da fome ocupa o primeiro plano. A fome e a alimentação são os propulsores primordiais da humanidade.

A mitologia da criação também surge inicialmente e por toda parte com o simbolismo alimentar pré-genital, que é transpessoal por ser oriundo da camada original dos símbolos coletivos. Sístole e diástole, a esfera do ser e do vir a ser da existência humana, se agrupam aqui ao redor das funções da via alimentar. Comer = acolher, dar à luz = expulsar; a comida como o único conteúdo e o ser nutrido como a forma fundamental de existência. Vida = Poder = Comida, o modo mais antigo de se apoderar de uma coisa, aparece já nos mais antigos textos egípcios, os textos das pirâmides. Dizem eles do morto ressuscitado:

> O céu se anuvia, as estrelas chovem (?); as montanhas se movem, as vacas do deus-terra tremem... quando o veem tal qual ele aparece e tem alma como um deus que vive dos seus pais e devora suas mães... E ele que come o homem e vive dos deuses... O coletor de crânios... este os pega para ele. A cabeça primorosa, esta os guarda para ele e os impele para ele (?) etc.
>
> Os grandes deles são destinados ao seu desjejum, os menores para a sua véspera e os pequenos para a sua ceia. O que ele encontra no seu caminho, come...
>
> Ele roubou dos deuses os corações. Comeu a coroa vermelha e engoliu a verde. Ele come dos pulmões dos sábios; sente-se satisfeito por viver dos corações e do encanto deles; ele se alegra (?) por devorar os... que estão na coroa vermelha. Ele prospera e o encanto deles está no seu corpo e a sua nobreza não lhe é retirada. Ele engoliu a inteligência de cada um dos deuses...[40]

Encontramos um simbolismo correlato na Índia. Em uma história da criação,[41] as primeiras divindades são jogadas no oceano e entregues à "fome e à sede", às forças negativas das águas primordiais.

Prossegue o relato:

Ele considerou: aqui estão agora os mundos e os filhos dos mundos; agora quero criar alimento para eles! E ele chocou as águas, surgindo delas, por serem chocadas, uma forma. A forma que surgiu, esse é o alimento.

O alimento torna-se o "conteúdo cósmico" a ser apanhado e, quando o *self* finalmente consegue pegá-lo com o *apana*, "ele o devorou". Em outra passagem, a fome é simbolizada como morte, que é aquilo que come e devora, tal como o sabemos pelo aspecto devorador e mortal da ouroboros.

Até hoje a linguagem não consegue se libertar dessas imagens elementares. Engolir, devorar, fome, morte e goela estão relacionados entre si, e ainda hoje falamos, como o primitivo, de presas da morte, "guerra devoradora" e "doenças que consomem". Ser devorado e engolido é um arquétipo que não foi reproduzido apenas em todas as imagens do inferno e do diabo da Idade Média; nós próprios também expressamos o ser-engolido do pequeno pelo negativamente grande com a mesma imagem, ao dizer que alguém é devorado ou consumido por uma ideia, um movimento, um trabalho etc.

Nesse nível, agregado à ouroboros da cosmogonia, "mundo" – isto é, o conteúdo do mundo que deve ser "assimilado" – significa "alimento". Diz-se de Brahma:

> *From food all creatures are produced,*
> *All creatures that dwell on earth.*
> *By food they live*
> *And into food they finally pass.*
> *Food is the chief among beings,*
> *Therefore they call it the panacea.*
> *Verily he obtains all food*
> *Who worships Brahma as food.*
> *For food is the chief among beings,*
> *Therefore they call it the panacea.*
> *All creatures are born of food,*
> *By food they continue to grow.*
> *Creatures feed on it, it upon creatures,*
> *Therefore it is called food.*[42]

[Nascidas do alimento são todas as criaturas, / Todas as criaturas que vivem na terra. / Do alimento lhes vem a vida / E em alimento por fim se convertem. / O alimento é o essencial entre os seres, / Por isso, eles o chamam panaceia. / Na verdade, obtém todo alimento / Quem venera Brahma como alimento. / Pois o alimento é o essencial entre os seres, / Por isso, eles o chamam panaceia. / Do alimento nascem todos os seres, / Pelo alimento eles continuam a crescer. / Dele se nutrem as criaturas e delas se nutre ele, / Por isso ele se chama alimento.]

Dessa ouroboros no nível abdominal – a ouroboros alimentar – diz-se que Brahma seria o alimento.[43]

Brahma arises through tapas.
From Brahma comes food,
From food – breath, spirit, truth,
Worlds, and in works, immortality.[44]

[Por meio de *tapas* Brahma surge, / De Brahma vem o alimento, / Do alimento, sopro, espírito, verdade, / Mundos; e, em obras, imortalidade.]

Esse mesmo simbolismo é usado no *Upanishad Maitrayana*,[45] em que a relação entre divindade e mundo é representada como a do alimento com aquele que o come. A divindade, outrora festejada como alimentadora do mundo, é agora, ao contrário, reconhecida como a que se nutre do mundo, porque o mundo, tal como o sacrifício, lhe serve de alimento.

Da mesma maneira que, na psicologia e na mitologia dos primitivos, a ouroboros alimentar surge como grandeza cósmica, encontra-se, na especulação filosófica relativamente recente da Índia, o simbolismo da ouroboros alimentar para elucidar a relação entre o sujeito Deus e o objeto Mundo e vice-versa.

Disso faz parte o "sacrifício" que é oferecido como alimento e é "comido" pela divindade, o que é um ato de incorporação, ou seja, de interiorização no sentido de pôr-algo-para-dentro, que representa, ao mesmo tempo, uma apropriação, ou seja, um acréscimo de poder.

Assim é que, na Índia, o mundo é o "alimento dos deuses". Conforme Deussen explicou, o mundo, segundo uma antiga ideia védica, foi criado por Prajapati, que é, ao mesmo tempo, vida e morte – ou fome. O mundo foi criado para ser comido como o sacrifício que ele mesmo oferece a si mesmo. Eis a interpretação do sacrifício do cavalo,[46] sendo o cavalo, tal como o touro em outras culturas, representação do universo:

Tudo o que ele criou alguma vez ele resolveu devorar: por devorar (*ad*) tudo, ele é chamado infinito (*aditi*). Portanto, o que compreende a natureza do *aditi* torna-se o alimento do universo e o universo lhe serve de alimento.[47]

Nesta última frase, fica claro como uma época ulterior espiritualiza, pela interpretação correta, o antigo simbolismo, isto é, "põe para dentro", razão por que o comer, digerir e assimilar o mundo se manifesta como superar o mundo e apoderar-se dele. Isso significa "compreender a natureza do *aditi*", o infinito do Criador que "come" o mundo criado por ele próprio. Desse modo, a conscientização surge no nível primitivo na forma de comer. Quando dizemos que a mente consciente "assimila" um conteúdo inconsciente, não estamos expressando muito mais do que aquilo que está implicado no símbolo do comer e do digerir.

Os exemplos da mitologia egípcia e indiana poderiam ser multiplicados à vontade, uma vez que esse tipo de simbolismo elementar da comida é arquetípico. Sempre que as bebidas, as frutas, ervas etc. aparecem como veículos de vida e imortalidade, incluindo-se aí a "água" e o "pão" da vida, o sacramento da hóstia, assim como toda forma de culto que envolva comida, temos diante de nós esse antigo modo de expressão humana. A materialização de conteúdos psíquico-espirituais, isto é, o fato de conteúdos que consideramos psíquico-espirituais, como a vida, a imortalidade, a morte etc.; aparecerem no ritual e no mito sob uma forma material como água, pão, fruta etc. corresponde à mentalidade primitiva. O interior é projetado no exterior, como dizemos. Na realidade, algo externo é experimentado simbolicamente, isto é, como "saturado" de um conteúdo que, por considerá-lo psíquico-espiritual, associamos à própria psique. Esse objeto material exterior é então "incorporado", quer dizer, comido. O ato da conscientização é vivido no esquema elementar da nutrição e o ato ou ritual do comer concreto é a primeira forma de interiorização e conscientização conhecida da humanidade. Em toda essa esfera de simbolismo, assoma a ouroboros maternal em seu aspecto mãe-filho, em que necessidade é fome e satisfação significa saciedade.

O corpo e a sensação corporal "autoerótico-narcisista" – revisaremos ainda esse conceito – são uroboricamente fechados em si mesmos. Nesse estágio pré-genital, a autogratificação não é masturbação, mas satisfação por ser nutrido. Receber significa aqui "comer" e não "ser fecundado"; pôr-para-fora, exteriorizar, significa aqui defecar, vomitar, urinar – e, mais tarde, falar – mas não parir ou gerar. O estágio criador masturbatório da ouroboros, de caráter genital, precede o estágio sexual da criação por dois Pais Primordiais e ambos os estágios da criação são precedidos pelo da ouroboros alimentar.

Todos esses "atos corporais" simbolizam algo que inclui, simultaneamente, um processo psíquico-espiritual. Os ritos do canibalismo e do banquete funerário, a engolição dos deuses nos Textos das Pirâmides, assim como os mistérios da comunhão, representam um ato espiritual.

A assimilação e ingestão daquilo que representa o conteúdo, o alimento ingerido, produz uma mudança interna. A transformação da unidade celular do corpo pela alimentação é a experiência transformadora mais elementar, de natureza animal, do homem. O modo como um homem cansado, faminto e fraco se torna alerta, forte, satisfeito ou saciado, ou como um sedento se refresca ou até, pela bebida alcoólica, se transforma, continua e continuará sendo, enquanto existirem homens, uma experiência fundamental da humanidade.

O surgimento desse simbolismo não significa, portanto, uma "regressão à esfera oral" no sentido de uma zona de prazer sexual perverso a ser superado, mas uma referência ao simbolismo urobórico primitivamente acentuado pelo inconsciente. A fecundação pela alimentação não é um desconhecimento do ato sexual nem uma substituição por um, de certo modo, "substituto não esclarecido", mas significa "assimilar completamente" em lugar de "unir-se com". A fecundação pela alimentação é diferente, por exemplo, da mencionada fecundação pelo vento; ao comer, a ênfase está na "incorporação", no "pôr-para-dentro", e, no vento, reside na invisibilidade do que move e fecunda.[*]

De acordo com isso, no estágio da ouroboros maternal alimentar, os seios sempre são enfatizados, como ocorre, por exemplo, nas imagens mitológicas da Grande Mãe de muitos seios ou nas inúmeras estátuas da deusa que aperta os seios. Aqui, a Grande Mãe nutridora é mais geradora que parturiente. O seio e o fluxo lácteo são elementos geradores que também podem aparecer em forma fálica, porque o leite, nesse caso, é entendido simbolicamente como agente fecundador. A mãe doadora de leite, cujo símbolo mais comum é a vaca, é geradora-criadora e, por isso, pode ter até caráter paternal. O filho que entra na questão é então, por ter sido fecundado, receptivo-feminino, independentemente do sexo. A ouroboros maternal ainda é, tal como a criança, hermafrodita e pré-sexual. Assim, a mãe gera alimentando, a criança é fecundada comendo e, eliminando, está parindo. Para ambos, o fluxo alimentar é o símbolo da vida sem tensão polar e absolutamente assexual.

Todavia a ênfase no seio da Mãe e em seu caráter fálico já forma um estágio de transição. A situação original é de completa contenção na ouroboros. Quando surge o caráter fálico do seio ou quando a Mãe é vista como portadora de um falo, temos a indicação de que o sujeito infantil começa a se diferenciar. Inclinações ativas e passivas se tornam aos poucos distintas entre si; os opostos fiquem mais aparentes. O comer-conceber e o eliminar-parir se destacam aos poucos, como atos separados, do fluxo alimentar uniforme; e a oposição do ego à ouroboros começa a ocupar o primeiro plano. Assim termina o beatífico existir na ouroboros com a sua autarquia, perfeição e autossuficiência encerrada em si mesma. Enquanto flutuava apenas como germe de ego no ventre da ouroboros, o ego participava da perfeição paradisíaca desta. Essa autarquia domina por completo no ventre, onde a existência

---

[*] Uma interpretação psicanalítica que reduza[48] um ao estágio oral canibalesco da organização da libido e o outro à flatulência do nível anal é profundamente danosa para o homem cujos produtos simbólicos são dessa maneira incompreendidos e depreciados.

inconsciente se combina com a ausência de sofrimento. Aí, tudo aflui por si mesmo e não há necessidade da mínima atividade pessoal, de uma reação instintiva e muito menos da consciência reguladora de um ego. O próprio ser e o mundo circundante – nesse caso, o corpo da mãe – existem numa *participation mystique*, que jamais poderá ser conseguida na relação com o mundo exterior. É compreensível que esse estado de ausência de ego que nenhuma reação de prazer-dor interrompe seja experimentado pela consciência egoica ulterior como uma das formas mais perfeitas da autarquia, da autossuficiência completa. Platão descreve a formação do mundo com palavras que lembram esse estar-contido na perfeição da ouroboros:

> Ele não tinha necessidade de olhos, pois nada havia no exterior para ser visto; nem de ouvidos, pois nada havia no exterior para ele escutar. Não havia ar circundante que precisasse ser inspirado, nem necessidade de nenhum órgão por meio do qual suprir-se de alimento ou livrar-se deste quando digerido. Porque nada se segregava dele, assim também como de lado algum algo a ele se agregava – já que nada existia. Porque, em virtude da sua engenhosa estrutura, ele faz da sua própria decomposição a fonte da sua própria alimentação e todo sofrer e fazer só se realizam nele mesmo e por si mesmos. Porque a autossuficiência – assim achava o seu construtor – era para ele muito melhor do que a dependência de qualquer coisa.[49]

Encontramos mais uma vez o ciclo urobórico de autogeração no nível alimentar. Do mesmo modo como a ouroboros fecunda a si mesma na boca ao comer a própria cauda, assim também "os seus próprios dejetos lhe serviam de alimento", um símbolo sempre recorrente de autonomia e autossuficiência. Essa imagem primordial da ouroboros autárquica está na base do homúnculo da alquimia, que é gerado no redondo – a retorta – por meio da rotação dos elementos, estando presente até mesmo nos fundamentos do *perpetuum mobile* da física.

Temos de nos preocupar com o problema da autarquia em todas as etapas da nossa investigação, porque ele está ligado a uma importante tendência do desenvolvimento do homem: o problema da sua autoformação. Distinguimos até agora três estágios da autarquia urobórica: o primeiro é o estágio pleromático de perfeição paradisíaca no não nascido, o estágio embrionário do ego, que é construído pela consciência ulterior em oposição ao sofrimento do ego não autárquico no mundo. O segundo estágio é o da ouroboros alimentar, um circuito fechado, em que "os seus próprios dejetos lhe servem de alimento". O terceiro, a fase genital-masturbatória, é o de Atum, que "gera dentro do seu próprio punho". Todas essas imagens, assim como a da autoincubação e do autoengravidamento por meio de *tapas* como forma espiritual ulterior da autarquia, são imagens do princípio criador autocontido.

A autarquia urobórica, mesmo quando aparece como arquétipo dominante, não deve ser reduzida ao nível do autoerotismo e do narcisismo. Ambos os conceitos só são válidos em casos de deficiências de desenvolvimento, nas quais o estágio evolutivo dominado pela ouroboros persiste por um período de duração anormal. Mesmo nessa circunstância, no entanto, não se deve esquecer o aspecto positivo. A autarquia é um objetivo da vida e do desenvolvimento tão necessário quanto a adaptação. O autodesenvolvimento, a autodiferenciação e a autoformação são tendências da libido dotadas da mesma legitimidade que reveste a relação extrovertida com o objeto e a relação introvertida com o sujeito. A apreciação negativa implícita nos termos "autoerotismo", "autismo" e "narcisismo" só tem justificativa em casos patológicos, em que se manifestam desvios dessa atitude básica natural; porque o desenvolvimento do ego, da consciência, da personalidade e, por fim, da própria individualidade, é, de fato, promovido pela autarquia, cujo símbolo é a ouroboros. Em muitos casos, por conseguinte, o aparecimento do simbolismo urobórico, em especial se esse caráter formativo e estabilizador for marcado de maneira vigorosa – como ocorre, por exemplo, na mandala – indica que o desenvolvimento do ego está se movimentando na direção do *self*, oposta à adaptação ao objeto.

O desapego da ouroboros, a entrada neste mundo e o encontro com o princípio universal dos opostos são as tarefas essenciais do desenvolvimento humano e individual. O processo de chegar a um acordo com os objetos dos mundos exterior e interior, de adaptação à vida coletiva e de entrosamento no mundo exterior e interior da humanidade, governa, com variados graus de intensidade nas diferentes fases, a vida de cada indivíduo. Para o extrovertido, a ênfase recai nos objetos exteriores, nas pessoas, coisas e circunstâncias; para o introvertido, nos objetos interiores, nos complexos e arquétipos. Ambos têm em comum a relação com o objeto, seja este interno ou externo. Mesmo o desenvolvimento do introvertido, que se relaciona em termos essenciais com a base psíquica, é, nesse sentido, "vinculado ao objeto", embora os objetos se encontrem dentro dele e não fora – forças psíquicas, em vez de forças econômicas, sociais ou físicas.

Contudo, além dessa tendência de desenvolvimento, há outra, igualmente legítima, que é autorrelacionada ou "centrovertida". Essa tendência ajuda a desenvolver a personalidade e a realização individual. Esse desenvolvimento pode derivar os seus conteúdos tanto de fora como de dentro, sem distinção, sendo alimentado igualmente pela introversão e pela extroversão. No entanto, o seu centro de gravidade, no entanto, não reside nos objetos, sejam eles internos ou externos, nem na relação com eles, mas na autoformação, isto é, no levantamento e elaboração de uma estrutura da personalidade que, como núcleo e centro do posicionamento na vida, usa os objetos do mundo interior e exterior como material para o desenvolvimento da sua integralidade. Essa integralidade é um fim em si mesmo, é autárquica; ela é sobremodo independente de todo valor utilitário que possa ter, quer para o exterior coletivo ou para as forças psíquicas interiores.

Não obstante, o fato de estarmos tratando de um princípio criador de decisiva importância para a cultura será demonstrado em outro lugar.

A autoformação, cujos efeitos na segunda metade da vida Jung denominou "individuação",[50] tem o seu padrão crucial de desenvolvimento não apenas na primeira metade da vida, mas também já na infância. A formação do ego e da consciência está, em larga medida, sob o signo da autoformação. A estabilidade do ego, isto é, a sua capacidade de se manter firme diante das tendências desintegradoras do inconsciente e do mundo, se desenvolve muito cedo, tal como ocorre com a tendência de extensão da consciência, que é também um requisito importante da autoformação. Embora o ego e a consciência, na primeira metade da vida, preocupem-se, principalmente com a adaptação, parecendo a tendência autoformadora ir para o segundo plano, os princípios dessa tendência à autorrealização – que só se coordenam com uma maior maturidade – já se encontram na infância, na qual já são decididas as primeiras batalhas nesse sentido. O estágio alegadamente narcisista, autista, autoerótico, egocêntrico e, como vimos, antropocêntrico da ouroboros, tão evidente no autorrelacionamento autárquico e ingênuo da criança, forma um importante pré-estágio do autodesenvolvimento ulterior.

O mesmo simbolismo urobórico que está presente no começo, antes do início do desenvolvimento do ego, ressurge no final, quando o desenvolvimento do ego é substituído pelo desenvolvimento do *self* ou individuação. Quando o princípio universal dos opostos já não predomina, e devorar o mundo ou ser por ele devorado deixa de ser o mais importante, o símbolo da ouroboros ressurge como mandala na psicologia do adulto.

O objetivo da vida é agora tornar-se independente do mundo, destacar--se e ter autonomia. O caráter autárquico da ouroboros aparece como símbolo positivo a indicar uma nova direção. Enquanto o incesto urobórico do neurótico, assim como a sua fixação pleromática, indicam uma incapacidade de libertação das origens e um não querer-vir-ao mundo, o surgimento do simbolismo da mandala-ouroboros no homem maduro é uma indicação de que ele precisa se libertar outra vez deste mundo de que já está "saturado" e encontrar-se a si mesmo. Por meio de um processo novo, ele tem de "parir-se para fora" deste mundo onde precisava "parir-se para dentro" com o ego crescente.

Dessa maneira, a figura "perfeita" da ouroboros, que se acha efetivamente no centro do mundo inconsciente do primitivo e da criança,[*] é, ao mesmo tempo, o símbolo central da segunda metade da vida, bem como o núcleo da tendência de desenvolvimento a que demos o nome de autoformação ou centroversão. O símbolo da mandala circular está presente no começo e no fim. No começo, toma a forma mitológica do paraíso; no fim, da Jerusalém Celestial. A forma perfeita do círculo, de cujo centro parte a divisão em quatro da cruz que posiciona os opostos, é também, na história do desenvolvimento, um dos símbolos mais antigos e mais recentes. Ela é encontrada nos santuários da Idade da Pedra; é o paraíso, onde os quatro rios têm a sua origem e, na mitologia de Canaã, é o ponto central onde tem assento o grande deus El, "na origem dos rios, no centro das origens dos dois mares".[51]

A ouroboros, que pode ser encontrada em todas as épocas e culturas, surge depois como ulterior ao desenvolvimento psíquico individual, como a forma arredondada da alma, como símbolo da integralidade e plenitude recuperadas da vida. É o lugar da transfiguração e da iluminação, do fim, assim como do começo mitológico, da aurora primordial.

Assim, o grande redondo da ouroboros se estende como um arco sobre a vida do homem, envolvendo-o na infância e tornando a acolhê-lo, com uma nova forma, no fim. Mas, na sua própria vida individual, o pleroma da unidade universal também pode ser buscado e achado na experiência religiosa. No misticismo, em que a figura em si infinita da ouroboros surge como "mar da divindade", trata-se frequentemente de uma dissolução do ego, de uma entrega extática do ego que corresponde ao incesto urobórico. Quando, porém, em vez da dissolução mortal-extática do ego, encontra-se, em primeiro plano, o "morre e torna a ser" do renascimento, a coisa é diferente. Quando o aspecto do renascimento prevalece sobre o da morte, não há uma regressão, mas um processo criativo. A sua relação com o estágio urobórico será discutida de maneira integral adiante, porque a distinção entre os processos criadores e patológicos é de especial importância em toda psicologia profunda.

Para ambos os processos, a ouroboros é apropriada como símbolo de originação. Nos fenômenos criativos, e não apenas nos religiosos, a figura do redondo que abarca toda a duração da vida significa igualmente o mar regenerador e a fonte da vida superior. É, contudo, essa mesma figura que, no seu abraço aderente, impede o neurótico de nascer para a vida. Nesse caso, na maioria das vezes não se trata mais da figura original da ouroboros, e sim, se houver um ego desenvolvido, de outro estágio, a saber, o do domínio da ouroboros sobre o ego ou, em outros termos, da figura da "Grande Mãe".

---

[*] Cf. o papel desempenhado pelo círculo nos primeiros desenhos das crianças.

II
A Grande Mãe
O Ego sob o Domínio da Ouroboros

Quando começa a emergir da sua identidade com a ouroboros e a união original do estado embrionário no ventre materno chega ao fim, o ego assume nova atitude diante do mundo. A visão que o indivíduo tem do mundo sofre modificações a cada estágio do seu desenvolvimento, sendo as variações de arquétipos e símbolos, de deuses e mitos, a expressão, mas também o instrumento, dessa mudança. A exaustão da ouroboros significa nascer e descer para o mundo inferior, pleno dos perigos e desconfortos da realidade. O ego nascente torna-se consciente das qualidades de prazer-dor nas quais se experimenta a si mesmo como pleno de prazer ou de dor; em consequência, o mundo toma-se ambivalente para ele. A vida inconsciente da natureza, que é também a vida da ouroboros, une em si a mais despropositada destruição assassina com o supremo sentido da criação instintiva; porque a unidade significativa do organismo é tão "natural" quanto o câncer que o devora. O mesmo se aplica à unidade da vida no interior da ouroboros, que, tal como o pântano, gera, dá à luz e mata, no círculo sem-fim do eterno estar-enterrado-dentro-de-si-mesmo. Esse mundo experimentado por um ego humano prestes a despertar é o mundo do matriarcado de J. J. Bachofen, com as suas deusas da maternidade e do destino. A mãe devoradora e malvada e a mãe doadora e bondosa são dois aspectos da grande Deusa Mãe urobórica que reina nesse nível psíquico.

A evidente ambivalência do arquétipo, a sua bilateralidade, condiciona também uma atitude ambivalente do ego diante do arquétipo em cujo poder se encontra.

A figura esmagadora do inconsciente, o seu aspecto devorador e destrutivo – pouco importa de onde vem ou em que se manifesta – é vista figurativamente como mãe malvada, como senhora sanguinária da morte e da peste, da fome ou do dilúvio, do impulso da violência ou da doçura sedutora que leva à ruína.

Mas como mãe boa ela é a plenitude do mundo generoso, a dispensadora de vida e felicidade, a terra nutridora, a cornucópia do ventre fértil. Ela é a experiência instintiva que a humanidade tem da profundidade e da beleza do mundo, da bondade e da graça da profundeza criadora que a cada dia promete e sempre cumpre a ressurreição, a reanimação e o novo nascimento.

Diante de tudo isso, o ego, a consciência, o indivíduo, fica pequeno e impotente. Sente-se indefeso e minúsculo, aprisionado e dependente sem salvação, como uma pequena ilha que flutua nas vastidões do oceano primal. Nesse estágio, a consciência não logrou ainda encontrar um ponto de apoio firme em meio ao dilúvio do ser inconsciente. Para o ego primitivo, tudo se acha ainda envolto pelo abismo aquoso, em cujos turbilhões esse ego gira, para lá e para cá, desorientado, privado de um sentido de distinção, indefeso diante desse remoinho misterioso que o inunda repetidas vezes, não apenas do interior como do exterior.

Exposto às sombrias forças do mundo e do inconsciente, o homem primitivo sente a vida, necessariamente, como algo caracterizado pelo perigo constante. A vida no cosmos psíquico do primitivo é cheia de perigo e incerteza; e o caráter demoníaco do mundo exterior, onde há doenças e morte, inanição, dilúvios, secas e terremotos, é levado a extremos ao ser contaminado pelo que denominamos mundo interior. Os terrores de um mundo regido pela irracionalidade do acaso e que não é mitigado pelo conhecimento das leis da causalidade se tornam ainda mais sinistros graças aos espíritos dos mortos, aos demônios e deuses, feiticeiras e mágicos; de todas essas entidades emanam efeitos invisíveis e a realidade de ser obrigado por isso se manifesta nos temores, explosões emocionais, frenesis orgiásticos, epidemias psíquicas, ímpetos sazonais de luxúria, impulsos assassinos, visões, sonhos e alucinações. Basta conhecer o alcance, mesmo nos nossos dias, do temor primordial do homem ocidental em face do mundo, a despeito da sua consciência de certo modo altamente desenvolvida, para compreender aproximadamente o temor do primitivo diante do mundo, assim como o seu sentimento de estar em perigo.

A criança também experimenta essa mesma indefinibilidade do mundo; ela ainda não é capaz de se orientar com consciência e de reconhecer o mundo e enfrenta cada evento como se fosse uma devastadora inovação, estando exposta a todos os caprichos do mundo e dos homens. Nela habita igualmente esse terror primitivo que vem do mundo exterior contaminado pelo mundo interior, e que a projeção torna misterioso, como vemos nas visões de mundo dinamista e animista. Esse terror é expressão da situação presente na alvorada do mundo, quando uma pequena e frágil consciência do ego se vê diante do gigantesco mundo. A supremacia do mundo dos objetos e do mundo do inconsciente é uma experiência que tem de ser aceita. Por isso, o medo é um fenômeno normal na psicologia da criança. Embora diminua à medida que a consciência se fortalece, ele forma, porém, um impulso transpessoal para o desenvolvimento da consciência. Componentes importantes da formação do ego, do desenvolvimento da consciência, da cultura, da religião, das artes e ciências, têm origem na tendência de representar e superar esse medo. É, portanto, muito errado reduzi-lo a fatores pessoais ou ambientais, assim como procurar livrar-se dele dessa maneira.

Na história da tribo, bem como na do indivíduo, a desorientação do ego infantil leva os componentes do prazer e da dor a serem experimentados sem distinção um do outro ou, em todo caso, leva o objeto da experiência a ser "tingido" pela mistura deles. A não separação de opostos e a resultante ambivalência do ego com relação a todos os objetos evocam um sentimento de temor e impotência. O mundo é urobórico e supremo, sendo essa supremacia urobórica experimentada, quer como o mundo ou como o inconsciente, quer como o ambiente onde se está ou como o próprio corpo.

O domínio da ouroboros, no decorrer da fase infantil da consciência do ego, é o que Bachofen descreve como a época do matriarcado; e todos os símbolos que ele associa com essa época surgem ainda hoje em relação a esse estágio psíquico. Devemos enfatizar, uma vez mais, que "estágio" se refere a uma camada estrutural, e não a uma época histórica. No desenvolvimento individual, e talvez também no coletivo, essas camadas não estão umas sobre as outras num arranjo ordenado, mas, tal como na estratificação geológica da terra, camadas remotas podem estar deslocadas para cima e camadas mais recentes, para baixo.

Mais tarde, teremos que considerar o desenvolvimento masculino e feminino em relação aos seus opostos. Há, contudo, algo que, por mais paradoxal que se afigure, pode-se estabelecer agora como lei básica: também na mulher a consciência tem, diante do inconsciente, caráter masculino. A correlação "consciência-luz-dia" e "inconsciência-treva-noite" é válida, independentemente do sexo, e não se altera diante do fato de a polaridade espírito-instinto se organizar em bases diferentes nos homens e nas mulheres. A consciência do ego em si tem caráter masculino também na mulher, do mesmo modo como o inconsciente é feminino nos homens.[*]

O matriarcado de Bachofen é o estágio da consciência do ego não desenvolvida, ainda enredada pela natureza e pelo mundo. Por isso, faz parte desse

---

[*] Isso não contradiz a afirmação de Jung de que o ego da mulher tem caráter feminino e o seu inconsciente, caráter masculino. A mulher trava parte da batalha heroica com a ajuda da sua consciência masculina ou, na linguagem da psicologia analítica, do seu *animus*; para ela, no entanto, essa não é a única batalha, nem a final. Contudo, o problema da "consciência matriarcal" aqui mencionado só poderá ser tratado na minha obra sobre a psicologia do feminino.

princípio urobórico a predominância da terra e da vegetação com todo o seu simbolismo:

> Não é a terra que imita a mulher, mas a mulher que imita a terra. Os antigos consideravam o casamento uma questão agrária; toda a terminologia da lei matrimonial vem da agricultura,[52]

diz Bachofen, retomando a observação de Platão:

> Na gravidez e na geração, a mulher não dá um exemplo à terra, mas a terra é que dá exemplo à mulher.[53]

Esses ditos reconhecem a prioridade do transpessoal e a natureza derivada do pessoal. Mesmo o casamento, a regulamentação do princípio sexual dos opostos, deriva do princípio terreno do matriarcado.

Nesse estágio, o simbolismo alimentar e os órgãos com ele coordenados são de decisiva importância. Isso explica por que as culturas da Mãe Deusa e as suas mitologias estão intimamente relacionadas com a fertilidade e o crescimento e, em particular, com a agricultura e, por conseguinte, com o campo alimentar, ou seja, com a matéria e a área corporal.

O estágio da ouroboros maternal se caracteriza pela relação entre a criança pequena e a mãe que alimenta, mas é, ao mesmo tempo, um período histórico em que a dependência do homem com relação à terra e à natureza alcança o auge. Ligada a ambos os aspectos, há a dependência do ego e da consciência diante do inconsciente, cuja predominância determina esse estágio da existência. A dependência entre a sequência "criança-homem-ego-consciência" e a sequência "mãe-terra-natureza-inconsciente" ilustra a relação entre o pessoal e o transpessoal, assim como a sua dependência recíproca.

Esse estágio de desenvolvimento é regido pela imagem da Deusa Mãe com a Criança Divina, enfatizando a natureza carente e indefesa da criança e o lado protetor da mãe. Na forma de cabra, ela amamenta o garoto cretense Zeus e o protege do pai devorador; Ísis traz o garoto Hórus de volta à vida, depois de ele ter sido picado por um escorpião; e Maria protege o Menino Jesus, ao fugir de Herodes, da mesma maneira como Leto oculta os seus filhos, divinamente gerados, da ira da deusa hostil. A criança é o deus companheiro da Grande Mãe. Como criança e como Cabir, ela se situa ao lado e debaixo dela como criatura dependente. Mesmo para o deus jovem, a Grande Mãe é o destino. Quanto mais para a criança, cuja natureza é pertencer à mãe e ser parte dependente do seu corpo!

Esse relacionamento é expresso de maneira mais vívida nos símbolos "pré-humanos", em que a Mãe é o mar, um lago ou um rio, e a criança, um peixe que nada nas águas envolventes.[54]

O pequeno Hórus, filho de Ísis; Jacinto; Erisícton e Dionísio; Melicerta, o filho de Ino; e incontáveis outras crianças bem-amadas encontram-se sob o domínio da toda-poderosa Mãe Deusa. Para esses filhos, ela ainda é o agente benfeitor do nascimento e protetor, a Mãe jovem, a Madona. Ainda não há conflito confesso, porque a contenção original da criança na ouroboros maternal produz a felicidade de uma relação mútua imperturbável. A Madona é a imagem que o ego adulto associa a esse estágio infantil, mas o próprio ego infantil – correspondente ao estado ainda não centrado do ego e da consciência – ainda experimenta o caráter pleromático amorfo da ouroboros maternal.

Não obstante, essa criança sofre o mesmo destino do amante adolescente que a sucede: é morta. O seu sacrifício, morte e ressurreição são o ponto central de cultos rituais primitivos da humanidade, relacionados com o sacrifício de crianças. Nascida para morrer, nascendo para renascer, a criança é associada ao ritmo anual da vegetação. O Zeus-menino cretense, nutrido pela Grande Mãe – que assumiu a forma de cabra, vaca, cadela, porca, pomba ou abelha[55] –, nasce todo ano e morre todo ano. Mas esse menino, por ser luz, é mais do que mera vegetação:

> Certo mito, muito original em seu caráter primitivo, embora só tenha sido registrado em épocas posteriores, nos fala de uma criança que nascia todo ano, já que se refere a uma luz que todo ano irradiava de uma gruta, "quando o sangue jorrava no nascimento de Zeus".[56]

Contudo, a criança moribunda e sacrificada não tem o destino trágico do amante-adolescente; no retorno à Mãe mortal, a *mater larum* dos romanos, há ainda acolhimento e conforto, o estar contido na Grande Mãe envolve a existência infantil, tanto na vida como na morte.*

---

* O livro de Jung-Kerényi, *Einführung in das Wesen der Mythologie*, suplementa o nosso estudo em importantes aspectos. Cabem aqui, no entanto, algumas observações críticas. A parte em que Kerényi trata do mito de Deméter-Perséfone é fundamental para o nosso projetado estudo da psicologia feminina e dos seus desvios da linha de desenvolvimento por estádios, e nele será discutido de maneira plena. O procedimento por nós adotado, que consiste em examinar determinado grupo de arquétipos do ponto de vista evolutivo, é "biográfico" no próprio sentido que Kerényi[57] rejeita. Não há dúvida de que os arquétipos são atemporais e, portanto, eternos como Deus, razão por que a Criança Divina jamais "se torna" o jovem divino, sendo mais apropriado dizer que as duas entidades existem paralelamente, sem nenhum vínculo entre si, como ideias eternas.

E, todavia, os deuses de fato "se tornam"; têm o seu destino e, por conseguinte, a sua "biografia". Esse aspecto evolutivo do eterno, nós o vemos como um dos tantos aspectos verdadeiros e possíveis; e fazemos referência ao estágio infantil unicamente como o estágio de transição da uroboros para a adolescência, sem elaborar a sua existência independente. Nesse sentido, essa obra de Jung e Kerényi enriquece sobremaneira o nosso tema.

No arquétipo da criança, o ego consciente ainda se encontra inteiramente separado do *self* inconsciente, havendo em toda parte vestígios do fato de ele estar contido na uroboros, a divindade primordial. Assim, Jung fala do "hermafroditismo da criança" e da "criança como princípio e fim". A "invencibilidade da criança" exprime não só o lugar que é a sede da divindade invencível, isto é, da uroboros, mas também a natureza invencível do novo desenvolvimento que a criança, como luz e consciência, representa. Esses dois elementos pertencem ao caráter eterno da Criança Divina.

Com o fenômeno do seu "abandono", entretanto, entramos no destino histórico da criança. Aqui, o seu afastamento, diferenciação e caráter ímpar são objeto de ênfase, assim como o início da decisiva oposição aos Primeiros Pais, que determina a carreira biográfica da criança e, ao mesmo tempo, o progresso espiritual da humanidade.

Em uma fase em que a consciência começa a obter a sua autoconsciência, isto é, a se reconhecer e a discriminar-se como um ego e individual distinto, a preponderância da ouroboros maternal se torna tragicamente funesta para esse ego. Sentimentos de transitoriedade e de mortalidade, de impotência e isolamento, colorem agora a imagem que o ego faz da ouroboros, em absoluto contraste com a situação original de contentamento. Conquanto, no princípio, o estado de vigília era uma dura exaustão para a frágil consciência do ego; e o sono, uma bênção para que ela pudesse, mais tarde, render-se arrebatadamente ao incesto urobórico e retornar ao Grande Redondo, esse retorno agora se torna cada vez mais difícil e é realizado com crescente má vontade à medida que as exigências da sua própria existência independente se tornam mais insistentes. Agora a ouroboros maternal passa a ser a escuridão, a noite, o oposto do dia e da vigilância da consciência. A transitoriedade e o problema da morte passam a ser a dominante do sentimento de vida; Bachofen descreve os que nascem de uma mãe, que sabem que nasceram apenas de terra e de mãe, como sendo "tristes por natureza", pois o caráter perecível e necessário da morte é apenas um lado da ouroboros – uma vez que o seu outro lado significa nascimento e vida. A roda do mundo, o poderoso tear do tempo, as Irmãs Destino e a roda do nascimento e da morte são símbolos que expressam a tristeza que domina a vida do ego adolescente.

Nessa terceira fase a semente do ego já atingiu certo grau de autonomia. Os estágios embriônico e infantil acabaram; contudo, embora o adolescente já não enfrente a ouroboros como uma simples criança, a soberania da ouroboros sobre ele ainda não acabou.

Ao desenvolvimento progressivo do ego corresponde a formação progressiva dos objetos relacionados com ele. A ouroboros maternal, informe – no sentido de que a figura humana tem uma forma –, é agora sucedida pela figura da Grande Mãe.

O caráter urobórico da Grande Mãe transparece sempre que ela é adorada em forma andrógina, por exemplo, como a deusa barbada de Chipre e de Cartago.[58] A mulher de barba ou que tem falo trai o seu caráter urobórico na não diferenciação entre masculino e feminino. Só mais tarde esse híbrido será substituído por figuras sexualmente inequívocas, tendo em vista que a sua natureza mista e ambivalente representa o estágio mais remoto a partir do qual os opostos serão diferenciados.

Assim, a consciência infantil, que experimenta constantemente os seus vínculos com a matriz – da qual surgiu – e a sua dependência dela, torna-se aos poucos um sistema independente; a consciência se torna autoconsciência e emerge um ego reflexivo e que sabe de si mesmo como o centro da consciência. Mesmo antes de o ego se centrar, há uma espécie de consciência, tal como podemos observar atos conscientes no bebê antes do surgimento da consciência do ego. Porem, só quando o ego experimenta a si mesmo como algo distinto e diferente do inconsciente há superação do estágio embriônico e só então pode se formar um sistema, autônomo e baseado em si mesmo, da consciência. O reflexo desse estágio inicial da consciência na sua relação com o inconsciente é encontrado na mitologia da Mãe Deusa e do seu vínculo com o filho-amante. As figuras de Átis, Adônis, Tamuz e Osíris[59] nas culturas do Oriente Próximo não nascem "simplesmente" de uma mãe; pelo contrário, esse aspecto é totalmente eclipsado pelo fato de eles serem os amantes das suas mães; são amados, assassinados, sepultados e lamentados por elas, e então renascem através delas. A figura do filho-amante segue o estágio do embrião e da criança. Ao diferenciar-se do inconsciente e reafirmar a sua alteridade masculina, ele quase se transforma em parceiro do inconsciente maternal; é filho, mas também amante. Mas ainda não está à altura dessa feminilidade maternal; sob ela sucumbe; morrendo, retorna a ela e é por ela engolido. A mãe bem-amada se converte na terrível Deusa da Morte. Ela quase se diverte à custa do filho, com a vida e a morte dele, dominando até o seu renascimento. Quando, como deus que morre para ressuscitar, ele está ligado à fertilidade da terra e vegetação, a soberania da Mãe Terra é tão óbvia quanto a própria independência dele é questionável. O princípio masculino ainda não é uma tendência paternal que equilibre o princípio maternal-feminino; ainda é jovem e vernal, apenas o começo de um desenvolvimento próprio que se aparta do lugar de origem e da dependência da relação infantil.

Essas relações estão resumidas em Bachofen:

> A mãe é anterior ao filho. O feminino tem prioridade, enquanto a criatividade masculina aparece somente depois como um fenômeno secundário. A mulher é, o homem será. Donde o princípio é a terra, a substância maternal básica. Do seu colo maternal surge então a criação visível e só nesta se mostra uma geração separada em dois; só nesta a formação masculina vem à luz do dia. Portanto, mulher e homem não aparecem ao mesmo tempo; não são da mesma ordem. A mulher é o dado, sendo o homem, saído da mulher, o que veio a ser. Ele faz parte da criação visível, mas em constante mudança; só vem a existir em forma perecível. Existente desde o início, dada e imutável, é unicamente a mulher e, por isso, o homem é condenado ao constante declínio. No reino da vida física, por conseguinte, o princípio masculino está situado no segundo lugar, é subordinado ao feminino. Nisso reside o modelo e o fundamento da ginecocracia e está enraizada também a ideia, pertencente aos primórdios do tempo, da união de uma mãe imortal com um pai mortal. Ela, sempre a mesma, mas, do lado do homem, uma série incalculável de gerações. A mesma Mãe Primordial se une sempre a novos homens.

A criação visível, o filho da Mãe Terra, torna-se a ideia do progenitor. Adônis, a imagem do mundo exterior, que cada ano decai e ressurge novamente, passa a ser e se chama "Papas", o procriador daquilo que ele próprio é. A ele corresponde Pluto. Como filho de Deméter, Pluto é a criação visível em contínua renovação; como esposo de Penia, ele é o seu pai e criador. Ele é a um só tempo a riqueza vinda do colo maternal da terra e o doador de riquezas; é a um só tempo objeto e potência ativa, criador e criatura, causa e efeito. Mas a primeira manifestação do poder masculino na terra é em forma de filho. Do filho se deduz o pai; a existência e a natureza do poder masculino se evidencia primeiro no filho. Nisso se baseia a subordinação do princípio masculino ao da mãe. O homem surge como criatura e não como criador, como efeito e não como causa. O inverso se aplica à mãe. Ela está antes da criatura; ela se apresenta como causa, como primeira doadora de vida, e não como efeito. Não é para ser reconhecida por meio da criatura, mas por si mesma. Numa palavra, existe primeiro como mãe; e o homem, como filho.[60]

O homem nasce então da mulher, graças à maravilhosa metamorfose da natureza, que se repete em cada nascimento de criança do sexo masculino. No filho aparece a mãe transformada no pai. O bode, todavia, é apenas atributo de Afrodite, sendo, portanto, subordinado a ela e destinado ao seu serviço. (Semelhante significado têm os filhos da filha de Entória no poema *Erígona*, de Eratóstenes, citado por Plutarco, *Parall.* 9.) Quando nasce do colo da mulher um homem, a própria mãe fica admirada diante do novo fenômeno, porque também ela reconhece pela formação do filho a formação daquela força fecundadora à qual deve a sua maternidade. Encantada, ela contempla o produto. O homem se torna o seu querido, o bode, o seu carregador e o falo, a sua companhia constante. Como mãe, Cibele domina Átis, Vírbio é superado por Diana e Faetonte por Afrodite. O princípio feminino e maternal da natureza está em primeiro plano; ele toma o princípio masculino – secundário, um constante vir a ser, existente apenas em forma perecível e em constante mudança – no seu colo, como Deméter tomou a Cista.[61]

Os jovens que a Mãe escolhe para amantes podem impregná-la, podem até ser deuses da fertilidade, mas permanece o fato de que são apenas companheiros fálicos da Grande Mãe, zangões que servem à abelha-rainha e que são mortos assim que realizam o seu papel de fecundadores.

Por isso, esses joviais deuses companheiros aparecem sempre na forma de anões. Os pigmeus que eram adorados em Chipre, no Egito e na Fenícia, territórios da Grande Mãe – exibem o seu caráter fálico à feição dos Dióscoros, dos Cabiros e dos Dáctilos, incluindo até a figura de Harpócrates. A serpente que acompanha – apartada de sua natureza numinosa – é também um símbolo do falo fertilizador. É por isso que a Grande Mãe é tão frequentemente relacionada com as cobras. Não apenas na cultura cretense-miceniana e nas suas ramificações gregas, mas também já no Egito, na Fenícia e na Babilônia, e de modo parecido, na história bíblica do Paraíso, a cobra é a companheira do feminino.

Em Ur e Erech foram descobertas, na camada inferior de escavações, representações primitivas de imagens de culto muito antigas da Mãe Deusa com o seu filho, ambos com cabeça de cobra.[62] A forma urobórica da mais antiga Mãe Deusa é a cobra, senhora da terra, das profundezas e do mundo inferior, razão pela qual a criança que ainda se acha ligada a ela é uma cobra como ela. Mãe e filho se humanizam no curso do tempo, mas mantêm a cabeça de cobra. Há então uma divergência entre as suas linhas de desenvolvimento. A figura final plenamente humana, a Madona humana com o seu filho humano, tem como precursoras as figuras da mãe humana com a sua companheira cobra, sob a forma de uma criança ou de um falo, assim como as figuras da criança humana com a cobra grande.

A ouroboros como serpente circular – forma preservada, por exemplo, na Tiamat babilônica e na serpente Caos, e, do mesmo modo, no Leviatã, que, sob a forma de oceano "envolve as terras com o seu cinto de ondas"[63] – mais tarde se divide ou é dividida em duas.

Quando a Grande Mãe adotou a sua figura humana, a parte masculina da ouroboros se colocou ao lado dela como demônio serpentino do falo, resíduo da natureza originalmente bissexuada da ouroboros.

É característico que os jovens fálicos, deuses da vegetação, não sejam apenas os fecundadores da terra, mas, tendo crescido na terra, sejam também a vegetação. Enquanto existem, fazem a terra fecunda, mas, quando amadurecem, são, ao mesmo tempo, mortos, segados e colhidos. A Grande Mãe com a espiga de trigo, o seu filho trigo, é um arquétipo cujo poder se estende aos mistérios de Elêusis, à Madona cristã e à hóstia de trigo – na qual é comido o corpo de trigo do filho. Os jovens pertencentes à Grande Mãe são deuses da primavera que devem morrer para serem lamentados pela Grande Mãe e renascerem.

Todos os amantes das Mães Deusas têm certas características em comum: todos são jovens de beleza e encanto tão marcantes quanto o seu narcisismo. São botões delicados, simbolizados pelos mitos como anêmonas, narcisos, jacintos ou violetas, que nós, com a nossa mentalidade de caráter marcadamente masculino-patriarcal, associaríamos, de modo mais imediato, com mocinhas. A única coisa que podemos dizer acerca desses jovens, sejam quais forem os seus nomes, é que agradam à deusa amorosa pela sua beleza física. Fora isso, são privados, em contraste com as figuras heroicas da mitologia, de força e caráter, carecendo de toda individualidade e iniciativa. São, em todos os sentidos da palavra, rapazes atraentes cuja vaidade narcisista é evidente.

O mito de Narciso deixa claro que o narcisismo é uma admiração do próprio corpo. Especialmente característica desse estágio adolescente é a ênfase narcísica do falo como epítome do corpo e da personalidade narcisista.

O culto da fertilidade fálica, assim como a orgia sexual fálica, são, em toda parte, típicos da Grande Mãe. Os festivais da fertilidade e os rituais da primavera são consagrados ao falo jovem e à sua exuberante sexualidade. Isso seria formulado mais acertadamente se visto ao contrário: o falo do jovem deus é consagrado à Grande Mãe. Isso porque, originalmente, ela não se preocupava nem um pouco com o jovem, mas com o falo de que este é o portador.* Só mais tarde, com a personalização secundária, o sacramento primário da fertilidade, com os seus ritos cruéis, é substituído pelo motivo do amor. O ritual impessoal e transpessoal que, "por via cósmica", tem de garantir à comunidade a fertilidade da terra, é substituído pelo mito relacionado com os seres humanos. Só então há relatos das aventuras das deusas e deuses com os seres humanos e a linha termina no romance romântico e na história de amor, que correspondem melhor à psicologia personalista dos tempos modernos.

A tensão mortal entre as celebrações orgiásticas, nas quais o jovem e o seu falo desempenham o papel central, e o ritual subsequente de castração e morte define arquetipicamente a situação do ego adolescente sob o domínio da Grande Mãe. Embora seja histórica e cultural, essa situação deve ser entendida em termos da evolução psicológica do ego. A relação entre o filho-amante e a Grande Mãe é uma situação arquetípica operante, cuja superação é também, ainda hoje, a condição prévia para um maior desenvolvimento da consciência do ego.

Esses rapazes semelhantes a flores não são fortes o bastante para resistir ao poder da Grande Mãe e vencê-lo. São mais amados do que amantes. A deusa, plena de desejo, os escolhe para si e desperta neles a sexualidade. A iniciativa jamais vem deles; são sempre as vítimas, morrendo como flores adoráveis. Nesse estágio, o jovem ainda não tem masculinidade, consciência ou ego espiritual mais elevado. Está narcisisticamente identificado com o seu próprio corpo masculino e com a sua marca distintiva, o falo. Não só a Mãe Deusa o ama apenas como falo e, castrando-o, apodera-se do seu falo para a sua fertilidade, como o próprio jovem está identificado com o falo e tem um destino fálico.

Esses jovens, de ego fraco e sem personalidade, não têm um destino próprio; o seu destino é coletivo. Ainda não são indivíduos e, por isso, não têm existência individual, mas apenas ritual. Do mesmo modo, a Mãe Deusa não se relaciona com um indivíduo, mas unicamente com o jovem como figura arquetípica.

Mesmo o renascimento através da Grande Mãe, seu aspecto positivo e terapêutico, é "não relacionado". Não é um ego ou mesmo um *self* ou

---

* A mais antiga representação desse festival da fertilidade pode muito bem ser a pintura[64] neolítica de Cogul, que mostra nove mulheres dançando ao redor de um jovem portador do falo. O número 9, caso não seja acidental, acentua ainda mais o caráter de fertilidade.

personalidade que renasce e sabe que renasce; o renascimento é cósmico, anônimo e universal como "a vida". Do ponto de vista da Mãe Terra ou Grande Mãe, toda vegetação é a mesma, toda criatura recém-nascida é um queridinho da mamãe que continua o mesmo, assim como ela continua sendo a mesma. Isso, contudo, significa que, para ela, o nascido é um renascido e cada amante é o mesmo, é *o* amante. E, quando a deusa se une, no ritual, a cada rei da fertilidade, pai, filho e neto, ou a cada um dos seus sacerdotes supremos, todos eles são sempre o mesmo para ela, porque a união sexual é para ela sempre a mesma, sendo-lhe indiferente quem é o portador do falo, que é o que lhe interessa. Do mesmo modo, em suas sacerdotisas, as prostitutas sagradas, ela é um ventre múltiplo, mas, na realidade, continua a ser a mesma, *a* Deusa.

A Grande Mãe é virgem, mas num sentido diferente do que o patriarcado, mais tarde, entendeu erroneamente como símbolo da castidade. Justamente por ser fecunda e parturiente, ela é virgem, isto é, "não relacionada" e não dependente de um homem.[65]. Em sânscrito, "mulher independente" é sinônimo de meretriz. Assim, a mulher que não está vinculada a um homem é não apenas um tipo feminino universal como também um tipo sagrado na Antiguidade. A amazona não se vincula por ser independente, e assim também é com a mulher representante da fertilidade da terra e que é responsável por ela. Ela é a mãe de tudo o que nasceu ou nascerá; no entanto, só tem pelo masculino – se é que isso acontece – um breve ímpeto de paixão, não sendo ele mais do que um meio para atingir um fim, apenas o portador do falo. Todos os cultos do falo, solenizados invariavelmente pelas mulheres, referem-se à mesma coisa: o poder anônimo do fecundador, a autonomia do falo. O ser humano, o indivíduo, é apenas o portador – perecível e substituível – do imperecível que é insubstituível, porque, como falo, é sempre idêntico a si mesmo.

Por conseguinte, a deusa da fertilidade é tanto mãe como virgem; a hetaira, que não pertence a nenhum homem, mas está pronta para dar-se a cada um. Ela está à disposição de todo aquele que, tal como ela, esteja a serviço da fertilidade. Voltando-se para o seu ventre, ele serve a ela, a sagrada representante do grande princípio da fertilidade. Deve-se entender o "véu de noiva", nesse sentido, como o símbolo da *kedesha*, a meretriz. Ela é "desconhecida", isto é, anônima. Ser desvelada significa aqui ser desnudada, mas isso é apenas outra forma de anonimato. O fator real e operativo é sempre a deusa, o transpessoal.

O suporte pessoal dessa deusa, a mulher como indivíduo, é secundário. Ela também é experimentada pelo homem como sagrada, como *kedesha* (*Kadosh* = sagrado) e como deusa que põe em movimento a profundidade da sua sexualidade. Yoni e *lingam*, feminino e masculino, um encontro suprapessoal, sagrado; o pessoal é dissolvido e permanece insignificante.

Os jovens que personificam a primavera pertencem à Grande Mãe, são os seus servos, a sua propriedade, porque são os seus filhos e a sua geração. Por isso, os eunucos são os ministros e sacerdotes eleitos da grande Mãe Deusa. São os que sacrificaram a ela o que é para ela o mais importante – o falo. E, por isso, o estágio dos amantes adolescentes e da Grande Mãe é associado com o fenômeno da castração e aqui aparece, pela primeira vez, em seu sentido próprio, ou seja, referindo-se de fato ao membro fecundador. A ameaça de castração que surge com a Grande Mãe é mortal. Para ela, amar, morrer e ser emasculado são uma só coisa. Apenas os sacerdotes escapam, pelo menos mais tarde, do destino mortal, porque esse morrer pela Grande Mãe, a castração, eles o executaram voluntariamente em si mesmos.[*]

Uma característica essencial desse estágio do ego adolescente é que o feminino, sob o aspecto da Grande Mãe, é experimentado como tendo um fascínio negativo. Dois aspectos são especialmente comuns e bem acentuados: o primeiro é a natureza sangrenta e selvagem da grande Mãe Deusa; o segundo, o seu poder como feiticeira e bruxa.

Adorada do Egito à Índia, da Grécia e Ásia Menor à África mais negra, a Grande Mãe foi sempre considerada a deusa da caça e da guerra; os seus ritos eram sangrentos, os seus festivais, orgiásticos. Todos esses aspectos têm ligação essencial entre si. O sinistro dessa profunda "camada de sangue" da Mãe Terra torna compreensível o medo dos seus amantes-adolescentes de serem castrados.[**]

O ventre da terra quer e precisa ser fecundado, e os sacrifícios de sangue e os cadáveres são o seu alimento preferido. Esse é o aspecto terrível, o lado mortal do caráter da terra. Os mais antigos cultos da fertilidade implicavam o despedaçamento da vítima sacrificial, cujas partes ensanguentadas eram distribuídas como bem precioso e oferecidas à terra para torná-la fértil. Esses

---

[*] Para evitar mal-entendidos, enfatizemos, de uma vez por todas, que, na nossa discussão, sempre que falamos de castração, referimo-nos à castração simbólica e jamais a um complexo personalista de castração adquirido na infância que envolva uma referência concreta à genitália masculina.

O estágio do filho-amante e da sua relação com a Grande Mãe tem acento fálico, ou seja, o falo simboliza a atividade do adolescente, sendo o mundo deste último regido pelo ritual da fertilidade. É por essa razão que os perigos que ameaçam destruí-lo estão associados ao simbolismo de uma castração que, com frequência, era realizada no ritual concreto. Devemos, no entanto, entender o simbolismo da castração num sentido geral, mesmo quando a sua terminologia tem como origem a fase adolescente fálica.

Encontramos o simbolismo da castração tanto nos estágios pré-fálicos como nos estágios posteriores, pós-fálicos, masculinos e heroicos. Assim, também a privação da vista, que ocorre em uma fase posterior, é uma castração simbólica. O simbolismo negativo da castração é típico da hostilidade do inconsciente com relação ao ego e à consciência, mas está estreitamente associado ao símbolo positivo do sacrifício, que representa um oferecimento ativo do ego ao inconsciente. Ambos os símbolos – a castração e o sacrifício – estão unidos no arquétipo da rendição, que pode ser ativa e passiva, positiva e negativa, e que rege a relação entre o ego e o *self* nos vários estágios do desenvolvimento.

[**] Essa conceituação domina ainda toda a Antiguidade e é demonstrável tanto no *midrash* judaico como na Índia, isto é, estende-se a estágios culturais posteriores.[66]

sacrifícios humanos pela fertilidade são comuns no mundo inteiro e surgem independentemente uns dos outros nos ritos da América e da região mediterrânea oriental, na Ásia e no Norte da Europa. Em toda parte, o sangue tem papel de destaque no ritual da fertilidade, como extração de sangue e autoflagelação, e também como castração e sacrifício humano. A grande lei terrestre segundo a qual não pode haver vida sem morte cedo foi compreendida, e ainda mais cedo representada no ritual, significando que um fortalecimento da vida só pode ser comprado com a morte sacrificial. Mas a palavra "comprado" é, na verdade, uma racionalização posterior e espúria. A matança e o sacrifício, o desmembramento e as oferendas de sangue, são instrumentos mágicos da fertilidade, são garantias da fertilidade da terra. Chamar de cruéis esses ritos é compreendê-los erroneamente. Para as culturas primitivas, e até para as próprias vítimas, essa sequência de eventos era necessária e autoevidente.

O fenômeno subjacente à relação entre mulher, sangue e fertilidade é, com toda probabilidade, a cessação do fluxo menstrual durante a gravidez, meio pelo qual, na visão arcaica, o embrião era construído. Essa conexão, percebida intuitivamente, é a base da relação do sangue com a fertilidade. O sangue significa fertilidade e vida, do mesmo modo que o derramamento de sangue significa perda de vida e morte. Por isso, o derramamento era originalmente um ato sagrado, não importando se o sangue derramado era de um animal selvagem ou doméstico, ou de um homem. A terra precisa beber sangue para ser fértil; por isso, ofereciam-se libações de sangue para aumentar o seu poder. Mas a senhora da zona do sangue é a mulher. Ela tem a magia do sangue que faz surgir a vida. Por isso, a mesma deusa é com frequência a senhora da fertilidade, da guerra e da caça.

O caráter ambivalente da grande Mãe Deusa, se deixarmos de lado a Índia, expressa-se mais nitidamente no Egito, onde as grandes deusas – tenham o nome de Neit ou Hathor, Bastet ou Mut – não são apenas divindades que alimentam, tecem, dão e conservam a vida, mas também deusas da avidez de sangue, da selvageria e da destruição.

Neit, a vaca celeste e primeira parturiente, "a mãe que gerou o sol, deu à luz antes de o parto existir", e em relação à qual Erman considera marcante o fato de que "ela era, em tempos antigos, honrada especialmente pelas mulheres",[67] era uma deusa da guerra e abria o caminho na batalha. Essa mesma Neit, invocada para julgar quando da disputa acerca de Hórus, filho de Ísis, ameaça: "Ou me enfureço e o céu cai sobre a terra".[68]

Da mesma maneira, Hathor, a vaca e doadora de leite, é a mãe. Também ela é a mãe do sol, sendo honrada, de modo especial, pelas mulheres e sendo a deusa do amor e do destino. A dança, o canto, o som do sistro, o rumor de colares e o tocar dos timbales pertencem às suas festividades e revelam a sua natureza orgiástica e provocativa. Ela é uma deusa da guerra e até mesmo a corruptora loucamente sanguinária e orgiástica dos homens. "Juro pela tua vida, eu me apoderei dos homens e foi estimulante para o meu coração",[69] diz ela, ao ser enviada para julgar os homens. Ela era tão sedenta de sangue que os deuses, para salvarem a raça humana da destruição total, tiveram de preparar grandes quantidades de cerveja vermelha que ela confundiu com sangue. "E ela bebeu a cerveja, que soube bem, e voltou para casa bêbeda, e não reconheceu as pessoas."

Ela é identificada com a amigável deusa-gata Bastet, que, em sua forma terrível, é a deusa-leoa Sekhmet. Assim, não é nada estranho – ao contrário do que pensa Kees[70] – que em todo o Alto Egito tenham prevalecido os cultos da leoa, porque essa é a imagem mais bela e óbvia do caráter devorador da grande divindade feminina.

Sekhmet, que cospe fogo, também é uma deusa das batalhas. Na forma da amigável Bastet, é celebrada com dança, música e sistros, com a cestinha, mas segurando na mão a cabeça de leoa, "como se quisesse mostrar que a ela pertenceria também essa cabeça tão terrível".[71]

Nesse sentido, faz parte dessa relação a lenda da deusa-leoa Tefnut, que teve de ser trazida do deserto de volta ao Egito. Thoth, o deus da sabedoria, encarregou-se dessa tarefa. Quando ele a repreende e lhe diz o quanto o Egito se encontra desolado por ter sido abandonado por ela num momento de raiva, Tefnut começa a chorar "como um aguaceiro"; mas, de repente, o seu Hórus se converte em ira e ela se transforma numa leoa. "Sua juba em fogo fumegava, o seu dorso tinha a cor do sangue, o seu rosto ardia como o sol, o seu olho abrasava em fogo."[72]

Além disso, Ta-urt, enorme e monstruosa figura grávida que se ergue sobre as patas traseiras, cujo culto remonta aos tempos pré-históricos,[73] é descrita como um hipopótamo com dorso de crocodilo, pés de leão e mãos humanas. Ela concede proteção às parturientes e lactantes, embora o seu aspecto como a Mãe Terrível seja bastante claro. Mais tarde, como Hesamut ela é associada à constelação da Ursa, cujo caráter maternal é bem conhecido.

O sangue desempenha também um papel decisivo nos tabus femininos, que, desde os primórdios dos tempos e até bem depois do surgimento das culturas e religiões patriarcais, levaram os homens a se afastarem de todas as questões femininas como se de algo numinoso. O sangue da menstruação, da defloração e do parto prova aos homens a relação natural da mulher com esse elemento. Mas no fundo há um conhecimento difuso da afinidade sanguínea da Grande Mãe, que, como senhora ctônica da vida e da morte, exige sangue e parece não poder prescindir do derramamento de sangue.

Conhecemos da pré-história da humanidade o papel dos reis divinos, que são mortos ou têm de se suicidar quando enfraquecem e não podem mais garantir, com a sua pessoa, a fertilidade. Toda essa relação de rituais e mitos, cujo significado e propagação Frazer[74] descreveu, está a serviço da Grande Mãe, dedicado à sua fertilidade. Se, na África atual, o rei sagrado é o fazedor de chuva, chuva e vegetação numa única pessoa,[75] esse vem sendo o seu papel desde sempre, como filho-amante da Grande Mãe ctônica. Frazer diz:

> Há motivos para supor que, nos tempos mais remotos, Adônis era às vezes simbolizado por um homem vivo que, em virtude de ser um deus, teve morte violenta.[76]

Isso é bem pouco; tudo indica que, nos tempos mais remotos, *sempre* foi oferecida uma vítima humana como sacrifício do deus, do rei ou do sacerdote, em prol da fertilidade da terra.

Originalmente se sacrificava por toda parte o (elemento) masculino-fecundador, porque a fecundação só é possível pela libação do sangue que contém a vida. A terra feminina exige a fertilização pela semente-sangue masculina.

Aqui, como em nenhum outro lugar, podemos ver o sentido da divindade feminina. A natureza passional e emocional da fêmea no abandono selvagem é algo terrível para o homem e para a sua consciência. O lado perigoso da lascívia feminina, reprimido, ignorado e ilusoriamente minimizado nos tempos patriarcais, ainda era uma vívida experiência nos primórdios. Agregada à camada evolutiva do adolescente, essa experiência jaz como medo nas profundezas de todo homem e atua como um veneno sempre que uma consciência falsificadora e coibidora mantém essa camada da realidade no inconsciente.

A mitologia, no entanto, nos diz que a selvageria emocional e a avidez sanguinária da natureza feminina estão subordinadas a um sentido mais elevado da natureza, isto é, o sentido da fertilidade. A natureza orgiástica não desempenha um papel apenas nos festivais sexuais, que são festivais da fertilidade. Também as mulheres – e justamente as mulheres entre si e umas com as outras – festejam rituais orgiásticos. Esses ritos, que com frequência, só chegaram ao nosso conhecimento a partir de mistérios de épocas posteriores, costumavam girar em torno do desmembramento orgiástico de um animal sagrado ou de uma divindade animal, cujas porções sanguinolentas eram devoradas e cuja morte servia à fertilidade da mulher e, em consequência, da terra.

A morte e o despedaçamento ou a castração são o destino do portador do falo, o jovem deus. São claramente visíveis no mito e no ritual, assim como associados às orgias sangrentas constantes do culto da Grande Mãe.

O desmembramento do cadáver do Rei Sazonal e o sepultamento das suas partes são um antiquíssimo elemento da magia da fertilidade. Tanto o despedaçamento e o devoramento do deus como a fertilização da terra pelos pedaços têm testemunhos mitológicos. Mas só quando reconhecemos os *disjecta membra* outra vez como unidade podemos perceber o sentido original. A preservação do falo e o seu embalsamamento como garantia da fertilidade são o outro lado do ritual, o complemento da castração, formando ambos um todo simbólico.

No fundo do arquétipo da terrível Mãe Terra, assoma a experiência da morte, quando a terra retoma a sua progênie sob a forma dos mortos, despedaçando-os e dissolvendo-os para fecundar-se. Essa experiência foi preservada nos ritos da Mãe Terrível, que, em sua projeção na terra, se torna a devoradora da carne e, por fim, o sarcófago – o derradeiro vestígio dos antiquíssimos cultos da fertilidade praticados durante longo tempo pela humanidade.

Castração, morte e desmembramento são, nesse nível, equivalentes. Estão ligados à decadência da vegetação, com a colheita e a derrubada de árvores. A castração e a derrubada de árvores, em estreita associação no mito, são simbolicamente idênticas. Nós as encontramos no mito de Átis da Cibele frígia, no mito da Astarte síria e da Ártemis efesina, assim como no conto de fadas de Bata, do ciclo de Osíris. O sentido de certas características paralelas, por exemplo, o fato de Átis emascular-se sob um pinheiro, transformar-se num pinheiro, ser pendurado num pinheiro e derrubado como um pinheiro, não pode ser elucidado aqui.

O sacrifício sacerdotal dos cabelos também é um símbolo de emasculação, do mesmo modo que, inversamente, o crescimento abundante dos cabelos é considerado sinal de aumento de virilidade. O sacrifício dos cabelos masculinos é uma marca antiga de sacerdócio, da calva dos hierofantes à tonsura dos padres católicos e dos monges budistas. Apesar das mais diversas ideias sobre Deus e religião, o sacrifício do cabelo era sempre relacionado com a renúncia sexual e com o celibato, isto é, com a autocastração simbólica. A raspagem da cabeça tinha essa função oficial também no círculo da Grande Mãe e não apenas como ritual de luto por Adônis; também aqui, a derrubada da árvore, a colheita do grão, a decadência da vegetação, o corte dos cabelos e a castração são idênticos. O equivalente para a mulher é o sacrifício da castidade. Ao entregar-se, o devoto torna-se propriedade da Grande Mãe e acaba por transformar-se nela. Os sacerdotes de Gades (a Cádiz moderna), tal como os de Ísis, eram "tosados" e do séquito de Astarte faziam parte tosadores de cabelo, cuja função desconhecemos.[77]

Também no uso comprovado de roupas femininas pelos Galos, sacerdotes castrados da Grande Mãe, na Síria, em Creta, em Éfeso etc., e que é preservado nas vestes dos padres católicos de hoje, o sacrifício é levado ao ponto da identificação com a Grande Mãe. Sacrificando a ela a sua masculinidade, ele passa a ser seu representante, torna-se feminino e usa a sua roupa. Se o sacrifício da masculinidade é oferecido a ela pela castração ou pela prostituição, é uma questão de variante. Os eunucos são, como sacerdotes, prostitutos sagrados. Como *kedeshim*, eles são, tal como as *kedeshoth* ou prostitutas sagradas, representantes da deusa, cujo caráter sexual orgiástico supera o seu aspecto de fecundidade. Como esses sacerdotes castrados tinham papel de destaque nos cultos da Idade do Bronze na Síria, na Ásia Menor e até na Mesopotâmia, vemos a ação dos mesmos pressupostos em todos os territórios da Grande Mãe.[78]

A morte, a castração e o desmembramento são os perigos que ameaçam o jovem amante, mas não caracterizam, de maneira suficiente, a sua relação com a Grande Mãe. Se ela só fosse terrível e deusa da morte, faltaria à sua imagem grandiosa algo que talvez a tornasse ainda mais terrível e, todavia, ao mesmo tempo, infinitamente desejável. Porque ela também é a que enlouquece e fascina, seduz e torna feliz, subjuga e encanta. O fascínio do sexo e a embriaguez da orgia, que culmina na perda da consciência e na morte, aqui se entrelaçam nela.

Enquanto o incesto urobórico significava dissolução e extinção, por ter caráter total e não genital, o incesto no nível adolescente é genital e se restringe, de modo absoluto, à genitália. A Grande Mãe se transformou toda em ventre; o jovem amante, em falo, permanecendo todo o evento no nível sexual.

Como a característica sexual do estágio adolescente é o falo e a associação ao culto do falo, o aspecto mortal desse estágio também se manifesta como a morte do falo, isto é, como castração. O caráter orgiástico dos cultos de Adônis, Átis e Tamuz, assim como de Dionísio, faz parte desse nível sexual. O jovem, amado pela Grande Mãe, experimenta o caráter orgiástico da sexualidade e a dissolução, transcendência e morte do ego no orgasmo. Por isso, tanto o orgiástico e a morte como o orgiástico e a castração estão associados nesse nível.

Para o deus juvenil, com o seu ego fracamente desenvolvido, os aspectos positivo e negativo da sexualidade têm perigosa proximidade. Quando, com volúpia, entrega o seu ego e retorna à existência pré-egoica no ventre da Grande Mãe, ele não consuma o beatífico incesto urobórico do estágio inicial, mas o êxtase da morte do incesto sexual, que pertence a um estágio posterior cujo lema é: *post coitum omne animal triste*.

Sexualidade significa aqui perder o ego e ser subjugado pela feminilidade, o que constitui uma experiência típica, ou melhor, arquetípica, na puberdade. Como a sexualidade – como falo e ventre – é uma grandeza transpessoal, o ego perece e sucumbe ao supremo fascínio do não ego. A Mãe ainda é demasiado grande e o lugar da origem no inconsciente, próximo demais para que o ego possa resistir às arremetidas da onda de sangue.*

A Mãe Terrível é uma feiticeira que confunde os sentidos e deixa os homens fora de si. Nenhuma masculinidade juvenil está à altura dela; a masculinidade juvenil, como falo, é oferecida a ela. Ela é tomada à força ou sacrificada pelos jovens que, enlouquecidos pela Grande Mãe, num frenesi, se mutilam a si mesmos e lhe oferecem o falo como um sacrifício.

A loucura é também um desmembramento do indivíduo, do mesmo modo que o desmembramento do corpo, como magia de fecundação na dissolução simbólica da unidade corporal, significa a anulação da personalidade.

A regressão pela dissolução da personalidade e da consciência do ego individual faz parte da esfera da grande Mãe Deusa. Por isso, a insanidade é um sintoma repetido do enlouquecimento por ela ou por suas representantes. Porque – e nisso reside o encanto e o caráter fecundo do feminino – o jovem se inflama de paixão, mesmo sob ameaça de morte e ainda que a realização do desejo esteja ligada à castração. Assim, a Grande Mãe é a encantadora Circe, que transforma o homem em animal e que, como senhora dos animais selvagens, despedaça e sacrifica o masculino. É apenas como animal que a masculinidade lhe serve, porque ela domina o mundo animal dos instintos que servem a ela e à sua fecundidade. Isso explica a forma animal dos consortes da Grande Mãe, dos seus sacerdotes e das suas vítimas. Por isso, por exemplo, os homens consagrados à Grande Mãe, que se prostituíam em seu nome, eram chamados *kelabin*, cães, e usavam roupas femininas.[79]**

Para a Grande Mãe, o jovem divino significa alegria, glória e fertilidade; ela, porém, permanece eternamente infiel a ele e só o leva ao infortúnio. Bem replica Gilgamesh aos desejos sedutores de Ishtar quando esta "pousou um olho sobre a sua beleza".

[What am I to give] thee, that I may take thee in marriage?
[Should I give oil] for the body, and clothing?
[Should I give] bread and victuals?
[...] food fit for divinity,
[...] drink fit for royalty.

---

* É característico o fato de que os ritos de iniciação na puberdade sempre se iniciem a partir deste ponto: a solidariedade masculina ajuda a despotencializar a Grande Mãe. O elemento orgiástico tem significado diferente na psicologia feminina nesse estágio, mas não podemos tratar aqui dessa questão.

** Quando, segundo outras pesquisas,[80] a linhagem não se relaciona com os cães *kelabin*, mas com o sacerdócio, a menção de sacrifícios caninos no Jesajah torna a forma animal dos sacerdotes ainda mais inverossímil.

[....]
[... if I] take thee in marriage?
[Thou art but a brazier wich goes out] in the cold;
A back door [which does not] keep out blast and windstorm;
A palace which crushes the valiant [...];
A turban whose cover [...];
Pitch which [soils] its bearers;
A waterskin which [soaks through] its bearer;
Limestone which [springs] the stone rampart;
Jasper [which...] enemy land;
A shoe which [pinches the foot] of its owner!
Which lover didst thou love forever?
Which of thy shepherds pleased [thee for all time]?
Come, and I will na [me for thee] thy lovers:

Of ... [...] ...
For Tammuz, the lover of thy youth,
Thou hast ordained wailling year after year,
Having loved the dappled shepherd bird,
Thou smotest him, breaking his wing.
In the groves he sits, crying "My wing!".
Then thou lovedst a lion, perfect in strenght;
Seven pits and seven thou didst dig for him.
Then a stallion thou lovedst, famed in battle;
The whip, the spur, and the last thou ordainedst for him.
Thou decreedst for him to gallop seven leagues,
Thou decreedst for him the muddied to drink;
For his mother, Silili, thou ordainedst wailing!
Then thou lovedst the keeper of the herd,
Who ash cakes ever did heap up for thee;
Yet thou smotest him, turning him into a wolf,
So that his own herd boys drive him off,
And his dogs bite his thighs.
Then thou lovedst Ishullanu, thy father's gardener,
Who baskets of dates ever did bring to thee,
And daily did brighten thy table.
Thine eyes raised at him, thou didst go to him:
"O my Ishullanu let us taste of thy vigor!
Put forth thy 'hand' and touch our 'modesty'!"
Ishullanu said to thee:
"What dost thou want with me?
Has my mother not baked, have I not eaten,

That I should taste the food of offense and curses?
Does reed-work afford cover against the cold?"
As thou heardst this his talk,
Thou smotest him and turn [edst] him into a spider.
Thou placedst him in the midst of ...[.];
He cannot go up... nor can be come down...
If thou shouldst love me, thou wouldst [treat me] like them.[81]

[Que terei de dar] a ti, para te tomar em casamento? / [Deverei dar óleo] para o corpo, e roupas? / [Deverei dar] pão e vitualhas? / [...] comida digna de deuses, / [...] bebida digna de reis. / [..........] / [... se eu] te tomar em casamento? / [Tu és apenas um braseiro que sai] no frio; / Uma porta traseira [que não] afasta a ventania nem a tormenta; / Um palácio que esmaga o bravo [...]; / Um turbante cuja capa [...]; / Piche que [suja] quem o usar; / Um saco d'água que [ensopa] seu portador; / Uma pedra calcária que [deixa] a pedra escorregadia; / Jaspe [que...] terra inimiga; / Uma sandália que [aperta o pé] do seu dono! / A quem amaste para sempre? / Qual dos teus pastores te agradou [por todo o tempo]? / Vem, e eu vou no[mear para ti] teus amantes: //
De... [...] ... A Tamuz, o amor da tua juventude, / Ordenaste que se lamentasse anos após ano. / Tendo amado o pássaro pastor malhado, / Tu o esmagaste, partindo-lhe a asa. / Nos bosques fica ele, aos prantos: "Minha asa!". / Então amaste um leão, perfeito em força; / Sete covas e mais sete cavaste para ele. / E depois um garanhão amaste, famoso na batalha; / Ao bridão, à espora e ao açoite tu o entregaste. / Decretaste que ele galopasse sete léguas, / Decretaste que ele usasse o lodo por bebida; / Para a mãe dele, Silili, tu ordenaste o pranto! / Mais tarde, amaste o guardador do rebanho, / Que bolos de cinza sempre acumulou para ti; / E, no entanto, tu o esmagaste, transformando-o em lobo, / Para que os próprios pastorinhos do seu rebanho o afugentassem, / E para que os seus próprios cães lhe mordessem os quartos. / E amaste então Ishullanu, jardineiro do teu pai, / Que cestos de tâmaras sempre colheu para ti, / E que todo dia te abrilhantava a mesa. / Teus olhos pousaram sobre ele e tu a ele te dirigiste: / "Ó meu Ishullanu, provemos teu vigor! / Estende a tua 'mão' e toca meu 'recato'!" / Ishullanu te disse: / "Que queres comigo? / Acaso minha mãe não cozeu, e acaso não comi, / Para que eu devesse provar o alimento do pecado e das maldições? / Não oferece a tecedura abrigo contra o frio?" / Quando assim o ouviste falar, / Tu o pisaste e o transforma[ste] numa aranha. / Tu o colocaste no meio... [.]; / Ele não pode subir... nem pode descer... / Se me amasses, tu irias [tratar-me] como os trataste.]

Quanto mais forte se torna, tanto mais a consciência do ego masculino percebe a natureza emasculadora, enfeitiçadora, mortal e estupefaciente da Grande Deusa.

Domínio da Mãe Terrível

Para ilustrar as principais características do arquétipo da Grande e Terrível Mãe e do seu filho-amante, tomaremos como exemplo o grande mito de Osíris e Ísis. Na versão patriarcal desse mito ainda restaram claras marcas da transição do matriarcado para o patriarcado e, apesar das alterações, supressões e revisões, podem-se ainda captar os acentos originais. O mito também foi preservado como o mais antigo conto de fadas da literatura mundial, a saber, como a história de Bata. Apesar das personalizações secundárias, que são inevitáveis na passagem do mito para o conto de fadas, essa história também preserva, de modo claro e interpretável, as relações e símbolos que revelam o sentido original.

No mito, Ísis, Nefti, Set e Osíris formam uma quaternidade de dois irmãos e duas irmãs. Já no ventre, Ísis e Osíris se unem e, em sua fase final, o mito representa Ísis como símbolo positivo do amor conjugal e maternal. Mas apesar das suas características como irmã-esposa, Ísis preserva também algo de mágico e maternal em suas relações com Osíris; porque, quando este é morto e desmembrado pelo seu inimigo e irmão, Set, é a sua irmã-esposa, Ísis, que promove o seu renascimento, provando ser, ao mesmo tempo, a mãe do seu irmão-marido. Em desenvolvimentos posteriores do mito, ela perde, em larga medida, o caráter de Grande Mãe e assume o de esposa. Não obstante, Ísis, que procura, lamenta, encontra, reconhece e traz à vida novamente o seu marido morto, é ainda a grande deusa adorada pelos jovens amantes, cujos ritos são tipificados em toda parte por essa sequência de morte, lamentação, busca, resgate e renascimento.

É função essencial da "boa" Ísis renunciar ao seu domínio matriarcal, que ainda era claramente reconhecível no matriarcado original das rainhas egípcias. Típica dessa rendição e da transição para o patriarcado é a luta de Ísis pela legitimidade de seu filho Hórus. Enquanto no "sistema uterino", como o chama Moret,[82] um filho é sempre o filho de sua mãe, Ísis luta pelo reconhecimento de que Hórus é filho de Osíris, devendo aquele tomar deste a herança paternal do patriarcado. Nessa herança se baseou a linhagem dos faraós egípcios, cada um dos quais deu a si mesmo o título de "Filho de Hórus". Osíris é "aquele que estabelece justiça sobre as duas terras: ele deixa o filho no lugar do pai".[83]

Um traço estranho e, sem dúvida, incongruente, que não corresponde a esse bom caráter de Ísis como esposa e mãe, foi preservado: Hórus se encarrega da luta em favor do seu pai Osíris contra o assassino deste, Set, e é justamente Ísis que o encoraja nessa luta. Quando, no entanto, a lança de Ísis fere Set, este roga a ela por misericórdia. A história registra:

> "Queres ser hostil contra o irmão de sua mãe?". Nisso, o coração dela sentiu compaixão e ela gritou para a lança: "Deixa-o, deixa-o! Ele é meu irmão da mesma mãe". E a lança o deixou. Então, a majestade de Hórus se enfureceu com a sua mãe Ísis, como uma pantera do Alto Egito. Então ela fugiu dele naquele dia que fora determinado para a luta contra o rebelde Set. E Hórus

cortou a cabeça de Ísis. Mas Thoth a transformou com a sua magia e a colocou de novo sobre ela, passando ela então a ser "a primeira das vacas".[84]

É característico que, ao queixar-se da sua irmã Ísis, Set diz que, afinal de contas, ele era seu irmão da mesma mãe e que ela não deveria amar o "homem estranho" mais do que a ele.[85] Esse homem estranho ou é Osíris, aqui não considerado irmão de Ísis, mas seu esposo, ou, segundo a opinião de Erman, é o seu próprio filho, Hórus. Isto é, o ponto de vista de Set é puramente matriarcal, derivando da época da exogamia, quando o filho ia embora e o tio materno era e permanecia o cabeça da família. A linha patriarcal em oposição à matriarcal é formulada de modo clássico quando, na disputa pela herança de Hórus, um dos deuses diz: "Deve-se dar o cargo ao irmão da mãe se, afinal de contas, existe um filho carnal?". E o oposto disso é formulado pela acusação de Set: "Será que se quer dar o cargo ao meu irmão menor, quando eu, seu irmão maior, estou aqui?".[86]

Trata-se aqui, pois, de uma regressão de Ísis à relação irmã-irmão, cuja prioridade sobre a relação esposa-esposo conhecemos por Bachofen. Ísis defende o seu irmão Set, porque ele é seu irmão por parte da sua própria mãe, apesar de ele haver assassinado o seu marido Osíris, fazendo-o em pedaços. Hórus, como vingador do pai, torna-se culpado de matricídio. O problema da *Oréstia*, com a qual estaremos lidando adiante como um exemplo do conflito de lealdade do filho entre o pai e a mãe, surge aqui em conexão com Ísis, cuja função essencial reside na formação de uma ponte do matriarcado para o patriarcado.

Outro resíduo do caráter medonho original de Ísis pode ser visto no estranho fato de que, ao intervir na batalha entre Hórus e Set, a sua lança atinja primeiro o seu filho Hórus; trata-se de um erro, imediatamente corrigido por ela. O aspecto terrível de Ísis se evidencia ainda em outros traços colaterais, que não fazem parte do verdadeiro evento Ísis-Osíris, mas são extremamente significativos. Enquanto busca por Osíris, Ísis se torna ama da "Rainha Astarte" em Biblos. Ali, procura tornar imortal o filho da rainha por meio da sua exposição ao fogo, tentativa que fracassa. O filho mais novo do Rei morre diante da visão dos seus violentos soluços, quando ela se lança sobre o caixão de Osíris, e ela leva o filho mais velho consigo de volta ao Egito. Quando o garoto a surpreende no ato de beijar, em meio às lágrimas, o rosto de Osíris morto, ela lhe dirige, irada, um olhar tão terrível que ele morre de susto.[87] Isso é prova bastante clara de bruxaria, disfarçada na destruição dos filhos da Rainha de Biblos, Astarte, com quem, no entanto, Ísis sempre é identificada. A boa egípcia Ísis, a mãe "exemplar" de Hórus, está lado a lado com a Mãe Terrível, que, em Biblos, mata seus filhos, os filhos de Astarte.

Astarte e Anate, um dos seus duplos, tornaram-se Ísis[88] no santuário de Fila, o que evidencia a correspondência entre as duas deusas. A figura de Astarte-Anate corresponde à Ísis matriarcal, que está associada ao seu irmão Set. E, no litígio em torno de Hórus, Anate é dada a Set como "indenização".[89] Quando se completa o desenvolvimento patriarcal de Ísis, transformada em boa esposa e boa mãe, o seu aspecto matriarcal terrível é transferido a Set, o tio materno de Hórus.

Outro fato marcante é que Hórus gera seus quatro filhos em sua mãe Ísis. Isso apenas repete o que acontece em toda parte no reino da Grande Mãe. Para todas as gerações de homens, ela continua sempre a ser a Mãe.

O lado terrível de Ísis também é revelado na circunstância de que Osíris, que renasce com a sua ajuda, permanece castrado. Seu membro jamais foi encontrado; foi engolido por um peixe. O desmembramento e a castração já não são realizados por Ísis, mas assumidos por Set. O resultado, contudo, é o mesmo.

Além disso, é estranho que Ísis conceba o filho Hórus, o Harpócrates dos gregos, por meio do Osíris morto. É um traço enigmático que esse filho-deus deva ser gerado por Osíris postumamente. Esse simbolismo reaparece na história de Bata, cuja esposa é engravidada por uma lasca da árvore Bata derrubada. Ele se torna mais inteligível se considerarmos que a fecundação da Grande Mãe pressupõe a morte do macho e que a Mãe Terra só pode ser fecundada por meio da morte, da derrubada, da castração e do sacrifício.

O Hórus-criança gerado pelo Osíris morto é representado, de um lado, como fraco das pernas, e, de outro, itifalicamente. Ele tem o dedo junto à boca, o que é interpretado como sugar. De modo geral, está sentado no meio de uma flor, sendo o seu sinal uma única madeixa grande encaracolada; além disso, carrega a cornucópia e a urna. Ele é tido como o sol bem jovem e, dessa maneira, tem inquestionavelmente significado fálico. O itifalo, o dedo e a madeixa indicam isso. Ao mesmo tempo, porém, ele está relacionado com o feminino e é, no sentido pleno da palavra, um "filhinho da mamãe". Tem o dedo na boca, na urna e na cornucópia, e, mesmo quando, estranhamente, é mascarado como homem velho, carrega um cesto. Esse Harpócrates representa uma forma infantil da existência na ouroboros; é a criança de peito enredada na teia materna, cujo pai é um espírito do vento, o Osíris morto – e, desse modo, pertence ao estágio matriarcal da ouroboros, no qual não existe pai pessoal, mas apenas a grande Ísis.

O desmembramento de Osíris e o roubo do seu falo, mais tarde atribuídos a Set, são as mais antigas partes do ritual da fecundação, completadas justamente pelo fato de que Ísis substitui o falo pelo falo ritual de madeira e engravida do Osíris morto. Podemos reconstituir o ritual do seguinte modo:

enquanto os membros cortados de Osíris, espalhados pelos campos, garantem a fertilidade do ano, o falo está faltando. Porque Osíris é castrado, o seu falo é embalsamado e preservado até a próxima festa de ressurreição da fertilidade. Mas é deste que Ísis concebe Hórus, a criança. Para esse Hórus, assim como para o Hórus deus-sol, a maternidade de Ísis ainda é mais importante do que a paternidade de Osíris.

O fato de a Rainha de Biblos ser identificada com Hathor, de cabeça de vaca, e de Ísis ter recebido a sua cabeça de vaca por ter traído Hórus e Osíris, completa o quadro. No *Livro Egípcio dos Mortos* foram também preservadas reminiscências dessa Ísis terrível quando é mencionada a "faca carniceira com que Ísis cortou um pedaço de carne de Hórus,[90] assim como o "cutelo de Ísis". E também quando é dito que Hórus teria destruído o "dilúvio de sua mãe"[91] está confirmado esse caráter devorador de Ísis.

Encontramos o mesmo em Hathor. Ela aparece como hipopótamo e como vaca. O hipopótamo era originalmente sagrado para Set e o mito de Osíris relata a sua passagem para a facção Osíris-Hórus. Trata-se também aqui da superação da Grande e Terrível Mãe, que se apresenta como hipopótamo--fêmea grávida, e de sua transformação na mãe boa, a vaca.

Somente quando Hórus, como filho do seu pai, decapita a Ísis terrível, irmã de Set, o aspecto pavoroso desta é destruído e transformado. Thoth, o deus da sabedoria, dá-lhe então a cabeça de vaca, símbolo da mãe boa, e ela se torna Hathor. Como tal, ela é a boa mãe e a esposa dedicada da era patriarcal. O seu poder é delegado ao filho Hórus, herdeiro de Osíris, e, por intermédio dele, aos faraós patriarcais do Egito; o seu lado terrível é reprimido no inconsciente.

Podemos encontrar evidências dessa repressão em outra figura mitológica do Egito. Ao lado da balança que, no Julgamento dos Mortos, pesa os corações, está sentado o monstro Amam ou Am-mit, "devorador dos mortos". Os mortos que não passam no teste são comidos por esse "monstro feminino",[92] isto é, extintos para sempre. Mas esse monstro tem uma figura estranha: "a sua parte dianteira (é a dos) crocodilos, a traseira (é a de um) hipopótamo e a central (a de um) leão".[93]

Ta-urt[94] é também uma combinação de hipopótamo, crocodilo e leoa, só que nela estão um pouco mais acentuadas as características da deusa-leoa Sekhmet. A devoradora e comedora dos mortos é, portanto, a terrível Mãe da Morte e do Mundo Inferior, mas, na sua grandiosa figura original, ela não é isso. Ela é "reprimida" e apenas permanece acocorada ao lado da balança de julgamento dos mortos, como monstro abominável. Segundo Erman,[95] ela "não era um objeto com que a fantasia do povo gostava de se ocupar".

Encontramos mais uma confirmação da nossa tese no *Livro dos Egípcio Mortos*, que diz de Amam, representado aqui como o deus dos mortos:

Ele é a causa de os cedros não crescerem e de as acácias não florescerem.[96]

Não pode haver melhor caracterização da Mãe Terrível do que essas palavras, se considerarmos que o cedro e a acácia estão estreitamente relacionados, em termos simbólicos, com Osíris, o Imortal que ressurge, cujo princípio de Vida e Permanência essas árvores representam.

Esse aspecto terrível de Ísis é confirmado pela História dos Dois Irmãos, cuja relação com o mito de Ísis-Osíris é mundialmente reconhecida e comprovada pelas recentes escavações em Biblos.[97]

Mencionaremos resumidamente os motivos que ligam o mito de Osíris à história de Bata. O Osíris morto, que Ísis busca, foi encontrado em Biblos, no Líbano, como uma árvore, isto é, estava encerrado num tronco de árvore. Daí ele foi levado de volta ao Egito. O principal símbolo de Osíris é a "coluna *Djed*", uma árvore-fetiche, coisa bastante estranha para o Egito desprovido de árvores e, além disso, na própria Biblos é venerada uma árvore – envolta em linho e untada – como "madeira de Ísis".[98] A importação de árvores do Líbano foi uma das condições essenciais da cultura egípcia e, acima de tudo, do culto dos mortos. Sabe-se de ofe-rendas egípcias à Senhora de Biblos já em 2800 a.C. É inquestionável, porém, que os estreitos laços entre os centros de cultura egípcio e sírio são ainda mais remotos.

A árvore-fetiche fálica, como símbolo do amante jovem, é conhecida a partir de inúmeros mitos. A derrubada de árvores era um ato ritual muito maior do que a colheita de grãos-filhos, que, como ato ritual, significa a morte do filho nascido da Mãe Terra. A imponência do filho da Terra na figura de árvore tornava o seu sacrifício ainda mais impressionante e significativo. Dos amantes-filhos-sacerdotes enforcados nas árvores e cuja castração e morte deve ser equiparada à derrubada da árvore, já tratamos.[99] A correção da nossa interpretação é confirmada pelo fato de que o processo inverso, isto é, o levantamento da coluna Osíris-*Djed* nas cerimô-nias de coroação e no festival Sed, simboliza a renovação do poder do faraó egípcio.

A História dos Dois Irmãos tem como ambiente o Vale dos Cedros, per-to de Biblos. A heroína, esposa do irmão mais velho de Bata, tenta seduzi-lo. Trata-se do antigo motivo de José. Bata resiste às suas blandícias; a esposa o acusa diante do marido e este, por isso, tenta matar o irmão mais novo. Bata, para demonstrar a sua inocência, castra-se. Então, os deuses criam uma esposa maravilhosa como companheira para o castrado Bata. Bata a adverte sobre o mar – o que é estranho –, dizendo: "Não te afastes, para que o mar não te leve. Não posso proteger-te do mar, porque sou uma mulher como tu".[100]

Essa advertência a respeito do mar é por demais interessante. Lembramo-nos de que o falo de Osíris foi engolido por um peixe de uma espécie considerada sagrada pelos egípcios e que não era comida.[*] As escavações na antiga Ugarit (hoje Ras Shamra, Síria) tornaram Astarte, Senhora do Mar, tão conhecida de nós quanto a Afrodite nascida do mar. O oceano primal – "as águas do profundo" da lenda judaica – é sempre o império da Mãe Terrível. Assim, por exemplo, Lilith, comedora de crianças, a adversária do homem, que se recusa a submeter-se a Adão, foge para um local chamado "garganta do mar".[105] A esposa de Bata corre o risco de ser carregada pelas ondas, isto é, de ser suplantada pelo seu caráter negativo de Astarte. Originalmente, Astarte, em seu aspecto de Atargatis, tinha a forma de peixe. Tal como Derceto, Astarte lembrava um peixe ou espírito da água e, em muitos mitos, mergulha em seu elemento nativo.

No conto de Bata, ocorre naturalmente o que este temia e que nenhum castrado, tornado eunuco, poderia coibir, somente um homem; e a sua mulher se torna esposa do rei do Egito e manda derrubar o cedro, que é identificado com Bata, cujo "coração pousara sobre a sua flor". O Bata morto é, no entanto, ressuscitado pelo irmão e, como touro, vai ao Egito. Torna a ser morto e, nas gotas do seu sangue, crescem sicômoros, que são igualmente derrubados por ordem da esposa. Mas, desta vez, Bata penetra na boca da esposa como uma lasca de madeira e ela engravida. Desse modo, ele volta a nascer como seu próprio filho, gerado pela mãe terrível, é adotado pelo rei da Etiópia, e, finalmente, torna-se rei do Egito. Ao assumir o domínio patriarcal, ele mata a mulher que era, ao mesmo tempo, sua esposa e mãe e nomeia o irmão mais velho Príncipe da Coroa.

---

[*] A palavra para "abominação" era um sinal de peixe, Kees afirma: "No Velho Reino, o pictograma para esse epítome da impureza era, na maioria dos casos, o chamado bárbus, peixe que, muito provavelmente, corresponde ao lepidote dos antigos e, portanto, ao tipo de peixe consagrado, mais comumente chamado de sagrado".

É significativo que a maioria dos primeiros cultos ictíacos tivesse como figuras centrais divindades femininas, sendo as masculinas exceção. Provam isso os desenhos de peixes encimados pela coroa de Hathor.

O oxirrinco era abominado e venerado. Supunha-se que comera o falo de Osíris e que surgira das feridas deste. Estrabão (XVII, 818) afirma que o lepidote e o oxirrinco eram venerados entre os egípcios. Segundo Kees,[101] os registros romanos de uma fraternidade do peixe em Faium provam a correção dessa assertiva.

A forma íctia do Osíris em Abido confirma que o significado básico do elemento maternal é o mar contendo peixes. O poder animador e fertilizador da água pode também ser representado falicamente como um peixe.[102] O peixe é, a um só tempo, o falo e a criança. A uroboros maternal aparece no mar na imagem da deusa síria retratada[103] como a "casa dos peixes". E a Grande Mãe greco-beócia, a Ártemis de Iolco[104] (*The Cambridge Ancient History*, vol. de gravuras I, p. 196a.), que era senhora das bestas selvagens dos três reinos, usa vestes caracterizadas claramente como o reino aquático, graças ao fato de haver nelas um grande peixe.

A mãe boa é a água que protege os embriões; é o peixe-mãe doador de vida, seja o peixe a criança, o macho fertilizador ou um indivíduo vivo. Porém, como Mãe Terrível, ela é as águas destrutivas da profundeza devoradora, o dilúvio e as águas abissais.

Não podemos nos preocupar aqui com o motivo dos dois irmãos ou da auto-propagação, nem com o grau de pertinência desse conto de fadas ao estágio posterior da luta com o dragão e do conflito com o princípio masculino. Demonstraremos aqui apenas a sua relação com o mito de Osíris e com a figura da Mãe Terrível, oculta atrás de Ísis, a boa esposa e boa mãe.

Bata é o filho-amante da Grande Mãe, como é de se esperar da esfera cultural a que Biblos pertence. O motivo de José, a derrubada das árvores, a castração, a forma animal da vítima, que é sacrificada como touro, o sacrifício do sangue como o princípio da fertilidade, que faz as árvores crescerem apenas para voltarem a ser derrubadas – tudo isso já conhecemos. Por toda parte, a figura feminina é "terrível", quer seduzir, causa a castração – no presente caso, a autocastração, a derrubada da árvore, a matança do touro e, mais uma vez, a derrubada da árvore. No entanto, apesar de tudo, ela não é só a terrível, mas também a fecunda, que recebe a lasca de madeira para fazer Bata, que fora seduzido, abatido e sacrificado, renascer como seu filho.

Osíris, tal como Bata, tem forma de árvore e de touro. A árvore derrubada é o símbolo de Osíris e não só os cedros vieram de fato de Biblos como o mito diz claramente que Osíris, na figura de árvore, foi achado por Ísis em Biblos, de onde foi levado ao Egito. O mito associa, de modo claro, Osíris, como divindade da vegetação, com as figuras de Adônis, Átis e Tamuz. Mesmo o seu culto é um culto do deus morto e ressuscitado.[*]

A transição do domínio da ouroboros maternal se realiza, como vimos, provavelmente pela figura de Ísis. A figura da Astarte terrível, deusa de Biblos, representada de maneira clara no conto de fadas de Bata, é substituída pela de Ísis, a boa mãe; porém, ao lado desta, aparece a figura negativa de Set, que, como princípio masculino e irmão gêmeo, assume a tarefa de matar. Conquanto, na lenda de Átis, o lado negativo-masculino da Mãe Deusa urobórica e andrógina só aparece na figura de javali que mata Átis, no mito de Osíris, essa figura é independente, sendo não apenas inimiga de Osíris, mas no fim também de Ísis.

No conto egípcio de Bata, a natureza selvagem-terrível da Grande Mãe é representada como natureza feminina em geral. Na transição do domínio matriarcal das rainhas egípcias para a ascensão patriarcal de Hórus (o deus-Sol) dos faraós egípcios, Ísis é gradualmente associada ao arquétipo da mãe boa, mãe da família patriarcal. A sua natureza mágica, que deu à luz o próprio irmão e marido, passa para o segundo plano.

Importante corroboração de tudo isso é fornecida pelos mitos cananeus recém-descobertos, que foram trazidos à luz durante as escavações de Ras

---

[*] Cf. o oposto, à p. 184.

Shamra. Mencionaremos apenas os elementos pertencentes ao simbolismo da ouroboros e da Grande Mãe.

Albright[106] constatou que a religião cananeia, em comparação com as religiões dos povos vizinhos, manteve-se relativamente primitiva e aborígine. Como exemplo, cita o fato de que as relações de parentesco e até o sexo dos deuses variavam e, além disso, menciona a tendência da mitologia cananeia de juntar os opostos, de modo que, por exemplo, o deus da morte e da destruição é também o da vida e da cura e a deusa Anate é a destruidora e, ao lado disso, a deusa da vida e da procriação. A coincidência urobórica dos opostos manifesta-se, portanto, também nesse campo, como justaposição de características positivas e negativas e de atributos femininos e masculinos.

As três deusas Aserá, Anate e Asterote são apenas manifestações, pouco distintas entre si, do arquétipo da Grande Mãe urobórica. Aserá é a inimiga do herói Baal e mãe dos monstros do deserto que causam a sua morte e, ao mesmo tempo, inimiga de Anate, a deusa-irmã de Baal. Mas também aqui, tal como acontece com Ísis, os aspectos de mãe-amante e irmã, de destruidora e auxiliadora, são inseparáveis. O arquétipo ainda não se ramificou nas figuras claramente esboçadas dessas deusas.

Tal como Ísis, Anate ressuscita o seu irmão-marido morto e derrota o irmão mau Mot-Set. Em Asterote, cujo nome Albright traduz como *sheepbreeder*, podemos reconhecer a figura primordial de Rahel, a mãe-carneiro. Asterote e Anate são, porém, a um só tempo, virgens e mães dos povos, "*the great goddesses who conceive, but do not bear, i.e., the goddesses who are perennially fruitful without ever losing virginity; they are therefore both mother goddesses and divine courtisans*" (as grandes deusas que concebem, mas não parem, isto é, as deusas que são eternamente férteis sem jamais perderem a virgindade; são, portanto, não apenas deusas-mães, mas também cortesãs divinas). Ademais, as três são deusas sinistras do sexo e da guerra, cuja selvagem crueldade é idêntica à de Hathor e de Kali da Índia. A figura posterior da deusa desnuda, galopando em um cavalo e brandindo uma lança, é esboçada de modo vívido na épica de Baal. Depois de ter assassinado a raça humana, "o sangue era tanto que ela estava mergulhada nele até os joelhos; não, até o pescoço. Sob seus pés havia cabeças humanas; acima dela, mãos humanas voavam como gafanhotos; em seu sensual deleite, ela adornou-se com cabeças suspensas e mãos atadas à sua cintura". O seu prazer com a chacina é descrito em uma linguagem ainda mais sádica: "o seu fígado se agitava de riso, o seu coração estava cheio de júbilo; o fígado de Anate estava repleto de exultação".

Tal como ocorre com todas as deusas desse tipo, o sangue é orvalho e chuva para a terra, que deve beber sangue para ser fértil. Em Astarote também podemos reconhecer a imagem primordial da Senhora do Mar e do mar devorador; ela é a forma anterior e mais selvagem de Afrodite nascida do mar e, em um conto de fadas egípcio,[107] os deuses, ameaçados pelo mar, levam a Astarte síria para o Egito a fim de pacificá-la por meio da veneração.

Não só o nascer e o morrer estão justapostos na mitologia cananeia, como também reaparece nela a forma primária hermafrodita da ouroboros, representada pela correspondência da estrela matutina masculina, Astar ou Attar, com a estrela vespertina feminina, a Ishtar da Mesopotâmia.[108] A androginia das divindades é uma forma primitiva, do mesmo modo que a combinação da virgindade com a fertilidade nas deusas e a da fertilidade com a castração nos deuses. Aqui, os traços masculinos da feminilidade são ainda preservados, do mesmo modo que os traços femininos da masculinidade. Se a deusa segura o lírio, o símbolo feminino, em uma mão, e a cobra, o símbolo masculino, na outra, isso corresponde inteiramente ao fato de os eunucos serem prostitutos, dançarinos e sacerdotes.[109] Em Canaã, portanto, encontramos todos os aspectos do cânone determinado pela imagem urobórica da Grande Mãe e pela incompleta diferenciação do princípio masculino.

O círculo cultural cretense-miceniano também é um domínio típico da Grande Mãe; nele aparece o mesmo grupo de características simbólicas e rituais correspondentes que encontramos no Egito e em Canaã, na Fenícia, na Babilônia, na Assíria e nas culturas do Oriente Próximo em geral, entre os hititas, assim como entre os indianos. A cultura egeia forma um vínculo entre o Egito e a Líbia, de um lado, e a Grécia e a Ásia Menor, de outro. Para nós, pouco importa como fluíram, em termos históricos, as correntes da cultura, tendo em vista que a pureza da figura arquetípica é muito mais significativa para o nosso tema do que a questão da prioridade.

Dependemos principalmente das representações pictóricas da religião cretense-miceniana, cujos textos ainda não foram decifrados; contudo, uma vez mais, a interpretação comparativa dos símbolos se mostra valiosa e leva à descoberta do arquétipo da Grande Mãe. A cultura cretense-egeia é dominada pela figura da Grande Mãe e deusa da natureza que originalmente era venerada em grutas e cujos sacerdotes eram mulheres. Ela é a Senhora das montanhas e dos animais. As serpentes e os animais do mundo inferior eram sagrados para ela, mas também os pássaros são símbolos da sua presença. Especialmente a pomba era associada a ela e ela continua sendo a deusa das pombas, quer como a Afrodite grega ou como Maria com a pomba do Espírito Santo. O seu culto data, evidentemente, da Idade da Pedra, como o indicam as vestes de pele usadas no ritual. O seu caráter de Grande Mãe se manifesta nos trajes da deusa, das suas sacerdotisas, e nas vestes femininas em geral que deixam expostos os seios, assim como nas inúmeras representações de mães animais que chegaram até nós. O sentido mitológico dessas pinturas de faiança,[*] representando vacas com bezerros e cabras com cabritos, tem uma relação óbvia com os mitos que nos foram transmitidos da Grécia e de Creta. Já mencionamos ter sido o jovem Zeus o menino Zeus cretense que foi amamentado por uma cabra, vaca, cadela ou porca, sendo estas representantes de Geia, a Mãe Terra, a cujos cuidados ele foi entregue.[110]

No centro do grande culto de fertilidade de Creta está o touro, o instrumento masculino e a vítima da fertilidade. Ele é o principal protagonista das caçadas e festivais; é seu o sangue das oferendas; sua cabeça e seus chifres são, além do duplo machado ou labris, o implemento sacrificial sagrado,[111] os símbolos típicos dos santuários cretenses. Esse touro simboliza o deus jovem, filho-amante da Grande Mãe, que, como a Europa da mitologia grega, reinava em Creta. Ela é a consorte do touro cretense, sob cuja forma Zeus a sequestrou.

Da mesma maneira como Eshmun se emasculou com o labris para escapar de Astronoë ou Astronomë, também conhecida como Astarte-Afrodite, assim também os Titás mataram Zagreu-Dionísio com o labris.[112] Trata-se do instrumento de castração sacramental, com o qual o touro, que mais tarde serviu de substituto a Dionísio, era sacrificado. A forma neolítica da emasculação ritual é ainda preservada nas lâminas de sílex com que os Galos da Ásia Menor se emasculavam, assim como na faca de sílex associada ao Set egípcio, o destruidor e assassino de Osíris. Mais tarde, o sacrifício, a castração e o desmembramento já não eram realizados em uma vítima humana, mas em um animal. O javali, o touro e o bode representavam os deuses Dionísio, Zagreu, Osíris, Tamuz etc. Posteriormente, a decapitação do touro substituiu o sacrifício do falo e, do mesmo modo, os seus chifres se tornaram símbolos fálicos. O fato de que, no Egito, a cabeça do touro sagrado Osíris-Ápis não podia ser comida, sendo atirada no Nilo, corresponde ao mito segundo o qual, após o desmembramento de Osíris, o falo desaparece no Nilo. A relação entre o falo e a cabeça é por demais significativa nos estágios mitológicos do desenvolvimento consciente. Basta dizer que um representa o outro e que, caracteristicamente, a cabeça de touro simboliza o falo humano. Essa substituição é tanto mais compreensível quando se sabe que o touro ainda surge, nos sonhos da humanidade atual, como símbolo arquetípico da sexualidade, isto é, como símbolo fálico da fertilidade.

É amplamente fundamentada a nossa interpretação de que, também em Creta, o ritual da fertilidade era realizado, em sua versão original, entre a Grande

---

[*] O simbolismo da vaca e do bezerro está presente desde tempos remotos no Egito, onde a insígnia do 12º nomo, o assento de Ísis, apresenta uma vaca com o seu bezerro.

Mãe e o seu filho-amante, culminando no sacrifício deste, o que mais tarde foi substituído pelo sacrifício de um touro. Os detalhes isolados só adquirem sentido quando colocados no quadro geral, que é o do domínio arquetípico da figura da Grande Mãe. Aqui, como em toda parte, a Grande Mãe deusa de Creta, a Deméter dos gregos,[113] é também, como Senhora do mundo inferior, a Senhora das profundezas da terra e da morte. Os mortos, a que Plutarco dava o nome de "demetrioi", são propriedade dela; o seu ventre terreno é o ventre da morte, mas é também o centro de fertilidade de onde toda vida emana.

A equiparação de Tamuz, Átis, Adônis, Eshmun etc. com o Zeus cretense tem um apoio adicional na observação de Teodoro:

> Os cretenses costumavam dizer de Zeus que era um príncipe que fora lacerado por um porco selvagem e enterrado.[114]

O javali é um símbolo típico do filho-amante condenado e sacrificado, e a matança do javali é a representação mitológica do filho sacrificado pela Grande Mãe. Um relevo etrusco em bronze mostra a Grande Mãe, em sua forma arcaica, como Gorgo, estrangulando leões com ambos os braços e abrindo as pernas na atitude de exibicionismo ritual.[115] Na mesma peça, encontra-se a caça ao javali, cuja representação conhecemos de Creta e da Grécia, quando do domínio cretense.

A matança do javali é o mais antigo símbolo da morte do filho-amante da Grande Mãe. Aqui, a deusa da fertilidade é uma porca, o que se aplica igualmente a Ísis e, mais tarde, a Deméter em Elêusis. Quando a Mãe deusa-porca é suplantada pela vaca e, quando, por exemplo, a Hathor-Ísis ocupa o lugar da Ísis-porca, que ainda está relacionada com Set em figura de porco, o javali é substituído pelo touro.

Como vimos, a colheita e derrubada de árvores são os equivalentes da morte, do desmembramento e da castração no ritual da fertilidade; e, em Creta, a quebra de ramos e frutos parecia ocupar um importante lugar nos ritos, ao lado de uma dança sagrada orgiástica e de uma lamentação.[116] O cânone dos festivais de Adônis posteriores, para os quais os sacerdotes usavam vestes de mulher, é assim estabelecido. Além disso, o ritual de renovação dos reis cretenses, que tinha de ser realizado depois de cada "ano grande", cuja duração em Creta era de oito anos, é evidentemente um paralelo do festival Sed de renovação dos reis egípcios.

Assim como se deve interpretar a renovação do rei da época e do ano como um substituto ulterior do sacrifício original do rei anual, do mesmo modo podemos seguir, em Creta, o caminho que leva do sacrifício e castração anual do rei da época à sua substituição por uma vítima humana e, finalmente, passando pelo sacrifício do touro, ao festival de renovação, onde o poder do rei é restaurado ritualmente. É provável que o sacrifício humano ao Minotauro, o rei-touro de Creta, que, segundo a lenda grega, consistia originalmente de sete moços e sete virgens, possa ser explicado dessa maneira, aplicando-se o mesmo à paixão da mãe do Minotauro, a rainha Pasífae, pelo touro, seu amante.

Vindas do Egito, da África, da Ásia e até da Escandinávia, acumulam-se evidências de que o sacrifício humano garantia e prolongava o poder do rei.[117] É evidente que, em Creta, o patriarcado ascendente, com a sua concentração do poder nas mãos da realeza e da aristocracia, substituiu, do mesmo modo que no Egito, o domínio sagrado da Mãe-deusa. No processo, o reinado anual foi substituído pela realeza que, de início, lutava pelo prolongamento da sua vida e, mais tarde, passou a ser uma realeza contínua que sacralizava a sua permanência por meio do sacrifício de substitutos e rituais de autorrenovação e renascimento.

Demonstramos que a área cretense-miceniana do culto da Grande Mãe se vincula à Ásia Menor, à Líbia e ao Egito, mas suas relações com o mito e a história lendária dos gregos surgem agora sob uma luz deveras nova. A precisão histórica dos mitos é comprovada outra vez; as dúvidas quanto à sua veracidade derivam de uma época que perdeu todo o conhecimento da cultura egeia. Mais uma vez, Bachofen foi o único a reconhecer, com o seu olho perscrutador de mitos, o real conteúdo da cultura cretense a partir dos registros históricos, mesmo antes de o material factual da civilização egeia ter sido desenterrado.

Da princesa Europa associada ao touro, ao Zeus cretense, ao Zeus do-doneu e a Dionísio, a mitologia deriva toda a dinastia cretense com Minos, Radamanto e Sarpédon. Seu irmão é Cadmo, o oriental, de cuja história na Grécia ainda nos ocuparemos. Ambos são filhos de Agenor, rei da Fenícia. Mas esse pai fenício tem como ancestrais Líbia, a filha de Épafo, e sua mãe Io, a errante, a vaca-lua branca de Micenas, que, no Egito, passou a ser a Ísis-vaca. No Egito, adorava-se Épafo como o touro Ápis e Io como Ísis.

Líbia, Egito, Fenícia, Creta, Micenas, Grécia – o vínculo histórico entre eles é formulado como uma genealogia. Do mesmo modo, podemos reconhecer a sequência simbólica e mitológica: a vaca-lua branca, a Io miceniana, é a Ísis egípcia e a Europa cretense, estando associados a ela o touro cretense Zeus-Dionísio, o touro egípcio Ápis e o Minotauro.

É igualmente significativa a história de Cadmo, o legendário irmão de Europa, que veio da Fenícia para fundar a cidade de Tebas. A ele Heródoto atribui a transmissão dos mistérios egípcios de Osíris-Dionísio a Pitágoras; em outras palavras, Heródoto localiza a origem dos mistérios gregos posteriores e dos seus precursores órficos e pitagóricos no Egito, via Fenícia. Ele também relaciona o Zeus dodoneu, o Hermes fálico, e o culto pré-grego ou pelágico dos cabírios da Samotrácia ao Osíris do Egito e ao Ámon da Líbia. No início, a ciência negou essas ligações, mas hoje elas são óbvias, visto que a continuidade cultural que se estendia da Líbia e do Egito, através da Fenícia cananeia e de Creta, à Grécia é sustentada por uma ampla gama de evidências factuais.

Cadmo, fundador de Tebas, é aliado de Atena, mas tem uma relação demasiado ambígua com Afrodite e seu marido Ares. Ele mata o dragão ctônico, filho de Ares, mas casa com Harmônia, filha de Ares e Afrodite. A vaca com o sinal da lua que o conduziu de Delfos, fundada pelos cretenses, para o local onde Tebas deveria ser construída, e a quem ele ali sacrifica, é a antiga Mãe e deusa-lua das épocas pré-gregas. Ela rege a vida dele e dos seus filhos, mostrando-se mais poderosa do que a sua auxiliadora, Atena.*

É a antiga deusa-vaca Afrodite que surge, com toda a força, nas filhas dele. É a grande imagem mitológica do poder primevo da Mãe-deusa que se manifesta nas filhas de Cadmo. Uma das filhas é Sêmele, a mãe de Dionísio, que permaneceu como deusa geradora apesar de, como a mortal consorte de Zeus, perecer fulminada por sua luz radiante. A segunda filha é Ino. Num surto de loucura, ela se atira ao mar com o seu filho Melicerta. Melicerta pertence ao círculo dos deuses filhos-amantes que se perdem, pranteados e festejados nas orgias. A terceira filha é Agave, mãe de Penteu; é também uma mãe terrível, uma vez que mata e faz o filho em pedaços na orgia, carregando a sua cabeça ensanguentada em triunfo. O próprio Penteu se torna Dionísio-Zagreu, o próprio deus despedaçado a quem tentou resistir. A quarta filha é Autônoe, mãe de Actéon, o jovem caçador que contemplou inadvertidamente a nudez da Ártemis virginal e, presa de terror, fugiu dela sob a forma de um cervo, apenas para ser despedaçado pelos próprios cães. Mais uma vez, transformação animal, desmembramento e morte. A Ártemis virginal, deusa das florestas, é uma forma pré-grega da deusa Mãe Terrível, do mesmo modo que a Ártemis de Éfeso, da Beócia etc.

Eis as filhas de Cadmo; predomina em todas a influência da Grande Mãe, da terrível Afrodite. O único filho de Cadmo é Polidoro, o seu neto é Laio e o seu bisneto, Édipo. Mesmo no bisneto, a união mãe-filho leva ainda à catástrofe. Só agora, com ele, cessa a linha da relação da Grande Mãe com o filho-amante.

Europa e Cadmo formam uma das ramificações da corrente de lendas mitológicas que, partindo da Líbia (com Io), alcança, através da Fenícia, a

---

* Para uma importante contribuição à interpretação genealógica, veja-se, de Philippson,[118] *Genealogie als mythische Form.*

Grécia. O outro ramo, que parte também da Líbia, leva às Danaides e a Argos. Argos, uma importante área da cultura cretense na Grécia, está associada, na lenda, a Dânao, que introduziu o culto de Apolo Lício. Segundo Heródoto,[119] as Danaides levaram a Tesmofória, o festival de Deméter, a Grande Mãe da Grécia, do Egito para a Grécia. A Tesmofória e os seus mistérios eram um festival da fertilidade, cujo ponto central era um poço profundo que representava o ventre da Mãe Terra. Nesse poço-ventre atiravam-se oferendas, a saber, pinhas, como falos do filho-árvore, e porquinhos vivos, filhos da porca, a Grande Mãe grávida. O poço era infestado de cobras, constantes companheiras da Grande Mãe, associadas ao seu útero gorgonesco. Correspondendo ao antiquíssimo ritual de fertilização, os restos apodrecidos dos porquinhos eram depois retirados em solenidades, lacerados e espalhados sobre os campos como portadores da fertilidade.

Bachofen já demonstrou pormenorizadamente que as Danaides, por matarem os maridos que eram forçadas a aceitar, pertencem à esfera da virgem-mãe "emancipada". Hipermnestra, contrariando o acordo comum, é a única que não mata o marido e a partir dela as relações amorosas na mitologia passam a ser assunto de decisão pessoal. Justamente por causa disso, torna-se a mãe ancestral dos netos-heróis que, como Perseu e Hércules, vencem o domínio negativo da Grande Mãe e estabelecem a cultura humano-masculina. Os dois pertencem ao tipo do herói filho de uma divindade masculina e que recebe a assistência de Atena. O mito de Perseu é o mito do herói que conquista o símbolo da dominação matriarcal na Górgona líbia (Medusa), do mesmo modo que, mais tarde, Teseu vence o Minotauro.

Assim sendo, nos descendentes de Io, embora não apenas nesse ramo da mitologia, o conflito entre os mundos patriarcal e matriarcal é representado como história épica e personalizado como história familiar nos mitos dos heróis gregos. É inquestionável que o estudo científico atual da história e da religião se satisfaria com uma redução a agrupamentos etnológicos. No entanto, do ponto de vista psicológico, que tem em mente o desenvolvimento da consciência humana, a substituição do estágio da Grande Mãe e do seu filho-amante por um novo estágio mitológico não é uma ocorrência histórica fortuita, mas um evento psicológico necessário. Pelo que sabemos no presente, é impossível correlacionar o novo estágio com uma raça ou grupo nacional definidos. Porque, lado a lado com a superação do arquétipo da mãe na esfera greco-indo-germânica da cultura, há a sua contraparte, não menos radical, na esfera hebraico-semita.

O estágio da conquista do arquétipo da mãe tem o seu próprio lugar no mito do herói, e nós o descreveremos adiante. No momento, devemos continuar examinando o estágio da Grande Mãe e do seu domínio sobre o filho-amante.

A relação mitológico-histórica do espaço cretense-egeico com a Grécia se revela também em outras figuras da mitologia grega. Hécate, a deusa do terror, é a mãe de Empusa, a devoradora de homens, e das lâmias que sugam o sangue de homens jovens e devoram a sua carne. Mas essa Hécate urobórica de corpo tríplice, senhora dos três reinos – céu, terra e mundo inferior –, é a mestra de Circe e Medeia nas artes da magia e da destruição. Atribui-se a ela o poder de encantar os homens e de transformá-los em animais, assim como o de levar à loucura, dom que lhe pertence tanto quanto a todas as deusas-lua. As mulheres celebravam os mistérios da Grande Mãe não só pacificamente, em Elêusis, mas também de maneira sanguinária no culto de Dionísio; e o estraçalhamento orgiástico do bode e do touro, acompanhado da ingestão dos fragmentos sanguinolentos como um ato simbólico de fertilização, se estende de Osíris a Dionísio-Zagreu e a Orfeu, Penteu e Actéon. Tal como reza o ditado órfico: "A vítima deve ser despedaçada e devorada".[120] A mãe deusa é a senhora dos animais, *Potnia theron*, quer apareça como Tauropolo, a agarradora de touros, em Creta e na Ásia Menor, estranguladora de cobras, pássaros e leões, quer como uma Circe, que escraviza os homens que transformou em bestas.

O fato de que a veneração da Mãe da Terra e da Morte é muitas vezes ligada a pântanos deve ser interpretado, segundo aprendemos com Bachofen, como um símbolo do nível sombrio da existência em que vive uroboricamente o dragão, parindo e devorando simultaneamente. Guerra, flagelação, oferendas de sangue e caça, são as formas brandas do seu culto. Nessa caracterização, a Grande Mãe não se faz presente apenas em épocas pré-históricas. Ela regerá os mistérios eleusinos mais tarde e Eurípedes ainda conhece Deméter como a deusa da ira, que anda em uma carruagem puxada por leões, acompanhada de chocalhos, tambores, címbalos e flautas báquicas. Ela é sombria o bastante para estar próxima da Ártemis asiática e de Cibele, assim como das deusas egípcias. A Ártemis Órtia de Esparta exigia sacrifícios humanos e o chicoteamento de garotos; também a Artemis Taurina exigia sacrifícios humanos e a Ártemis Alfaica era cultuada por mulheres com danças noturnas, nas quais elas lambuzavam o rosto com lama.

Nenhuma deusa "bárbara" é adorada aqui com práticas de "sensualidade asiática"; trata-se, porém, tão somente das camadas mais profundas dos rituais da Grande Mãe por toda parte. Ela é a deusa do amor, que tem poder sobre a fertilidade da terra, dos homens, do gado e dos grãos; ela também está presente em todo nascimento e, por isso, é ao mesmo tempo deusa do destino, da sabedoria, da morte e do mundo inferior. Os seus ritos são, em toda parte, marcados pelo frenesi e pela orgia; como senhora dos animais, rege todas as criaturas masculinas que, na forma de touro ou leão, carregam o seu trono.

Há inúmeras representações dessas deusas, mostrando a genitália em exibicionismo ritual,[121] tanto na Índia como em Canaã, tanto como Ísis egípcia como Deméter e Baubo gregas. A deusa desnuda que "dorme no chão e se abandona ao amor" é um nível inicial da Grande Mãe, manifestando-se os seus níveis precedentes nos monstruosos ídolos femininos do homem neolítico. A ela é associado o porco, por ser muito prolífico e, ainda no supremo mistério de Elêusis,[122*] ela monta no porco, de pernas escarranchadas, ou em cima de um cesto que, tanto quanto a cornucópia, é um símbolo feminino.

Como imagem primitiva da Grande Mãe, o porco não se apresenta apenas como símbolo da fertilidade da terra, sendo encontrado também na fase mais remota, como projeção cósmica:

> A imagem herética da mulher-céu como uma porca que mostra as crianças-estrelas dirigindo-se para dentro da sua boca, à feição da imagem de uma porca comendo os bacorinhos, está presente num texto dramático linguisticamente bem remoto, preservado no falso túmulo de Seti I, no templo de Osíris em Abido.[125]

Ísis, como Nut, a Kore Cosmu,[126] aparece como uma "porca branca"[127] e o velho e grande deus Set, irmão de Ísis, tem uma cabeça que foi interpretada como cabeça de porco.[128] Schliemann encontrou em Troia a figura de um porco coberto de constelações[129] – que representa, portanto, a mulher do céu como porca –, tendo o culto do porco sagrado como Mãe-deusa deixado inúmeros vestígios.

É provável que a mais primitiva e mais antiga das associações feitas com o porco o equipare aos genitais femininos, os quais eram chamados em grego e latim de "porco" apesar dessa associação ser ainda anterior pelo antigo nome dado à concha de búzios.[130]

Esta linha – a de Ísis sentada de pernas abertas sobre um porco – pode depois ser seguida de Creta e da Ásia Menor até a Grécia. Falando de Creta, onde uma porca amamentou o rei Minos, diz Farnel:

---

* Há imensas possibilidades de que o camundongo – adorado pelos fenícios, vizinhos pagãos dos judeus – tenha sido um animal sagrado da fertilidade, devido à sua alta taxa de reprodução, que ele compartilha com o porco. Frazer chamou a atenção para uma passagem de Isaías (66, 17) em que há a afirmação de que os israelitas celebraram, em segredo, uma festa pagã na qual comeram ratos e porcos.[123] A referência é, obviamente, às práticas cananeias ligadas ao culto da Mãe Deusa. Essa conclusão decorre do fato de haver imagens de camundongos representadas perto da mão da deusa de Cartago, que se reconhece ser uma Grande Mãe.[124] O lado negativo do camundongo reside em ele ser portador da peste bubônica, como o indicam a *Ilíada*, Heródoto e o Antigo Testamento.

Os cretenses consideram sagrado esse animal e não provam da sua carne; e os homens de Preosos realizam ritos secretos com a porca, fazendo dela a primeira oferenda do sacrifício.[131]

O fato de os sírios de Hierápolis poderem discutir, na época de Luciano, a santidade ou não santidade do porco não passa de indício de ignorância e decadência. A santidade desse animal é comprovada não apenas por um baixo-relevo da mãe-porca, encontrado em Biblos[132] – pertencente provavelmente ao culto de Adônis –, mas em especial pelo costume fenício de não comer carne de porco e de sacrificar porcos no aniversário da morte de Adônis. Frazer[133] demonstrou a identidade entre Átis, Adônis e Osíris, e a identificação destes com o porco. Onde comer carne de porco é proibido e se afirma que o porco é impuro, podemos ter certeza do seu caráter originalmente sagrado. A associação dos porcos com a fertilidade e o simbolismo sexual se mantém até os nossos dias, quando as questões sexuais ainda são descritas, de maneira pejorativa, como "porcaria".

Kerényi[*] chamou a atenção para o vínculo do porco como "animal uterino" da terra com Deméter e Elêusis.[134] É importante lembrar que, quando foi concedida a Elêusis permissão para cunhar as suas próprias moedas, foi escolhido o porco como símbolo dos mistérios.[135]

A grande festa de Afrodite em Argos, onde as mulheres apareciam como homens e estes como mulheres, usando véus, era chamada, em razão dos sacrifícios de porcos a ela associados, "Histeria".

Sobre essas festas de Afrodite, diz Smith:

> Na celebração desses aniversários, as sacerdotisas de Afrodite entravam num estado selvagem de frenesi, e o termo Histeria passou a associar-se ao estado de perturbação emocional ligado a tais orgias... Usava-se a palavra Histeria com o mesmo sentido de Afrodisia, isto é, como sinônimo dos festivais da deusa.[136]

Completando, deve-se mencionar que é Afrodite, na figura original de Grande Mãe, que envia a "obsessão afrodisíaca".

Isso não só enfatiza a relação entre o arquétipo da Grande Mãe, a sexualidade e a "histeria", mas é ainda mais significativo o fato de o festival hermafrodita, com o seu intercâmbio de sexo e roupas, que faz parte do simbolismo urobórico, ser chamado a "Hybristica". Nessa designação, cognata de usurpação, a transgressão, a *Hybris*, revela-se, de modo característico, a recusa, do ponto de vista da Grécia patriarcal, desse estado de mistura urobórica.

---

* A preocupação exclusiva do autor com a mitologia grega impede-o, contudo, de acentuar suficientemente o caráter arquetípico desse fenômeno.

O porco é, então, o símbolo do elemento feminino, como ventre que gera e concebe. Como animal-útero, ele pertence à terra, que, como poço, aceita nas Tesmofórias os sacrifícios de porquinhos para a sua fertilização.

Entre os símbolos do abismo devorador, devemos incluir o ventre em seu aspecto assustador, as cabeças numinosas das Górgonas e de Medusa, a mulher de barba e falo e a aranha comedora do macho. O ventre aberto é o símbolo devorador da mãe urobórica, especialmente quando relacionado com símbolos fálicos. A boca tangente da Medusa, com as suas presas de javali, trai essas características de modo mais claro, enquanto a língua protuberante por certo se relaciona com o falo. O ventre abocanhador, isto é, castrador, aparece com as mandíbulas do inferno, e as serpentes que se contorcem em torno da cabeça da Medusa não são elementos personalísticos – pelos pubianos –, mas elementos fálicos agressivos que caracterizam o aspecto aterrorizador do ventre urobórico. A aranha faz parte desse grupo de símbolos, não apenas por ser a fêmea que devora os machos após o coito, mas, sobretudo, por ser o símbolo geral do feminino armador de redes nas quais o masculino incauto "se enreda".

Esse caráter perigoso é reforçado pela característica do tecer, como vemos nas Irmãs Tecedeiras em Macbeth que tecem o fio da vida, ou nas nórdicas Nornas cuja atividade cria a teia do mundo, onde se enreda tudo o que nasceu. Desse modo, esse grupo leva, finalmente, ao véu de Maia que denuncia que tanto masculino como feminino são igualmente ilusões, o vazio sem forma, a Caixa de Pandora.

Sempre que o caráter nocivo da Grande Mãe predomina ou equivale ao seu lado positivo e criativo, e sempre que o seu lado destrutivo – o elemento fálico – aparece ligado ao seu ventre fértil, a ouroboros ainda opera nos bastidores. Em todos esses casos, o estágio adolescente do ego ainda não foi superado e ainda não foi alcançada a sua autonomia diante do inconsciente.

Associações entre o Filho-Amante e a Grande Mãe

Podemos distinguir várias fases na relação do amante adolescente com a Grande Mãe.

A mais antiga caracteriza-se pela rendição natural ao destino, à supremacia dos poderes representados pela mãe ou ouroboros. Nesse nível, o sofrimento e a dor permanecem anônimos; os jovens deuses da vegetação semelhantes a flores, fadados a morrer, ainda se acham muito próximos do estágio da criança sacrificada. Nesse nível, vivem, sem se pronunciar, a esperança e a devoção da índole natural, a esperança do homem de renascer, tal como a natureza, através da Grande Mãe, da plenitude e supremacia da sua graça, sem nenhuma atividade ou mérito da parte dele. É o estágio da completa impotência diante da mãe urobórica e do esmagador poder do destino, como ainda vemos na tragédia grega e, em particular, na figura de Édipo. A masculinidade e a consciência ainda não têm autonomia e o incesto urobórico cedeu lugar ao incesto matriarcal da adolescência. O êxtase de morte do incesto sexual, acompanhado pela dissolução do ego, é o sintoma do ego adolescente, que ainda não está à altura das forças simbolizadas pela Grande Mãe.

A passagem para o nível seguinte é formada pelos "renitentes". Neles, o temor da Grande Mãe é o primeiro indício do crescimento da centroversão, autoformação e estabilidade do ego. O temor do adolescente leva à fuga e à resistência sob diferentes formas. A expressão primária da fuga, que ainda se acha sob o completo domínio da Grande Mãe, é a autocastração, que encontramos repetidamente em Átis, Eshmun e Bata, e o suicídio. Aqui, a atitude de desafio, a recusa a amar, leva, não obstante, à própria coisa que a Mãe Terrível quer, ou seja, o oferecimento do falo, embora este ocorra no sentido negativo. Os jovens que fogem, aterrorizados e loucos, das exigências da Grande Mãe traem, no ato de autocastração, a constante fixação no símbolo central do culto da Grande Mãe, o falo; e eles o oferecem a ela, embora já com a negação na consciência e com o protesto do ego.

Esse afastamento da Grande Mãe como expressão da centroversão pode ser visto claramente nas figuras de Narciso, Penteu e Hipólito. Esses três resistem aos amores fogosos das grandes deusas, mas são punidos por elas ou por seus representantes. No caso de Narciso, que rejeita o amor e, por fim, apaixona-se fatalmente pela sua própria imagem, é óbvia a inclinação a si mesmo e o afastamento do objeto voraz e exigente de amor. No entanto, sublinhar aqui a ênfase posta no próprio corpo e o amor a si mesmo não diz tudo. A tendência do ego em vias de tornar-se consciente de si, quer dizer, a tendência à autoconsciência e a formar uma imagem de si, para ver-se como num espelho, é uma característica necessária e essencial desse nível. Aqui o desenvolvimento da autoformação e do autoconhecimento são decisivos para que a consciência humana evolua para a consciência de si mesma. Encontramos essa característica tanto no período da adolescência da humanidade como também na adolescência de cada indivíduo. É uma fase de reconhecimento necessária, uma tarefa dada à humanidade. Fatal é apenas a permanência nesse nível. Quebrar a fixação na Grande Mãe pela formação da imagem de si mesmo não representa autoerotismo, mas sim centroversão.

As ninfas que em vão se enamoram de Narciso são apenas formas personalizadas das forças afrodisíacas, e resistir a elas equivale a resistir à Grande Mãe. Adiante examinaremos o significado da fragmentação de arquétipos no tocante ao desenvolvimento da consciência. Na mitologia grega, percebe-se claramente como ocorre essa fragmentação. O aspecto terrível da Grande Mãe é reprimido quase inteiramente e só podemos captar fugidios vislumbres dela por trás da figura sedutora de Afrodite. E a própria Afrodite também já não se apresenta mais com a imponência da atuação suprapessoal, mas em fragmentações e personalizações, como ninfa e sereia, náiade ou dríade, como mãe, madrasta e amante, como Helena ou Fedra.

Isso não significa que, na história do desenvolvimento das religiões, esse processo sempre possa ser seguido às claras. A nossa observação parte do arquétipo e da sua relação com a consciência. Por exemplo, as ninfas, isto é, aspectos parciais do arquétipo, podem aparecer, historicamente, tanto antes como depois da sua veneração histórica. Estruturalmente, elas continuam a ser aspectos parciais do arquétipo e são, em termos psicológicos, fragmentos dele, mesmo que o culto das ninfas fosse historicamente comprovado como anterior ao culto da Grande Mãe. No inconsciente coletivo, todos os arquétipos são simultâneos e justapostos. Somente com o desenvolvimento da consciência ocorre uma graduação hierárquica no próprio inconsciente coletivo.[*]

Narciso, seduzido pelo próprio reflexo, é, na verdade, vítima de Afrodite, a Grande Mãe, sucumbindo à sua lei fatal. O seu sistema do ego é dominado e dissolvido pelo terrível impulso do amor, da potência dos instintos, pertencente ao domínio da Grande Mãe. O fato de ela usar, para a sedução fatal, a própria imagem dele, apenas a torna ainda mais pérfida.

Também Penteu faz parte da série dos "renitentes" que ainda não conseguem realizar o ato heroico da libertação. Embora a sua resistência seja contra Dionísio, o seu destino e pecado não deixam de mostrar que, também nesse caso, o verdadeiro inimigo é a figura terrível da Grande Mãe. É conhecido o fato de Dionísio ter afinidades com o culto orgiástico da Grande Mãe e com os seus filhos-amantes, Osíris, Adônis, Tamuz etc. Não podemos tratar da problemática figura de Sêmele, mãe de Dionísio, mas Bachofen relaciona Dionísio com a Grande Mãe, sendo a sua correlação confirmada pela moderna pesquisa:

> Adorava-se Dionísio em Delfos como o infante ou cupido num cesto de grãos. É um culto ctônico, com a deusa-lua Sêmele como Mãe Terra. Como ele é originário da Trácia e se estabeleceu na Ásia Menor, ali se fundindo com o culto da *Magna Mater*, é provável... que um disseminado culto primordial pertencente à religião pré-grega original se mantenha vivo nele.[137]

O heroico rei Penteu, tão orgulhoso da sua racionalidade, tenta, com a ajuda da sua mãe, parenta mais próxima de Dionísio, opor-se às orgias, mas é

---

[*] Cf. Parte II.

dominado, junto com ela, pelo frenesi dionisíaco. Ele sofre o destino de todas as vítimas da Grande Mãe: tomado pela loucura, enverga roupas de mulher e entrega-se às orgias, nas quais a sua mãe, em total insanidade, o confunde com um leão e o faz em pedaços. Em seguida, ela leva para casa a sua cabeça ensanguentada em triunfo, uma lembrança do ato original de castração que acompanhou o desmembramento do cadáver. Dessa maneira, a mãe de Penteu, contrariando os ditames da sua mente consciente, transforma-se na Grande Mãe, enquanto o filho, apesar da resistência oferecida pelo ego, se torna o seu filho-amante. Loucura, uso de roupas de mulher, transformação em animal, desmembramento e castração, todo o destino arquetípico é aqui cumprido. Penteu, escondendo-se no topo de um pinheiro, se torna Dionísio-Átis; sua mãe, a *Magna Mater*.

A figura de Hipólito ocupa o seu lugar ao lado de Penteu e de Narciso. Por amor a Ártemis, por castidade e por amor a si mesmo, ele desdenha de Afrodite ao desdenhar do amor da sua madrasta Fedra, e, a uma ordem do seu pai e com a ajuda do deus Poseidon, é arrastado até a morte pelos seus próprios cavalos.

Não podemos tratar aqui do profundo conflito de Hipólito, que se desenrola entre a sua mãe, a rainha das Amazonas, e a sua madrasta, a irmã de Ariadne, e se manifesta na sua resistência contra Fedra e na sua dedicação a Ártemis. Faremos apenas uma breve análise do mito em seus aspectos relevantes para o nosso tema. Devido à personalização secundária, o mito, tal como Eurípedes o dramatizou, tornou-se um destino pessoal sobrecarregado de detalhes personalísticos. Mas ainda é bastante transparente para ser interpretado sob o pano de fundo das suas origens.

A Afrodite desdenhada e a madrasta desdenhada se correspondem. São a Grande Mãe que amorosamente persegue o seu filho e o mata quando ele resiste. Hipólito está preso à virgem Ártemis, não à virgem-mãe original, mas a Ártemis como figura espiritual, a sua "amiga" que se assemelha a Atena.

O próprio Hipólito encontra-se no estágio de resistência crítica à Grande Mãe, já consciente de si como um homem jovem que quer chegar à sua autonomia e independência. Essa atitude se manifesta na recusa à investidas da Grande Mãe e da sua sexualidade fálica e orgiástica, tomando a forma de "castidade". Essa castidade, no entanto, significa mais do que a rejeição do sexo, por ser, ao mesmo tempo, a consciência do que chamamos masculinidade "superior", contrária à fálica, "inferior". No nível subjetivo, é a consciência da masculinidade "solar" de Bachofen contra a masculinidade ctônica. Essa masculinidade superior corresponde à luz, ao sol, ao olho e à consciência.

O amor de Hipólito por Ártemis e pela castidade natural recebe do seu pai uma caracterização negativa como "orgulho virtuoso" e "autoadoração".[138]

Essas características e o fato de que Hipólito participa de uma liga de jovens associam-se numa única coisa. O fortalecimento da masculinidade pela amizade com homens, assim como o significado da "irmã espiritual" feminina para o desenvolvimento da consciência masculina serão ainda objeto de nossa ocupação. Em Hipólito, contudo, o desafio do jovem termina em tragédia. Em termos personalísticos, isso quer dizer que Afrodite se vinga; as acusações caluniosas da madrasta que ele rejeitou ganham o crédito do seu pai, Teseu; ela se suicida e o pai amaldiçoa o filho. Poseidon é obrigado a garantir o desejo que concedeu a Teseu e leva Hipólito à morte. Essa história quase sem sentido de uma intriga de Afrodite, que nada tem de trágica para o nosso modo de pensar, mostra ter um conteúdo bem diferente quando interpretada do ponto de vista psicológico.

Hipólito tem tantas condições de manter uma atitude de desafio quanto Édipo de impedir o incesto heroico com sua mãe. O poder da Grande Mãe, a loucura do amor que Afrodite envia, é mais forte do que a resistência do ego consciente dele. Ele é arrastado pelos seus próprios cavalos, ou seja, é vítima do mundo dos seus próprios instintos, de cuja subjugação era tão orgulhoso. Os cavalos, que, de modo bastante característico, são éguas, cumprem a vontade mortal de Afrodite. Quando se sabe como a Grande Mãe realiza a sua vingança nos mitos, pode-se ver essa história em seu contexto próprio. A automutilação e o suicídio de Átis, Eshmun e Bata; a morte de Narciso por autoatração; Actéon, como tantos outros jovens, transformado em animal e despedaçado, tudo isso está relacionado. E seja Aiton ardendo nas chamas da sua própria paixão ou Dáfnis tomado pelo desejo insaciável, porque não ama a garota que Afrodite lhe envia, seja a interpretação do ato de arrastar que levou Hipólito à morte como loucura, amor ou remorso, pouco importa; em cada um dos casos, trata-se da vingança da Grande Mãe, das forças subterrâneas que dominam o ego.

É característico também que Poseidon, embora de modo indireto, seja um instrumento nas mãos de Afrodite, por trás de cuja beleza espreita a Mãe Terrível. Poseidon é quem envia do mar o monstruoso touro que enlouquece os cavalos de Hipólito e os faz arrastar o seu senhor. Encontramos outra vez a figura fálica do Senhor das profundezas da terra e do mar como companheiro da Grande Mãe. Afrodite deseja vingar-se, porque Hipólito, no crescente orgulho da consciência do ego, a "despreza" e declara ser ela "a mais ínfima entre as do céu".[139] Já encontramos esse desenvolvimento na queixa de Gilgamesh contra Ishtar. No entanto, em contraste com a figura de Hipólito, um herói sobremodo negativo, Gilgamesh, com a sua masculinidade muito mais desenvolvida, é um herói verdadeiro. Apoiado pelo seu amigo Enkidu, ele vive a vida do herói em completo afastamento da Grande Mãe, ao passo que

Hipólito permanece, inconscientemente, preso a ela, embora a desafie e negue com a sua mente consciente.

O jovem que luta pela autoconsciência agora começa, na medida em que é um indivíduo, a ter um destino pessoal, para o qual a Grande Mãe se torna agora a mãe fatal e infiel. Ela escolhe um jovem após outro para amar e destruir, tornando-se assim "a prostituta". A prostituta sagrada, aquilo que a Grande Mãe sempre é por ser a portadora da fecundidade, torna-se para o jovem a feminilidade negativa, instável e destruidora. Com isso tem início a grande reavaliação do feminino, a sua conversão em elemento negativo, que depois, no patriarcado das religiões ocidentais, foi levado a extremos. O crescimento da autoconsciência e o fortalecimento da masculinidade jogaram a imagem da Grande Mãe para o segundo plano; sua imagem foi fragmentada pela sociedade patriarcal resultando em que, na consciência, só a imagem da mãe boa é preservada, enquanto o seu aspecto terrível é relegado ao inconsciente.*

O desenvolvimento subsequente, relacionado com a fragmentação da figura da Grande Mãe, é que não é mais ela quem mata, mas um animal hostil, por exemplo, um javali ou urso, ao lado do qual ela toma o seu lugar na figura da mãe lamentosa, isto é, da mãe "boa". O urso, no entanto, é um símbolo da mãe, como sabemos por Bachofen,[140] que chamou a atenção para a identidade entre Cibele e o urso. Como sabemos hoje, o urso como símbolo da mãe faz parte do acervo arquetípico da humanidade, o que é possível demonstrar tanto na Europa quanto na Ásia e na América.[141] Bachofen demonstrou ainda que a substituição posterior do urso pelo leão corresponde à substituição do culto da mãe pelo do pai.[142] O círculo se completa com a constatação de Winbler de que, astrologicamente, o poente do deus-sol ocorre na Ursa Maior, que era também chamada "javali".[143] Como as imagens astrológicas são projeções de imagens psíquicas, encontramos aqui as mesmas relações presentes na mitologia. Por conseguinte, em desenvolvimentos subsequentes, a imagem da Grande Mãe é fragmentada em uma parte negativa, representada como animal, e em outra positiva, de figura humana.

Átis e o Zeus cretense são mortos por um javali, uma variante do motivo da castração que também está ligada ao tabu referente à ingestão de carne de

---

* A divisão da Grande Mãe em uma mãe "boa" consciente e em uma mãe "má" inconsciente é um fenômeno básico da psicologia da neurose. No nível consciente, o neurótico tem uma "boa relação" com a mãe; na ornamentada casa do seu amor, contudo, se oculta a bruxa, que engole as criancinhas e lhes garante, como recompensa, uma existência passiva e irresponsável, sem ego. A análise, por conseguinte, desvela a Mãe Terrível que o acompanha, uma figura inspiradora de terror que, com ameaças e intimidações, proíbe a sexualidade. Os resultados são a masturbação, a impotência real ou simbólica, a autocastração, o suicídio etc. Pouco importa se a figura da Mãe Terrível se mantém inconsciente ou é projetada; em ambos os casos, a própria ideia do coito, de algum vínculo com a fêmea, ativará o medo da castração.

porco no culto de Átis e à figura suína da Grande Mãe. A conotação paternal do javali como vingador enviado por uma divindade paternal ciumenta é uma importação posterior. O pai ainda não exerce nenhum papel nesse estágio do jovem deus fadado a morrer. Na verdade, o jovem divino é, sem saber, o seu próprio pai em outra forma; não há ainda um progenitor paternal, além do próprio filho. O domínio da ouroboros maternal caracteriza-se pelo fato de que os elementos "masculinos", mais tarde atribuídos ao pai, ainda são parte integrante da natureza urobórica da Grande Mãe. A presa solitária das Greias, assim como os outros elementos claramente masculinos associados às Irmãs Tecedeiras, bruxas e feiticeiras, devem ser mencionados aqui. Assim como a barba e o falo são componentes da natureza andrógina da Grande Mãe, assim também ela é a porca ao dar à luz e o javali ao matar.

O surgimento do assassino masculino no ciclo dos mitos da Grande Mãe é um avanço evolutivo, visto que significa também uma autonomia maior da figura do adolescente-filho. Conquanto no início pertença à ouroboros, o javali passa a ser, no fim, parte da própria figura do adolescente. É então o equivalente da autodestruição que encontramos no mito como autocastração. O elemento masculino assassino, que ainda não possui caráter paternal, é o símbolo da tendência destruidora voltada para ele mesmo no autossacrifício. Essa dicotomia se revela depois no motivo dos irmãos gêmeos hostis, o motivo arquetípico da autodivisão. Não apenas Frazer mas também Jeremias[144] provaram, com base em farta documentação – sem a correspondente explicação – que o herói e o animal que o mata são com frequência idênticos.

O motivo dos gêmeos hostis faz parte do simbolismo da Grande Mãe. Surge quando o elemento masculino se separa, mediante a autodivisão, em elementos opostos sendo de um lado destrutivo-assassino e de outro lado positivo-criador, chegando à autoconsciência.

No nível dos "renitentes", inicia-se a distinção entre o ego consciente e o inconsciente, mas o ego ainda não é firme o suficiente para levar a cabo a separação dos Pais Primordiais e a luta vitoriosa do herói. Como enfatizamos, a centroversão manifesta-se inicialmente de modo negativo, como medo, fuga, desafio e resistência. Essa atitude negativa do ego, contudo, ainda não se dirige contra o objeto, a Grande Mãe, ao contrário do que ocorre no caso do herói; em vez disso, volta-se contra o próprio ego, tomando a forma de autodestruição, automutilação ou suicídio.

A imagem autorrefletida do ego de Narciso, que quer se libertar do poder do inconsciente, torna-se um amor-próprio catastrófico. O seu suicídio por afogamento representa a dissolução da consciência do ego, tal como se repete, nos tempos modernos, nas figuras dos jovens suicidas Weininger e Seidel. O livro de Seidel, *Bewusstsein als Verhängnis* (Consciência como Fatalidade) e o trabalho de Weininger, de espírito misógino, têm nitidamente o cunho dos adolescentes-amantes da Grande Mãe. Eles são mortalmente fascinados por ela e, mesmo sendo "renitentes" e se opondo em vão, cumprem seu destino arquetípico.[*]

A situação arquetípica do adolescente-amante renitente desempenha um papel importante na psicologia do suicídio dos neuróticos dos nossos dias, ocupando ainda um lugar legítimo na psicologia da puberdade, de que os renitentes são representantes arquetípicos. A rejeição, a autonegação, o tédio da vida e as tendências suicidas acumuladas são próprios desse período, assim como a fascinação, encantadora e perigosa, que emana da mulher. O final da puberdade é marcado pela luta bem-sucedida do herói, como atestam os ritos de iniciação dessa fase. Os jovens que morrem por suas próprias mãos na adolescência representam todos os que sucumbem aos perigos dessa luta, que não conseguem fazer a transição e que perecem na tentativa de iniciação – que ainda hoje, como sempre, é realizada no inconsciente. A sua autodestruição e trágica autodivisão são, mesmo assim, heroicas. Os renitentes são figuras heroicas, mas negativas, que sucumbem. O assassino masculino que atua sob a tendência destrutiva ainda é, embora o ego não o saiba, o instrumento da Grande Mãe; e o javali que mata Adônis é, por assim dizer, a presa de javali da Górgona tornada independente; no entanto, apesar de tudo, um ego que se mata é mais ativo, independente e individualizado do que o adolescente-amante fadado a morrer, com a sua triste resignação.

Pela separação do antagonista masculino da ouroboros masculina-feminina e pela fragmentação da Grande Mãe em uma mãe boa e em seu companheiro masculino-destrutivo, já ocorreu certa diferenciação da consciência e uma fragmentação do arquétipo. Essa separação e o consequente surgimento do hostil antagonismo gêmeo no elemento masculino marcam uma fase importante no caminho que leva à dissolução definitiva da ouroboros, à separação dos Pais Primordiais e à consolidação da consciência do ego.

Consideremos outra vez as imagens mitológicas primordiais que retratam esse evento. Do mesmo modo que o motivo dos gêmeos é fator determinante no mito egípcio de Osíris e Set, tendo, além disso, papel decisivo na mitologia cananeia,[145] em que se manifesta como a luta entre Baal e Mot, entre Reshep e Shalman, o encontramos também, com variações personalistas, na história bíblica de Esaú e Jacó, assim como nas lendas judaicas.

---

[*] Otto Weininger, nascido em 1880 em Viena, matou-se com um tiro em 1903. A sua principal obra, *Sex and Character* (traduzida para o inglês em 1906) defende a inferioridade espiritual e moral da mulher. Para dados completos sobre Weininger, veja a obra de Abrahamsen, *The Mind and Death of a Genius*; a obra de Alfred Seidel, *Bewusstsein als Verhängnis* foi publicada em 1927, em edição póstuma. Seidel, nascido em 1895, se suicidou em 1924. (Nota do Editor alemão.)

É interessante observar que existe uma representação pictórica desse grupo de símbolos, para a qual Albright chamou a atenção:

Um local de culto, erigido por volta do século XII d.C. em Beth-shan (Palestina), mostra uma notável tábula em relevo: uma deusa desnuda tem nas mãos duas pombas, estando sentada, com as pernas afastadas, a fim de mostrar o seu sexo; abaixo dela, há duas divindades masculinas, cujos braços se acham entrelaçados numa luta (?), havendo uma pomba aos pés de uma delas; em sua direção, vinda de baixo, rasteja uma serpente e, de um dos lados, avança um leão.[146]

Esse antagonismo entre serpente e leão – o mesmo que o de vida e morte – ficou preservado, com a mesma significação, no mitraísmo, que surgiu bem depois. Essa religião, sendo patriarcal, introduziu certas variações; nela encontramos, abaixo do touro, esses mesmos animais, a cobra e o leão, que simbolizam a noite e o dia, o céu e a terra. O conjunto é flanqueado por jovens que, com uma tocha erguida e outra abaixada, representam a vida e a morte. Mas o ventre da Grande-Mãe, que continha originalmente os opostos, só aparece aqui como símbolo, como cratera que garante o renascimento e para a qual os dois animais estão correndo. Uma religião masculina como o mitraísmo já não tolerava a representação direta de uma divindade feminina.

O modo como os arquétipos – imagens primordiais que surgem na projeção da mitologia – operam ainda hoje no inconsciente é assunto que não cabe nesta obra. Observaremos somente que a imagem primordial de Beth-shan se manifesta na obra de um escritor moderno, Robert Louis Stevenson, em que retém ainda o significado de que se revestia há milhares de anos. Em seu livro *O Médico e o Monstro* (*Strange Case of Dr. Jekyll and Mr. Hyde*), uma recapitulação sob forma personalista moderna da batalha mitológica entre os irmãos gêmeos Set e Osíris, o dr. Jekyll de Stevenson anota em seu diário a seguinte passagem, que constitui o tema de toda a história:

A humanidade amaldiçoa a ligação dessas duas tendências incongruentes entre si, a permanente luta desses dois gêmeos polares no ventre agoniado da consciência.* Como foram eles se dissociar?

Até o momento, a última percepção consciente desse problema psicológico é encontrada, por um lado, na psicanálise de Freud, que postulou haver no inconsciente uma oposição entre o instinto de vida e o instinto de morte, que ele procurou pesquisar, e, por outro, no princípio dos opostos do inconsciente na psicologia analítica de Jung. É sempre o mesmo arquétipo da alma:

---

* Que significa: o inconsciente

como imagem, como mito, no romance, como conceito psicológico – são os irmãos gêmeos como oposição entre vida e morte no ventre da Grande Mãe.

O significado dessa questão da divisão e dos gêmeos para o desenvolvimento da masculinidade é esclarecido no capítulo sobre o assassinato do pai,* no qual tentaremos interpretar o antagonismo entre a "masculinidade terrível" e o "pai terrível".[147] Aqui só podemos indicar que, pelo fato de que o elemento masculino já não enfrenta mais o poder superior da Grande Mãe, mas um elemento masculino hostil, se criou uma situação de conflito, que possibilita, pela primeira vez, uma autodefesa.

Esse desenvolvimento psicológico corresponde a uma mudança no ritual de fertilidade original que constitui o fundamento desses mitos. No começo desse ritual, há todo ano a morte do rei-adolescente da fertilidade, cujo cadáver é retalhado e espalhado pelos campos; o seu falo é mumificado, como uma garantia dos grãos do ano seguinte. Há dúvidas sobre o sacrifício simultâneo da representante feminina da Deusa da Terra, mas é provável que isso tenha ocorrido. Todavia, com o desenvolvimento do domínio da divindade-mãe, sua representante, a Rainha da Terra, permanecia viva para celebrar o seu casamento anual com o jovem rei. Mais tarde, parece que o sacrifício foi substituído por um combate. O rei anual consolidou a sua posição e obteve permissão de lutar pela própria vida num combate com o próximo pretendente. Se fosse derrotado, era sacrificado como o ano velho; se vencesse, o seu oponente morria em seu lugar. Posteriormente, quando o matriarcado se transformou em patriarcado, celebrava-se todo ano, ou a intervalos determinados, um rito de renovação; o rei permanecia vivo, uma vez que o animal ou ser humano substituto, sacrificado na cerimônia conhecida no Egito como a "Ereção da Venerável *Djed*", tornava a sua morte desnecessária. O desenvolvimento segue, portanto, uma linha paralela ao que ocorria originalmente com a Rainha-Deusa.

Veremos a fase final desse desenvolvimento – a luta entre a consciência do ego e o inconsciente – quando tratarmos da fase do desenvolvimento em que o patriarcado excluiu o elemento feminino, que passou então a mero "vaso", e em que o elemento masculino se gera a si mesmo, passando a ser a origem do seu próprio renascimento.

A transição é formada pela fase em que a grande força regeneradora, a criatividade mágica da mãe, persiste ao lado do princípio masculino. Ela torna inteiro e novo, reduz os pedaços partidos à unidade, dá nova forma e nova vida ao decomposto e leva para além da morte. Mas, independentemente dessa força regeneradora do princípio feminino-materno, o núcleo da personalidade

---

* Pp. 152s.

masculina continua preservado. Não morre, parecendo ter presciência do renascimento. É como se algum resquício, idêntico ao "pequeno osso Luz" da lenda judaica, não pudesse ser destruído pela morte e cultivasse em si o poder de realizar a sua própria ressurreição. Ao contrário do incesto urobórico, em que o ego embriônico se dissolve como sal na água, o ego fortalecido está focalizado numa vida para além da morte. Embora doada pela mãe, a sua vida é, ao mesmo tempo, condicionada, de maneira misteriosa pelo núcleo do ego residual. Como diz um dos hinos do *Rig-Veda*:

> *Creep into the earth, the mother,*
> *Into the broad, roomy, most holy earth!*
> *Soft as wool is the earth to the wise.*
> *May she guard thee on the next lap of the journey.*
> *Arch thy broad back, press not downwards,*
> *Open thyself easily, let in lightly;*
> *As a mother her son with the hem of her garment,*
> *So cover him over, o earth.*[148]

[Arrasta-te para dentro da terra, a mãe, / Para dentro da vasta, espaçosa, santíssima terra! / Suave como lã é para o sábio a terra. / Possa ela guardar-te na próxima volta do caminho. / Arqueia as tuas amplas costas, não pressiones para baixo, / Abre-te facilmente, deixa entrar com suavidade; / Como uma mãe ao filho em seu regaço, / Cobre-o por inteiro, ó terra.]

A morte não é o fim, mas uma passagem. É um descansar, mas também a proteção que a mãe tem de conceder. O ego moribundo não está satisfeito por estar "de volta" e não mais existir, mas atira a sua vontade de viver para além da morte e a atravessa para a "continuação da viagem" para o novo.

Esse desenvolvimento, em que a morte não é o fim predestinado e a mortalidade do indivíduo não é o único aspecto da vida, contudo já não é realizado no antigo ambiente, isto é, na relação entre o jovem amante e a Grande Mãe. Agora, o princípio masculino já está fortalecido o suficiente para alcançar a consciência de si próprio. A consciência do ego agora já não é mais o filho dependente da ouroboros maternal, acorrentado à supremacia do inconsciente, mas se tornou realmente independente e capaz de se sustentar sozinho.[*]

Chegamos assim ao estágio seguinte da evolução da consciência: a separação dos Pais Primordiais, ou o princípio dos opostos.

---

[*] Em um ensaio à parte, pretendemos apresentar a comprovação dos estágios no material urobórico da América.

III
A Separação dos Pais Primordiais
O Princípio dos Opostos

A Lenda da Criação dos Maori

Rangi e Papa, os céus que estão acima de nós e a terra que está debaixo de nós, são considerados os geradores dos homens e dos deuses e a origem de todas as coisas.

Porque, antes, os céus jaziam sobre a terra e tudo era treva. Eles nunca eram separados. E os filhos do céu e da terra procuravam descobrir a diferença entre luz e trevas, entre noite e luz; porque os homens tinham se tornado numerosos, mas a escuridão ainda continuava.

Em memória desse tempo, diz-se: "Durante a noite", "a primeira noite", "da primeira até a décima noite", "da décima até a centésima noite", "da centésima até a milésima noite", o que pretende significar que a escuridão era sem limite e a luz ainda não existia.

Assim, os filhos de Rangi, o céu, e de Papa, a terra, se consultaram e disseram: "Deixai-nos procurar meios para aniquilar o céu e a terra ou para separá-los!". Falou então Tu-matauenga, o filho mais feroz: "Deixai-nos aniquilá-los!". Depois falou Tane-mahuta, o pais das florestas: "Assim não; que eles sejam separados um do outro. Deixai que Rangi suba e se torne um estranho; deixai Papa permanecer embaixo e ser uma mãe cuidadora para nós". Assim decidiram os filhos do céu e da terra separar os pais, arrancando um do outro; unicamente Tawhiri-Matea, pai dos ventos e tempestades, tinha compaixão deles. Cinco decidiram separá-los e apenas um tinha compaixão.

Assim, eles tentaram, pela aniquilação dos pais, aumentar os homens e fazê-los progredir e, em memória dessas coisas, se diz: "A luz, a luz, a busca, a procura, no caos, no caos".

Ergueu-se então Rongo-Matana, o pai dos alimentos cultivados, para separar o céu da terra, mas não o conseguiu. Depois Haumia-tikitiki experimentou a sua força, mas tampouco conseguiu. Em seguida, levantou-se Tangaroa para arrancar os pais um do outro, mas não foi capaz de fazê-lo. Depois Tuma-tauenga tentou, mas também o seu esforço ficou sem resultado.

Por último, levantou-se Tane-mahuta, o deus da floresta, para lutar contra céu e terra. Os seus braços se mostraram fracos demais; assim, ele plantou sua cabeça na mãe terra e com as pernas para cima golpeou os céus e os arrancou um do outro. Nessa altura, lamentou o céu e gritou a terra: "Por que este assassinato? Por que este pecado? Por que queres nos aniquilar? Por que queres nos separar?". Mas isso afligiria Tane? Para cima ele mandou um deles e para baixo o outro; e por isso se diz: "Tane golpeou, e céu e terra foram separados". Foi ele quem separou a noite do dia e assim foram manifestas a luz e a escuridão.[149]

Esse mito maori da criação contém todos os elementos do estágio de evolução da consciência que segue a etapa de domínio uróborico. A separação dos Pais Primordiais, a divisão entre os opostos a partir da unidade, a criação do céu e da terra, do em cima e do embaixo, do dia e da noite, da luz e das trevas, o ato que é um crime e um pecado, tudo que em muitos outros mitos é separado e visível apenas em características isoladas, está aqui, diante de nós, como unidade.

Referindo-se à separação dos Pais Primordiais, diz Frazer:

É crença comum dos povos primitivos que o céu e a terra estavam originalmente unidos um ao outro, estando o céu plantado sobre a terra, sem nada a separá-los, ou elevado tão pouco sobre ela que, no intervalo entre eles, não havia espaço para que as pessoas caminhassem eretas. Nos locais em que prevalecem essas crenças, a atual elevação do céu acima da terra costuma ser atribuída ao poder de algum deus ou herói, que deu tamanho golpe no firmamento que este se lançou para cima e, desde então, permaneceu no alto.[150]

Frazer também interpreta a castração do pai primordial como a separação dos Pais Primordiais. Vemos aí uma referência à situação uróborica original em que o céu e a terra são conhecidos como "as duas mães".

Voltamos repetidas vezes ao símbolo básico, a luz, que está no centro dos mitos da criação. Essa luz, símbolo da consciência e da iluminação, é o principal objeto das cosmogonias de todos os povos. Em consequência, "nas lendas da criação de praticamente todos os povos e religiões, o processo de criação se acha fundido com o surgimento da luz".[151] Como diz o texto maori: "A luz, a luz, a busca, a procura, no caos, no caos".

Somente à luz da consciência pode o homem reconhecer. E esse ato de cognição, de discriminação consciente, divide o mundo em opostos, tendo em vista que a experiência do mundo só é possível por meio dos opostos. Mais uma vez, devemos enfatizar que o simbolismo dos mitos, que nos ajuda a compreender os estágios humanos correspondentes, não é filosofia ou especulação. Também a obra de arte, assim como o sonho, em toda a sua significação, surge, de igual maneira, das profundezas da psique e revela o seu sentido ao intérprete perspicaz, embora muitas vezes esse sentido não seja captado de modo espontâneo pelo artista ou sonhador. De modo semelhante, a expressão mítica é, na humanidade, uma demonstração ingênua do que ocorre nos seus processos psíquicos, embora a própria humanidade experimente e transmita o mito como algo totalmente diferente. Sabemos que, com toda probabilidade, um ritual, isto é, alguma cerimônia ou curso de ação, sempre precede, como relato, o mito, e é óbvio que o ato vem antes do conhecimento e a ação inconsciente antes do conteúdo enunciado. Por conseguinte, as nossas formulações são abstratos resumidos – se assim não fosse, não poderíamos alimentar a esperança de dar conta da diversidade do material que temos diante de nós –, e não afirmações que o homem primitivo pudesse ter feito de maneira consciente acerca de si mesmo. Enquanto não nos tivermos familiarizado com as imagens dominantes que dirigem o curso do desenvolvimento humano, não seremos capazes de compreender as variantes e vicinais que cobrem por toda parte o traçado principal desse curso.

Consciência = libertação: eis a divisa inscrita acima de todos os esforços da humanidade que procuram libertar o homem do envolvimento do dragão urobórico primordial. Uma vez que o ego se instale como centro e se estabeleça por vontade própria como consciência do ego, a situação original é superada à força. Só se pode compreender o que significa essa autoidentificação da personalidade humana desperta com o ego ao se ter presente o estado oposto, a *participation mystique*, o estado do domínio do inconsciente urobórico. Trivial como nos parece ser, a afirmação lógica da identidade – "eu sou eu" –, a afirmação fundamental da consciência, é, de fato, uma tremenda conquista. Esse ato, por meio do qual um ego é postulado e uma personalidade é identificada com esse ego, por mais falaciosa que possa vir a mostrar-se tal identidade, cria por si só a possibilidade de uma consciência auto-orientadora. Nesse sentido, podemos citar novamente a seguinte passagem dos *Upanishads*:

> No princípio, este mundo era só o Atman, na figura de um ser humano. Este olhou ao seu redor, nada vendo a não ser a si próprio. Exclamou, então, de início: "Isso sou eu!". Ele era, realmente, tão imenso quanto uma mulher e um homem abraçados. Ele separou essa forma em duas partes e daí surgiram o marido e a esposa.[152]

Se, como vimos antes, a existência na ouroboros era existência em *participation mystique*, isso significa também que nenhum centro do ego surgira ainda para relacionar o mundo consigo e para se relacionar com o mundo. Em vez disso, o homem era todas as coisas a um só tempo, sendo a sua capacidade de mudança universal. Ele era, simultaneamente, parte do seu grupo, uma "Cacatua

Vermelha"* e um espírito ancestral incorporado. Tudo o que era interno era externo, ou seja, cada "inspiração" era para ele uma ordem vinda de fora, de um espírito ou feiticeiro ou "pássaro curandeiro". Mas tudo o que era externo era igualmente interno. Havia entre o animal caçado e a vontade do caçador uma relação mágica, tal como havia entre a cura da ferida e a arma que a produzira, visto que a ferida se deteriorava se a arma fosse aquecida. Essa falta de diferenciação é justamente o elemento que constituía a fraqueza e incapacidade de defesa do ego, o que reforçava, por sua vez, a participação. Logo, no princípio, tudo era duplo e dotado de duplo sentido, como vimos na mescla do ser masculino-feminino e bom-mau da ouroboros. Mas esse estar na ouroboros significava, ao mesmo tempo, a ligação mais profunda com o inconsciente e a natureza, entre os quais havia um contínuo fluir como uma corrente de vida circulando em si mesma, a qual atravessava o homem. O homem estava envolvido nessa torrente circular que fluía do inconsciente para o mundo e do mundo para o inconsciente, cujo empurrar e soltar alternados o lançavam para lá e para cá no ritmo pendular da vida, ao qual ele estava abandonado, sem disso se aperceber. Só pela diferenciação do ego, pela separação dos pais primordiais e pelo desmembramento do dragão primordial, o homem é libertado como filho e exposto à luz, e só isso o leva ao nascimento como personalidade dotada de um ego estável.

Na visão original que o homem tinha do mundo, a unidade deste estava conservada. A ouroboros estava viva em tudo. Todas as coisas se achavam prenhes de significado ou, pelo menos, podiam vir a ser assim. Nesse contínuo do mundo, tornavam-se visíveis apenas partes da vida que o movimentavam e que, sempre sob forma nova, possuíam a capacidade de provocar a admiração e de impressionar como conteúdos carregados de mana. Mas essa impressionabilidade era universal, isto é, cada parte do mundo era capaz de deixar a sua impressão, tudo carregava dentro de si a possibilidade de ser "sagrado", ou melhor, de dar provas de que era digno de admiração e, portanto, carregado de mana.

O mundo só vem a existir com o surgimento da luz, que constela a oposição entre céu e terra como o símbolo básico de todos os opostos. Antes disso, reinam as "trevas ilimitáveis", como diz o mito maori. Com a ascensão do sol ou, na linguagem do Egito antigo, a criação da atmosfera, que separa o superior do inferior, começa o dia da humanidade e o universo se faz visível com todos os seus conteúdos.

No tocante ao homem e ao seu ego, a criação da luz e o nascimento do sol estão relacionados com a separação dos Pais Primordiais e com as suas consequências positivas e negativas para o herói que os separa, das quais ainda trataremos de modo pormenorizado.

---

* Exemplo bem conhecido de *participation mystique* entre homem e animal.[153]

Há, contudo, outros relatos da criação como um fenômeno cósmico, não relacionado, um estágio da evolução do próprio universo. No entanto, mesmo na versão que citaremos agora, extraída dos *Upanishads*, podemos ver a ação pessoal funcionando por trás do processo evolutivo, embora esta não esteja acentuada no texto em questão.

1. O sol é Brahma, assim diz o ensinamento. Esta é a explicação sobre isso. No princípio, este mundo era não ser; este não ser passou a ser. Ele se desenvolveu. Então se tornou um ovo. Este jazia ali, tanto quanto dura um ano. Depois ele se partiu; das duas cascas do ovo, uma era de prata, a outra de ouro.

2. A de prata é esta terra, a de ouro, o céu.

3. Mas o que disso nasceu está além do sol; quando acabou de nascer, veio atrás dele um brado de júbilo e todos os seres e todos os desejos. Por isso, acontece que, no seu levante e em cada retorno, ergue-se um brado de júbilo e todos os seres e todos os desejos também se levantam para saudá-lo.[154]

Cassirer demonstrou, com base em ampla documentação, que o antagonismo luz-escuridão determinou e formou o mundo espiritual de todos os povos. Por esse antagonismo se "orientaram" o espaço originalmente sagrado e a ordem sagrada do mundo.[155] Não somente a teologia, a religião e o ritual dos homens, mas também as ordens econômica e legal a que mais tarde dariam origem, a formação do Estado e todo o padrão da vida cotidiana, incluindo o desenvolvimento do conceito de propriedade e seu simbolismo, derivam desse ato de distinção e estabelecimento de limites, que se tornou possível pela luz.

A imagem do mundo, a imagem da cidade e a disposição do templo, do mesmo modo que o acampamento militar romano e o simbolismo cristão do espaço da igreja, correspondem à mitologia original do espaço, que, partindo do antagonismo luz-escuridão, ordena progressivamente o mundo em articulações de opostos.

O espaço só surge quando, segundo a formulação do mito egípcio, Shu, o deus do ar, separa o céu da terra, pondo-se no meio. Só com a sua intervenção criadora de luz-espaço há então o céu em cima e a terra embaixo, em frente e atrás, direita e esquerda, isto é, a articulação do espaço em relação a um ego.

Nenhum componente do espaço era originalmente abstrato: todos eram magicamente agregados ao corpo, possuindo caráter de sentimento mítico e estando associados a deuses, cores, sentidos, alusões.[156] Aos poucos, à medida que se desenvolve a consciência, formou-se a articulação e distinção abstrata entre as coisas e os lugares, mas, originalmente, coisa e lugar eram partes de um contínuo, relacionando-se, de maneira fluida, com um ego em permanente mudança. Nesse estado inicial, não havia distinção entre Eu e Tu, dentro e fora, ou entre homens e coisas, assim como não havia uma linha divisória clara entre o homem e os animais, o homem e o homem, o homem e o mundo. Tudo participava de todas as demais coisas, vivia no mesmo estado indiviso e cambiante, no mundo do inconsciente, como em um mundo de sonhos, sonhos de cuja tecedura de símbolos, imagens e entidades ainda vive dentro de nós um reflexo dessa situação primordial da existência na promiscuidade.

Não só o espaço universal, mas também o tempo e o seu decurso são orientados pela imagem mítica do espaço e essa capacidade formadora de orientar-se pela sequência luz e escuridão, ampliando assim o alcance da consciência e a percepção da realidade, se estende desde a articulação da vida primitiva em fases etárias até a moderna "psicologia dos estágios da vida". Em quase todas as culturas, por conseguinte, a divisão do mundo em quatro, assim como a oposição entre dia e noite, desempenham um papel por demais importante. Porque luz, consciência e cultura foram possíveis a partir da separação dos Pais Primordiais, o dragão urobórico original aparece com frequência como o dragão do caos. Da perspectiva do mundo ordenado luz-e-dia da consciência, tudo o que existia antes era noite, treva, caos, *tohubohu*. Não só o desenvolvimento externo, mas também o interno da cultura humana têm início com o surgimento da luz e a separação dos Pais Primordiais. Dia e noite, posterior e anterior, superior e inferior, interior e exterior, eu e tu, masculino e feminino, surgem desse desenvolvimento de opostos, diferenciando-se da promiscuidade original; e também aos opostos como sagrado e profano, bem e mal, agora é destinado um lugar no mundo.

A imersão do ego germinal na ouroboros corresponde, do ponto de vista sociológico, ao estado em que prevaleciam ideias coletivas e a consciência de grupo era dominante. Nesse estado, o ego não era uma entidade autônoma e individualizada, dotada de um conhecimento, de uma moralidade, de uma volição e atividade próprias; funcionava tão somente como parte do grupo, sendo este, com o seu extraordinário poder, o único sujeito real.

A emancipação do ego, momento em que o "filho" se estabelece como ego e separa os Pais Primordiais, efetua-se em vários níveis distintos.

O fato de que, no início do desenvolvimento da consciência, tudo estava ainda entremesclado, assim como o fato de que, em cada estágio arquetípico de transformação – tal como a separação dos Pais Primordiais –, se revela quase como de imediato um desdobramento e uma diferenciação dos mais diversos níveis de ação, efeitos e valores, complicam extremamente a tarefa da apresentação.

A experiência de "ser diferente", que é o fato primário da nascente consciência do ego e ocorre sob a luz crescente da alvorada da discriminação, divide o mundo nos opostos de sujeito e objeto; a orientação no tempo e no espaço sucede a existência vaga do homem na difusa névoa da pré-história, constituindo os primeiros momentos da sua história.

Além de desembaraçar-se da sua fusão com a natureza e o grupo, o ego, que ora se opõe ao não ego – tomado como outro dado da existência –, começa ao mesmo tempo a constelar a sua independência da natureza como independência do corpo. Mais tarde, voltaremos à questão de como o ego e a consciência experimentam a sua própria realidade ao se distinguirem do corpo. Trata-se de um dos fatos fundamentais da mente humana e da sua auto-descoberta como algo distinto da natureza. O homem primitivo enquadra-se na mesma situação da criança pequena e recém-nascida: o seu corpo e o seu "interior" são parte de um mundo estranho. A aquisição do movimento muscular voluntário, isto é, o fato de o ego vivenciar, no pleno sentido da palavra, "na própria pele", que a sua vontade consciente pode apoderar-se do corpo, é talvez a experiência que está na raiz de toda magia. O ego, tendo a sua sede, por assim dizer, na cabeça, no córtex cerebral, e vivenciando as regiões inferiores do corpo como algo que lhe é estranho, uma realidade alheia, começa pouco a pouco a reconhecer que parcelas essenciais desse mundo corpóreo inferior estão sujeitas à sua vontade e volição. Descobre que o "poder soberano do pensamento" é um fato real e concreto: a mão diante do meu rosto e o pé lá embaixo fazem o que quero. A natureza óbvia desses fatos não nos deve deixar escapar a enorme impressão que essa mesma descoberta primordial deve causar, e sem sombra de dúvida causou, no núcleo infantil de todo ego. Se as técnicas são a extensão do "instrumento" como meio de domínio do mundo que nos cerca, o instrumento, por sua vez, é apenas uma extensão da musculatura voluntária. A vontade do homem no sentido de dominar a natureza não passa de extensão e projeção dessa experiência fundamental do poder potencial do ego sobre o corpo, descoberto na ação voluntária do movimento muscular.

A oposição entre ego e corpo é, como dissemos, uma condição original. O ser contido na ouroboros e a supremacia desta sobre o ego significam, no nível corporal, que o ego e a consciência no princípio se encontram, de maneira contínua, à mercê dos instintos, impulsos, sensações e reações advindos do mundo do corpo. No começo, esse ego, que primeiramente existe como um ponto e depois como uma ilha, nada sabe de si e, em consequência, desconhece a sua diferença. À medida que se fortalece, ele se aparta cada vez mais do mundo do corpo. Isso termina por levar, como sabemos, a um estado de sistematização da consciência do ego, no qual todo o reino corporal é, em larga medida, inconsciente, e o sistema consciente é dissociado do corpo, que representa os processos inconscientes. Embora a dissociação não seja, na prática, tão drástica, a sua ilusão é de tal modo poderosa e real para o ego que a região do corpo e do inconsciente só pode ser redescoberta com grande esforço. No yoga, por exemplo, faz-se uma tentativa árdua para conectar a mente consciente com os processos corporais inconscientes. Embora esse desenvolvimento, quando levado a extremos, possa provocar moléstias, tem em si muito sentido.

No início, a esfera da consciência do ego e o campo psíquico-espiritual estão indissoluvelmente ligados ao corpo. O instinto e a volição são tão pouco distintos entre si quanto o instinto e a consciência. Mesmo no homem moderno, a psicologia profunda descobriu que a divisão ocorrida entre essas duas esferas, no curso do desenvolvimento cultural – tendo em vista que as tensões recíprocas entre eles constituem aquilo a que damos o nome de cultura –, é, em grande parte, uma ilusão. O efeito dos instintos está por trás de ações que o ego agrega à sua esfera de decisão e volição e, em medida ainda maior, há instintos e arquétipos por trás das atitudes e orientações conscientes. No entanto, enquanto no homem moderno há, de qualquer modo, a possibilidade de decisão e orientação consciente, a psicologia do homem arcaico e da criança se caracteriza pela mistura dessas esferas. Manifestação volitiva, estado de humor, emoção, instinto e reação somática ainda se encontram completamente, ou quase completamente, fundidos entre si. O mesmo se aplica à ambivalência original dos afetos, que posteriormente é desenvolvida em posições antitéticas. Amor e ódio, alegria e tristeza, prazer e dor, atração e repulsa, sim e não, estão, a princípio, justapostos e misturados, não sendo dotados do caráter opositivo, antitético, que mais tarde parecem ter.

A psicologia profunda descobriu que, mesmo em nossos dias, os opostos se acham muito mais intimamente conectados entre si do que a separação ocorrida permitiria supor. Não apenas no neurótico, mas até na pessoa normal, os polos se situam bem juntos, lado a lado, e a alegria se torna mau humor, o ódio, amor, e a tristeza, alegria, com muito mais facilidade do que se admite à primeira vista. Podemos ver isso mais claramente nas crianças. Rir e chorar, começar e largar, simpatia e antipatia ainda se substituem reciprocamente, de modo imediato. Nenhuma posição é fixa, mas também nenhuma contradiz a sua oposta e ambas vivem pacificamente juntas e se realizam em estreita sucessão. As influências fluem para dentro e para fora, vindas de todos os lados: ambiente, ego e mundo interior, tendências objetivas, consciência e tendências corporais operam de modo simultâneo, e nenhum ego – nem mesmo um ego muito pequenino – ordena, centraliza, aceita e recusa.

O mesmo acontece com o par de opostos feminino-masculino. A disposição hermafrodita original do homem ainda é sobremodo conservada na criança. Sem as perturbadoras influências do exterior, que promovem a manifestação visível das diferenças sexuais em tenra idade, as crianças seriam apenas crianças; e características masculinas ativas são, na verdade, tão comuns e efetivas nas meninas como características femininas passivas são nos meninos. Só a influência cultural, cuja tendência diferenciadora determina já a primeira educação da criança, leva à identificação do ego com a tendência monossexual da personalidade e à supressão, a saber, a repressão da disposição natural de contrassexualidade.[*]

A divisão entre o interior e o exterior no homem arcaico e na criança não é mais completa do que a distinção entre o bem e o mal. O companheiro imaginado é, a um só tempo, real e irreal, como tudo mais, sendo a imagem do sonho tão concreta como a realidade exterior. Aqui, a verdadeira "Realidade da Alma", quer dizer, uma versatilidade de que a realidade magicamente fingida da arte e do conto de fadas é um reflexo, ainda domina. Nessa etapa, cada um ainda pode ser cada coisa e a chamada realidade exterior ainda não fez esquecer a igualmente poderosa realidade interior.

E, no entanto, enquanto o mundo da criança é governado ainda exclusivamente por essas leis, no mundo do homem arcaico apenas certas parcelas dessa realidade permaneceram, nesse sentido, infantis e originais. Ao lado disso, há uma realidade do mundo no qual ele domina, organiza e elabora o seu ambiente, ou seja, possui cultura, tal como a encontramos, embora intensificada, no homem moderno.

Também a separação entre o bem e o mal ainda não existia no início. O homem e o mundo ainda não haviam sido divididos em puro e impuro, bom e mau; havia, no máximo, uma diferença entre aquilo que opera poderosamente, está carregado de mana e jungido pelo tabu e aquilo que é inoperante. Mas o operante aqui é "elevado" para além do bem e do mal. O operante é poderoso, seja preto ou branco, ou ambos, simultânea ou alternadamente. A consciência do homem arcaico não é mais discriminadora do que a de uma criança. Há bons e maus mágicos, mas o seu escopo de ação parece ser mais importante do que o bem ou o mal do seu efeito. O que nos dificulta tanto a compreensão é a crédula intensidade desse nível de existência em que aquilo que para nós parece mal é aceito tão naturalmente como o bem e no qual não parece haver sequer o começo daquilo que o homem mais tarde alegaria sentir e reconhecer como uma ordem moral do mundo.

Havia, na unidade urobórica original, numerosas camadas orgânicas e simbólicas, em estreita ligação, camadas essas que só se tornaram distintas e visíveis no estágio da separação. Também nisso se confirma o conceito

---

[*] Cf. Parte II.

junguiano da polivalência da disposição precoce, tanto no desenvolvimento infantil como em qualquer outro. Em estágios posteriores, diferentes camadas de símbolos se apartam da promiscuidade original e se colocam defronte do ego. O mundo e a natureza, o inconsciente e o corpo, o grupo e a família são os diferentes sistemas de relacionamento que, como partes autônomas, separadas do ego e umas das outras, exercem agora uma multiplicidade de efeitos e formam uma variedade de sistemas que operam com o ego. No entanto, mesmo esse desdobramento e essa confrontação circunscrevem apenas uma parte da situação que surgiu no estágio da "separação dos Pais Primordiais".

A transição da ouroboros para o estágio adolescente era caracterizada pelo surgimento do medo e da sensação de morte, porque o ego, ainda não investido de sua autoridade, sentia a supremacia da ouroboros como um perigo incomensurável. Essa mudança de tonalidade emocional deve ser enfatizada em todas as fases do desenvolvimento consciente e a sua presença como subtom indica componentes emocionais cuja significação ainda está por ser discutida.

Já vimos, ao lidar com o adolescente, que a mudança da passividade para a atividade assumiu, a princípio, a forma de resistência, desafio e de uma autodivisão que, nesse estágio, levou à autodestruição. De igual maneira, no estágio do filho que separa os Pais Primordiais, e em seu equivalente – a luta com o dragão –, há, não apenas uma mudança de conteúdo, mas também um nível modificado de emocionalidade.

A ação do ego, ao separar os Pais Primordiais, é uma batalha, um ato criativo, aspecto que será visto em destaque nas seções dedicadas à luta com o dragão, ao lado da decisiva mudança de personalidade decorrente dessa resolução de vencer o perigo.

No momento, contudo, iremos nos preocupar apenas com o outro componente dessa façanha: o fato de ela ser experimentada como culpa, e, mais do que isso, como culpa original, queda. Antes, porém, temos de discutir a situação emocional e compreender que essa façanha, embora manifesta como surgimento da luz e como criação do mundo e da consciência, é viciada por uma sensação de sofrimento e perda tão forte que, pelo menos à primeira vista, não parece compensar o ganho criativo.

Por meio do ato heroico da criação do mundo e de divisão entre opostos, o ego sai do círculo mágico da ouroboros e entra em um estado que sente como solidão e discórdia interna. Com o surgimento do ego, a situação paradisíaca é abolida; a situação infantil, na qual algo maior e mais amplo ordenava a vida e a dependência com relação a ele era natural, terminou. Podemos conceber essa situação paradisíaca em termos religiosos, afirmando que Deus controlava tudo; podemos também formulá-la em termos éticos, dizendo que tudo ainda era bom e o mal não chegara a este mundo. Outros mitos acentuam a "facilidade" da Idade do Ouro, quando a natureza era pródiga e o esforço, o sofrimento e a dor não existiam; outros ainda acentuam a "vida eterna", isto é, a ausência de morte nesta existência.

Todos esses estágios primários têm em comum o fato de que, vistos do ponto de vista psicológico, são testemunhos de um estágio pré-egoico em que ainda não havia uma divisão em mundo consciente e inconsciente. Na mesma medida, todos esses estágios também são pré-individuais e coletivos. Não havia ainda o sentimento existencial da solidão que está necessariamente ligado ao ego e, especialmente, a um ego consciente da sua própria existência.

A consciência do ego não só traz a sensação de solidão, mas também apresentam ao homem o sofrimento, o trabalho exaustivo, a penúria, o mal, a doença e a morte, na medida em que são percebidos pelo ego. Ao descobrir-se, o ego solitário, simultaneamente, percebe também o negativo e o relaciona a essa descoberta, estabelece uma conexão entre as duas situações e interpreta o seu nascimento como culpa e o sofrimento, a doença e a morte como castigo. A vida do homem primitivo é acompanhada da sensação de ser bombardeado pelo negativo e, simultaneamente, pela consciência de ser culpado de todo o negativo que lhe ocorre. Isso explica por que, para o homem primitivo, não existe o acaso, e por que todo o negativo tem a sua origem na infração, mesmo inconsciente, de um tabu. Essa "filosofia" do homem primitivo, isto é, a sua imaginação a respeito de causa e efeito é, contudo, de tonalidade essencialmente emocional, ou seja, está baseada em um sentimento existencial perturbado pela formação do ego e da consciência. O sentimento urobórico original da vida se vai à medida que a consciência do ego se diferencia e se torna mais autônoma, sente cada vez mais fortemente a sua pequenez e impotência, de modo que o sentimento de dependência dos poderes circundantes passa a acompanhá-la de modo dominador. Mas o torpor e, como diz Rilke, o olhar aberto do animal, agora se perdeu.

> E, todavia, no íntimo da besta tépida e vigilante,
> Há o peso e a inquietação de uma grande melancolia.
> Porque, também à besta, sempre se adere
> Aquilo que muitas vezes nos subjuga – a memória,
> Como se aquilo por que ansiamos um dia já tivesse
> Estado mais perto e mais fiel e o seu contato
> Infinitamente terno. Tudo é distância aqui;
> Lá, era alento. Depois do primeiro lar,
> O segundo parece ambíguo e borrascoso.

Ó enlevo da pequena criatura que
Permanece sempre no ventre que a gerou!
Feliz do inseto que, no dia de suas bodas,
Ainda saltita no ventre – porque o ventre é tudo.
Mas, para o que se tornou um ego, vigora outra coisa:
Isso é chamado destino: estar oposto
e sempre mais em oposição.[157]

Esse estar oposto e não mais contido no ventre é uma intuição obscura que invade a consciência sempre que o ego se sente isolado e sozinho.

Enfrentar o mundo é o que distingue o homem; é também o seu sofrimento e a sua peculiaridade, porque aquilo que primeiro parece perda torna-se positivo. Mas não é apenas isso. Em um nível superior, ele recebe – e unicamente ele – a característica essencial do "estar relacionado", quando, como indivíduo, "entra em relação com" um objeto, seja homem, mundo, alma ou Deus. Ele se torna, portanto, parte de uma unidade mais elevada e qualitativamente distinta, que não é mais a unidade pré-egoica do estar contido uroboricamente, mas uma solidariedade em que o ego, ou melhor, o *self* ou a inteireza do indivíduo, permanece intacto. Essa nova unidade se baseia também na essencial "oposição" que, com a separação dos Pais Primordiais e a instituição da consciência do ego, surgiu no mundo.

Só com a separação dos Pais Primordiais o mundo se fez dual, como diz o *midrash* judaico, isto é, em opostos. Esta separação é devida à fundamental clivagem numa parte consciente da personalidade, cujo centro é o ego, e em outra parte – maior – inconsciente. Essa divisão causa também a modificação do "princípio da ambivalência". Enquanto, originalmente, os opostos operavam, sem dificuldades e sem se excluírem, lado a lado, agora – com o surgimento, desenvolvimento e formação da oposição entre consciente e inconsciente – eles se distanciam, formando oposição. Isso quer dizer que um objeto já não "pode" ser amado e odiado simultaneamente. O ego e a consciência se identificam, em princípio, como um dos lados da oposição, deixando o outro no inconsciente, quer evitando que se manifeste, isto é, suprimindo-o conscientemente, quer reprimindo-o, ou seja, eliminando-o da consciência, sem se aperceber de fazê-lo. Só a análise psicológica profunda pode descobrir a contraposição inconsciente. Mas enquanto estiver inadvertido disso, no nível pré-psicológico, o ego continuará olvidando o seu outro lado e, consequentemente, perderá a totalidade e a completude da sua concepção do mundo.

Essa perda da totalidade e do sentimento de estar integrado ao mundo, mesmo que de modo inconsciente, é vivida como perda primária, que, como fenômeno primário da privação, ocorre bem no início do nascimento e evolução do ego.

Chamamos essa perda primária de "castração primária". Enfatizamos que essa castração primária, ao contrário da castração do nível matriarcal, não tem referência genital. No primeiro caso, a separação e a perda são como um afastamento forçado de um contexto mais amplo; no nível personalista, por exemplo, nós a sentimos como separação do corpo materno. Trata-se de uma perda autoimposta, um desligamento realizado pelo próprio ego, mas, mesmo assim, experimentado como perda e culpa. Essa autolibertação é um cortar do cordão umbilical e não uma mutilação; mas, com isso, uma unidade maior, a identidade mãe-filho, contida na ouroboros, é definitivamente dissolvida.

A ameaça da castração matriarcal pende sobre o ego que ainda não rompeu o seu vínculo com a Grande Mãe. E demonstramos que, para esse ego, a perda de si mesmo é simbolicamente idêntica à perda do pênis. Contudo, a perda primária, no estágio da separação dos Pais Primordiais, diz respeito a um indivíduo completo que, por meio desse ato, se torna independente. Aqui, a perda tem um colorido emocional, expressando-se em sentimentos de culpa e tendo como fonte a perda da *participation mystique*.

O descarte da ouroboros bissexual pode ter acento maternal ou paternal e pode ser sentido como separação do pai-deus, da situação materna paradisíaca ou de ambos.

O fenômeno da castração primária é justaposto ao do pecado original e da perda do paraíso. Precisamente na esfera judeu-cristã, onde os antigos motivos mitológicos foram alterados de maneira consciente e correspondentemente reinterpretados, encontramos apenas vestígios do mito da separação dos Pais Primordiais. E a literatura não contém mais do que um pálido eco da versão babilônica, em que o herói divino Marduque despedaça a serpente Tiamat, Mãe do Caos, e constrói o mundo com os seus fragmentos. De acordo com a concepção hebraica de Deus e do mundo, o elemento moral agora ocupa o primeiro plano, o conhecimento do bem e do mal é considerado um pecado e o afastamento do estado urobórico prístino é degradado a uma expulsão definitiva do paraíso.

Entretanto, o tema não está confinado a culturas não gregas. Entre os pré-socráticos, Anaximandro afirmava que o princípio da culpa original é cósmico. Com esse sentido se interpretam as suas palavras:

> A origem das coisas é o ilimitado. E, naquilo de que procedem, elas também perecem forçosamente, porque fazem entre si penitência e reparação por causa da sua injustiça, segundo os ditames do tempo.[158]

Supõe-se que a unidade original do mundo e de Deus tenha sido perturbada por alguma culpa pré-humana, devendo o mundo resultante dessa ruptura sofrer, por causa disso, punição. Esse mesmo princípio permeia o orfismo e o pitagorismo.

Segundo os gnósticos, esse sentimento de privação se tornou uma força motriz no processo do mundo – na verdade, uma variante paradoxal, cuja causa não podemos analisar aqui. A partir desse complexo sentimento de perda, a existência no mundo é geralmente experimentada como um estar só, relegado, perdido e abandonado no exílio. O seu lar pleromático original, do qual deriva a parte dos homens que deve ser libertada, é claramente urobórico, mesmo que o seu aspecto espírito-pneuma seja excessivamente enfatizado. A concepção dualista fundamental de uma parte espiritual superior e de uma parte material inferior pressupõe, no gnosticismo, a separação dos Pais Primordiais. Mesmo assim, o pleroma tem caráter urobórico de inteireza, unicidade, indiferenciação, sabedoria, primordialidade etc., exceção feita ao fato de, aqui, a ouroboros ter uma natureza mais masculina e paternal, que deixa transparecer as características femininas da Sophia, ao contrário da ouroboros maternal, na qual eram evidentes as características masculinas. Em consequência, o caminho da salvação, no gnosticismo, é feito pela elevação da consciência e pelo retorno ao espírito transcendente, com a perda do lado inconsciente; já a salvação urobórica, por intermédio da Grande Mãe, requer o abandono do princípio consciente e uma volta ao inconsciente.

O poder dessas imagens arquetípicas fundamentais da psique podem ser demosntrados mais claramente pelo exemplo da cabala do que por qualquer outro fenômeno espiritual. O judaísmo sempre tentou eliminar a tendência mitologizante e todo o domínio da psique em favor da consciência e da moralidade. Nas doutrinas esotéricas da cabala, que é o coração oculto e palpitante do judaísmo, persistiu, no entanto, um movimento compensatório clandestino. A cabala não apenas revela grande número de dominantes arquetípicos, como produziu, por meio deles, um efeito importante sobre o desenvolvimento e a história do judaísmo.

Assim é que, em um tratado sobre a doutrina do mal da cabala luriana,[159] lemos:

> O homem não é somente o propósito último da criação, nem o seu domínio se limita a este mundo; dele depende a perfeição dos mundos superiores e do próprio Deus.

Essa passagem, que enfatiza o ponto de vista evidentemente antropocêntrico da cabala, forma a base da afirmação:

> Segundo o conceito da cabala, o pecado original é essencialmente o fato de ter sido posta uma mácula na divindade. Sobre a natureza dessa mácula, há várias

versões. A que obteve maior aceitação diz que o Primeiro Homem, Adam Kadmon, separou o Rei da Rainha, afastando *Shekinah* da união com o seu esposo, assim como de toda a hierarquia das *Sephiroth*.

Temos aqui o antigo arquétipo da separação dos Pais Primordiais, mas em um estado de pureza que nem mesmo os gnósticos, pelos quais é de se presumir que a cabala tenha sido influenciada, conheciam. Em geral, a influência gnóstica parece altamente questionável nos muitos trechos da cabala em que surgem formulações e imagens arquetípicas, como, por exemplo, nos textos de Natan de Gaza, discípulo e inspirador de Sabbatai Zebi.[160] É preciso que nos acostumemos a considerar secundárias as teorias relativas às influências e migrações e substituí-las pelo fato, descoberto por Jung e confirmado pelas análises psicológicas profundas, de que os arquétipos existem em cada ser humano como poderes e imagens operantes, surgindo de maneira espontânea quando a camada do inconsciente coletivo é ativada.

Nas grandes religiões, a façanha primal, a separação dos Pais Primordiais, recebe tratamento teológico. Faz-se uma tentativa de racionalizar e moralizar o inegável sentido de deficiência que se agrega ao ego emancipado. Interpretada como pecado, apostasia, rebelião e desobediência, essa emancipação é, na realidade, o ato libertador fundamental do homem, aquele que o livra do jugo do inconsciente e o estabelece como um ego, um indivíduo consciente. O fato, porém, de esse ato, como cada ato ou libertação, se associar a um sacrifício e ao sofrimento correspondente, demonstra o peso da situação.

A separação dos Pais Primordiais não é um mero impedimento à coabitação original e uma destruição do estado cósmico perfeito, simbolizado pela ouroboros. Isso, por si só ou aliado àquilo que denominamos perda primária, seria suficiente para induzir um sentimento de culpa original, justamente porque o estado urobórico é, por natureza, um estado de unicidade que envolve o homem e o mundo. O elemento decisivo, contudo, é o fato de não se vivenciar essa separação apenas como um sofrimento e uma perda passivos, mas também como uma tarefa ativamente destrutiva. Em termos simbólicos, ela equivale a assassinato, sacrifício, desmembramento e castração.

É evidente o fato de que aquilo que foi feito ao amante jovem pela ouroboros maternal é feito, nesse ponto, à própria ouroboros. Na mitologia, a castração do pai-deus pelo filho-deus ocorre com a mesma frequência do despedaçamento do dragão e da construção do mundo com as suas partes. Mutilação – um motivo que retorna ainda na alquimia – é o requisito de toda criação. Aqui chegamos a uma conjugação fundamental de motivos arquetípicos que retornam em cada mito da criação. Sem o assassinato, o desmembramento e a neutralização dos velhos pais não pode haver novo começo.

Ainda nos ocuparemos mais detidamente desse problema do assassinato dos pais. Mas entende-se que esse assassinato, por si mesmo, significa uma culpa verdadeira, por mais necessário que seja.

A emancipação do jovem amante da ouroboros começa com um ato que foi apresentado simbolicamente como negativo, como destruição. A interpretação psicológica desse fato então nos permite compreender a natureza simbólica da "masculinidade" que repousa na raiz de toda consciência.

A transição para a autonomia e libertação do adolescente tem sido caracterizada por nós como "autodivisão". Tornar-se consciente de si mesmo, ter consciência em geral, começa pelo dizer "não". Dizer "não" à ouroboros, à Grande Mãe, ao inconsciente. E, se examinarmos os atos da formação da consciência e do ego, precisaremos reconhecer que, primeiramente, todos eles são atos negativos. Distanciar-se, distinguir-se, limitar-se, isolar-se de um contexto são os atos básicos da consciência. Na verdade, a experimentação como método científico é um exemplo típico desse processo: quebra-se um vínculo natural e isola-se e analisa-se algo, uma vez que o lema de toda consciência é *determinatio est negatio*. Diante da tendência do inconsciente de combinar e fundir tudo e de dizer a tudo "*tat tvam asi*" (isto és tu), a réplica decisiva da consciência é dizer: "eu não sou isso".

A formação do ego só pode acontecer por meio da diferenciação do não ego e a consciência só pode emergir onde ela se desprende do inconsciente; e o indivíduo só chega à individuação quando ele se destaca do anônimo coletivo.

A ruptura do estado urobórico inicial leva à diferenciação na dualidade, à descombinação da ambivalência original, à divisão da constituição hermafrodita e à separação do mundo em sujeito e objeto, dentro e fora, e também ao surgimento do bem e do mal, que só pode ser reconhecido pela expulsão do Jardim do Paraíso urobórico onde os opostos estavam unidos. Como é muito natural, tão logo se torna consciente e adquire um ego, o homem passa a sentir-se um ser dividido, visto que também possui um poderoso outro lado que resiste ao processo de tornar-se consciente. Isto é, ele se acha em dúvida e, enquanto o seu ego permanecer imaturo, essa dúvida poderá levá-lo ao desespero e até ao suicídio, que significa sempre um assassinato do ego e uma automutilação que culmina com a sua morte na Grande Mãe.

Até se consolidar e ser capaz de manter-se por si mesmo, algo que, como veremos, só é possível após uma luta bem-sucedida com o dragão, o ego adolescente se mantém inseguro. A sua insegurança decorre da divisão interna em dois sistemas psíquicos opostos, dentre os quais o sistema consciente, com o qual o ego se identifica, ainda é frágil, subdesenvolvido e um tanto confuso em relação ao sentido do seu princípio específico. Essa insegurança interior, que, como dissemos, surge como o duplo, leva a dois fenômenos complementares da fase adolescente. O primeiro é o narcisismo, com o seu egocentrismo, falso amor-próprio e autorreferência exagerados; o outro é o "tédio da vida".

O narcisismo é uma fase de transição necessária no decorrer da consolidação do ego. A emancipação da consciência do ego da supremacia do inconsciente leva, como qualquer emancipação, primeiro ao exagero da posição e do valor próprios. Essa "puberdade da consciência do ego" é acompanhada da depreciação do lugar de origem, o inconsciente. A deflação do inconsciente tende a seguir a mesma direção da personalização secundária e da exaustão dos componentes emocionais.[*] O sentido de todos esses processos reside no fortalecimento do princípio da consciência do ego. Mas o perigo inerente a essa linha de desenvolvimento é a superestimação de si mesmo, a megalomania da consciência do ego, que se julga independente de tudo e, de início, desvaloriza e reprime o inconsciente e, finalmente, até o nega. A superestimação do ego como sintoma da imaturidade da consciência é compensada pela depressão autodestrutiva, que, como "tédio da vida" e autodepreciação, pode levar à própria autodestruição, sendo tudo isso sintomas característicos da puberdade.

Uma análise desse estado revela um sentimento de culpa cuja fonte é transpessoal, isto é, ultrapassa os enredos do "romance familiar" personalista. O crime da separação dos Pais Primordiais aparece como culpa original. Todavia – e aqui está o mais importante –, em um certo sentido, são os Pais Primordiais, o próprio inconsciente, que fazem a acusação, e não o ego. Como representante da lei antiga, o inconsciente urobórico faz tudo para impedir a emancipação do filho-consciência e, desse modo, voltamos à esfera de influência da Mãe Terrível, que quer destruir o filho. Nesse caso, enquanto se curva a essa acusação e aceita a sentença de morte, o ego consciente se comporta como filho-amante e, como este, terminará na autodestruição.

Mas a situação muda quando a consciência do ego inverte os papéis, tomando a atitude destrutiva da Mãe Terrível, usando-a não contra si mesmo mas contra ela. Esse processo é representado mitologicamente na luta com o dragão. Resumindo a mudança de personalidade, que examinaremos mais tarde como resultado dessa luta, podemos dizer que o processo corresponde, no plano psicológico, à formação do consciente "ego superior" do herói, e à descoberta do tesouro do conhecimento. Não obstante, o ego está fadado a sentir a sua agressão como culpa, porque o assassinato, o desmembramento, a castração e o sacrifício mantêm o seu caráter de culpa, mesmo

---

[*] Cf. Parte II.

servindo ao necessário propósito que é o domínio de um inimigo como o dragão ouroboros.

Essa destruição tem estreita relação com o ato de comer e de assimilar, sendo muitas vezes representada como tal. A formação da consciência é idêntica à fragmentação do *continuum* do mundo em objetos, partes e figuras separados, que só então podem ser assimilados, absorvidos, introjetados, tornados conscientes, em uma palavra, "comidos". Quando o herói-sol, tendo sido engolido pelo dragão das trevas, corta-lhe o coração e o come, isso representa a incorporação da natureza desse objeto, tal como em outros exemplos mencionados. Por isso, a agressão, a destruição, o desmembramento e o assassinato estão relacionados com as funções corporais correlatas do comer, mastigar, morder, e especialmente com o simbolismo dos dentes como ferramentas dessa atividade, requisito para a formação de um ego independente e da consciência. Aí repousa o sentido profundo da agressão durante as fases iniciais de desenvolvimento. Longe de ter caráter sádico, trata-se de uma preparação positiva e indispensável para a assimilação do mundo.

No entanto, justamente devido ao seu vínculo elemental com o mundo da natureza, a mente primitiva sempre considerou o ato de matar, e até a destruição de plantas e animais, como um ultraje à ordem do mundo, que clama por expiação. Os espíritos dos mortos se vingam, se não forem aplacados. O medo da vingança dos poderes primordiais por causa da separação dos Pais Primordiais e da criminosa emancipação do homem do domínio da divina ouroboros é o sentimento de terror e culpa, o pecado original que está no início da história da humanidade.

A luta contra esse medo, contra o perigo de ser engolido de novo pelo caos inicial, de ser dominado pela regressão, anula a emancipação, representada nas várias versões da luta com o dragão; e só essa luta completa a autonomia do ego e da consciência. Nessa luta, o filho dos Pais Primordiais deve provar ser um herói, devendo o ego transformar-se de algo criado e impotente em algo criador e potente. O herói, com a sua vitória sobre o dragão, é um novo começo, é o início da criação que acontece pela conquista do homem e é chamada cultura, ao contrário da criação da natureza, que é dada ao homem e precede sua existência.

Como já indicamos, faz parte da natureza da estrutura dos opostos consciente-inconsciente ser o inconsciente considerado predominantemente feminino e a consciência, preponderantemente masculina. Essa classificação é evidente, porque o inconsciente, que dá à luz e faz surgir, do mesmo modo como devora e absorve, corresponde ao feminino. Do ponto de vista mitológico, o feminino é concebido na figura desse arquétipo e a ouroboros, assim como a Grande Mãe, são dominantes femininos assim como toda a constelação psíquica por elas governadas estão no domínio do inconsciente. Ao contrário, o sistema da consciência do ego – oposto ao sistema do inconsciente – é masculino. Com este último estão associadas as qualidades da volição, decisão e atividade, opostas ao determinismo e impulsividade de um estado pré-consciente e ainda sem ego.

O desenvolvimento da consciência do ego, que temos seguido, consistia na gradual libertação do envolvimento dominador do inconsciente, dominação que, na ouroboros, era total, mas menor na Grande Mãe. Se observarmos esse processo mais de perto, veremos que ele trata da crescente independência do masculino, que, originalmente, só existia em germe, assim como da sistematização da consciência do ego, da qual, nos primórdios da história da humanidade e na primeira infância, apenas encontramos leves indícios.[*]

O estágio da separação dos Pais Primordiais, que, no surgimento do princípio dos opostos, contém o início da independência do ego e da consciência, é, portanto, ao mesmo tempo, o estágio do incremento da masculinidade. A consciência do ego se coloca de modo masculino em oposição ao inconsciente feminino. Esse fortalecimento da consciência se torna evidente na instituição de tabus e de considerações sobre o bem e o mal que defendem a consciência do inconsciente, ao mesmo tempo que substituem a atuação dos impulsos inconscientes pela ação consciente. O significado do ritual, abstraindo-se os efeitos úteis que o homem primitivo espera dele, reside justamente no fortalecimento do sistema consciente. A forma mágica pela qual o homem primitivo procura chegar a um acordo com o mundo é, ao lado de tudo mais, uma forma de assenhoreamento antropocêntrico do mundo. No ritual, o homem faz de si o centro responsável pelo cosmos, dele depende o nascer do sol, a fartura das colheitas e a atuação dos deuses. Essas projeções, assim como os processos pelos quais grandes indivíduos são destacados da coletividade como cacique, xamã ou rei sagrado, e dos "poderes" são desprendidos os demônios, espíritos e deuses, nós os reconhecemos como expressão

---

[*] Adiante examinaremos até que ponto os dominantes femininos, a uroboros e a Grande Mãe, desempenham, na psicologia da mulher, um papel diferente do que na do homem. A consciência e o sistema egoico, que designamos – seguindo a mitologia e não arbitrariamente – como "masculinos", também estão presentes na mulher e o seu desenvolvimento é tão importante para a cultura dela quanto para a do homem. Inversamente, o sistema "feminino" do inconsciente também existe no homem e, tal como no caso da mulher, determina a existência natural e a relação do homem com o fundo primordial da criação. Mas cumpre indicar uma diferença essencial entre a estrutura do homem e a da mulher, que jamais foi acentuada suficientemente: o homem experimenta a estrutura "masculina" da sua consciência como algo peculiarmente seu, e o inconsciente "feminino" como uma "coisa estranha", ao passo que a mulher percebe o inconsciente feminino como algo "próprio" e experimenta a sua consciência como algo "estranho".

de um centramento que impõe ordem nos eventos caóticos do inconsciente e leva à possibilidade de uma ação consciente. Embora a natureza e o inconsciente sejam geralmente experimentados pelo homem primitivo como "uma profusão de forças invisíveis" que não deixam espaço para o acaso, para o ego germinal a vida continua caótica, obscura e impenetrável, enquanto não for possível uma orientação sobre essas forças. A orientação, porém, ocorre no ato ritual, no assenhoreamento mágico do mundo, que cria uma ordem no mundo. Mesmo que essa ordem seja diferente daquela pela qual ordenamos o mundo, a comprovação do vínculo entre a nossa ordem consciente e a ordem mágica do homem primitivo é, por toda parte, possível. O importante é que a consciência como centro atuante precede a consciência como centro cognitivo, da mesma maneira que o ritual precede o mito ou o cerimonial mágico e a ação ética precedem a perspectiva científica do mundo e o conhecimento antropológico.

O centro comum da ação consciente, por meio da vontade, e do conhecimento consciente, por meio da cognição, é, todavia, o ego. Após sofrer a ação de forças externas, o ego paulatinamente se desenvolve como agente, do mesmo modo como o seu estado de submissão ao conhecimento revelado se torna a luz do conhecimento consciente. Esse processo não se realiza em cada parte coletiva do grupo, mas somente nos grandes indivíduos que se destacam e são portadores-representantes da consciência do grupo. Eles são os precursores institucionais e os líderes que o grupo segue. O matrimônio ritual entre frutificador e deusa da terra, rei e rainha, torna-se o modelo de todas as bodas entre os membros da coletividade. A alma imortal do rei divino Osíris se transforma na alma imortal de cada um e de todos os egípcios, da mesma maneira que Cristo, o Salvador, passa a ser a alma-Cristo de todo cristão, o *self* dentro de nós. De igual modo, a função do chefe, que consiste em ter vontade e decidir, torna-se o modelo de todos os atos subsequentes de livre-arbítrio do ego do indivíduo; e a função legislativa, que originalmente se atribuía a Deus e, mais tarde, à personalidade mana, passou a ser, no homem moderno, o seu foro íntimo da consciência.

Discutiremos adiante esse processo de introjeção, mas primeiramente queremos que o fato da masculinização da consciência e o seu significado principal sejam formulados de tal modo que, pela masculinização e emancipação da consciência do ego, este se "torne o herói". A sua história como mito heroico representa a história da autoemancipação do ego, que se esforça para se libertar do poder do inconsciente e firmar-se como presença própria vencendo obstáculos monumentais.

B. O Mito do Herói
I. O Nascimento do Herói
II. O Assassinato da Mãe
III. O Assassinato do Pai

A natureza subjuga a natureza.

I
O Nascimento do Herói

Com o mito do herói, entramos em uma nova fase do desenvolvimento estadial. Uma mudança radical no centro de gravidade aconteceu. Em todo mito da criação, o aspecto preponderante é a qualidade cósmica do mito, sua universalidade; mas agora, o foco de atenção é o mundo como centro do universo, o ponto sobre o qual o homem se afirma. No desenvolvimento por etapas, isso significa que, no mundo do herói, a consciência do ego não apenas alcançou a independência mas que a personalidade total do homem se destacou do contexto natural do mundo ao seu redor e do inconsciente. Aquilo que, na separação dos Pais Primordiais – que, na verdade, já faz parte do mito heroico –, somente era possível representar de modo universal-cósmico, entrou agora na fase de humanização e formação da personalidade. Assim sendo, o herói é o precursor arquetípico da humanidade em geral. O seu destino é o modelo que deve ser seguido e que, na humanidade, sempre o foi – na verdade, com atrasos e intervalos, mas o suficiente para que os estágios do mito heroico façam parte dos constituintes do desenvolvimento da personalidade de cada indivíduo.

O processo de masculinização se cristaliza agora definitivamente e, desse modo, passa a ser decisivo para a estrutura da consciência do ego. Com o nascimento do herói, tem início a batalha primordial, a luta com os Primeiros Pais. O problema dos Pais Primordiais, em suas formas pessoal e transpessoal, domina toda a existência do herói, no nascimento, na luta com o dragão e na transformação. Pela obtenção do masculino e do feminino em si mesmo – que não é o paterno e o materno – e pela formação de uma estrutura interna da personalidade, na qual os estágios novos e os já vivenciados são integrados, o herói completa um padrão de desenvolvimento que é personificado coletivamente nas projeções mitológicas do mito herói e que deixou traços individuais na formação da personalidade humana.[*]

---

[*] Cf. Parte II.

Só poderemos compreender o verdadeiro significado da luta com o dragão, cujo conteúdo é o assassinato dos Pais Primordiais, quando tivermos penetrado mais profundamente na natureza do caráter do herói. No entanto, a natureza heroica se relaciona de modo estreito com o nascimento do herói e com o problema dos pais duplos.

O fato de o herói ter dois pais ou duas mães constitui uma característica essencial do cânone do mito do herói. Além do seu pai pessoal, há um pai "superior", isto é, uma figura arquetípica de pai, aparecendo ao lado da mãe pessoal, de igual maneira, a figura de uma mãe "superior". Essa dupla origem, com as suas figuras parentais pessoal e suprapessoal opostas entre si, constela o drama da vida do herói. Uma parte importante da análise da luta com o dragão já foi estabelecida em *Psicologia do Inconsciente*, de Jung, mas o caráter prematuro dessa obra requer a correção, complementação e sistematização do problema que ventila com base nos desenvolvimentos posteriores da psicologia analítica.

Foi justamente a ambiguidade da problemática dos Pais Primordiais, com seu significado dual e até contraditório, que trouxe confusão ao processo analítico existente até hoje. A dissolução definitiva daquilo que atualmente rumoreja como complexo de Édipo nas mentes ocidentais é a base de uma assimilação genuína dos fenômenos psíquicos de que tratamos aqui. Estes são fundamentais para um futuro desenvolvimento psicológico – o que quer dizer ético e religioso – do homem ocidental.

A. Jeremias[161] já chamou a atenção, com base em ampla documentação, para o fato de que faz parte do cânone mitológico do herói-redentor ser órfão de pai e mãe, ter com frequência um pai ou uma mãe divinos e costumar ter como mãe a própria Mãe Deusa ou então uma "noiva de Deus".[*]

Essas mães são mães-virgens, mas esse fato não corrobora o que a psicanálise tentou reconhecer nele.[163] Aqui, a virgindade significa – como geralmente no mundo antigo – não pertencer a nenhum homem específico, quer dizer, é essencialmente sagrada, não como pureza física, mas como abertura psíquica para Deus. Vimos que a virgindade é um aspecto importante da Grande Mãe, do seu poder criador, que não depende de nenhum parceiro masculino. Mas há também um elemento procriador masculino agindo nela. No início, no nível urobórico, ele é anônimo; posteriormente, torna-se subordinado e justaposto à Grande Mãe, como energia fálica; e só relativamente tarde aparece ao seu lado, como consorte. Por fim, no mundo patriarcal, ela é destronada pelo seu príncipe consorte e, por sua vez, justaposta e subordinada.[164] Mas sempre retém a sua eficácia arquetípica.

---

[*] O material mitológico é suplementado e sustentado por dados etnológicos. A crença no nascimento do herói a partir de uma virgem é, como o demonstrou Briffault,[162] mundial, prevalecendo na América do Norte e na América do Sul, na Polinésia, Ásia, Europa e África.

O nascimento do herói é atribuído, de maneira expressa, a uma virgem. A virgem e o leviatã que o herói tem de vencer são dois aspectos do arquétipo da mãe: ao lado da mãe sombria e terrível, há outra mãe, luminosa e benéfica. E, do mesmo modo que o aspecto assustador de dragão da Grande Mãe, a "Anciã do Ocidente", é, como imagem arquetípica da humanidade, eterno, assim também o aspecto amigável, a abundante e imortalmente bela Virgem-Mãe do herói-sol tem o seu arquétipo eterno na "Donzela do Oriente", pouco importando a passagem do matriarcado para o patriarcado.[*]

A *kedeshoth*, assim como todas as virgens-mães de heróis, inclusive a Virgem Maria, são exemplos típicos de identificação com a divindade feminina – Astarote, por exemplo –, divindade que, no abraço do elemento masculino, deseja render-se tão somente a algo suprapessoal, ao deus, e a nada a não ser ele. A peculiaridade da psicologia feminina que aqui se manifesta será discutida em outro lugar. No momento, só importa a sua relação com o transpessoal. Por isso, há, ao lado das virgens-mães, outras mães com homens sem maior destaque, como o José de Maria, ou que apenas aparecem como pais mortais de um gêmeo mortal. Pouco importa se o procriador divino aparece como monstro ou como Pomba do Espírito Santo, ou se é o relâmpago, a chuva de ouro ou o animal que representa Zeus. O importante no nascimento do herói é sempre que a sua natureza incomum, diferente, sobre-humana ou inumana, seja entendida como gerada por algo incomum, diferente, sobre-humano ou inumano; enfim, por um demônio ou uma divindade. Ao mesmo tempo, a profunda absorção da mãe pela experiência do parto e do nascimento do herói forma a essência do mito. O seu assombro por ter dado à luz algo fora do comum não passa de intensificação da experiência do nascimento como tal – intensificação, em particular, do milagre de que uma mulher possa dar à luz um homem. Como sabemos, esse milagre era originalmente atribuído pela mulher primitiva ao *numinosum*, ao vento ou aos espíritos ancestrais. Trata-se de uma experiência pré-patriarcal que antecede a época em que se passou a reconhecer o nexo causal da procriação com o intercurso sexual com o homem. A experiência primária da mulher com o nascimento é matriarcal. Não é o homem o pai do filho: o milagre da procriação vem de Deus. Logo, a fase matriarcal não é regida por um "pai pessoal", mas por um progenitor ou poder suprapessoais. O poder criador da natureza feminina vive nesse milagre de dar à luz que faz dela a "Grande Mãe" e a "Deusa Terra". Ao mesmo tempo, justamente nesse nível mais profundo e arcaico, ser a virgem-mãe e noiva de Deus

---

[*] Cf. Drews,[165] a grande riqueza de material. Quando, no entanto, deriva o nascimento do herói-sol da constelação de Virgem, que se eleva no leste a 24 de dezembro, no ponto mais baixo do solstício de inverno, Drews confunde causa e efeito. A constelação se chama Virgem porque o herói solar nasce nela como sol do ano. A designação dessa constelação com esse nome é apenas uma projeção do arquétipo da virgem no firmamento.

é uma realidade viva para ela. Com muita justeza, Briffault chamou a atenção para o fato de ser impossível entender a história antiga da humanidade do ponto de vista patriarcal, por ser este um resultado posterior do desenvolvimento que trouxe consigo numerosas reinterpretações. Desse modo, nas imagens primordiais de mães de heróis como noivas de Deus e virgens, reside uma parte importante da experiência feminina pré-patriarcal. Esse nível matriarcal primevo é claramente reconhecível a partir das modificações do mito do herói, em sua forma patriarcal posterior. Conquanto, no começo, a Grande Mãe fosse a única criadora verdadeira – como Ísis, que regenera Osíris morto –, ela é mais tarde impregnada por um procriador suprapessoal. Como vimos, esse deus aparece pela primeira vez no antigo ritual da fertilidade, como rei atual deificado, fortalecendo aos poucos a sua posição até tornar-se, finalmente o Rei-Deus patriarcal. Encontramos o estágio matriarcal mais remoto no Egito, no Festival de Edfu,[166] em que, em meio a orgias, a solene "consumação do abraço de Hórus" levava, simultaneamente, à concepção do jovem Rei Hórus. Aqui, procriador e gerado ainda são um só, tal como ocorre no domínio da Grande Mãe. A figura da noiva virgem de Deus tem uma analogia no festival de Luxor, no qual a sacerdotisa real de Hathor se une ao deus-sol, em um ritual pré-dinástico muito antigo, para gerar o novo filho-deus. Mais tarde, em épocas patriarcais, esse papel foi assumido pelo rei, representante do deus-sol. A dupla natureza de deus e rei está expressa, de modo claro, nas palavras: "Eles a encontraram enquanto dormia na beleza do palácio". Depois da palavra "eles", Blackman acrescenta, entre parênteses, "the combination of God and king" ["a combinação de Deus e rei"]. De mais a mais, a natureza dúplice do pai é reproduzida no filho-Hórus por ele gerado, que é "filho do seu pai e, todavia, ao mesmo tempo, um filho do Deus supremo".[167]

Essa estrutura dual do herói reaparece no motivo arquetípico dos Irmãos Gêmeos, um mortal e outro imortal, cujo exemplo mais evidente é o mito grego dos Dióscuros. A sua mãe, na mesma noite, concebeu o filho imortal nos braços de Zeus e o filho mortal nos braços do marido Tíndaro. Isso se repete: Héracles foi gerado por Zeus; o seu irmão gêmeo, por Anfitrião. Afirma-se também que a mãe de Teseu foi fecundada, na mesma noite, por Poseidon e pelo rei Egeu. Há inúmeros outros heróis, filhos de mães mortais e deuses imortais. Além de Héracles e dos Dióscuros, mencionaremos apenas como exemplos Perseu, Íon e Rômulo, Buda, Karna e Zoroastro.[168] Está claro que, em todos esses casos, a experiência da natureza dual do herói, que veio a ser um fator tão importante na história do desenvolvimento, já não tem como origem exclusiva a experiência pessoal da mulher com o nascimento.

Por um lado, o herói, justamente por se desviar da norma humana, é tido pela humanidade, isto é, pelo aspecto coletivo, como herói e de origem

125

divina. Por outro, a ideia da natureza dual ser a característica do herói nasce dele mesmo, da sua experiência de si. Ele é um homem como os outros, é terreno, mortal e coletivo como eles; porém, ao mesmo tempo, sente-se como um estranho na comunidade. No seu íntimo, experimenta algo que, apesar de fazer "parte dele" e quase "ser ele mesmo", só pode ser descrito como estranho, incomum e divino. No processo de se elevar sobre o nível comum, em sua capacidade heroica como realizador, visionário e criador, ele se sente como "inspirado", como algo extraordinário ou como filho de uma divindade. Assim, por meio de sua diferença em relação aos outros, o herói experimenta o seu progenitor suprapessoal como bastante diferente do seu pai pessoal terreno, de cuja natureza coletiva e corporal compartilha. Desse ponto de vista, também podemos entender a duplicação da figura da mãe. O correlato feminino do progenitor divino do herói já não é a "mãe pessoal", mas igualmente uma figura suprapessoal. A mãe da sua existência como herói é a virgem-mãe a quem o deus apareceu. Também ela é uma figura "espiritual", dotada de características transpessoais. Ela existe ao lado da mãe pessoal que deu à luz o seu corpo e, como mãe-animal ou ama, o amamentou. Dessa maneira, ambas as figuras parentais do herói existem duas vezes, de modo pessoal e transpessoal. A sua confusão uma com a outra, e, em especial, a projeção da imagem transpessoal sobre os pais pessoais, são uma fonte permanente de problemas na infância.

O arquétipo transpessoal pode se manifestar de três formas: como a abundante e nutridora Mãe Terra, como a Virgem Mãe a quem o deus engravida e como a guardiã do tesouro da alma. No mito, isso aparece muitas vezes como conflito entre ama e princesa etc. No caso da figura do pai, a situação é mais complicada, porque um Pai Terra arquetípico raramente aparece nas épocas patriarcais. Por razões a serem examinadas, o pai pessoal costuma aparecer como figura "obstrutiva" ao lado do progenitor divino. No entanto, a virgem-mãe que, fecundada por um deus, dá à luz o herói, é uma figura espiritual-feminina por estar aberta ao Céu. Ela tem muitas formas, que variam da virgem inocente impressionada pela mensagem divina e da jovenzinha que recebe o deus num êxtase de desejo à figura conscientemente lamentosa da Sophia, que dá à luz o filho divino, o Logos, sabendo que ele vem de Deus e que o seu destino de herói significa sofrimento.

O nascimento do herói e a sua luta com o dragão só podem ser entendidos após ter sido compreendido o significado da masculinidade e o desenvolvimento desta. Pela primeira vez, no mito do herói, o ego obtém a sua própria posição como fator masculino e justamente por isso a natureza dessa masculinidade deve ser também esclarecida como conteúdo simbólico. Esse esclarecimento é a condição prévia da distinção entre "paternal" e "masculino", tanto mais necessário por causa dos enganos da psicanálise, cuja interpretação errônea do chamado complexo de Édipo e da mitologia totêmica derivada deste causou a maior confusão.

O ego que desperta experimenta a sua masculinidade, isto é, a sua autoconsciência cada vez mais ativa, como boa e má a um só tempo. Ele é expulso da matriz maternal e se encontra a si mesmo ao distinguir-se dessa matriz. Também no sentido sociológico, uma vez que cresça e se torne independente, o homem é expulso da matriz na medida em que experimenta e acentua a sua própria diferença e singularidade. Faz parte da experiência fundamental da masculinidade o fato de ele, cedo ou tarde, ter de sentir o elemento maternal, isto é, aquele com o qual ele viveu em *participation mystique*", como o "tu", o não ego, como algo diferente e estranho. É preciso que, em toda essa orientação básica sobre o desenvolvimento da consciência, nos livremos do preconceito da situação familiar patriarcal. A situação original do grupo humano é pré-patriarcal, se quisermos evitar o termo um tanto dúbio "matriarcal".

Nos animais já se constata, frequentemente, que os machos da nova geração são expulsos e as mães permanecem com as fêmeas jovens.[169] Sendo matriarcal o grupo familiar original de mães e filhos, é pressuposto desde o início que o jovem macho terá uma forte propensão a perambular. O jovem que permanece no grupo matriarcal une-se aos outros machos para formar um grupo de caça e de luta que é agregado ao núcleo feminino matriarcal. Esse grupo masculino é necessariamente móvel e empreendedor, e, na situação de perigo constante em que se encontra, tende mais fortemente a desenvolver a consciência. Aqui talvez já se forme a diferença entre a psicologia do grupo masculino e a psicologia matriarcal-feminina.

O grupo matriarcal, com a sua preponderância de emocionalidade entre mães e filhos, os seus vínculos locais mais pronunciados e a sua maior inércia, está, em larga medida, ligado à natureza e aos instintos. A menstruação, a gravidez e a lactação são períodos que ativam o lado instintivo da mulher e fortalecem a sua natureza vegetativa, como a psicologia da mulher moderna ainda revela. Em acréscimo, há a poderosa conexão com a terra, que surge com o desenvolvimento da jardinagem e da agricultura pelas mulheres e a dependência dessas atividades ao ritmo da natureza. O aumento da *participation mystique*", causado pelo estreito convívio do grupo matriarcal de mães e filhos na caverna, na casa ou aldeia, também desempenha seu papel. Todos esses fatores reforçam o estar-no-inconsciente característico do grupo feminino.

Ao contrário, o grupo masculino, dado a perambular, caçar e guerrear, mesmo quando permanece domiciliado em um núcleo matriarcal familiar, é um grupo nômade de caçadores, bem antes dos criadores nômades de gado, que surgiram com a domesticação dos animais.

O sistema matriarcal de exogamia dificulta a formação de grupos masculinos, porque os homens são obrigados a casar fora da sua tribo e, por isso, se dispersam, tendo de viver matrilocalmente, como estranhos na tribo da esposa.[170] O homem é um estrangeiro no clã em que se casou; mas, como membro do seu próprio clã, encontra-se alienado do seu local de residência. Isto é, quando, como era originalmente o caso, vive matrilocalmente, no local da residência de sua esposa, é um estranho tolerado; mas, em seu local nativo de residência, onde os seus direitos ainda valem, ele só vive ocasionalmente. A autonomia do grupo feminino, como demonstrou Briffault, é fortalecida por essa instituição, já que a linhagem vem de avó para mãe e desta para a filha, ao passo que a formação de grupos masculinos é quebrada. Assim sendo, é verdadeiro o que Preuss afirma a respeito do grupo masculino, em especial se o grupo nuclear da comunidade for um contínuo matriarcal de mães, mulheres e crianças:

> Devemos concluir, por conseguinte, que os irmãos, como parte integrante de um todo composto por genitores e filhos, estão de antemão em constante perigo de sucumbir à influência feminina, a não ser que se libertem, afastando-se completamente. A mesma coisa ocorre, de modo geral, com os membros do grupo exógamo.[171]

Esse fato é, provavelmente, um dos motivos do surgimento das ligas de homens. No curso do tempo, houve um constante reforço do grupo masculino, que, mais tarde, com o desenvolvimento político, militar e econômico, levou aos grupos masculinos organizados a cidades e estados. No seio desses grupos, o cultivo de amizades é mais importante do que a rivalidade; do mesmo modo, a ênfase na semelhança entre os homens, e na dessemelhança ao feminino, é mais importante do que os ciúmes mútuos.

O grupo etário dos jovens era, como associação, o lugar onde os jovens encontravam, de fato, a si mesmos na masculinidade. Quando ele se sente estranho entre as mulheres e à vontade entre os homens, temos a situação sociológica correspondente à autodescoberta da consciência do ego. Mas "masculino", como dissemos, não é, de modo algum, idêntico a "pai", e muito menos à figura do pai pessoal, que nem pode ser considerado operante na família pré-patriarcal. As anciãs, as sogras e mães, chefiam o grupo feminino; e, tal como ocorre com muitos animais, forma-se uma unidade fechada à qual tudo pertence, inclusive os jovens até certa idade. O acesso exógamo a esse grupo, que enfatiza o caráter estrangeiro do masculino, expõe o homem à sogra má – que sabemos ser um dos mais fortes tabus –, mas não à influência de uma autoridade masculina.

Na sua forma original, como um sistema de alianças entre membros de diferentes grupos etários, os grupos masculinos eram organizados rígida e hierarquicamente. Os ritos que assinalam a passagem do homem de um grupo etário para outro são ritos de iniciação. Em toda parte, essas sociedades de homens têm enorme importância, não apenas para o desenvolvimento da masculinidade e da consciência de si mesmo, mas também para o desenvolvimento da cultura como um todo.

A articulação horizontal das ligas etárias exclui o conflito pessoal, no sentido de uma relação hostil pai-filho, uma vez que os termos "pai" e "filho" são conotações de características grupais e não relações pessoais. Os homens mais velhos são "pais"; os mais novos, "filhos", e essa filiação grupal coletiva está no primeiro plano. Aqui, portanto, os conflitos – se existirem – se referem às gerações, são de ordem coletiva e têm antes caráter arquetípico do que individual e pessoal. As iniciações possibilitam aos jovens a escalada às diversas funções do grupo. Nelas, as provas são testes de virilidade e firmeza do ego, e não uma "vingança dos velhos", personalista, do mesmo modo que o nosso "vestibular" também não é uma vingança dos velhos contra os jovens, mas a comprovação da maturidade para o ingresso no coletivo. Aliás, em quase toda parte, os velhos ganham com a sua idade um acréscimo de poder e importância, baseado no acúmulo de conhecimentos por meio das iniciações sucessivas, de modo que têm pouco motivo para ressentimentos.

As ligas masculinas, as sociedades masculinas secretas e as relações de amizade dentro delas se originaram em condições matriarcais. São o complemento natural da supremacia do matriarcado.* A autoexperiência do ego, que reconhece, na sua afinidade com o mundo masculino, o seu próprio mundo e sua distinção da matriz feminina, é um passo decisivo do seu desenvolvimento e, de certo modo, o requisito da sua independência. A iniciação dentro da casa dos homens, onde o ego se torna consciente de si mesmo, é "mistério", um conhecimento secreto, cujos conteúdos giram sempre em torno da "masculinidade superior". A masculinidade de que se trata aqui não tem acento fálico-ctônico; o seu conteúdo não é – como em muitas iniciações de moças – a sexualidade; trata-se aqui justamente do oposto, do espírito que surge ao lado da luz, do sol, da cabeça e do olho como símbolos da consciência. Esse espírito é o que é acentuado e para ele é que a iniciação conduz.

Os homens são associados aos pais, os velhos, que são o "baluarte da lei e da ordem"[172] e, com eles, a um sistema de mundo que se pode chamar, simbolicamente, de "céu", por estar em oposição à terra feminina, e que se estende

---

* Mesmo hoje, encontramos quase sempre, em casos de homossexualidade masculina, uma psicologia matriarcal em que a Grande Mãe tem, de maneira inconsciente, ascendência.

da ordem mágica e sacrossanta do mundo à lei e à realidade do estado. Aqui, o "céu" não é a sede de uma divindade ou um lugar celeste, mas o princípio ar-espírito-pneuma que, na cultura masculina, não levou apenas ao nascimento da divindade patriarcal, mas também à filosofia científica. Usamos a expressão simbólica "céu" para dar à totalidade da complexidade desse campo – a ser diferenciado mais tarde – uma designação que corresponda aos fatos simbólico-mitológicos dos tempos primevos.[*] Pouco importa se esse "céu" é uma massa indiferenciada de "poderes" ou se é animado por figuras definidas – espíritos, ancestrais, animais-totens, deuses. Todos eles são representantes do espírito masculino e do mundo dos homens, e são transmitidos, com ou sem violência, ao jovem noviço que sai do mundo feminino da mãe. Por isso, nos ritos de iniciação, os jovens são engolidos por um espírito pertencente ao mundo masculino e renascem como filhos do espírito, e não da mãe, filhos do céu e não apenas filhos da terra. Esse renascimento espiritual significa o nascimento do "homem superior", que, mesmo no nível primitivo, está associado à consciência, ao ego e à força de vontade. Daí vem a correlação fundamental entre céu e masculinidade. Aí reside a "atividade superior" da ação, do conhecimento e da criação conscientes, distintos do impulso cego de forças inconscientes. E justamente porque o grupo masculino, de acordo não só com a sua "natureza", mas também com suas tendências psicológicas e sociológicas, requer que o indivíduo aja de maneira independente como um ego responsável, a iniciação na sociedade dos homens sempre é relacionada com teste e fortalecimento da consciência, o que quer dizer, em termos mitológicos, a "geração da masculinidade superior".

O fogo e outros símbolos de alerta desempenham um papel importante nos ritos de iniciação dos jovens, que precisam se manter "acordados", ou seja, aprender a vencer o corpo e a inércia do inconsciente ao lutar contra o cansaço. Manter-se desperto e suportar o medo, a fome e a dor caminham lado a lado como elementos essenciais do fortalecimento do ego e da educação da vontade. Além disso, a instrução e iniciação no conjunto tradicional de costumes compõem os ritos tanto quanto as provas de força de vontade que devem ser feitas. O critério da masculinidade é a comprovação da firmeza de vontade, isto é, da capacidade manejável de preservar, onde necessário, o ego e a consciência, e de superar a natureza inconsciente e infantil dos medos e impulsos. Mesmo hoje, os ritos de iniciação da puberdade ainda têm o caráter de uma iniciação no mundo secreto do espírito masculino. Quer resida no tesouro dos mitos oriundos dos ancestrais, nas

---

[*] Onde, tal como no Egito, encontramos uma deusa celeste e um deus terreno, Bachofen diagnosticou corretamente uma dominância da Grande Mãe. O princípio masculino, ainda não desenvolvido, dorme dentro dela.

leis e determinações do coletivo ou nos sacramentos da religião, esse espírito é um só. Todos esses elementos são expressões, que diferem em termos de hierarquia e grau, do mesmo espírito masculino, que é propriedade específica do grupo masculino.

Essa é a razão pela qual as mulheres são proibidas, sob pena de morte, de estarem presentes nas iniciações e a causa de terem sido excluídas originalmente dos locais de culto de todas as religiões do mundo. O mundo do homem representa, como céu, a lei e a tradição dos ancestrais, do passado e dos deuses, que eram masculinos. Não é por acaso que toda a cultura humana, e não apenas a civilização ocidental, é de caráter masculino, da Grécia e da esfera cultural judeu-cristã ao Islã e à Índia. Embora a parcela da mulher nessa cultura seja invisível e amplamente inconsciente, não devemos subestimar sua significação e alcance. Todavia, a tendência masculina, segue na direção de uma coordenação maior do espírito, do ego, da consciência e da vontade. Justamente pelo fato de o homem, na sua particularidade, encontrar-se a si mesmo na consciência, mas ser, na inconsciência, um estranho para si mesmo; por experimentar esse inconsciente como algo feminino, o desenvolvimento da cultura masculina é o desenvolvimento da consciência.

Do ponto de vista histórico, parece-nos que o fenômeno do totemismo é de grande importância para o desenvolvimento do "céu" e do mundo espiritual do homem, porque esse fenômeno, mesmo tendo tido origem na época matriarcal, é de espírito especificamente masculino.

A identificação com a parte procriadora do espírito já desempenhava entre os primitivos um papel extraordinário. Nesse sentido, Freud também fez descobertas importantes, mas distorceu e entendeu de maneira errada algumas ainda mais importantes. O totem é também, em parte, pai, mas jamais tem caráter pessoal e muito menos o de pai pessoal. Pelo contrário, o ponto essencial do ritual é que o espírito procriador seja experimentado como uma coisa remota e diferente, e, todavia, como algo "próprio". Eis a razão pela qual o totem é, com muita frequência, um animal, mas também uma planta ou uma "coisa", e, embora a alma do primitivo esteja ligada a tudo isso muito mais estreitamente do que o homem moderno, aquele só pode estabelecer a identidade com isso pelo ritual mágico. Sua indução ritual ao mundo espiritual do totem ancestral com o apoio da máscara da transformação, indica que o *numinoso* transpessoal deve ser experimentado como a fonte na qual o homem, como iniciado, tem a sua origem. Esse é o significado de todos os rituais em que o conteúdo puramente pessoal deve ser transcendido. As iniciações da puberdade, como todas as iniciações, pretendem provocar algo suprapessoal, a parte do indivíduo que é transpessoal e coletiva. Por isso, a produção dessa parte é um segundo nascimento, nascer de novo pelo espírito masculino, acompanhado da introdução nos conhecimentos secretos dos ancestrais e do mundo, a fim de romper com os laços da existência puramente familiar do imaturo.

O grupo masculino é o lugar de nascimento, não só da consciência e da "masculinidade superior", mas também da individualidade e do herói. Referimo--nos, mais de uma vez, ao elo existente entre a centroversão e o desenvolvimento do ego. A tendência à totalidade, representada pela centroversão, funciona de modo quase inconsciente na fase inicial, porém manifestando-se, na fase formativa, como tendência de grupo. Essa totalidade de grupo já não é de todo inconsciente, mas experimentada, pela projeção, como totem. O Totem é uma grandeza indefinível, com a qual as partes do grupo se relacionam de modo participativo, ou seja, são inconscientemente idênticas a ele. Por outro lado, há com ele também uma relação através das gerações, sendo ele um ancestral, mais como autor espiritual do que como progenitor. Ele é, antes de tudo, um *numinosum*, um ser espiritual transpessoal. É transpessoal, porque, embora animal, planta ou qualquer outra coisa, não o é como entidade individual, como pessoal, mas como ideia, espécie; quer dizer, no nível primitivo, é um espírito dotado de mana, funcionando de modo mágico e sendo tabu, devendo ser abordado por meio de rituais.

Esse ser totêmico forma a base de um todo que, como comunidade totêmica, não é idêntica a uma unidade biológica natural, mas a uma formação espiritual-psíquica. Já é uma associação ou irmandade no sentido moderno, isto é, uma coletividade de natureza espiritual. O totem e a ordem social que depende dele são inteiramente diferentes do grupo matriarcal, que é uma verdadeira unidade biológica, ao passo que aqueles são "fundados" e vieram a existir por meio de um ato espiritual.

Sabemos que, entre os índios norte-americanos, mas não só entre eles, o conteúdo essencial da iniciação é a aquisição de um "espírito guardião" individual.[173] Esse espírito, que pode morar em um animal ou numa coisa, introduz na vida do iniciado que o experimenta toda uma sequência de obrigações e observâncias rituais, desempenhando papel decisivo entre todos os xamãs, sacerdotes e figuras proféticas das sociedades primitivas e de todo o mundo clássico. Esse fenômeno, existente em todos os povos no mundo inteiro, é a expressão de uma "revelação pessoal" de Deus, que pode ocorrer em todos os níveis e assumir as mais diversas formas. Em todo caso, o surgimento do totemismo deve ser entendido como religião missionária, primitiva, uma vez que podemos supor que um indivíduo agraciado, em um ritual iniciático, com a visão de um "espírito" forma um grupo que ele inclui na sua relação com o espírito. Esse modo de formação de grupos é encontrado até hoje na fundação de seitas, tendo os rituais iniciáticos dos primitivos, os mistérios do mundo antigo e as fundações das grandes religiões surgido do mesmo modo. Na forma primária da religião instituída no totemismo, o fundador é então o sacerdote-profeta, que tem o relacionamento primário com o seu espírito individual e transmite o seu culto. Como os mitos nos dizem repetidas vezes, ele é o herói nos anais do seu totem, assim como o ancestral espiritual.

Ele e o totem são parte um do outro, sobretudo para a comunidade associada posteriormente. O herói e fundador, como ego pessoal que experimenta, e o totem por ele experimentado como um ente espiritual não apenas são grandezas psicologicamente associadas, no sentido de que o *self* se "apresenta" ao ego, de algum modo, como entidade espiritual, mas também, para a comunidade posterior, idênticas. Assim é que Moisés, por exemplo, adquire as características de Jeová e o Deus de Amor é adorado na figura de Cristo. A fórmula sagrada "eu e o Pai somos Um" sempre existe psicologicamente entre o ego e o transpessoal que se apresenta a ele, quer como animal, espírito, pai ou seja o que for.

É por isso que o totem-espírito e o ancestral a quem ele apareceu pela primeira vez costumam se fundir na figura do "Pai Fundador" espiritual, expressão em que o termo "fundador" deve ser tomado no sentido literal, com a conotação de criador ou originador espiritual. O fato de essa fundação ser inspiracional pode ser percebido a partir da descrição e da análise de todo rito de iniciação e de toda cerimônia totêmica.

O coletivo espiritual, tal como o encontramos em todas as iniciações e em todas as sociedades secretas, seitas, mistérios e religiões, é essencialmente masculino e, apesar do seu caráter comunal, essencialmente individual, no sentido de que cada homem é iniciado como indivíduo e passa por uma experiência ímpar que lhe marca a individualidade. O acento individual e o caráter de eleito do grupo estão em acentuado contraste com o grupo matriarcal, em que o arquétipo da Grande Mãe e o estágio correspondente de consciência são dominantes. O grupo oposto de sociedades e organizações secretas masculinas é dominado pelo arquétipo do herói e pela mitologia da luta com o dragão, que representa o estágio seguinte do desenvolvimento consciente. O coletivo masculino é a fonte de todos os tabus, leis e instituições que se destinam a dissolver o domínio da ouroboros e da Grande Mãe. Céu, pai, espírito e masculino são correlacionados e representativos da vitória do patriarcado sobre o matriarcado. Isso, porém, não quer dizer que o matriarcado não tenha leis, mas ele é determinado pela lei do instinto, do funcionamento inconsciente e natural, cujo sentido é a propagação, preservação e evolução da espécie, e não o desenvolvimento do indivíduo. À medida que a consciência do ego masculino aumenta a sua força, a fraqueza biológica do grupo feminino de mães grávidas e em lactação, crianças etc. tende a elevar a consciência do poder do grupo de guerreiros protetor. A situação dos homens fortalece o ego e a consciência, assim como a das mulheres fortalece o instinto e o grupo. A caça e a guerra conduzem ao desenvolvimento do ego individual capaz de agir de maneira responsável em uma situação de perigo, assim como ao desenvolvimento do princípio do líder. Quer o líder seja escolhido para lidar com uma dada situação, digamos, para o propósito específico de construir canoas ou para uma expedição de caça, ou para agir como líder permanente, essa situação de líder e liderados dentro do grupo masculino tinha de se desenvolver forçosamente, mesmo quando esse grupo ainda estava agregado a um núcleo matriarcal.

Com a emergência e estabilização da liderança, o grupo masculino se individualiza ainda mais. Não só o líder é, de fato, experimentado como herói, mas também, a partir do caráter vago do totem primevo, se definem as "imagens" do progenitor espiritual, deus-criador, ancestral e modelo de líder. O "Deus nos bastidores", o Deus-Criador, uma das mais antigas figuras da história das religiões, é caracterizado não como um ancestral, mas como o pai que é autor de todas as coisas. Ele é um modelo espiritual sem conexão primária com a natureza, mas pertence ao tempo primordial, ao início da história e surge como portador de cultura e salvação da humanidade. Ele é atemporal, isto é, não segue a corrente do tempo, mas atua nos bastidores do tempo, no tempo primordial que regula nossa cronologia. É característica a sua relação com a história e a moral, mas, ao mesmo tempo, ele é também ancestral tribal, e tanto o xamã como os anciãos representantes de autoridade, poder, sabedoria e mistérios estão com ele vinculados.[174]

Essa figura do Criador é a projeção numinosa da qual deriva a figura de deus-rei do herói. Quase sempre o herói aparece como filho do deus, se não o próprio deus. Essa divindade criadora é, como figura, idêntica ao "céu" mitológico, isto é, o fundamento masculino, espiritual, supremo e urobórico, embora "celestial" não seja idêntico a um deus do céu. A fusão do ancestral com o Deus-Criador e o herói cultural provém do processo da personalização, que dá forma ao indefinido.

Enquanto não se identificar com aquilo que chamamos de "céu" masculino, o herói não poderá iniciar a luta com o dragão. A identificação culmina com o sentimento de que ele é o filho de Deus, encarnando em si todo o poder do céu. Daí vem a afirmação de que os heróis sempre provêm de um deus. O auxílio celestial, o sentimento de ter raízes fincadas no alto, na divindade paternal – que não é apenas o cabeça da família, mas espírito criador –, é a única coisa que possibilita o combate ao dragão da Grande Mãe. Representando e defendendo esse mundo espiritual em face do dragão, o herói se transforma no libertador e salvador, inovador e portador da sabedoria e da cultura.

Jung demonstrou que o incesto do herói implementa o seu renascimento, que apenas o duas vezes nascido é herói e que, reciprocamente, todo aquele que sofreu o duplo nascimento deve ser considerado um herói. Não é apenas entre os primitivos que o renascimento é o objeto dos ritos de iniciação. Do mesmo modo que o iniciado nos mistérios, todo gnóstico, brâmane indiano e cristão batizado é um homem renascido. Porque, ao submeter-se ao incesto heroico, penetrando no inconsciente devorador, o ego é transformado em sua natureza essencial e renasce como "outro".

A transformação do herói na luta com o dragão é uma transfiguração, glorificação e até deificação. Trata-se do nascimento de uma expressão superior da personalidade. Essa transformação qualitativa do modo de ser distingue o herói do homem comum. Do ponto de vista mitológico, isso é representado de tal modo que, como já foi dito, o herói tem um pai duplo – um pessoal, que não conta ou é tido como pai do homem inferior, carnal e mortal, e um pai celeste, divino, que é pai da parte heroica, do homem superior, também incomum e imortal.

Por isso, o mito do herói é com frequência um mito solar, bem como lunar. A glorificação representa a deificação. O herói é o sol ou a lua, isto é, uma divindade. Como simples mortal, é, na realidade, filho de um pai puramente pessoal, mas, como herói, é filho de um deus e se identifica, ou é identificado, com ele.

O exemplo histórico mais remoto talvez esteja, outra vez, no faraó egípcio. Os reis do Egito eram, pelo lado paterno, filhos de Hórus, herdeiros de Osíris e, à medida que a realeza se desenvolveu, foram identificados, não apenas com Osíris, a lua, mas também com Rá, o sol. O rei se intitulava "o deus Hórus". As pessoas se referiam a ele como "Deus", o que não era, ao contrário da opinião de Erman, uma "expressão delicada", mas um fato simbólico que só degenerou em frase vazia com o moderno "direito divino dos reis".

De igual maneira, chamava-se o rei de "sol vivo" e "imagem viva de Deus sobre a terra". Já na Quarta Dinastia, o rei já era "filho de Rá", o que passou a ser um elemento fixo dos seus títulos.

> A expressão remonta à ideia, que também encontramos em outros lugares e em outras épocas, de que o rei, embora exteriormente fosse filho do seu pai, era, ao mesmo tempo, filho do Deus supremo.[175]

A falta de compreensão do homem moderno diante desse fenômeno da "dupla paternidade", expresso também na psicanálise, revela-se claramente nas palavras que Erman acrescenta:

Como é natural, não devemos tentar imaginar, com a nossa limitada compreensão, como isso pode ser possível.

Essa é a observação "esclarecida" de um pesquisador quase dois mil anos depois do nascimento de Cristo. O fenômeno da dualidade psíquica, expresso de modo evidente no ritual egípcio e formulado em termos religiosos milhares de anos depois no diálogo entre Nicodemos e Cristo,[176] ainda está vivo hoje no sentimento tão incomum de que se é "filho de Deus", embora filho ou filha do sr. X. À dupla paternidade corresponde uma natureza dupla do homem, aqui representado pelo herói.

Originalmente, os arquétipos dessas figuras de mãe e pai eram relacionados somente com o destino do herói, ou seja, com a vida de um homem incomum e ímpar. Aqui, no entanto, uma vez mais, tal como ocorreu com a imortalidade de Osíris, o *hieros gamos* etc., aquilo que foi ímpar e simbólico se torna, mais tarde, propriedade comum do coletivo. Com a progressiva individualização da humanidade e com a sua emergência do estado indefinido de *participation mystique*, o ego de cada indivíduo vai ganhando contornos mais definidos, mas, nesse processo, o indivíduo se torna o herói e deve vencer o "dragão", segundo o modelo do mito.

Devemos enfatizar novamente que o destino mitológico do herói retrata o destino arquetípico do ego e de todo o desenvolvimento da consciência. Serve de modelo ao subsequente desenvolvimento do coletivo, sendo os seus estágios recapitulados no desenvolvimento de toda criança.

Se, no curso da nossa exposição, "personificamos", falando, por exemplo, da própria experiência do herói ou descrevendo uma situação mitológica do ponto de vista feminino, deve-se entender que falamos figuradamente e de maneira resumida. A nossa interpretação psicológica retrospectiva não corresponde a nenhum ponto de vista mantido conscientemente em épocas anteriores; trata-se da elaboração consciente de conteúdos que um dia foram extrapolados em projeções mitológicas, de maneira inconsciente e simbólica. No entanto, esses símbolos podem ser interpretados como conteúdos psíquicos, a partir dos quais podemos desvelar a situação psíquica subjacente à sua produção.

O assassinato da mãe é não menos relevante, em consideração ao herói e sua dupla parentalidade, quanto o assassinato do pai, pois, além de ter um pai suprapessoal, ele também precisa obter uma mãe suprapessoal.

II
O Assassinato da Mãe

Uma vez que realizou a divisão da ouroboros no par de opostos, os "Pais Primordiais", colocando-se no meio deles, o "filho" estabeleceu com esse ato a sua masculinidade e saiu-se bem no primeiro passo da sua emancipação. O ego no meio dos Pais Primordiais provocou a inimizade de ambos os lados da ouroboros, atraindo sobre si a fúria do superior e do inferior. Agora ele está diante da iminência daquilo que chamamos a "luta com o dragão", isto é, a guerra com esses opostos. Só o desfecho dessa luta revelará se a emancipação é, de fato, bem-sucedida e se o ego se libertou definitivamente do poderoso aperto da ouroboros.

Voltando-nos para essa luta com o dragão, um tipo básico em todas as mitologias, precisamos distinguir os vários estágios e componentes dessa luta. As inúmeras possibilidades de interpretação psicológica que caracterizam esse tema-chave do inconsciente exigem cautela. Interpretações contraditórias pendem em estágios diferentes de uma mesma situação básica e só o conjunto de todas essas interpretações descortinam o quadro real.

A luta com o dragão apresenta três componentes principais: o herói, o dragão e o tesouro. Ao vencer o dragão, o herói ganha o tesouro, que é o produto final do processo simbolizado pela luta.

A natureza desse tesouro, conhecido sob muitos nomes, tais como "a preciosidade difícil de obter", "a cativa a ser libertada", a pérola de grande preço, o elixir da vida ou a erva da imortalidade, será discutida adiante. No momento, temos diante de nós a pergunta fundamental: qual o significado do símbolo do dragão?

Como Jung[177] já estabelecera, embora sem lhe dar suficiente consideração em sua própria interpretação, esse dragão traz todas as marcas da ouroboros. É, ao mesmo tempo, masculino e feminino. Assim, a luta com o dragão é a luta com os Primeiros Pais, luta na qual o assassinato do pai como o da mãe – e não apenas de um deles – ocupa um lugar sagrado.

O capítulo da luta com o dragão é o centro do desenvolvimento da humanidade, assim como do indivíduo, e, no desenvolvimento pessoal da criança, está ligado a eventos e processos que a psicanálise conhece como complexo de Édipo e que denominamos problema dos Primeiros Pais.

A teoria freudiana sobre o assassinato do pai, que Rank[178] tentou aplicar, reúne como unidade sistemática as seguintes características: o romance familiar, sempre relacionado com o filho, culmina no desejo incestuoso deste em relação à mãe, ao qual o pai se opõe de maneira hostil; o herói é o rapaz que mata o pai e desposa a mãe. Desse modo, o mito do herói se torna uma mera fantasia pela qual a imagem desse desejo se impõe de modo direto ou indireto. Essa teoria é "sustentada" – mas, na realidade, "entulhada" – pela hipótese de Freud, inconsequente e antropologicamente inviável, de um pai gorila. Um poderoso patriarca-macaco rouba as mulheres dos filhos e por fim é abatido pelos irmãos unidos. A superação do pai é o aspecto heroico. Freud toma isso ao pé da letra e deriva daí o totemismo e o surgimento de características importantes da cultura e da religião. Aqui, como em outras partes, devido ao seu viés personalista, Freud interpretou fatores decisivos de maneira errônea. Não obstante, o assassinato do pai continua, com toda razão, a ser um importante momento da luta com o dragão, mas não é o conteúdo essencial dessa luta e muito menos o ponto de partida da história do desenvolvimento da humanidade.

Enquanto Rank se apoia unilateralmente na teoria freudiana, Jung dá uma resposta bem diferente a esse problema, dada na obra da primeira fase *Símbolos da Transformação*. Ele chega a duas conclusões que são, segundo pensamos, definitivas. Em primeiro lugar mostra, que a luta do herói é um combate a uma mãe que não se pode considerar uma figura pessoal do romance familiar. Por trás da figura pessoal da mãe, encontra-se – como é comprovável pela simbologia – o que Jung chamou mais tarde o "arquétipo da mãe". Jung conseguiu comprovar o significado transpessoal da luta do herói porque não tomou o aspecto familiar pessoal como o ponto de partida para o desenvolvimento humano, mas sim o desenvolvimento e a transformação da libido. Nesse processo de transformação, a luta do herói desempenha um papel eterno e fundamental na superação da inércia da libido, inércia que se apresenta no símbolo da mãe-dragão circundante, isto é, do inconsciente.

A segunda conclusão de Jung, cujo significado a psicologia ainda não aceitou inteiramente, demonstra que o "incesto" do herói tem caráter regenerador. A vitória sobre a mãe, que com frequência toma a forma de uma penetração real nela, isto é, de incesto, produz um renascimento. O incesto dá origem a uma transformação da personalidade, que faz do herói um herói, isto é, um representante superior e ideal da humanidade.

O nosso estudo, que se baseia em pontos importantes das descobertas de Jung, busca distinguir entre os diversos estágios e tipos da luta do dragão, o que leva, em certo sentido, tanto a uma correção como a uma combinação das teorias opostas de Freud e Jung. Também Jung, na sua obra *Símbolos da Transformação*, estava fortemente influenciado pela teoria freudiana do pai, tanto que as suas interpretações devem ser corrigidas e reformuladas à luz das descobertas posteriores que fez.

Uma das partes do mito da luta do herói com o dragão é a conquista ou assassinato da mãe. A masculinização bem-sucedida do ego encontra expressão em sua combatividade e prontidão para expor-se ao perigo simbolizado pelo dragão. Foi a identificação do ego com o lado masculino da consciência que primeiro estabeleceu a clivagem psíquica em opostos, o que permite que o ego enfrente o dragão do inconsciente. Essa luta é representada como penetração na caverna, descida ao mundo inferior, ser engolido, ou, enfim, "incesto com a mãe". Vemos isso, de modo mais claro, nos mitos do herói apresentados como mitos solares; neles, a devoração do herói pelo dragão – noite, mar, mundo inferior – corresponde à jornada noturna do sol, da qual este emerge vitoriosamente após haver conquistado as trevas.

Acontece que, nas interpretações, sempre se afirma que o ser devorado seria idêntico à castração, ao medo do dragão e ao medo do pai, que não permite o incesto com a mãe. Quer dizer que o incesto com a mãe, em si desejável, torna-se uma coisa terrível pelo temor ao pai. A mãe é o objeto positivo do desejo, sendo o pai o verdadeiro obstáculo a esse desejo. Mas essa interpretação é errônea, uma vez que o incesto e o medo da castração já se manifestam no estágio em que nenhum pai, muito menos um pai ciumento, é atuante.

A questão é mais profunda e alcança um nível mais primordial. O medo do dragão não corresponde ao temor ao pai, mas a algo muito mais elemental: o temor do elemento masculino ao feminino em geral. O incesto do herói é incesto com a Grande e Terrível Mãe, que é terrível em virtude da sua própria natureza, e não de maneira indireta, causada pela intervenção de terceiros. Está certo que, no dragão, está simbolizado também o medo do herói, mas o dragão já é bastante terrível sem o acréscimo desse medo. Penetrar no abismo, no mar ou na caverna escura já é terrível o bastante sem o artifício de um pai imaginário que obstrui o acesso. A natureza bissexual do dragão urobórico mostra que a Grande Mãe possui atributos masculinos, mas não paternais. As características destrutivas e agressivas da Grande Mãe – a sua função de assassina, por exemplo – podem ser identificadas como masculinas e, entre os seus atributos, como já o indicou Jung, podemos encontrar símbolos fálicos. Isso é particularmente óbvio no caso dos atributos de Hécate – chave, chicote, cobra, punhal e tocha[179] –, que são masculinos, mas não são, em virtude disso, símbolos paternais.

Quando realizam as suas castrações e sacrifícios, os sacerdotes eunucos da Grande Mãe retratam o seu caráter terrível; mas é impossível ver esses sacerdotes emasculados como modelos paternais. As figuras fálicas que melhor se prestam a esse papel têm como característica serem subordinadas à Grande Mãe, que as domina e usa, fato que contradiz a sua significação independente como modelos paternais. Os elementos agressivos e destrutivos da Grande Mãe podem também aparecer, simbólica e ritualmente, como figuras distintas, apartadas dela, sob a forma de auxiliares, sacerdotes, animais etc. Grupos de guerreiros dados a orgias masculinas, tais como os curetes, costumam pertencer à esfera da Grande Mãe, ocorrendo o mesmo com os consortes fálicos que podem se tornar os executores da sua vontade destrutiva. Em um estágio bem mais recente, entre os índios norte-americanos de regime matriarcal, a atuação dos caciques depende da Velha Mãe. Nessa categoria teríamos de incluir ainda, não apenas o javali que mata o jovem deus, mas também o tio maternal, como portadores de autoridade dirigida, por exemplo, contra o filho de Ísis, Hórus. Mesmo o deus do mar fálico-ctônico, Poseidon, e os monstros criados por ele pertencem, por natureza, ao domínio da Grande Mãe, e não ao do Grande e Terrível Pai.

Mas é compreensível que, mais tarde, quando o patriarcado acabou com o domínio da Grande Mãe, o papel do Pai Terrível fosse projetado sobre os representantes masculinos do aspecto terrível dela. Isso ocorre especialmente quando interessa ao desenvolvimento patriarcal reprimir o aspecto terrível da mãe e trazer a figura da "boa mãe" para o primeiro plano.

As duas formas de incesto que estudamos até o momento tinham caráter essencialmente passivo: o incesto urobórico, em que o ego germinal se extinguia, e o incesto matriarcal, em que o filho era seduzido pela mãe e que terminava em castração matriarcal.

Mas o que caracteriza o herói é o incesto ativo, a penetração consciente e deliberada no perigoso elemento feminino e a superação do medo imemorial que o homem tem do aspecto feminino. Superar o medo de ser castrado significa vencer o domínio da mãe, que, para o aspecto masculino, está relacionado com o perigo da castração.

A diferenciação dos estágios nos leva a uma possibilidade importante, não só teórica, mas também diagnóstica e terapêutica. A diferenciação dos variados estágios arquetípicos nos permite distinguir a forma de incesto, a posição do ego e da consciência e a situação de desenvolvimento do indivíduo que se está abordando. Em sua obra *Símbolos da Transformação*, Jung ainda estava de tal modo sob a influência de Freud que não pôde reconhecer as diferenças arquetípicas dessa situação e, em virtude disso, simplificou o problema do herói, tratando-o de maneira redutiva.

O elemento feminino do filho-amante andrógino, que Jung deriva da regressão à mãe, é, pelo contrário, inteiramente originário, tal como o mostra a disposição estruturalmente indiferenciada que chamamos "andrógina" e que, por isso, não pode corresponder à regressão de uma masculinidade já desenvolvida. Essa disposição se origina em um nível mais profundo, no qual a Grande Mãe ainda domina e a masculinidade ainda não se estabeleceu com firmeza; uma estrutura, portanto, na qual não "se renuncia à masculinidade", mas na qual a masculinidade ainda não atingiu sequer a sua independência. Deve-se admitir que a castração por meio da qual o adolescente sacrifica a sua masculinidade é regressiva, mas trata-se apenas de uma regressão parcial, ou, melhor dizendo, o seu desenvolvimento foi cortado em botão.

A natureza feminino-andrógina do adolescente é um estágio intermediário, que também pode ser encarado como de cunho intersexual. No caso em que o profeta ou sacerdote é interpretado como esse tipo intermediário,[180] há acerto do ponto de vista psicológico, mas não do ponto de vista biológico. Trata-se, portanto, de distinguir entre a conexão criativa do ego adulto com a Grande Mãe e um desenvolvimento em que o ego ainda não seja capaz de libertar-se da supremacia dela.

Mas então, perguntará o leitor, qual o significado da castração nesse estágio do incesto heroico? Não seria uma enganosa generalização da psicologia dos neuróticos falar em temor imemorial do homem à mulher?

Para o ego e o elemento masculino, o elemento feminino é sinônimo de inconsciente e não ego, e, portanto, de trevas, inexistência, vazio, poço sem fundo. Nas palavras de Jung:

> Afinal, o vazio é um grande mistério feminino. Ele é, para o homem, o estranho mais que estranho, o oco, o abissalmente diferente, o *yin*.[181]

Aqui, a mãe, o útero, o abismo e o inferno são idênticos. O útero da mulher é o lugar de origem de onde se veio. Desse modo, tudo o que é feminino é, como ventre, o útero primordial da mãe, da Grande Mãe que é a origem de tudo e do inconsciente. Ela ameaça o ego com o perigo da autoanulação, da perda de si mesmo; em outros termos, com a morte e a castração. Vimos que justamente a natureza narcisista do filho-adolescente, identificado com o falo e a sexualidade, constela um elo importante entre a sexualidade e o medo da castração. A morte do falo no elemento feminino é aqui equiparada, simbolicamente, à castração pela Grande Mãe e, psicologicamente, à dissolução do ego no inconsciente.

Mas a masculinidade e o ego do herói já não estão identificados com o falo e a sexualidade. Nesse nível, ergue-se outra parte do corpo como "falo superior" ou "masculinidade superior", com a qual o ego se identifica, a saber, a cabeça como símbolo da consciência e olho como órgão que a domina.

No que diz respeito ao perigo a que está exposto o "princípio superior", simbolizado pela cabeça e pelo olho, há uma estreita relação com o que chamamos "apoio do herói pelo céu". Desde o início da luta com o dragão, esse "princípio superior" já está desenvolvido e ativo, e, do ponto de vista mitológico, isso corresponde a ele ser um descendente divino e ter nascido herói, o que, em termos psicológicos, significa que, como herói, ele se atreve a enfrentar a luta com o dragão, ao contrário do homem inferior, comum.

Essa parte "superior" da sua natureza é confirmada, tornada definitiva e posta à luz pela vitória; no entanto, caso ele seja vencido, ela é ameaçada de aniquilação.

Não há necessidade de que demonstremos aqui serem a cabeça e o olho apresentados por toda parte como símbolos superiores do aspecto masculino e espiritual da consciência, do "Céu" e do "Sol". Também os grupos de "alento-*pneuma-ruach*" e de verbo-*logos* fazem parte desse cânone de símbolos pelos quais se distingue a masculinidade superior da inferior, de nível fálico. É, portanto, correto interpretar a decapitação e a cegueira provocada como castração; esta, no entanto, ocorre "em cima" e não embaixo. Isso não significa, de modo algum, um "deslocamento para cima", de cuja perspectiva "perder a cabeça" seria idêntico a "ficar impotente", o que não corresponde, mitológica, simbólica nem psicologicamente, à verdade. Há eunucos superiores e inferiores, e, com muita frequência, há eunucos superiores falicamente possessos, do mesmo modo como eunucos inferiores possessos pela cabeça. Só a combinação de ambas as zonas produz uma masculinidade completa. Aqui, uma vez mais, Bachofen captou a essência do problema com a sua distinção entre masculinidade solar e masculinidade ctônica.

Encontramos o simbolismo correspondente na história de Sansão, um mito secundariamente personalizado ou, como ocorre com a mesma frequência, uma história de herói secundariamente mitologizada.

Como em inúmeros outros pontos do Antigo Testamento, o cerne da história é a luta de Jeová contra o princípio cananeu-filisteu de Astarte. A linha geral do relato é fácil de entender. Sansão, consagrado a Jeová, sucumbe à sensualidade de Dalila-Astarte. O seu destino depois é: cabelo cortado, cegueira e perda do poder de Jeová.

A castração assume a forma de perda dos cabelos e isso é tanto mais significativo porque o homem consagrado a Jeová, sendo hostil ao princípio de Astarte, jamais deve cortar o cabelo. Ademais, a perda dos cabelos e da força pertence ao estágio arquetípico do herói-sol, que é castrado e devorado.

O segundo elemento é a cegueira. Trata-se novamente de uma castração "superior", distinta da "inferior". A castração superior, ou perda do poder de Jeová, leva o herói ao cativeiro entre os filisteus, no reino de Astarte. Ele permanece no mundo inferior, onde deve "girar o moinho". Jeremias[182] indicou que o girar do moinho é um motivo sacro. Confirma-o a referência ao templo de Dagon, onde Sansão é mantido prisioneiro, porque Dagon era o deus do trigo dos cananeus, uma divindade da vegetação, semelhante a Osíris. Dagon é o pai de Baal,[183] mas toda a esfera de Baal, hostil a Jeová, está sob o domínio da Grande Mãe dos cananeus. O cativeiro de Sansão é, portanto, a expressão da masculinidade que sucumbe e se torna escrava da Grande Mãe, do mesmo modo que o trabalho de Héracles para Ônfale (período em que teve de usar roupas femininas) é outro símbolo já conhecido da escravidão à Grande Mãe, a quem devemos atribuir o moinho como símbolo da fertilidade.[184]

Mas por fim, o aprisionamento ao mundo de Astarte é superado pelo ressurgimento da energia solar e vitoriosa do herói. Com a morte sacrificial de Sansão, que rompe os dois pilares-mestres do templo de Dagon, o antigo poder de Jeová é devolvido ao nazareno. Com o desmoronamento do templo e a autorrenovação de Sansão na morte, Jeová triunfa sobre os seus inimigos e sobre o princípio de Astarte.

Na luta do herói com o dragão, trata-se sempre da ameaça do dragão urobórico ao princípio espiritual-masculino, do perigo para este de ser devorado pelo inconsciente maternal. O arquétipo mais amplamente disseminado da luta com o dragão é o mito do sol, em que o herói é devorado todas as noites, no oeste, pelo monstro noturno do mar, em cuja cavidade uterina luta vitoriosamente com outro dragão, um duplo em certo sentido. Ele então nasce no leste como o sol vitorioso, o *sol invictus*; ou melhor, cortando o monstro para sair, ele realiza o seu próprio renascimento. Nessa sequência de perigo, batalha e vitória, a luz – cujo significado para a consciência repetidas vezes enfatizamos – é o símbolo central da realidade do herói. Este é sempre um portador de luz e emissário da luz. No ponto mais baixo da jornada no mar de escuridão, em que o sol-herói percorre o mundo inferior e deve sobreviver à luta contra o dragão, o novo sol se acende à meia-noite e o herói vence as trevas. Nesse mesmo ponto mais baixo do ano, Cristo nasce como o resplandecente Redentor, como a luz do ano e luz do mundo, e é adorado com a árvore de Natal, no solstício de inverno. A nova luz e a vitória são simbolizadas pela iluminação e transfiguração da cabeça, coroada e adornada por uma auréola. Mesmo que o sentido mais profundo desse simbolismo só venha a tornar-se claro mais tarde, é evidente que a vitória do herói traz consigo uma nova condição espiritual, um novo reconhecimento e uma transformação da consciência.

Também o neófito, ao ser iniciado nos mistérios, tem de enfrentar os perigos do mundo inferior, atravessar os sete portais já mencionados na descida de Ishtar ao inferno ou viver as doze horas noturnas no hemisfério escuro, tal como Apuleio descreve nos mistérios de Ísis. O final dos mistérios é uma deificação que, por exemplo, é representada como identificação com o deus-sol nos mistérios de Ísis. O iniciado recebe a coroa da vida, a suprema iluminação; a sua cabeça é consagrada pela luz, é ungida e carrega o nimbo.

Wundt[185] caracteriza a era heroica como o "predomínio da personalidade individual". Isso, diz ele, é o que o herói representa; na verdade, ele deriva do herói a figura divina, não vendo em Deus mais do que uma figura intensificada do herói. Por mais incorreto que esse conceito seja, há, contudo, uma relação entre o herói como portador do ego de vontade poderosa, formador de personalidade, e a fase formativa em que os deuses se cristalizaram a partir dos poderes impessoais. O desenvolvimento do sistema da consciência, cujo centro é o ego que se aparta da supremacia do inconsciente, é prefigurado no mito do herói.

As forças inconscientes do estágio psíquico que acabou de ser superado se lançam agora contra o ego-herói e o ameaçam como monstros e dragões, demônios e poderes malvados, prontos para devorá-lo de novo. Por isso, a Mãe Terrível, como simbolização arquetípica todo-abarcante desse aspecto devorador do inconsciente, é a Grande Mãe de todos os monstros. Todas as paixões e impulsos perigosos e todas as constelações fatídicas do inconsciente, cuja dinâmica subjuga o ego, são criações infernais dela. E é justamente isso que Goya quer dizer quando utiliza, como lema dos seus *Caprichos*, "o sonho da razão gera monstros", ou, quando, na mitologia grega, Hécate, a deusa primeva e onipotente, aparece como mãe de Empusa, espectro devorador de homens, e das lâmias, que devoram a carne dos adolescentes. Ela é arqui-inimiga do herói, que, como cavalheiro ou cavaleiro, doma, com a sua masculinidade, o cavalo dos instintos inconscientes, ou que, como Miguel, destrói o dragão. Ele é a luz, a forma e a ordem, oposto ao caos do esbanjamento materno primevo e da monstruosidade da natureza.

Seguindo os diversos estágios do herói, encontramos, logo de início, o herói cujo nome está estreitamente ligado à psicologia moderna e cuja interpretação errônea tem tido enormes consequências na psicologia profunda: Édipo. Ele é o tipo de herói cuja luta com o dragão só alcançou sucesso parcial. O seu trágico destino fala com eloquência dessa malograda tentativa, só podendo ser entendido da perspectiva transpessoal aqui adotada.

A fim de dar ao mito de Édipo o lugar justo na história do desenvolvimento da consciência humana, precisamos compreender três eventos decisivos dele: um é a vitória sobre a Esfinge; o segundo, o incesto com a mãe, e o terceiro, o assassinato do pai.

O que fez de Édipo um herói e matador do dragão é a vitória sobre a Esfinge. Esta é o arqui-inimigo e o dragão do abismo, o poder da Mãe Terra no seu aspecto urobórico. É a Grande Mãe, cuja lei mortal rege sobre a terra sem pai, ameaçando de destruição todo homem que não consiga responder à sua pergunta. O enigma fatal proposto por ela, cuja resposta é o "homem", só pode ser resolvido pelo herói. Só ele responde ao destino ao vencê-la, e a vence por ser capaz de responder ao destino. Essa resposta heroica, que o torna um verdadeiro homem, é a vitória do espírito, o triunfo do homem sobre o caos. Assim sendo, ao conquistar a Esfinge, Édipo se transforma em herói e matador do dragão e, como tal, comete o incesto com a mãe, como todo herói. Esse incesto do herói é idêntico à vitória sobre a Esfinge, sendo apenas outro aspecto do mesmo processo. Ao superar o medo do elemento feminino, do abismo, do ventre primevo e da ameaça do inconsciente, penetrando nele, ele se casa vitoriosamente com ela, que, como Grande Mãe, costumava castrar os adolescentes e, como Esfinge, os matava. Como herói, ele é o elemento masculino que obedece à sua existência própria e cuja autonomia não só está à altura do poder feminino e do inconsciente, mas é também capaz de gerar nele um novo ser.

Aqui, quando o jovem se torna homem, e o incesto ativo passa a ser incesto reprodutivo, o elemento masculino se une ao seu oposto feminino e o leva a dar à luz algo novo e terceiro; surge uma síntese em que, pela primeira vez, o elemento feminino equilibrado se une ao elemento masculino equilibrado, formando uma totalidade. O herói não é apenas o vencedor do elemento materno, mas também mata o aspecto terrível deste para libertar o seu aspecto fértil e abundante.

Se seguirmos essa linha de pensamento e deixarmos de lado, por ora, o assassinato do pai, poderemos compreender por que Édipo era apenas meio--herói e porque não foi plenamente bem-sucedido no ato heroico. É verdade que venceu a Esfinge, mas o incesto com a mãe e o assassinato do pai foram cometidos por ele de modo inconsciente.

Ele não sabe o que fez e, ao descobri-lo, é incapaz de olhar de frente o seu próprio ato, o ato heroico. Em consequência, é dominado pelo destino, que se apossa de todos aqueles para quem o Eterno Feminino reverte à Grande Mãe: ele regride ao estágio do filho e sofre o destino do filho-amante. Ele realiza o ato de autocastração ao vazar os próprios olhos. Mesmo se descontarmos a interpretação de Bachofen, que vê nos broches usados para vazar os olhos um símbolo do velho sistema matriarcal, permanece o fato de que ele utiliza como instrumento um artigo que pertence a sua esposa e mãe. A cegueira não é mais um enigma para nós, ela significa a destruição da masculinidade superior, do exato elemento que caracteriza o herói; e essa forma de autocastração espiritual cancela tudo o que foi conquistado anteriormente pela vitória sobre a Esfinge. A progressão masculina do herói é relegada pelo antigo medo da

Grande Mãe que dele se apodera depois de seu feito. Ele se torna a vítima da Esfinge que havia conquistado.

No *Édipo em Colonos*, de Sófocles, ele finalmente encontra, como homem velho, repouso e redenção na floresta das Erínias, representantes do antigo poder materno, e encerra a sua caminhada, completando o círculo urobórico. O seu fim coroa a sua estranha vida com uma mística e sublime solenidade. Cego e enfermo, ele desaparece de modo misterioso nas entranhas da terra, guiado por Teseu, o herói ideal de uma época posterior, que não se deixou vencer pela sua madrasta Medeia, a feiticeira. A Grande Mãe Terra retoma Édipo, o pé inchado, o seu filho fálico, em si mesma. O seu túmulo se transforma em santuário.

> Ele é uma das grandes figuras humanas, cuja agonia e sofrimento levaram a uma cultura mais bela e mais humana, e que, ainda com o pé na antiga ordem de que nasceram, representam as suas últimas vítimas, sendo por isso, ao mesmo tempo, as fundadoras de uma nova era.[186]

Não é por acaso que na história da origem de Édipo faltam todas as características típicas que relacionam o nascimento do herói com uma divindade. A história apresentada por Sófocles não é uma tragédia heroica, mas a glorificação de um destino que está além do controle do homem, nas mãos de deuses implacáveis. Ainda se reconhecem nesse drama as características da primeira era matriarcal, na qual o humano e o divino ainda não se haviam encontrado, e o ego dependia dos poderes preponderantes. Aqui, a soberania da Grande Mãe se apresenta, em termos filosóficos, como uma dependência total do destino. Em todos os sistemas pessimistas se encontra, às vezes apenas levemente velada, a representação do domínio da Grande Mãe sobre o ego e a consciência.

O inconsciente, a Mãe Terra esmagadora, apresenta-se ao herói como dragão a ser vencido. Na primeira parte obscura da luta com o dragão, a mãe, com a sua fertilidade devoradora, procura segurar o filho como embrião, impedindo o seu nascimento, ou faz dele o eterno bebê e criança de colo. Desse modo, ela é a mãe urobórica da morte, o abismo do oeste, o reino dos mortos, o mundo inferior e a bocarra devoradora da terra, na qual o homem comum se deixa afundar, cansado, cedendo e se dissolvendo no incesto urobórico ou matriarcal. Com frequência, o ser devorado apresenta-se como uma derrota preliminar na luta contra o dragão. Mesmo em um típico mito de vencedor, como o do herói babilônico Marduque, há uma fase de cativeiro e derrota durante a sua batalha com o monstro Tiamat.[187] Essa fase de prisão e morte precede forçosamente cada renascimento.

Se, contudo, o herói é bem-sucedido como herói, se comprova a sua origem e descendência superior, a sua filiação com o pai divino, ele penetra então na Mãe Terrível do medo e do perigo e ressurge – seja da escuridão do ventre da baleia, do estábulo ou da caverna uterina da terra – revestido da glória do herói solar. O assassinato da mãe e a identificação com o pai-deus estão interligados. Quando, no incesto ativo, penetra no aspecto escuro da Mãe Terra, o herói só é capaz disso em virtude da sua correspondência com o "Céu" e por ser filho de um deus. Ao abrir o seu caminho para fora das trevas, ele renasce como o herói feito à imagem de Deus, mas, ao mesmo tempo, como o filho da virgem impregnada por um deus e da Boa Mãe regeneradora.

Enquanto a primeira metade da noite, quando o sol poente desce no ventre da baleia, é sombria e devoradora, a segunda é reluzente e abundante, pois dela sobe o sol-herói para renascer no nascente. A meia-noite decide se o sol nascerá outra vez e, como herói, dará nova luz a um mundo a ser renovado, ou se a Mãe Terrível o subjugará, castrará e devorará; isto é, o matará, aniquilando a parte celeste que faz dele herói. Nesse caso, ele permanecerá prisioneiro da escuridão. Não apenas fica preso às rochas do mundo inferior, como Teseu, acorrentado ao rochedo, como Prometeu, ou pregado na cruz, como Cristo, mas o mundo permanece sem herói e o que nasce é, como diz Ernest Barlach, no seu drama, um "dia morto".[188]

Trataremos mais detalhadamente desse drama, cujo teor mitológico-simbólico é mais profundo do que o da maioria das tragédias antigas, porque nele o simbolismo mitológico da luta com o dragão é apresentado por um autor moderno.

O tema básico da obra é a resistência da mãe ao crescimento e desenvolvimento do filho. Ele sempre viveu com ela, mas agora ameaça partir. Essa mãe mítica concebeu o seu filho por obra do sol-deus, que, ao partir, disse que voltaria quando o filho se tornasse homem, momento em que veria se ela o criara de modo satisfatório. Encontramos então o pai pessoal cego, o marido dessa Grande Mãe. Ele compreende que o filho é um herói, filho de um deus, e tenta tornar claro, para ela e para o adolescente, o destino do herói e o seu caráter necessário. Ele está ao lado do espírito familiar da mulher, que é um espírito sem mãe e só pode ser visto pelos olhos divinos do filho. Esse espírito quer insinuar ao filho que

dizem que a mãe tem em casa um bebê crescido

e que

homens vêm de homens

Mas a mãe o reprime e silencia. De modo que ele diz:

Mãe há bastante, mas pai falta.

e:

Um homem é da natureza do pai e a ama que lhe fala do pai o nutre melhor do que a mãe que não faz isso.
Isso é tão veneno para a mãe quanto a palavra do seu marido ao dizer que o filho seria um herói.

O pai pessoal, cego, diz:

Ele é talvez alguém que está no mundo como um pássaro saindo do ovo, vivendo com os olhos já num mundo diferente, que precisa dele.

e:

Filhos de deuses não são crianças de colo.

Mas a mãe retruca:

Meu filho não é nenhum herói; eu não preciso de um filho herói.

e:

A salvação do mundo é a morte da mãe.

Em sonho, o pai apareceu ao filho como

um homem que tem um sol como cabeça

e, em sonho, ele montou no cavalo solar do seu futuro, que o pai lhe mandara. Esse cavalo, Herzhorn (que quer dizer "chifre do coração"), que

tem o vento no seu corpo

e que

fareja o sol

já está no estábulo e é a alegria do filho. A luta invisível gira em torno da existência ou inexistência desse cavalo solar.

O pai cego procura esclarecer o filho sobre o mundo. Fala das imagens do futuro, que querem e precisam sair da noite, e que o herói tinha de despertar para dar um rosto melhor ao mundo. Fala da verdade e do sol que

era, é e será

e quer inflamar o filho que não é o seu. Mas a mãe se opõe de maneira inabalável:

o futuro do filho é o passado da mãe

e:

o herói deve primeiro enterrar sua mãe.

O filho começa a compreender:

Talvez a vida que temos seja, ao mesmo tempo, a vida dos deuses.

Mas a mãe lhe nega o direito a um futuro, não quer que a criança cresça longe dela. Assim, à noite, secretamente, mata o cavalo solar e destrói, com esse assassinato, o futuro do filho e do mundo. O que vem então é o "dia morto", ou como diz dele, ironicamente e semiconscientemente, a mãe:

Na verdade, um mero garotinho, nascido da noite, um recém-nascido sem luz nem consciência.

Desesperado, o filho exclama:

Mas cada um é o que o outro não pode ser; nenhum outro, ninguém mais pode ser o que eu sou; eu, eu e nenhum outro.

Mas a mãe o esbofeteia na face, dizendo-lhe que ele deve continuar a ser o filho da mãe e não possuir um ego.

Ainda sem suspeitar que a mãe é a assassina do seu cavalo, o filho cresce sabendo que ele não é simples como o espírito familiar, nem, como este, gerado por um só. Assim, ele não tem esperança de que somente por sua mãe a sua vida possa renascer:

Nenhuma mãe me gerou sozinha e, assim, ela também não pode devolver a vida que não me deu sozinha.

Ele se queixa de que falta o pai, alegando ter necessidade da sua presença física e do seu exemplo, e ataca a "invisibilidade deste". Assim, o filho, educado com a sabedoria terrena da mãe, segundo a qual

"não é possível nutrir-se de pão assado em sonhos",

é repreendido pelo espírito familiar, filho de pai sem mãe, que o instrui:

Ó seu molhador de cama, os sonhos do meu pai ter-me-iam mostrado a minha herança, mesmo sem o exemplo dele. Não é o corpo que faz a coisa; ela depende do espírito.

Assim, o filho se encontra terrivelmente dividido entre os pais primevos de cima e os de baixo. Ele ouve

O sol bramir acima da névoa

e

o grande coração da terra martelar nas profundezas

e se lamenta:

Os ecos de cima e os ecos de baixo se estraçalham pelo meu ouvido.

Posto entre pai e mãe, ele clama duas vezes pelo pai, mas o seu terceiro chamado se desvia para a mãe. E, quando, uma vez mais, ele se liberta dela, ela o amaldiçoa e se suicida. Ele está diante da decisão. Recusando a faca fatal da autoaniquilação, diz:

O pai também não o faria.

No entanto, por fim acaba dizendo:

Todavia, a maneira da mãe é mais conveniente para mim.

A mãe matara o cavalo e, desse modo, castrara o filho. Sobreveio um dia morto, um dia sem sol. A negação do pai-deus, idêntica à automutilação, termina em suicídio. A maldição da mãe, que nenhuma bênção paternal contrabalançou, é realizada. Ele obedece à mãe que o deu à luz e morre pela sua maldição, um filho amaldiçoado da mãe.

Esse drama é um mito primevo. Historicamente, ele se desenrola entre a época da Grande Mãe e o estágio intermediário da luta com o dragão, representado, na Antiguidade, por Édipo – Édipo o vencido e não o herói.

O estágio que sucede essa etapa intermediária é representado pelo drama de *Oréstia*. É a vitória do filho, que se torna um matricida para vingar o pai, e que, com a ajuda desse aspecto de pai-sol, inicia a nova época do patriarcado. Aqui, "patriarcado" é usado no sentido dado por Bachofen, como predominância do mundo do espírito, do sol, da consciência e do ego. Ao passo que, no matriarcado, domina o inconsciente e um modelo pré-consciente, pré-lógico e pré-individual de pensar e de sentir.*

Na *Oréstia*, o filho se coloca evidentemente do lado do pai. A separação da mãe representa um progresso. Assim como Rama, na mitologia indiana, seguindo o comando do pai, decapita a mãe com um machado,[189] assim também na *Oréstia,* e mais uma vez com variações em *Hamlet,* o espírito do pai é a força

---

* Nesse sentido, o matriarcado sempre precede o patriarcado e, com referência a todo um grupo de neuróticos, ainda nos é possível falar de uma psicologia matriarcal que deve ser substituída pela psicologia do patriarcado.

impulsionadora que logra levar à morte a mãe pecadora. Aqui, a identificação com o pai é tão completa que o princípio maternal pode ser morto, mesmo quando aparece, não sob a forma simbólica de um dragão, mas como a mãe real – que é morta justamente porque e quando esse princípio materno peca contra o paterno.[190]

Como defesa contra o mundo materno das Erínias vingativas, que perseguem o matricida a fim de matá-lo, Orestes tem como aliado o mundo da luz. Apolo e Atena o ajudam a obter justiça, estabelecendo uma lei nova, oposta ao direito matriarcal, que não conhece perdão para o matricídio. Sua causa é apoiada por Atena, que não nasceu de mulher mas brotou da cabeça de Zeus, e cuja natureza é, portanto, profundamente alheia ao elemento ctônico-feminino presente em toda mãe e mulher nascida de mãe. Esse aspecto de Atena do elemento feminino está relacionado com o significado psíquico de irmã e anima.[191] É essa mesma qualidade virginal que vem em socorro do herói na sua luta com a mãe-dragão e o ajuda a superar o seu terror diante da face de Erínia do inconsciente feminino.

III
O Assassinato do Pai

Mas se a luta com o dragão significa incesto com a mãe, qual o significado do assassinato do pai, em especial diante do fato de termos descrito a luta com o dragão e o incesto com a mãe como pré-patriarcais, isto é, não vinculados com a forma patriarcal de sociedade e família? Se o dragão, ao contrário do que pensavam Freud e o jovem Jung, não simboliza o medo do pai que barra o caminho para a mãe, mas a própria mãe medonha, devemos, portanto, explicar por que a luta do herói está relacionada com o assassinato do pai.

Os perigos do inconsciente, o seu caráter despedaçador, destruidor, devorador e castrador, apresentam-se ao herói como monstros, prodígios, bestas, gigantes etc., que ele deve vencer. Uma análise dessas figuras mostra serem elas bissexuais como a ouroboros, dotadas de qualidades simbólicas masculinas e femininas. Por isso, o herói tem *ambos* os Primeiros Pais contra si e deve vencer tanto a parte masculina como a parte feminina da ouroboros. Reduzir todas essas figuras a um modelo paternal é uma violação arbitrária e dogmática dos fatos. A situação do herói pressupõe "relações parentais" muito mais complexas do que a simplificação do romance familiar freudiano admitiria. O tipo de herói representado, por exemplo, por Héracles, que conta com a ajuda do pai e é perseguido pela madrasta perversa, não pode ser interpretado nos termos do mesmo esquema adequado ao mito de Édipo.

Antes de podermos interpretar o assassinato do pai, devemos fazer um esclarecimento fundamental acerca do princípio do pai.

A estrutura do "pai", pessoal ou transpessoal, é dúplice como a da mãe: positiva e negativa. Na mitologia, há, ao lado do pai positivo e criador, o pai negativo e destruidor. Ambas as imagens acham-se tão vivas na alma do homem moderno quanto estiveram nas projeções da mitologia.

Contudo, há entre a relação ego-pai e ego-imagem do pai e a relação ego-mãe e ego-imagem da mãe uma diferença cuja significação para a psicologia masculina e feminina não deve ser subestimada. Na relação com o ego, a imagem da mãe apresenta aspectos produtivos e destrutivos; no entanto, acima e além deles, preserva certa imutabilidade e certo caráter eterno. Embora tenha duas faces e possa assumir muitas formas, para o ego e a consciência ela continua a ser o mundo da origem e do inconsciente. Em geral, portanto, a mãe representa o aspecto vivo dos impulsos e instintos que, diante das posturas alternantes do ego e da consciência, demonstram ser constantes e dificilmente alteráveis, quer sejam eles bons ou maus, geradores ou devoradores. Enquanto o ego e a consciência do homem se modificaram em um grau extraordinário ao longo dos últimos seis mil anos, o inconsciente, a Mãe, é uma estrutura psíquica que parece fixa de modo eterno e quase inalterável. Mesmo quando a imagem da mãe assume o caráter de Mãe espiritual, a Sophia, ela mantém a sua imutabilidade, é o princípio permanente e todo-abarcante, de cura e de apoio, amoroso e redentor. Desse modo, ela é eterna, mas em sentido bem diferente daquele da imagem do pai. As transformações e desenvolvimentos dos fundamentos criadores sempre são, no simbolismo inconsciente, correlacionados com a mobilidade e o dinamismo masculinos, tal como se expressam no *Logos*-filho. Em comparação com ele, o que move e o que é movido, a Sophia é eternamente quiescente. Revela-o com clareza a moderna psicologia, em que a significação da mãe pessoal é eclipsada pelo arquétipo da mãe em um grau maior do que ocorre com o pai pessoal. A imagem da mãe é menos condicionada pelo padrão cultural e temporal.

Por outro lado, além da imagem arquetípica do pai, a imagem do pai pessoal também se reveste de significado, muito embora seja menos condicionada pela pessoa individual deste do que pelo caráter da cultura e dos valores culturais em mudança que ele representa. Há uma ampla semelhança entre as figuras da mãe das épocas primitiva, clássica, medieval e moderna; essas figuras permanecem naturais, mas a figura do pai varia segundo a cultura que representa. Embora também nesse caso haja, ao fundo, uma figura arquetípica indefinida de um pai espiritual ou deus criador, trata-se de uma forma vazia; preenchem-na os modelos paternais, que variam de acordo com o desenvolvimento da cultura. Como diz Van der Leeuw:

> Quando, por exemplo, chamam Deus de "Pai", os mitos o fazem, não a partir de uma base paternal determinada, mas porque fixam um modelo do pai ao que toda figura dada do pai deve se ajustar.

O coletivo masculino que, pela criação dos mitos, dá contorno à figura arquetípica do pai, dá, a partir da sua situação cultural, os acentos característicos e as nuances que determinam a forma visível do arquétipo. Essa tese da diferença fundamental entre a imagem do pai e a da mãe é, de modo surpreendente, apropriada para confirmar e complementar uma das descobertas centrais de Jung, a saber, a psicologia da anima no homem e do *animus* na mulher.[192] O fato empírico, até agora extremamente difícil de explicar, de que o inconsciente da mulher é habitado por uma multiplicidade de figuras do espírito-*animus* masculino, ao contrário da figura alma-*anima* apenas bifacetada, no inconsciente do homem, torna-se agora mais compreensível. A diversidade cultural daquilo a que damos o nome de "céu", isto é, as inúmeras imagens do pai-homem que a humanidade conhece, deixou um depósito na experiência inconsciente da mulher, tal como ocorreu com a imagem uniforme de mãe-mulher na experiência inconsciente do homem.

Nas condições pré-patriarcais, os homens e anciãos representam o "céu" e transmitem a herança cultural coletiva da sua época e geração. "Os pais" são representantes da lei e da ordem, desde os tabus primitivos até a jurisprudência moderna; eles transmitem os bens mais elevados da civilização e da cultura, ao passo que as mães cuidam dos valores mais elevados, isto é, mais profundos, da natureza e da vida. O mundo dos pais é, por conseguinte, o mundo dos valores coletivos, que é histórico e diz respeito ao estado relativo do desenvolvimento da consciência e da cultura do grupo. O sistema vigente de valores culturais, ou seja, o cânone de valores que dá a uma cultura a sua fisionomia e a sua estabilidade peculiares, tem suas raízes nos pais, nos homens maduros, que representam e impõem a estrutura religiosa, ética, política e social do coletivo.

Esses pais são os guardiões da masculinidade e os instrutores de toda educação. Isso quer dizer que a sua existência não é meramente simbólica, mas, como portadores das instituições representantes do cânone cultural, eles determinam a educação e a declaração de maioridade de cada indivíduo. Pouco importa se o conteúdo desse cânone cultural é construído pelas leis e tabus tribais de caçadores de cabeça ou de uma nação cristã. Os pais sempre cuidam para que sejam inculcados nos jovens os valores dominantes do coletivo e para que sejam incluídos entre os adultos aqueles que se identificam com esse cânone de valores coletivos. A representação do cânone de valores herdado dos pais e imposto pela educação se manifesta, na estrutura psíquica do indivíduo, como "consciência".[*]

Essa autoridade paternal, cuja necessidade para a cultura e desenvolvimento da consciência está acima de qualquer dúvida, é o órgão cultural que transmite ao ego do indivíduo os valores e conteúdos do coletivo; mas ao contrário da autoridade maternal é de natureza relativa, por ser condicionada pela época e pela geração e por não ter o caráter absoluto do aspecto maternal.

Nos tempos normais de cultura estável, em que o cânone dos valores culturais representado pelos pais mantém a sua validez através das gerações, a relação de pai-filho consiste em transmitir esses valores ao filho e em inculcá-los nele, após ter ele passado pelo tempo de provas dos rituais iniciáticos

---

[*] Cf. *Tiefenpsychologie*, do autor.

da puberdade. Tais tempos normais e a sua correspondente psicologia são reconhecidos pelo fato de não haver problemas pai-filho nem alusões a isso. Não nos devemos iludir com a experiência diferente da nossa própria época "extraordinária". A monótona igualdade entre pais e filhos é, em uma cultura estável, a regra. Essa igualdade significa apenas que o cânone paternal de ritos e instituições, que faz do jovem um adulto e do pai um ancião, tem total supremacia, de modo que o jovem homem passa pela transição prescrita para a idade adulta com a mesma naturalidade com que o pai passa para a velhice.

Há, contudo, uma exceção; trata-se do indivíduo criador, o herói. Como diz Barlach, o herói deve "despertar as imagens do futuro, que querem e precisam sair da noite para dar ao mundo uma face nova e melhor". Isso faz dele, necessariamente, um violador da velha lei. Ele é o inimigo do antigo sistema de governo, dos velhos valores culturais e do tribunal da consciência existente e, por isso, entra forçosamente em conflito com os pais e o representante deles, o pai pessoal que incorpora o sistema cultural dominante no meio ambiente do filho.

Nesse conflito, a "voz interior", a ordem do pai transpessoal ou do arquétipo do pai, que deseja que o mundo se transforme, colide como pai pessoal, que fala em nome da antiga lei. Conhecemos esse conflito, de modo melhor, a partir da história bíblica da ordem dada a Abraão por Jeová: "Sai da tua terra e da tua parentela, e da casa de teu pai e vai para a terra que eu te mostrarei",[193] que, no *midrash*,[194] é ampliado no sentido de que deixa destruir os deuses do seu pai. A mensagem de Jesus é apenas extensão desse mesmo conflito, repetindo-se em toda revolução. Pouco importa se uma imagem nova de Deus e do mundo entra ora em conflito com a imagem antiga de Deus e do mundo, ora em conflito com o pai pessoal que sempre representa a lei antiga e, portanto, também a imagem antiga de Deus e do mundo do seu cânone cultural.*

Se nos ativermos ao resumo que Rank[195] fez da situação, poderemos começar com duas afirmações. A primeira declara que o herói vem de pais aristocratas, sendo em geral filho de rei, o que, incidentalmente, só em parte é verdade, uma vez que grande número de heróis e redentores é de origem "humilde"; a segunda, que o pai sempre recebe uma advertência. A esses dois dados, deve-se acrescentar ainda o nascimento incomum, isto é, a geração por um deus e uma mãe-virgem. O que os símbolos e o mito nos dizem com isso sobre a característica do herói é agora fácil de ser entendido. A mãe-virgem, que tem um vínculo direto com o deus que engendra a nova ordem, mas está ligada, de modo indireto, ao marido, dá à luz o herói, destinado a trazer a nova ordem, substituindo a antiga, que ele deve destruir. Essa é a razão pela qual o herói é com frequência "exilado" junto com a mãe, porque uma profecia declara que o filho desta tomará o cetro do velho rei.

---

* Cf. a respeito A. Jeremias, cujas interpretações transpessoais e corretas foram personalizadas por Rank e, desse modo, anuladas.

O fato de o herói vir da família reinante simboliza a batalha pelo sistema de comando, pois é em torno disso que a luta de fato gira. Um desvio significativo do padrão mitológico geral é a história de Moisés, na qual o novo sistema Deus-mundo é levantado contra o antigo Egito faraônico e que Freud[196] tentou em vão interpretar segundo o seu esquema antigo.

Em geral, a criança-herói é expulsa da casa reinante, sua inimiga, pelo pai-rei, voltando mais tarde vitoriosamente. Na história de Moisés, é diferente. Embora o faraó – o pai mitológico terrível – queira matar a criança-herói – assassinato dos primogênitos –, não só não o consegue como a criança é levada por Jeová, o pai transpessoal, com a ajuda da princesa egípcia, justamente de volta ao sistema governamental que queria livrar-se dele; é esse fato que difere do esquema mitológico geral. Nessa variante hebraica do mito, a relação com o pai pessoal é preservada em um sentido positivo, mas apenas como uma questão secundária. A verdadeira razão da instalação do protegido de Jeová na casa do deus-rei Faraó é desvelar o significado transpessoal do conflito, já aparente no nascimento do herói.

Encontramos uma situação análoga no mito de Héracles, embora este seja derivado de uma esfera cultural diferente e de outro nível de ser. Aqui, o pai-rei perverso, Euristeu, que está em conluio com a deusa Hera, a madrasta ciumenta, impõe os trabalhos que o herói realiza com a ajuda do seu pai divino, Zeus.

São justamente as perseguições e perigos a que ele é exposto pelo modelo paterno cheio de ódio que o tornam herói. Os obstáculos que o velho sistema patriarcal põe em seu caminho transformam-se em incentivos interiores ao heroísmo e, no tocante ao assassinato do pai, Rank tem muita razão ao afirmar "que o heroísmo está em vencer o pai de quem partiram a rejeição e as tarefas". Ele acerta também quando diz que o herói, "ao desincumbir-se das tarefas impostas pelo pai com o propósito de destruí-lo, passa de filho insatisfeito a reformador socialmente valioso, vencedor dos monstros devoradores de homens que assolam o país, inventor, fundador de cidades e portador da cultura". Mas só a compreensão do fundo transpessoal leva a uma interpretação que faz justiça à figura formadora da história humana, do herói, ao ver no mito do herói o evento grandioso e exemplar venerado pela humanidade.

Não é nenhum pai gorila mulherengo que, como *pater familias*, expulsa os filhos "para se proteger da violência dos seus rebentos já crescidinhos e famintos de poder"; não há nenhum rei mau, que manda o filho embora para matar o monstro, que é ele mesmo, conforme o quer o paradoxo da interpretação psicanalítica – a situação da luta com o dragão, que agora vemos, é diferente.

Dois modelos de pai e dois modelos de mãe devem ser lembrados. O do "rei perverso" ou do pai pessoal, representante do velho sistema dirigente, que envia o herói para combater o monstro – Esfinge, bruxas, gigantes, bestas selvagens etc. – na esperança de que ele encontre a destruição. Essa batalha é a luta com a Grande Mãe urobórica, com o poder do inconsciente que ameaça vencer o herói, porque nesse poder está a origem do medo que o ego sente, o perigo da sua impotência. Todavia, o herói, com a ajuda do seu pai divino, logra vencer o monstro. A sua natureza superior e a sua origem nobre são vitoriosas e comprovadas pela vitória. A ruína que o pai negativo desejava que sobreviesse ao herói redunda na glória deste e na desgraça do próprio pai negativo. Dessa maneira, a expulsão do filho pelo velho rei, a luta do herói e o assassinato do pai se unem de modo significativo. Formam um cânone de eventos necessário que, simbólica e objetivamente, já é dado pela própria natureza do herói, devendo este, por ser portador do novo, destruir o velho.

O herói é apoiado pela mãe boa sob a forma da sua própria mãe e da virgem fraternal, quer fundidas ou como figuras distintas. O pai divino do herói intervém em situações decisivas como auxiliar ou permanece em segundo plano, na expectativa. Na expectativa porque só a provação do herói pode demonstrar o caráter genuíno da sua filiação, do mesmo modo como, tendo vencido Set, Hórus foi aceito como filho verdadeiro de Osíris. Esperando e testando dessa maneira, o pai divino pode facilmente ser confundido com o pai negativo, uma vez que o pai que envia o filho para o perigo é uma figura ambígua, de características pessoais e impessoais.

Mas o herói, como portador do novo, sempre se relaciona também com uma manifestação nova de Deus-pai, que, por intermédio dele, se impõe, como, por exemplo, os deuses patriarcais contra a Grande Mãe, os deuses dos conquistadores contra as divindades nativas ou Jeová contra os deuses pagãos. Trata-se, em essência, de uma luta entre duas imagens de deus ou grupos de deuses, com o velho pai-deus defendendo-se do novo filho-deus e com o antigo sistema politeísta resistindo à usurpação por parte do novo monoteísmo, como o exemplificam as guerras arquetípicas dos deuses.

O quadro fica mais complicado quando o herói deixa de ser um instrumento dos deuses e começa a desempenhar o seu próprio papel independente como ser humano; e, quando ele finalmente se torna, no homem moderno, um campo de batalha de forças suprapessoais, onde o ego humano se opõe, com toda a sua força de decisão, à divindade. Como destruidor da velha lei, o homem se transforma no oponente do antigo sistema e portador do novo, que ele entrega à humanidade, contrariando a vontade da antiga divindade. O exemplo mais típico disso é o roubo do fogo por Prometeu; outro é a história do Paraíso, na interpretação dos gnósticos. Nela, Jeová é o velho deus vingativo, sendo Adão, aliado a Eva e à serpente, o herói que entrega o novo conhecimento à humanidade. Mas ele é também o filho de um novo pai-deus, o redentor que traz o novo sistema à existência. Como ocorre em todos os sistemas gnósticos, ele é o filho da divindade superior desconhecida e deve tomar a si a luta contra a antiga divindade.

Nesse ponto, precisamos tentar compor em várias camadas a multiplicidade daquilo que se opõe ao herói sob o aspecto da "masculinidade terrível".

O herói, como dissemos, combate a figura andrógina da ouroboros. Na projeção cósmica das batalhas celestiais, encontramos, no início, a luta entre a luz e a treva, sendo esta última associada a vários conteúdos simbólicos e, a luz, sempre identificada com o herói, quer este seja lunar, solar ou estelar. No entanto, o poder devorador da escuridão tanto pode surgir na forma feminina de Tiamat, Caos etc. como na de um monstro masculino como Set ou do lobo Fenris etc.

Assim, todas as figuras paternas devoradoras de filhos representam o aspecto masculino da ouroboros, o lado masculino-negativo dos Pais Primordiais. Neles sempre sobressai, antes de tudo, o aspecto devorador, ou seja, a caverna uterina. Mesmo quando, mais tarde, aparecem no patriarcado como genuínas figuras do Pai Terrível, como, por exemplo, Cronos e Moloque, o seu caráter urobórico é transparente, uma vez que o simbolismo da ingestão se acha no primeiro plano, o que as torna próximas da Grande Mãe.

Também as divindades fálico-ctônicas da terra e do mar são, como Bachofen viu corretamente, meros "satélites" da Grande Mãe. Para Hipólito, a Grande Mãe é Afrodite; para Perseu, a Medusa; e, em ambos os mitos, Poseidon, embora apareça como deus independente, permanece sendo o instrumento da vontade destrutiva da Grande Mãe.

O estágio anterior, no qual conhecemos a figura lânguida do adolescente, o herói da consciência do ego, e que descrevemos como estando sob o domínio da Grande Mãe, compreende, na realidade, dois estágios: o primeiro, aquele em que o herói condenado e sofrido sucumbe à Grande Mãe; o segundo, aquele em que a resistência do herói aumenta e ele se encontra em uma fatal situação de conflito. Este último estágio, de resistência crescente, corresponde a um afastamento narcisista da Grande Mãe. Nesse estágio, o passivo sucumbir, ser castrado, tornar-se louco e ser morto é substituído pela autocastração e pelo suicídio.

A masculinidade crescente do herói-adolescente experimenta agora o lado destrutivo da Grande Mãe como masculinidade. São os seguidores destrutivos e assassinos dela que executam o sacrifício do filho-adolescente e, entre outras coisas, têm relação com os elementos destrutivos da pedra e do ferro.[*] Na mitologia, esse lado se manifesta como uma sombria força masculina homicida,

---

[*] Ver, por exemplo, a associação de Set, irmão de Ísis, com a faca de sílex, ou de Marte, amante de Afrodite, com o ferro.

um animal selvagem, especialmente o javali associado à porca, que é o símbolo da Grande Mãe; mais tarde, porém, manifesta-se como o seu guerreiro consorte masculino ou como o sacerdote matador e castrador. A experiência do masculino consigo mesmo, o sacrifício da sua masculinidade por outro elemento masculino nos antigos ritos de fertilidade, começa nesse ponto. Quando, pela progressiva autoconscientização, o elemento masculino descobre a sua relação com o adversário ou a vítima, intuindo a sua identidade com o sacrificador e vice-versa, o antagonismo de luz e treva, até então cósmico, passa a ser experimentado como oposição divino-humana entre gêmeos e a longa sucessão de feudos fraternais da mitologia começa com as escaramuças entre Osíris e Set, Baal e Mot. [*]

O estágio mais remoto do conflito entre os irmãos gêmeos, baseado no ritmo natural periódico do verão e do inverno, do dia e da noite, da vida e da morte, ainda se acha inteiramente sob o domínio da Grande Mãe. O aspecto masculino hostil, o poder sombrio e mortal, é experimentado primeiro como instrumento destruidor da Grande Mãe, estando a associação desse aspecto masculino com a Mãe no primeiro plano, do mesmo modo como, sociológica e mitologicamente, Set, o tio materno de Hórus, é o portador do poder executivo hostil do matriarcado.

À medida que a autoconsciência masculina se fortalece, o estágio da divisão segue o do matriarcado. Sintomático desse período de transição é o motivo dos irmãos gêmeos na mitologia, que expressa a afinidade mútua de opostos. Essa divisão se volta negativamente contra si mesma na automutilação e no suicídio. Como vimos, a vontade da Grande Mãe era preponderante tanto na castração urobórica como na matriarcal. Mas a tendência de centroversão que subjaz ao esforço de autopreservação do ego-herói e cuja forma inicial é o medo, se desenvolve para além do estágio passivo-narcisista e se torna defesa, resistência e agressão contra a Grande Mãe, tal como, por exemplo, é formulado mitologicamente na história de Hipólito. A destruição do sistema egoico hostil ao inconsciente, simbolizado nos mitos como perseguição, desmembramento e loucura, pressupõe um ego que alcançou um grau relativamente elevado de autonomia e maturidade. O fato de que, para a Grande Mãe, pai e filho não passam de falo fertilizador pode também ser formulado do ponto de vista masculino, afirmando-se que o vencedor e a vítima sempre são o mesmo: o próprio vencedor-sacrificador se transforma em futuro vencido-sacrificado. A consciência do vínculo existente entre os oponentes masculinos é o começo da autoconsciência masculina. Isso não significa que o sacrificador ritual e

---

[*] Como todos os freudianos,[197] apenas substitui o problema dos gêmeos pelo conflito entre irmão mais velho e irmão mais novo e, depois, entre pai e filho, com o propósito de reduzir a coisa toda, mais uma vez, ao complexo de Édipo. Os estágios histórico-psicológicos aqui tratados devem ser distinguidos um do outro e não interpretados de modo personalístico.

o ritualmente sacrificado desenvolvam agora sentimentos "pessoais" mútuos. Como os processos descritos são transpessoais, só podemos tirar conclusões de eventos típicos. Um desses eventos típicos é o fato de que o grupo masculino subordinado ao matriarcado experimenta e afirma pouco a pouco a sua independência e já não permite que façam de si instrumentos de rituais inimigos seus. O desenvolvimento da autoconsciência masculina é tanto a causa quanto o produto dessa autodescoberta e as inimizades masculinas são paulatinamente substituídas pela união masculina.

A acentuação do relacionamento entre homens leva à superação do matriarcado pelo domínio masculino-patriarcal. Assim como, em Esparta, com as suas condições matriarcais posteriores, se observa um relacionamento marcadamente masculino entre pares de jovens guerreiros, do mesmo modo, em uma época bastante anterior, encontramos esse mesmo elemento na *Epopeia de Gilgamesh* e em inúmeros outros mitos do herói. As incontáveis amizades masculinas da mitologia grega se justificam e se comprovam, tal como a de Gilgamesh e Enquidu, na luta heroica contra os monstros da Grande Mãe.

O princípio dos opostos, que antes dividia os irmãos hostis, tornou-se agora o princípio da fraternidade. Essas alianças amigáveis existem, com frequência, entre irmãos diferentes que, apesar de um deles ser mortal e o outro imortal, são considerados gêmeos. Lembramos, em conexão com o nascimento do herói, que é muito comum o gêmeo imortal e o seu irmão mortal serem gerados na mesma noite por pais diferentes. Essas partes entram então em relacionamento. A relação entre homens significa, em todo caso, um fortalecimento da consciência e do princípio do ego, não importando se, do ponto de vista psicológico, essa aliança ocorre como ligação entre o eu e a sombra ou entre o ego e o *self* (*selbst*). Isso quer dizer que, em uma parte, encontra-se em primeiro plano a assimilação pelo ego do irmão-sombra terreno, por exemplo, das suas energias instintivas, destrutivas e autodestrutivas e, em outra, a aliança entre o ego terreno e o irmão gêmeo imortal, o *self*.

Ao contrário da defesa passiva, absorvida em si mesmo, e da resistência narcisista contra a mãe, que são o frágil desafio e a autodestruição, o fortalecimento da consciência masculina leva o ego a lutar contra a supremacia do matriarcado, processo que pode ser acompanhado sociológica e psicologicamente. Em termos sociológicos, o matrimônio matrilocal-matriarcal passa a patrilocal--matriarcal e, finalmente, a patriarcal. A despotencialização do feminino é vista mais claramente na condição de mulher. No início, a mulher como doadora da vida tinha pleno poder sobre o filho, pois não havia um pai para contestar a filiação já que não se reconhecia a conexão entre o ato sexual e o nascimento. Mais tarde, o pai, por ser considerado um estranho, foi institucionalmente privado do poder sobre os filhos. Ao contrário disso, no patriarcado, somente

160

o pai, como procriador, é o senhor do filho; a mulher é recipiente, a passagem e a cuidadora. Psicologicamente, temos um processo correspondente, em que, com o fortalecimento da masculinidade e da consciência do ego, a luta com a mãe-dragão passa a ser a luta heroica da autolibertação do ego. Nesta, a aliança do herói com o "céu" masculino leva à autorregeneração, em que o masculino reproduz a si mesmo sem o elemento feminino.

A transição para o patriarcado leva a uma nova ênfase de valores. O matriarcado, isto é, o domínio do inconsciente, passa estão a ser negativo. É por causa disso que se dá à mãe o caráter de dragão e Mãe Terrível. Ela é a ordem antiga a ser superada. Surge ao lado dela o irmão mais velho, o tio materno, que, no matriarcado, é portador do complexo de autoridade, tal como o encontramos ainda claramente formulado no antagonismo Set-Hórus.

Por fim, no patriarcado, a oposição do tio materno ao filho é substituída pelo conflito pai-filho. Essa sequência mostra precisamente como, no decurso dos diferentes estágios do desenvolvimento e da conscientização, a associação arquetípica entre "ordem antiga e má" e "inimigo" muda os portadores da sua projeção, mas em si permanece, por ser arquetípica. Para o herói, que representa a nova consciência, o dragão hostil é a antiga ordem, o estado psíquico já superado que quer engoli-lo novamente. A forma mais ampla e remota disso é a Mãe Terrível; segue-a o representante, masculino e autoritário, do matriarcado, que é o tio materno; este é seguido pelo hostil e velho rei e só então aparece o pai.

O assassinato do pai é, na mitologia, parte do problema dos Primeiros Pais, não devendo ser derivado dos pais pessoais e muito menos da fixação sexual do filho na mãe. A conjecturada originalidade da família patriarcal, como o viu com acerto Briffault,[*] é, do ponto de vista psicológico, um resíduo da influência da Bíblia sobre a pesquisa. Com a sua refutação, desmoronam a teoria do assassinato do pai, o complexo de Édipo e a tentativa de comprovar antropologicamente essas hipóteses expostas em *Totem e Tabu*.

A mitologia deixa claro que Hórus era positivo para o seu pai e negativo para o tio materno, Set, no qual, como sabemos, residia toda a autoridade na família matriarcal. Isso confirma as descobertas de Malinowski[199] de que, nas sociedades primitivas, fundadas sobre a lei matriarcal, há um desejo de matar, não o pai, mas o irmão da mãe, que "representa a disciplina, a autoridade e o poder executivo no âmbito da família". A intenção de matar, ou melhor, a ambivalência subjacente a ela, não é portanto, de modo algum, sexualmente fundamentada, nem se refere à posse da mãe.

---

[*] Briffault[198] demonstra que os primórdios da sociedade não estão na família patriarcal, e sim na matriarcal, e que a psicologia dos macacos antropoides não fornece evidências para propor a originalidade da família patriarcal.

A relação com o pai que possui sexualmente a mãe tem acento terno. Porém, contra o irmão da mãe, para quem esta era, sexualmente e em geral, um tabu desde a infância, há no garoto, não obstante, o desejo de matar. E se, nessas culturas, a irmã, tabu sexual, for inconscientemente desejada, ela é então tão proibida para o tio materno quanto para o próprio filho, de modo que o motivo de ciúme sexual desmorona também em relação à irmã.

Por que, então, o desejo de matar? Porque o tio materno é o portador daquilo que denominamos "céu", símbolo da masculinidade. Diz Malinowski, desse tio materno, que ele traz para a vida da criança "o dever, a proibição e a coerção". "Ele detém o poder, é idealizado e a ele mãe e filhos estão sujeitos." Por meio dele, o garoto adquire ideias como "ambição social, fama, orgulho do nascimento e sentimentos pela sua tribo, esperança de futuras riquezas e de posição social". O desejo de matar do garoto se dirige contra essa autoridade que representa a lei coletiva,[200] seja porque o seu lado infantil sente essa autoridade como algo excessivo ou porque o seu lado heroico a considera restritiva. O componente coletivo que determina o superego do arquétipo do pai, isto é, a consciência, é experimentada por meio do irmão da mãe. O assassinato deste nada tem e nada pode ter que ver com a rivalidade pela mãe, porque essa rivalidade não existe. (Vemos que a nossa expressão "arquétipo do pai" tem conotação patriarcal devido à nossa cultura, mas, apesar disso, a mantemos porque ajuda a compreender o assunto.)

Essa refutação inequívoca da tese psicanalítica é especialmente instrutiva porque põe a descoberto a generalização cheia de falhas de fenômenos personalísticos, posteriores, da psicanálise. E ela é significativa também pelo fato de demonstrar a importância dos fatores transpessoais – como no caso presente – no aspecto autoritário do arquétipo do pai. O fator transpessoal é projetado em diferentes objetos, por vezes sobre o tio materno e outras vezes sobre o pai, segundo a situação sociológica e histórica. Mas em cada um dos casos sucede um conflito com o portador do fator transpessoal, tendo em vista que, sem o assassinato do "pai", nenhum desenvolvimento da consciência e da personalidade é possível.

Com a ascensão do elemento masculino ao poder, aumentam também as rivalidades entre os grupos masculinos, na razão direta da expansão e do enriquecimento das diversas cidades, tribos e estados. A cultura primitiva se caracteriza por um rígido isolamento entre grupos distintos, levando às vezes a tais extremos grotescos que diferentes tribos habitantes de uma mesma ilha não se conhecem e permanecem em um estado pré-histórico de xenofobia. A expansão da civilização cria crescentes alianças e conflitos que se cruzam. Com esse início da existência política da humanidade, quase coincidente com a ascensão do patriarcado, surge também uma alteração no princípio dos opostos, isto é, a oposição masculina entre velho e jovem, que, inicialmente, ainda não é idêntica ao conflito pai-filho.

Originalmente, por ocasião do sacrifício do rei sazonal no ritual de fecundidade, o representante do ciclo anual passado, prestes a ser morto, era tão jovem quanto o novo rei que iria substituí-lo. Ele só era simbolicamente velho, em virtude da sua identificação com o ano, estando, por causa disso, fadado a morrer. A lamentação que, mesmo em épocas bem posteriores, era seguida, sem pausa, pela ressurreição, atesta a natureza ritual desse sacrifício. Ela também refuta a explicação naturalista de que a vegetação era morta pelo calor do verão e nascia outra vez na primavera. Isso seria supor que, entre a morte e a ressurreição, havia um período de seca e inverno – intervalo de certa duração, o que não era, de modo algum, o caso. Pelo contrário, a ressurreição – originalmente do novo rei – ocorria de imediato após a morte do velho rei. A oposição entre os dois reis, como antagonismo entre velho e jovem, era simbólica e não factual. Mais tarde, no decorrer da transição para o patriarcado, o rei anual ou secular, que reinava por alguns anos, foi substituído por um rei que tinha o direito de defender-se numa luta. Este, renovado ano a ano ou a intervalos mais longos, tinha ao seu lado a figura representante do rei sazonal, como vítima que mais tarde foi substituída por um animal a ser sacrificado. Agora, o rei permanente, cuja vitalidade representava a fertilidade do grupo, podia envelhecer de fato e ficar fraco, esperando-se que sobrevivesse à luta com o seu representante ou com algum outro homem que o desafiasse. Enquanto vencesse, permaneceria como rei. Se vencido, era sacrificado e substituído pelo vencedor.

Somente com a instituição do rei permanente, descrita por Frazer, surge, portanto, um conflito entre o velho e o jovem, com o rei permanente representando o velho; e o oponente, o jovem. Esse estágio inicial do patriarcado teve grande importância para o mito do herói, porque então, e só então, surge o conflito entre o velho rei e o jovem herói. O elemento mitológico – o conflito entre padrasto e herói – não é o disfarce de um conflito entre pai pessoal e filho. Vemos repetidas vezes, na história antiga, a fundação de dinastias por parte de heróis, e derrubada de velhos reis e velhas dinastias é uma realidade histórica. O princípio subjacente dos opostos, mesmo quando aparece sob forma simbólica, é bem mais remoto do que a família patriarcal, não podendo ser derivado dela nem a ela ser reduzido.

O elemento "masculino terrível" a ser morto, cuja última forma é o "pai terrível", tem, portanto, uma história pregressa, o que não é o caso da Mãe Terrível. Isso confirma a nossa hipótese acerca da natureza invariável do arquétipo da mãe e do caráter culturalmente condicionado do arquétipo do pai.

Comparado ao terror uniforme da mãe-dragão, o pai-dragão é uma estrutura culturalmente estratificada. Também desse mesmo ângulo, ela é a natureza e ele a cultura. Tanto o aspecto masculino terrível quanto o feminino terrível são sempre o velho e o mau a serem superados – ao menos para o herói, cuja tarefa é fazer algo extraordinário. O aspecto masculino terrível não só opera como princípio desintegrador da consciência, como também, e muito mais, como princípio que fixa a consciência de maneira errada. Ele é sempre o fator que impede a continuidade do desenvolvimento do ego e mantém o antigo sistema da consciência. Ele é o instrumento destrutivo do matriarcado, como o seu servo; é a autoridade do matriarcado, como tio materno; é também a força negativa de autodestruição e desejo regressivo, como o gêmeo; e, por fim, a autoridade do patriarcado, como o Pai Terrível.

O Pai Terrível se apresenta ao herói em duas figuras transpessoais: como o fálico Pai Ctônico e como o assustador Pai Espiritual. O terrível pai-terra dos poderes ctônicos, visto psicologicamente, pertence à esfera da Grande Mãe. Na maioria das vezes, ele é a agressão subjugadora do impulso fálico ou de um monstro destruidor. Mas o domínio da Grande Mãe se revela também na subjugação do ego pelo poderoso impulso masculino da agressão sexual e, em geral, por qualquer forma de impulso instintivo. Por ser ela quem governa os instintos do inconsciente, senhora dos animais, o pai terrível fálico é apenas o seu seguidor e não um princípio masculino de mesma importância.

Mas o outro lado do Pai Terrível, que frustra o filho e impede seu autodesenvolvimento, é uma grandeza espiritual e não física: tal como em *Der tote Tag*, de Barlach, a Mãe Terra terrível impede que o seu filho se torne herói e, desse modo, o "castra", temos aqui um Pai Terrível que castra o filho ao não deixá-lo atingir a autorrealização e a vitória. Mais uma vez, esse pai é transpessoal. Age, por assim dizer, como um sistema espiritual que, vindo do além e de cima, captura e destrói a consciência do filho. Esse sistema espiritual manifesta-se como a força vinculativa da velha lei, da velha religião, da velha moralidade, da velha ordem; como consciência, convenção, tradição ou qualquer outro fenômeno espiritual que toma o filho e obstrui o seu progresso na direção do futuro. Todo conteúdo que funcione mediante o seu dinamismo emocional, tal como o poder paralisante da inércia ou uma invasão de impulsos instintivos, pertence à esfera da mãe, à natureza. Mas todos os componentes capazes de realização consciente, seja um valor, uma ideia, um cânone moral ou outra força espiritual, estes são associados ao sistema do pai e jamais ao da mãe.

A castração patriarcal tem duas formas: o cativeiro e a possessão. No cativeiro, o ego está na total dependência do pai como representante da norma coletiva; quer dizer, ele se identifica com o pai inferior e perde, desse modo, o contato com a criatividade. Permanece atado pela moralidade tradicional e consciência, todavia está convencionalmente "castrado" e perde a parte superior da sua natureza dual.

A outra forma de castração patriarcal é a identificação com o deus-pai. Isso leva ao estado possesso de inflação celestial, "aniquilação por meio do espírito". Também nessa condição o ego-herói perde a consciência da sua natureza dual, ao romper os laços com a sua parte terrena.

Por trás da castração patriarcal via inflação, espreita a figura devoradora da ouroboros, combinando em si a voracidade do masculino e do feminino. Na atração pela plenitude divina, os aspectos paternal e maternal da ouroboros se fundem. A aniquilação pelo espírito, isto é, pelo Pai Celestial, e a aniquilação pelo inconsciente, isto é, pela Mãe Terra, são idênticas, como ensina o estudo de toda psicose. As forças espirituais coletivas são tão partes da ouroboros quanto as forças instintivas coletivas de direção oposta.

A aniquilação pelo "espírito" é o motivo, já no mito babilônico de Etana, em que o herói, raptado por uma águia, cai do céu e se despedaça (aqui, o céu inatingível pertence à mãe-deusa Ishtar, que ainda é, uroboricamente, ao mesmo tempo, céu e terra). Essa situação mitológica se repete em Ícaro, que voa demasiado perto do sol, e, em Belerofonte, que tenta chegar ao céu no cavalo alado Pégaso, mas cai na terra e enlouquece. A híbris de Teseu e outros heróis mostra uma constelação semelhante. Justamente por ser gerado por Deus, o herói deve ser "devoto" e ter total consciência daquilo que faz. Se agir com a arrogância da egomania, a que os gregos deram o nome de híbris, e não respeitar o numinoso que combate, ele fracassa. Querer voar alto demais e cair, querer penetrar fundo demais e ficar preso – eis os sintomas de uma supervalorização do ego que termina em desastre, morte ou loucura. Um desdém arrogante pelos poderes transpessoais, que estão em cima e embaixo, significa cair vítima deles, quer o herói se arrebente contra a terra como Etana, caia no mar como Ícaro, fique preso no mundo inferior como Teseu, seja acorrentado às rochas como Prometeu ou faça penitência como os Titãs.

A castração patriarcal, pela qual é sacrificado o aspecto terreno do homem, também leva ao sacrifício do falo, tal como a castração matriarcal. Nisso se comprova também a secreta e sinistra identidade entre a ouroboros paternal e maternal. Por isso, o símbolo da castração aparece com frequência nos subjugados pelo lado espiritual, como, por exemplo, na gnose ou nos mistérios. No hino gnóstico do culto de Átis,[201] este é identificado com Adônis, Osíris, Hermes, Adama, Coriba e Papa, dizendo-se de todos eles que são o "cadáver, Deus e estéreis". Aqui se repete o que já sabemos dos "renitentes" do matriarcado – a autocastração como desafio à Grande Mãe. Os gnósticos renitentes são obsedados pelo Pai Espiritual. Por causa da fascinação por este, sucumbem à castração patriarcal e ao pleroma urobórico, que, por sua vez, é novamente a Grande Mãe, justamente aquela a que tentaram resistir. Assim, cumpre-se neles o mesmo destino dos "renitentes" do mito.

Contudo, o caráter da castração patriarcal tem uma conotação diferente. A castração matriarcal é orientada orgiasticamente e, a patriarcal, asceticamente. Como em todos os estados extremos, as duas formas se fundem uma na outra, de modo que, por exemplo, em algumas seitas gnósticas imperam tendências sexual-orgiásticas, mas estas são depois anuladas de maneira tipicamente gnóstica. A orgia sexual é associada, como fenômeno extático, ao Pai Espiritual, enquanto o princípio da fertilidade atribuído à divindade Mãe, ou ao demiurgo, era negado até o ponto do abortamento sistemático e do assassinato de crianças.

Os filhos de Pai são figuras paralelas aos filhos de Mãe. Eles devem a sua impotência à castração patriarcal, cuja forma de cativeiro se poderia chamar de "complexo de Isaque". Abraão está pronto para sacrificar o filho, Isaque, que confia plenamente nele. Não consideraremos a situação religiosa e psicológica de Abraão, uma vez que aqui nos interessa apenas a situação psíquica do filho. Esta tem dois sintomas que a caracterizam. Um é a biblicamente mais do que clara dependência do pai, a quem ele tudo imita, sem chegar à autonomia. A outra é a peculiaridade da sua experiência religiosa, ou seja, justamente daquela parte da sua personalidade que, no entanto, se torna autônoma e para a qual a divindade se apresenta como "pachad Yizchak" – o temor de Isaque.[*]

A impotência e o excessivo respeito à lei, à "consciência" ou à autoridade de um antigo pai coletivo, abafam a voz interior que anuncia as novas manifestações do divino. Assim como, no caso dos filhos de mãe, o deus-pai é eclipsado pela Mãe Terrível e eles mesmos permanecem aprisionados inconscientemente no ventre materno, apartados do aspecto criador e solar da vida; do mesmo modo, no caso dos filhos de pai, a deusa-virgem-mãe do herói é obliterada pelo Pai Terrível. Desse modo, eles vivem inteiramente no plano consciente e estão presos em uma espécie de "útero espiritual", que não permite que alcancem o lado frutífero feminino neles mesmos, o inconsciente criativo. Dessa maneira, são tão castrados quanto os filhos de mãe. O heroísmo extinto manifesta-se como conservadorismo estéril e como identificação

---

* Mesmo que a pesquisa filológica deva provar que *pachad* significa "parentesco" e que a interpretação "temor" é errônea,[202] esta última goza de aceitação geral e é, como tal, eficaz.

A psicologia pai-filho de Isaque é característica do judeu, no qual ainda se encontra hoje, sob a forma de complexo de Isaque. Para ele, a lei e a velha ordem servem de refúgio às exigências da realidade. A lei se torna "o peito de Abraão" e a Torá, uma espécie de útero espiritual masculino, de cujas garras nada de novo pode nascer.

– avessa à revolução e renovação – do filho com o pai, à qual falta a dialética viva do antagonismo pai-filho entre as gerações.

A inversão – mas de modo algum a libertação – desse tipo de complexo paterno é o "eterno filho", o eterno revolucionário. Nele, trata-se da identificação com o herói – matador de dragão –, mas sem a conscientização de ser um descendente divino. Por essa falta de identificação com o pai, o eterno adolescente jamais chega a obter o poderio e a realeza. A sua recusa em tornar-se pai e assumir poder lhe parece uma garantia de eterna juventude, uma vez que assumir poder é aceitar o fato de que este deverá passar a um futuro filho e dirigente. O individualista é essencialmente não arquetípico, o que quer dizer que o eterno revolucionário mostra, ao envelhecer, que é um neurótico nada disposto a aceitar a sua idade e a sua limitação. Negar o complexo de Isaque não significa superá-lo.

Assim, a tarefa do herói ao combater o dragão não é apenas vencer a mãe, mas vencer também o pai. O conflito jamais tem cunho pessoal; sempre é transpessoal. Mesmo nos casos em que os pais pessoais desempenham um papel – e, na prática, sempre o fazem –, a sua participação pessoal é relativamente pequena, ao passo que a das imagos parentais transpessoais que agem por meio deles é decisiva e superior. Quando examinamos a história do indivíduo, descobrimos que a realidade pessoal dos pais não apenas é distorcida, como pode, por vezes, ser inventada por completo se o cânone arquetípico o exigir. Mesmo Freud observou com assombro que uma proibição pode ser atribuída, de maneira obstinada, a um genitor que jamais expressou algo parecido.[203] Repetidas vezes se constata que, independentemente da personalização secundária que transmite ao ego uma imagem falsa, as forças operantes são os conteúdos transpessoais do inconsciente.

Só o conflito do ego com os fatores transpessoais leva à criação da personalidade e à formação das suas instâncias. Por isso, o herói serve de modelo; as suas tarefas e sofrimentos ilustram aquilo que mais tarde caberá a cada indivíduo. A formação da personalidade é retratada em termos simbólicos na sua vida – ele é a primeira "personalidade" e o seu exemplo é seguido por todos quantos se tornam personalidades.

Os três elementos básicos do mito do herói foram o herói, o dragão e o tesouro. A natureza do herói foi esclarecida no capítulo que tratou do seu nascimento e a do dragão nos capítulos sobre o assassinato da mãe e do pai. Resta analisar o terceiro elemento, o alvo da luta com o dragão.

Esse objetivo, quer seja o tesouro, a prisioneira a ser libertada ou uma "preciosidade difícil de ser obtida", está em íntima ligação com aquilo que sucede ao herói durante a luta.

167

Somente nessa luta o herói se mostra como tal e muda a sua natureza; porque, seja o executor que redime ou o conquistador que liberta, ele é transformado juntamente com aquilo que ele modifica. Por isso, o terceiro e último estágio do mito é o mito da transformação. O que, no primeiro estágio, surgiu como mito da natureza e da criação, e que, no mito do herói, levava à luta das naturezas, desemboca no mito da transformação vitoriosa, da qual se diz: "A natureza domina a natureza".

C. O Mito da Transformação
I. A Cativa e o Tesouro
II. Transformação ou Osíris

A natureza domina a natureza.

I
A Cativa e o Tesouro

O alvo mitológico da luta com o dragão é quase sempre a virgem, a cativa ou, de modo mais geral, a "preciosidade difícil de ser obtida". A esse respeito, é preciso dizer que o tesouro material de ouro, como, por exemplo, o dos Nibelungos é uma forma ulterior e degenerada do motivo original. Nas mitologias primevas, no ritual, na religião e na literatura mística, assim como nos contos de fada, nas lendas e na poesia, o ouro e as pedras preciosas, mas em particular os diamantes[204] e as pérolas,[205] eram, originalmente, portadores simbólicos de valores não materiais. Da mesma maneira, a água da vida, a erva que cura e o elixir da imortalidade, a pedra filosofal, anéis de milagres e dos desejos, capuzes mágicos e mantos alados são símbolos do tesouro.

Há um fenômeno de grande importância na interpretação psicológica, ao qual se pode dar a denominação de enfoque tipológico dual do mito e do símbolo. Isso quer dizer que é da natureza dos mitos e contos de fada atuar do mesmo modo sobre tipos psicológicos[206] opostos, embora por vias diferentes. Quer dizer, tanto o extrovertido como o introvertido veem a "si mesmos" retratados e contatados no mito. Por isso, este deve ser interpretado no nível objetivo para o extrovertido e no subjetivo para o introvertido,[207] mas ambas as interpretações são necessárias e significativas.

Para dar um exemplo, "a cativa", no nível objetivo, deve ser entendida como uma mulher viva real. O problema do relacionamento entre homem e mulher, as suas dificuldades e soluções, encontrarão o seu protótipo no mito e assim, como evento externo, esse motivo pode ser compreendido pela mais ingênua inteligência. Mas nos tempos primitivos, em que não existia o problema do parceiro, no sentido que tem para o homem moderno, a conquista e a libertação da cativa significavam muito mais. A luta por ela era uma maneira de chegar a um acordo entre o masculino e o feminino, no entanto, tal como os pais primordiais, esse feminino é transpessoal, ou seja, representante de um fator psíquico-coletivo da humanidade.

170

Assim, além da interpretação no nível objetivo, há, desde o início, outra, igualmente válida, que vê a cativa como algo interior, a saber, a própria alma. No mito, o interesse está na relação do ego masculino com essa alma e nas aventuras e perigos envolvidos na luta por ela e na conquista que traz a sua libertação. O aspecto milagroso e irreal dos objetivos da luta com o dragão é, no entanto, tão acentuado que não há dúvida de que o seu simbolismo retrata os eventos do fundo psíquico que, para o introvertido, são o centro do interesse.

Como é natural, as reações tipologicamente distintas, que acentuam ora a base psíquica, ora o mundo como objeto externo, sempre permanecem inconscientes. Também os eventos de fundo psíquico são projetados no exterior e experimentados no objeto como unidade sintética formada pela realidade externa e pela vivificação psíquica dessa realidade. No entanto, o mito e o seu simbolismo, se caracterizam pela preponderância dos momentos psíquicos interiores, o que se revela na distinção entre o evento mitológico e o acontecimento "factual".

Além do enfoque dual dos motivos mitológicos, a interpretação psicológica deve considerar ainda a justaposição de fatores personalistas e transpessoais. Não que a diferença entre a interpretação personalista e a transpessoal seja idêntica à diferença já indicada entre a compreensão do tipo extrovertido e a do introvertido. Ambos os tipos podem ter experiências arquetípicas, do mesmo modo como podem ser limitados ao plano puramente personalista. Por exemplo, o introvertido pode ater-se aos conteúdos pessoais da sua consciência, ou do seu inconsciente pessoal, que para ele são plenos de significado, ao passo que o extrovertido pode entrar em contato a natureza transpessoal do mundo por meio do objeto. Desse modo, a "cativa", como elemento interno, pode ser experimentada de modo personalista e transpessoal, no nível subjetivo, da mesma maneira como pode ser experimentada de modo pessoal e transpessoal, na forma de elemento feminino externo. Portanto, a interpretação personalista é tão idêntica à interpretação objetiva quanto a interpretação transpessoal à interpretação subjetiva.

O mito, como projeção do inconsciente coletivo transpessoal, representa um evento transpessoal e, seja interpretado no nível objetivo ou no subjetivo, não é, em nenhum caso, adequado para uma interpretação personalista. Ademais, a interpretação subjetiva, que vê o mito como evento psíquico transpessoal, é, considerando-se as origens do mito no inconsciente coletivo, muito mais razoável do que uma tentativa de interpretá-lo de modo objetivo, por exemplo, como evento meteorológico ou astral.

Consequentemente, no mito do herói jamais se trata da história pessoal de um indivíduo qualquer, mas sempre de um evento transpessoal e ideal de significado coletivo. Mesmo as características quase pessoais são de natureza arquetípica, por mais que os heróis individuais, os seus destinos e os alvos das suas respectivas lutas com o dragão possam sugerir que diferem uns dos outros.

Mesmo que interpretemos a luta e o seu objetivo, no nível subjetivo, como um processo interior do herói, o evento é transpessoal. A vitória e a transformação do herói, mesmo quando apresentadas como eventos "interiores", são para cada ser humano um evento válido, que deve ser contemplado para ser imitado na vida, ou, pelo menos, para que cada um o sinta. Enquanto a moderna historiografia, com o seu viés personalista, inclina-se a representar os eventos coletivos da vida das nações e da humanidade como dependentes dos impulsos personalistas de monarcas e líderes, o mito reflete a realidade transpessoal por meio dos eventos singulares da vida do herói.

Em numerosos mitos, o objetivo da luta do herói é a libertação de uma cativa do poder de um monstro. Este é arquetipicamente um dragão, uma bruxa ou um feiticeiro, que, arquétipos também, possuem ainda componentes personalísticos, ou então, um pai ou uma mãe perversos, apresentados personalisticamente.

Até aqui tentamos interpretar a luta com o dragão como conflito do herói com os arquétipos do pai e da mãe. Resta esclarecer a relação da cativa e do tesouro com os poderes carcereiros simbolizados pelo dragão de duas faces, bem como o significado do alvo da luta para o herói.

No final, a cativa sempre se torna a esposa do herói, sendo a união com ela um dos principais resultados de qualquer luta com o dragão. Os velhos mitos da fertilidade e os rituais subjacentes a todos os festivais da primavera e do ano novo formam o protótipo cúltico de que o mito do herói é um segmento. A vitória sobre monstros e inimigos é a condição da união triunfal do jovem herói-rei com a Deusa Terra, que depois restaura, de maneira mágica, a fertilidade do ano. A libertação e conquista da cativa mediante a luta com o dragão são o desenvolvimento posterior do antigo ritual da fertilidade. Já discutimos o desenvolvimento da masculinidade do herói em seu combate ao dragão, assim como a subjugação da Mãe Terrível, com a qual este último se identifica. A libertação e conquista da cativa formam um estágio mais avançado na evolução da consciência masculina.

A transformação da masculinidade, que ocorre no herói pela luta com o dragão, inclui também uma transformação da sua relação com o elemento feminino, expressa simbolicamente pela libertação da cativa do poder do dragão, o que significa a separação do aspecto de feminilidade da imagem de Mãe Terrível. Na linguagem da psicologia analítica, trata-se da cristalização da *anima* a partir do arquétipo da mãe.

À união entre o filho adolescente e a Grande Mãe segue-se uma fase de desenvolvimento em que o homem adulto se une a uma parceira feminina da sua própria idade e tipo, no *hieros gamos*. Só então a masculinidade atingiu a maturidade e pode reproduzir-se; o homem já não é o instrumento de uma Mãe Terra onipotente, mas assume ele mesmo, como um pai, o cuidado e a responsabilidade pela sua geração, estabelecendo, pela relação permanente com a mulher, a família como núcleo de toda cultura patriarcal e, mais além, a dinastia e o Estado.

Com a libertação da cativa e a fundação de um novo reino, a era patriarcal entra em vigor. Esta ainda não é patriarcal no sentido da subjugação da mulher, mas em termos do exercício da autoridade plena do homem sobre os seus filhos. Se a mulher compartilha dessa autoridade ou se o homem a usurpa totalmente, conforme ocorre na forma tirânica do patriarcado, é de importância secundária diante do fato de que o domínio autocrático da mulher-mãe sobre os seus filhos chegou então ao fim.

Falamos do medo primitivo do homem diante da mulher, que se manifesta logo que ele já não depende mais, de maneira infantil, da providência integral da boa mãe, mas se torna uma entidade separada dela. Essa separação é natural e necessária. Significa que há mais tendências interiores próprias voltadas para a autoemancipação do que tendências exteriores que requeiram e reforcem essa emancipação. Não há figura paterna exterior que prive o bebê da mãe; e, mesmo que surja essa imagem, trata-se da projeção da instância interior, "celeste", que exige que o ego se emancipe, do mesmo modo como, na forma de pai, o exorta à luta heroica. Embora o medo do adolescente diante da Grande Mãe devoradora e a feliz entrega do bebê à boa mãe urobórica sejam formas elementares da experiência masculina com o aspecto feminino, estas não devem continuar sendo as únicas, caso se pretenda desenvolver uma relação real entre homem e mulher. Enquanto amar na mulher apenas a mãe generosa, o homem permanecerá infantil. E, se temer o aspecto feminino como ventre castrador, ele não poderá unir-se a ela e nela gerar. O herói mata somente o aspecto terrível da feminilidade, a fim de libertar o aspecto fecundo e benfazejo dela, com o qual ela se une ao elemento masculino.

Essa libertação do elemento feminino positivo e a sua separação da imagem aterrorizante da Grande Mãe significam a libertação da cativa pelo herói e o assassinato do dragão que a mantém sob custódia. A Grande Mãe, até então a única e superpoderosa forma em que o elemento feminino fora experimentado, é morta, ou seja, está superada.

A prefiguração mitológica desse processo, a transformação da "Mãe Terrível", foi descrita por Kees[208] – embora com desconhecimento das conexões que nos interessam – sob o motivo da "pacificação da fera".[209] Diz esse autor:

> A pacificação das forças indomadas da fera, tal como a constatamos, de modo semelhante, na domesticação mágica dos poderes prejudiciais de divindades "venenosas" da natureza, e, em especial, a conquista da serpente Ureu para o diadema real de Buto, representa uma contribuição muito significativa para a maneira de pensar do tempo histórico.

A domesticação das divindades terríveis remonta, na realidade, à época pré-histórico-mitológica, quando, por exemplo, Hathor é amansada e reconciliada, sendo a sua ira aplacada por meio da dança, da música e de bebida dopante ou quando Bast, a forma amigável da deusa-leoa Sekhmet, se torna a deusa da cura e os seus sacerdotes, médicos. No entanto, esse desenvolvimento alcança, já na mitologia egípcia, um nível superior:

> De vez em quando, ocorreu o prodígio de a deusa brutal se desfazer da sua natureza e, como a "boa irmã" do seu divino parceiro, transformar-se em mulher humana.

Nesse caso, a transformação do aspecto feminino terrível ainda ocorre no ambiente dos deuses e é característico que seja justamente Thoth, o deus da sabedoria superior, que assume o papel reconciliador de Tefnut,[210] outra terrível deusa-leoa. Mas no mito do herói, em que a ação passa para o mundo humano, a transformação e a libertação do elemento feminino passam a ser a tarefa do herói.

Na cativa, o elemento feminino já não se apresenta como arquétipo poderoso e transpessoal, como inconsciente subjugador, mas como criatura humana e parceira com a qual o homem pode se unir pessoalmente. E, mais do que isso, ela é algo que clama por ser resgatado, liberto, redimido, e exige que o homem mostre ser um homem, não apenas como o portador do instrumento fálico de fertilização, mas também como potência espiritual, herói. O elemento feminino espera vigor, argúcia, desenvoltura, bravura, proteção e prontidão para lutar. São muitas as suas exigências ao seu salvador; elas abrangem o arrombamento do cárcere, a libertação do poder mortal e mágico das influências materno-paternas, o rompimento da cerca viva de espinhos ou de chamas que representam a inibição e o medo, a soltura da feminilidade presa e adormecida, a solução de enigmas e ser salvo da depressão desanimadora. Mas a cativa a ser libertada sempre é pessoal e, portanto, uma possível parceira do homem, enquanto os perigos que ele tem de superar são forças transpessoais, que prendem a cativa objetivamente ou impedem o herói subjetivamente na sua relação com ela.

Além desses mitos de resgate e de morte do dragão, há aqueles em que o herói mata o monstro com a assistência de uma figura feminina amigável. Nessa série, a mulher – Medeia, Ariadne, Atena, por exemplo – é ativamente hostil ao dragão do arquétipo da mãe devoradora. Esses mitos nos mostram o lado fraternal-auxiliador da mulher, ombro a ombro com o herói, como a sua amada, guia e auxiliar, ou como o Eterno Feminino que o conduz à redenção. Nos contos de fada há reiterada ênfase no aspecto fraternal dessas figuras que socorrem o heroi nos perigos e, de maneira comovente, estão prontas a se sacrificarem por ele e a amarem-no com seu amor puramente humano, enquanto suas diferenças são complementos para ele. Não é por acaso que a figura multifacetada de Ísis foi, não apenas a esposa de Osíris e a mãe que lhe deu nova vida, mas também sua irmã.

O lado fraternal de uma relação entre homem e mulher é a parte que acentua o elemento humano comum; por isso, a irmã representa para o homem uma imagem feminina mais próxima do seu ego e amigável em relação à sua consciência do que o lado sexual. Aqui se trata de formas típicas do relacionamento e não uma relação real. Mãe, irmã, esposa e filha são os quatro aspectos naturais de toda relação masculina com o feminino. Esses aspectos não apenas são diferentes em termos tipológicos, mas têm também o seu lugar legítimo no desenvolvimento, tanto positivo como negativo, do indivíduo. Na prática, contudo, esses tipos básicos podem se combinar; por exemplo, aspectos conjugais ou maternais podem estar envolvidos na relação do homem com a sua irmã. Mas o importante é que a irmã, a imagem feminina da alma que aparece, de modo pessoal, como Electra e, de modo transpessoal, como Atena, é um ser espiritual, que representa a mulher como indivíduo distinto, egoconsciente, sobremodo diferente do aspecto feminino coletivo das "Mães".

O aspecto *anima*-irmã – experimentado e libertado na cativa – possibilita um progresso muito importante na relação homem-mulher dentro do desenvolvimento da humanidade. A cativa libertada não é apenas um símbolo da relação erótica com o elemento feminino; a tarefa do herói consiste em libertar, por intermédio dela, a vívida relação com o "tu", o mundo em geral.

A psicologia primitiva do homem se caracteriza pela tendência da libido a ativar vínculos familiares incestuosos, o que Jung denominou "libido consanguínea".[211] Quer dizer, o estado original de *participation mystique* na ouroboros se expressa como inércia estacionária nas relações do âmbito familiar mais estreito. Estas são projetadas personalisticamente na mãe e na irmã, e o incesto simbólico com elas – que remonta à permanência na ouroboros – é, por isso, caracterizado como "feminilidade inferior", que aprisiona o indivíduo e o ego no inconsciente.

Com o resgate da cativa, o heroi se liberta das amarras da libido consanguínea endógama e progride no sentido da "exogamia" – a conquista de uma mulher fora do seu meio. Esse aspecto heterógeno da anima possui também o caráter da "feminilidade superior", porque tanto como cativa à espera de libertação quanto como auxiliadora, a irmã-*anima* está relacionada, pela sua "feminilidade superior", com a "masculinidade superior" do herói, isto é, com a atuação da sua consciência egoica.[*]

Pela experiência com a cativa e com a auxiliadora aparta-se do mundo ameaçador-monstruoso do inconsciente, pertencente às mães, uma esfera que, como alma ou anima, toma a forma de contraparte feminina do herói e um complemento da sua consciência egoica. Apesar de contar com características transpessoais, a figura da anima está mais próxima do ego, e o contato com ela não só é possível, mas é ainda a fonte da frutificação.

A intimidade do homem com o aspecto da "feminilidade superior" é uma ajuda importante na superação do ventre castrador, cheio de presas, da Górgona que barra o seu caminho até a cativa e assim o impede de acessar o ventre criativo e receptivo de uma mulher real.

Ao lado da figura sublime da feminilidade eterna e superior da Sophia-Atena, surge a princesa cativa, que não apenas eleva como atrai para a sua intimidade o herói, transformando o ingênuo adolescente em homem e soberano. Por isso, a cativa, na forma de Ariadne, Andrômeda etc., é, antes de tudo, a amante, Afrodite; Afrodite já não é mais o oceano primordial, o símbolo da Grande Mãe, mas dele nasceu com as características modificadas. Não podemos tratar com pormenores dos inúmeros aspectos de anima da princesa cativa e das suas relações com a Grande Mãe. Basta dizer que o herói se une à mulher por ele libertada e funda com ela o seu reino.

O rito do casamento deriva do papel desempenhado pelo rei no antigo ritual da fertilidade. A união da Deusa da Terra com o deus-rei se torna o protótipo do casamento, e somente com o surgimento desse ritual e do seu simbolismo a união sexual, realizada através de milhões de anos, tornou-se um ato consciente. Torna-se agora evidente, como ideal e como fato concreto, que a união até então inconsciente, isto é, dirigida apenas pelo instinto, tem um sentido e significa algo. Pela comunhão com o fator transpessoal, um evento inconsciente e automático passa a ser um "ato solene e significativo" no ritual.

Desse modo, o resgate da cativa pelo herói corresponde à descoberta de um mundo psíquico. Esse mundo já é bem amplo como universo de Eros,

---

[*] É desnecessário dizer que apenas esse fator pode constelar a feminilidade superior. Os chamados argumentos "espirituais" que ativam a libido consanguínea e levam ao incesto pertencem à esfera da feminilidade inferior, ao passo que os motivos sexuais que levam à luta com o dragão devem ser classificados como feminilidade superior.

abarcando tudo que o homem fez para a mulher, nela experimentou e por causa dela criou. O mundo da arte que, nos contos e imagens, poemas e canções, trata da cativa libertada surge como campo novo, como um mundo apartado do dos Pais Primordiais. Grandes áreas da cultura humana, e não apenas da arte, derivam dessa interação e dessa contrarrelação entre os sexos, ou melhor, entre o masculino e o feminino. Mas o simbolismo associado ao resgate da cativa vai além disso. Com a libertação da cativa, uma parte estranha e hostil do mundo feminino do inconsciente passa a ser uma aliada amigável da personalidade do homem, senão da sua consciência.

A estruturação da personalidade se faz, em grande parte, por atos de introjeção; isto é, conteúdos antes experimentados como externos são interiorizados, introjetados. Tais "objetos externos" tanto podem ser conteúdos do mundo objetivo exterior, por exemplo, coisas e pessoas, como conteúdos do mundo objetivo psíquico interior. Nesse sentido, a libertação da cativa e o despedaçamento do dragão não só significam a "decomposição" do inconsciente, mas, ao mesmo tempo, a sua assimilação, cujo resultado é a formação da anima como instância da personalidade.[*]

Há um progresso extraordinário do desenvolvimento quando ao ego e à consciência masculinos pode ser acrescentada uma mulher ou irmã – mesmo dificilmente compreensível, porém tangível – como "minha amada" ou "minha alma". Com essa palavra "minha" se separa uma parte do território hostil e anônimo do inconsciente uma parte que é experimentada como um campo próprio, pertencente à "minha" personalidade particular. E embora o homem o experimente como feminino e, portanto, "diferente", esse campo não deixa de ter uma afinidade eletiva com o ego masculino que seria impensável em relação à Grande Mãe.

A luta do herói com o dragão tem relação psicológica com várias fases do desenvolvimento ontogenético da consciência. A condição prévia, o objetivo e a fase etária em que ocorre a luta variam. Ocorre na fase da infância, no curso da puberdade e quando da mudança de consciência, na segunda metade da vida, ou quando quer que de fato um renascimento ou uma reorientação sejam indicados. Porque a cativa é o "novo" elemento, cuja libertação possibilita o desenvolvimento posterior.

Os testes de masculinidade e as provas de estabilidade do ego, de força de vontade, bravura, conhecimento do "céu" etc., que se exigem do herói na luta pela cativa correspondem historicamente aos ritos da puberdade, cuja aprovação permite o acesso à maioridade. Tal como, no mito, o problema dos Pais Primordiais é resolvido pela luta com o dragão e é seguido pelo encontro com o elemento feminino como parceiro e alma, assim também o neófito é

---

[*] Cf. Parte II.

apartado, pelo ritual, da esfera dos pais, torna-se núbil e pode formar família. Mas aquilo que ocorre no mito e na história acontece também – condicionado arquetipicamente – no indivíduo. A característica central da psicologia da puberdade é a síndrome da luta com o dragão. Vezes sem conta, o fracasso na luta com o dragão, isto é, o envolvimento no problema dos Pais Primordiais, prova ser o problema central dos neuróticos durante a primeira metade da vida, assim como a causa da sua incapacidade de estabelecer relações com um(a) parceiro(a). Os aspectos pessoais dessa situação, parte da qual foi formulada em termos psicanalíticos sob a forma do complexo de Édipo personalista, não passam de elementos de superfície do conflito com os Primeiros Pais, ou seja, com os arquétipos parentais. E, nesse processo, não apenas o homem, mas, como se mostrará em outra parte, também a mulher devem "matar os pais", no sentido de superarem a tirania original dos arquétipos parentais. Somente com o assassinato dos Pais Primordiais se pode encontrar uma saída do conflito para entrar na vida pessoal.

Ficar preso nesse conflito e render-se ao seu fascínio é característico de um amplo grupo de neuróticos, assim como de um certo tipo espiritual de homem cujas limitações residem justamente na incapacidade de, na luta com o dragão, conquistar a psique feminina.

Enquanto o conflito com os Pais Primordiais ocupa o primeiro plano, a consciência e o ego permanecem presos no círculo dessa relação. Embora tal círculo inclua uma esfera quase infinita e o conflito com ele seja uma luta com os poderes primordiais da vida, a atividade do indivíduo que permanece limitado nessa esfera possui uma característica essencialmente negativa. A sua atuação está enredada na solidão e na reclusão. As pessoas cujos conflitos se limitam à luta com os Pais Primordiais permanecem – usando a linguagem da alquimia – na retorta e não atingem o estado de "pedra vermelha". O fato de terem falhado na conquista e no resgate do aspecto feminino se manifesta, psicologicamente, na tendência, muitas vezes intensa, de se preocuparem com os assuntos gerais, excluindo o fator humano-pessoal. Ao seu humanitarismo heroico-ideal falta a autorrestrição do amante capaz de se apegar ao individual e não apenas à humanidade e ao universo.

Todas as figuras redentoras e messiânicas cuja vitória termina sem o resgate da cativa, sem a união sacramental com ela e, portanto, sem a fundação de um reino, têm, no sentido psicológico, algo questionável. A sua manifesta carência de um relacionamento feminino é compensada por um vínculo inconsciente e demasiado forte com a Grande Mãe. A não libertação da cativa se exprime na continuidade do domínio da Grande Mãe em seu aspecto mortal e leva ao alheamento do corpo e da terra, à hostilização da vida e à negação do mundo.

Apesar da sua extraordinária importância para o desenvolvimento consciente, não encontramos nos mitos nenhuma caracterização particular da cativa como indivíduo, o que, de resto, não se coadunaria com a natureza da anima.

A natureza da cativa só se revela pelo seu elo com o "tesouro difícil de alcançar", uma vez que a cativa é, ela mesma, o tesouro, ou tem com ele alguma relação. O tesouro é investido de propriedades mágicas, como feitiços, realização de desejos, tornar-se invisível ou invulnerável e mudar de forma, assim como com a revelação de sabedorias, com a superação do espaço e do tempo e com a imortalidade.

É comum depararmos com a afirmação de que o tesouro mágico não passa do recrudescimento de "ilusão infantil" e de que as faculdades assim adquiridas não passam de ideias fantasiosas. Pareceria ser uma questão daquilo que Freud viria a chamar de "poder soberano do pensamento", expressão que, desde então, se popularizou. Ele queria expressar com ela a alegada peculiaridade da natureza infantil e primitiva de acreditar que os desejos e pensamentos seriam efetivos, ou seja, seriam reais. Também nesse domínio Jung fez descobertas de fundamental importância na sua obra *Símbolos da Transformação*, mas muito do que naquela época ele entendeu ainda psicanaliticamente de modo unilateral e insuficiente só foi corrigido com a elaboração da sua obra *Tipos Psicológicos*. Isso se aplica particularmente à introversão, o direcionamento para dentro da libido, que requer uma interpretação no nível subjetivo. Antes, porém, de reconhecer que a introversão e a extroversão são tipos de atitude igualmente legítimos, o próprio Jung interpretou a introversão de modo redutiva e a tomou por um fenômeno arcaico e regressivo, ou seja, uma recaída em um modo primitivo de funcionamento.

Essa concepção se mostra bem claramente quando Jung interpreta "a preciosidade difícil de alcançar" como masturbação, particularmente quando o objetivo da luta do herói se relaciona com o roubo do fogo.[212] A princípio, não fica nada claro por que, se for a coisa preciosa, a masturbação deveria ser tão "difícil" de alcançar, em especial porque a psicanálise afirma ser ela um estágio perfeitamente natural da sexualidade infantil. Uma asserção dessas beira o paradoxo quando a cativa surge vinculada a essa coisa preciosa. Apesar disso, a psicanálise captou algo essencial na situação mitológica. Ela acertou ao ver os fatos como simbólicos, mas os interpretou de modo personalista e, portanto, falso. Como a coisa preciosa difícil de alcançar, a masturbação deve ser tomada, aliada ao roubo do fogo, como um símbolo da geração criadora primordial, que, por isso, coincide, de modo tão estranho, com a produção do fogo, mas também com a imortalização, o renascimento e a autodescoberta.[213] E, na realidade, se a libertação da cativa e a obtenção do tesouro liberam um dilúvio de produtividade na alma, levando o indivíduo a sentir-se, em seu ato criador, semelhante aos deuses, não é de admirar que a mitologia se preocupe, de maneira tão passional, com o símbolo do tesouro.

Quando tratamos do mito da criação, demonstramos que a pergunta sobre a origem da vida se relaciona, já na criança, com a pergunta sobre os pais e a natureza do nascimento e da geração. Tanto lá como aqui, as interpretações personalistas e as explicações que abrangem apenas a esfera sexual demonstram a sua insuficiência. Da mesma maneira que a pergunta da criança se interessa, na verdade, pelos "pais primordiais" de tudo quanto vive, assim também, aqui, a questão se refere ao poder criador e autogerador da alma e não à masturbação.

A humanidade não é infantil nem vai ser enganada com ilusões. Apesar das idiossincrasias da natureza humana, uma espécie de pensamento puramente ilusório, mesmo no caso do homem primitivo, está em flagrante contraste com a sua capacidade de adaptação e com a genialidade do seu sentido de realidade, a que devemos todas as invenções elementares da civilização.

Para dar um exemplo, o vínculo mágico entre a representação ritual da morte de um animal na arte paleolítica e o ato concreto de matá-lo não é real na forma como o homem primitivo provavelmente o imaginava, em especial quando nós, com o nosso modo lógico de pensar, primeiro entendemos esse efeito mágico como causalidade para, em seguida, declararmos essa relação causal como não existente. Contudo, o homem primitivo experimenta esse efeito mágico de maneira diversa e mais correta. Em todo caso, o efeito do animal morto da imagem sobre o animal real não é "pensado", de modo que falar de uma onipotência do pensamento é altamente problemático. É verdade que constatamos que, visto cientificamente, um efeito objetivo do ritual sobre o animal é improvável; mas isso não diz que o rito mágico seja, por isso, ilusório, infantil e um mero desejo não fundamentado.

O efeito mágico do ritual é deveras factual e não é, em nenhum sentido, ilusório. Ademais, ele de fato funciona, tal como o homem primitivo supõe, nos seus sucessos na caça; no entanto, o efeito não se opera por meio do objeto, mas por meio do sujeito. O ritual mágico atua, como qualquer magia ou intenção superior ou religiosa, sobre o sujeito praticante da magia ou da religião, alterando e aumentando a sua capacidade de agir. Nesse sentido, o desfecho da ação, da caça, da guerra etc. depende absoluta e objetivamente do efeito do ritual mágico. Que no efeito mágico está envolvida a realidade da alma, e não do mundo, é um fato que só foi constatado, psicológica e analiticamente, pelo homem moderno. Originalmente, a realidade da alma era projetada para fora, na realidade externa. Mesmo hoje, as orações pela vitória costumam ser consideradas, não como uma alteração interior da psique, mas como um esforço para influenciar Deus. De maneira exatamente semelhante, a mágica da caça era experimentada como um esforço para influenciar o animal e não como um ato destinado a influenciar o próprio caçador. Em ambos os casos, o nosso racionalismo esclarecido toma a magia e a oração por ilusões, em seu orgulho científico de ter estabelecido que o objeto não pode ser influenciado. Isso está errado pois um efeito que procede da alteração do sujeito é objetivo e real.

A realidade da alma é uma das experiências básicas e mais imediatas da humanidade; permeia toda a visão da vida do homem primitivo, naturalmente sem que ele tenha consciência de que ela seja uma experiência interior. O princípio animador do mana, o efeito da magia, a eficácia mágica dos espíritos e a realidade das ideias coletivas, dos sonhos e das provações são governados pelas leis dessa realidade interior, que a moderna psicologia profunda tenta trazer à superfície. Não devemos esquecer que a descoberta do mundo exterior e objetivo é um fenômeno secundário. Essa descoberta, empreendida pelo espírito científico do Ocidente com a ajuda de instrumentos e fórmulas, é uma tentativa, infinitamente penosa, da consciência humana no sentido de atingir algo objetivo em si, que independe da realidade primária do homem, isto é, a realidade da alma. Mas o homem primitivo se relaciona, acima de tudo, com essa realidade primária de dominantes psíquicos, arquétipos, imagens primordiais, instintos e padrões de comportamento. Essa realidade é o objeto da sua ciência e os seus esforços para lidar com ela nos seus cultos e rituais tinham tanto sucesso no controle e na manipulação das forças interiores do inconsciente quanto os esforços do homem moderno para controlar e manipular as forças do mundo físico.

A descoberta da realidade da psique corresponde, em termos mitológicos, à libertação da cativa e ao desenterramento do tesouro. O poder criador primordial da psique, que, nos mitos da criação, era projetado sobre o cosmos, é então experimentado humanamente, ou seja, como parte da personalidade, como alma. Somente então o herói se humaniza; só por meio desse ato de libertação é que o processo transpessoal do inconsciente passa a ser o processo psíquico no interior de uma pessoa.

Ao libertar a cativa e se apossar do tesouro, o homem obtém a posse dos tesouros da sua própria alma, que não são meros "desejos", isto é, imagens de algo que ele não tem, mas gostaria de ter, mas são possibilidades, ou seja, imagens de algo que ele poderia e deveria ter. A tarefa do herói, que consiste em "despertar imagens adormecidas, que querem e precisam sair da noite para dar ao mundo um rosto melhor",[214] é tudo menos masturbação. E, no entanto, é uma preocupação consigo mesmo, uma situação de deixar que a corrente de libido flua para dentro, sem uma parceira, uma espécie de autofecundação masturbatória, segundo o modo da ouroboros, único a possibilitar o processo criador do sair-de-si-mesmo, da palingenia ou autonascimento psíquicos.

A realidade de qualquer cultura e civilização, inclusive a nossa, é composta pela realização dessas imagens da alma. Toda arte, religião, ciência e tecnologia, tudo o que já foi feito, falado ou concebido, tem a sua origem nesse centro criador. O poder autogerador da alma é o segredo verdadeiro e definitivo do homem, que faz dele a imagem semelhante à Divindade Criadora e o distingue das outras criaturas vivas. Essas imagens, ideias, valores e potencialidades do tesouro oculto no inconsciente são levados a nascer e realizados pelo herói, nas várias formas que este assume: salvador e homem de ação, vidente e sábio, fundador e artista, inventor e descobridor, cientista e líder.

Afigura-se como fato estabelecido que o problema da criação está no cerne do cânone mitológico que um dia prevaleceu em todo o Oriente Médio: em toda parte, o drama do deus morto e ressuscitado, representado no ano-novo pelo rei enquanto sucessor do deus, era acompanhado pela recitação da história respectiva.[215]

Se tomarmos essa representação dramática dos eventos mitológicos como uma projeção de processos psíquicos que ocorrem no herói, torna-se evidente o elo entre criação, ritual do ano-novo e renascimento. A questão acerca da razão por que a humanidade "reproduz" o processo natural nos seus cultos e rituais, tão incansável, tão passional e, na aparência, tão privada de sentido, pode agora ser respondida. Se o homem primitivo atribui ao rito a responsabilidade pela fertilidade da terra e postula uma conexão mágica entre os dois, devemos por certo perguntar: por que o faz? Como explicar o fato de que ele aparentemente ignora a evidência de que a vegetação continua a crescer e de que a natureza é fértil sem ele?

O comportamento mágico-religioso do homem, que antropocentricamente inclui as suas próprias ações como parte essencial do processo natural, é a nascente de toda cultura. Não é correto dizer que ele "reproduz" a natureza; em vez disso, ele produz na sua própria alma, mediante um conjunto análogo de símbolos, o mesmo processo criador que encontra fora de si mesmo na natureza. Essa equiparação de criação no interior com criação no exterior podemos ver na identificação do "Grande Indivíduo" – representante da humanidade ou do grupo – com o rei da fertilidade, por exemplo, ou ao Deus

Criador. O herói é um portador da cultura, tal como o deus ao qual o rei é idêntico. Conta-se de Osíris que tirou os egípcios do estado de selvageria e canibalismo e lhes deu as suas leis, ensinando-os, não apenas a honrar os deuses, mas a plantar milho, colher frutos e cultivar uvas.[216] Em outros termos, atribuem-se a ele a civilização e a agricultura. Mas por que justamente a ele? Porque ele não é apenas um deus da fertilidade, no sentido de controlar o crescimento natural. Ele também é isso, mas o seu caráter criador inclui essa capacidade sem ser limitado por ela.

Todo herói de cultura logrou realizar uma síntese entre a consciência e o inconsciente criador. Ele descobriu no seu próprio íntimo o centro criador, o ponto da renovação e do renascimento que, no festival da fertilidade do ano-novo, é representado na identificação com a divindade criadora e da qual depende a continuidade do mundo. Eis o que o mito, e, por meio dele, a humanidade, quer dizer: em torno desse conhecimento do ponto criador, o tesouro enterrado, que é, ao mesmo tempo, a água da vida, a imortalidade, a fertilidade e a vida futura, gira o esforço incansável da humanidade. A constelação desse ponto não é uma "reprodução" da natureza, mas uma criação genuína e a recitação simbólica do relato da criação no ano-novo está, nesse ponto, no seu "lugar" legítimo.[217] O objeto interior do ritual não é o processo natural, mas o domínio da natureza mediante o elemento criador correspondente que está no homem.

Todavia, é impossível encontrar esse tesouro se o herói não tiver, em primeiro lugar, encontrado e redimido a sua própria alma, a sua própria contraparte feminina, que concebe e dá à luz. Esse lado receptivo interior é, no nível subjetivo, a cativa resgatada, a virgem-mãe que concebe pelo divino vento-espírito e é, a um só tempo, a inspiradora, feiticeira, profetisa, amante e mãe, do mesmo modo como o herói é o amante e pai.

A fertilidade da Grande Mãe, ou seja, o predomínio do inconsciente coletivo faz uma inundação de material inconsciente irromper na personalidade, levando-a de roldão e, por vezes, aniquilando-a com a sua força elemental. Mas a fertilidade do herói que conquista a cativa tem caráter humano e cultural. Muito daquilo que Bachofen associou a Deméter e ao matrimônio aqui ainda é válido. A união da consciência egoica – conhecedora e realizadora do mundo – do herói com o aspecto criador da alma resulta no verdadeiro nascimento como síntese de ambos.

O casamento simbólico do ego-herói com a *anima*, além de ser a pré-condição da fertilidade, forma também o sólido fundamento da personalidade, que está à altura do poder do dragão, seja este a voracidade do mundo ou do inconsciente. Herói e princesa, ego e anima, homem e mulher, são o par que forma então o centro pessoal, que, segundo a imagem dos Pais Primordiais, mas oposto a eles, constela a esfera humana no mundo. Nesse matrimônio, consumado, nas mitologias mais remotas,[218] após a derrota do dragão no festival do ano, o arquétipo do pai e do céu é incorporado à figura do herói, do mesmo modo como o aspecto fecundo e benfazejo da Mãe o é à figura rejuvenescida e humanizada da virgem libertada. A libertação da cativa levara à separação entre a esposa-virgem e jovem-parceira-mãe e a Mãe uro-bórica; enquanto, nesta, o aspecto dragão e o da mãe-virgem ainda formavam uma unidade, nesse ponto elas se distinguem uma da outra graças à atividade heroica da consciência masculina.[*]

Tendo discutido o símbolo da cativa em todas as suas ramificações, faremos um resumo, tomando a história de Perseu[219] como paradigma do mito do herói, visto que só agora é possível compreender a base e o significado simbólico de todos os dados mitológicos.

Perseu era filho de Dânae, que o concebeu de Zeus por meio de uma chuva de ouro. O "pai negativo" aparece duas vezes em forma pessoal. Uma vez como avô, o rei Acrísio de Argos, que não pôde ter um filho homem e cuja morte nas mãos do filho da sua filha Dânae fora profetizada; em virtude disso, esta foi mantida presa em um calabouço e, quando – contra todas as expectativas – nasce dela o filho divino, aquele atira ambos ao mar num cesto. A segunda figura negativa de pai é Polidecto, que quer desposar Dânae, mas eliminar o filho dela, Perseu, e, por isso, o força a trazer-lhe a cabeça da Górgona.

Ora, as Górgonas são filhas de Fórcis, o "grisalho", que, como as suas irmãs Ceto ("a monstruosa") e Euríbia ("a muito poderosa") e o irmão Taumas ("o estupendo"), é filho das profundezas do mar primordial, Ponto. Todos eles geraram uma terrificante e fabulosa prole de monstros. As Górgonas, munidas de asas metálicas, serpentes no lugar dos cabelos e cintos, presas de javali, barbas e línguas compridas, são os símbolos urobóricos do terrível poder feminino primordial, que podemos chamar de "feminino infernal". As suas irmãs e guardiãs são as Greias, cujo nome significa medo e terror. Também elas, com o seu único olho e único dente, são criaturas uroboricas que habitam os mais remotos confins da noite e da morte, bem além, oeste adentro, às margens do oceano primevo.

Perseu tem do seu lado Hermes e Atena, as divindades tutelares da consciência e da sabedoria, com a ajuda das quais ele engana as Greias, conseguindo saber delas o caminho para as ninfas. Essas deusas benfazejas do mar dão a ele o elmo da invisibilidade pertencente a Hades, um par de sandálias aladas

---

[*] Ver Parte II.

e uma bolsa. Hermes dá-lhe a sua espada e Atena empresta-lhe o seu escudo flamejante à guisa de espelho no qual ele pode ver a cabeça da Medusa refletida e, desse modo, matá-la, uma vez que encarar de frente o semblante da Górgona trazia a morte pela petrificação.

Não podemos penetrar mais profundamente nesse simbolismo de amplo interesse, exceto para dizer que os símbolos do intelecto e da espiritualização desempenham nele parte significativa. O voo, a invisibilidade e a visão refletida são do mesmo grupo de que faz parte a bolsa na qual Perseu esconde a cabeça da Górgona, tornando-a assim invisível e sem perigo, como um símbolo de repressão.

Ora, é muito estranha a maneira como se representa Perseu na arte grega antiga.[220] O motivo principal não é, como se poderia pensar, a morte da Górgona, mas a fuga à frente das irmãs que o perseguem. Para o nosso modo de pensar, é muito estranho ver o herói Perseu representado repetidamente como fugitivo apressado.

Como é evidente, as sandálias aladas, o elmo da invisibilidade e a bolsa são muito mais importantes para ele do que a espada que lida com a morte, e o seu temor aumenta muito o aspecto terrificante da Górgona, morta, mas sempre em perseguição. Trata-se aqui do modelo mitológico de Orestes perseguido pelas Fúrias, porque Perseu é herói como Orestes, por ter matado a Mãe Terrível.

O caráter urobórico da Górgona pode ser deduzido não apenas dos símbolos, mas também da história da religião. Sobre a escultura da Górgona do templo de Ártemis, em Kórkyra (Corfu), que data do início do século VI, escreve Woodward:[221]

> Pode parecer estranho que essa figura desagradável e repugnante mereça um lugar de honra no frontão do templo, mas a ideia que fundamenta isso nos remete a uma época que precede em muito o momento em que tais figuras de Górgona foram identificadas com as criaturas da lenda de Perseu. Com os seus leões acompanhantes, ela encarna o grande Espírito da Natureza da crença primitiva, que aparece nas primeiras obras de arte asiáticas e jônicas como uma deusa, com aves, leões ou cobras heraldicamente colocados em cada um dos seus lados, o protótipo da Cibele do culto frígio e da Ártemis dos gregos. Aqui, mediante um dos aspectos da sua natureza, ela se acha parcialmente identificada com Medusa.

Sem nos determos para comentar essa passagem, podemos constatar que a identidade entre a Górgona morta por Perseu e a figura da Grande Mãe e senhora dos animais é comprovada mesmo para investigadores não familiarizados com o fundo real do mito.

A fuga e a salvação do herói atestam ainda vivamente o caráter dominador da Grande Mãe. Apesar do apoio de Hermes e Atena, dos presentes mágicos das ninfas e de ter desviado o rosto ao vibrar o golpe mortal, o herói ainda não é homem o suficiente para matá-la. (A paralisação e a petrificação que emanam da máscara hedionda da Medusa se repetem, mais tarde, com Teseu. Tentando raptar Perséfone do mundo inferior, ele fica fortemente preso às rochas e é atormentado pelas Erínias até que Héracles o resgate.) O poder da Grande Mãe é forte demais para ser enfrentado de modo direto pela consciência. A Górgona só pode ser destruída de modo indireto, refletida no espelho de Atena, ou seja, com a ajuda da deusa defensora da consciência e, como filha de Zeus, representante do aspecto celeste.

No seu retorno, após matar a mãe, Perseu livra Andrômeda de um terrível monstro marinho que quer devorar a terra e a virgem. Este monstro foi enviado por Poseidon, que é tido como o próprio "amante da Medusa"[222] e que, como Senhor do oceano, é também o monstro. Ele é o Pai Terrível e, como amante de Medusa, está claramente associado com a Grande Mãe, como companheiro fálico onipotente. Repetidas vezes, em sua ira, ele envia monstros para destroçar a terra e destruir os habitantes; ele é o dragão ou touro que representa o lado masculino destrutivo da ouroboros que se tornou autônomo. A derrota desse monstro é a tarefa do herói, quer ele se chame Belerofonte ou Perseu, Teseu ou Héracles.

Assim, a sequência tão típica do mito do herói é recapitulada na história de Perseu: o assassinato da mãe e do pai transpessoais (a Medusa e o monstro marinho) precede o resgate da cativa, Andrômeda. Um pai divino e uma noiva divina como mãe, um pai pessoal hostil, a matança dos Pais Primordiais transpessoais e a liberação da cativa – eis os estágios do caminho do herói. No entanto, esse caminho só pode levar a um fim vitorioso com a ajuda do pai divino, cujo agente aqui é Hermes, e de Atena, cujo caráter espiritual, hostil à Grande Mãe, já frisamos.[*]

O fato de Perseu dar, em seguida, a cabeça da Górgona a Atena, e de ela a colocar em seu escudo, coroa todo esse desenvolvimento como a vitória de Atena sobre a Grande Mãe, do aspecto guerreiro favorável ao homem e à consciência, tal como também o encontramos na *Oréstia*. A superação da antiga mãe-deusa pelo novo princípio espiritual feminino tem a sua expressão mais clara na figura de Atena. Ela ainda possui todas as características da grande deusa cretense. Por isso, em muitos casos, é retratada cercada de serpentes e até o fim a grande serpente é a sua companheira. De igual modo,

---

[*] Hermes, Atena e Perseu representam a tríplice aliança entre o *self*, a Sophia e o ego contra o inconsciente, isto é, a Medusa. Essa tríade corresponde à combinação triádica precedente entre Osíris, Íris e Horo contra Set, que examinaremos no próximo capítulo. Atena representa a virgem-mãe do herói, Sophia, cuja *anima* terrestre correspondente ele liberta na figura de Andrômeda.

o seu emblema, a árvore, assim como o seu aparecimento sob a forma de ave trai as suas origens cretenses. Mas o poder feminino primordial foi subjugado por ela e, como símbolo, ela carrega a cabeça gorgônica no escudo. Desse modo, ela, que muito cedo surgiu como deusa protetora pessoal do governante e era associada ao seu culto e ao seu palácio,[223] tornou-se a figura representativa da inversão decorrente do patriarcado que substituiu o domínio da Deusa-Mãe. Tendo brotado da cabeça de Zeus, Atena é nascida de pai e sem mãe, diferentemente das figuras da época anterior, nascidas de mãe e sem pai; ela é a companheira e auxiliadora do herói masculino, ao contrário da Mãe Terrível, hostil à masculinidade. Essa associação entre homem e mulher é ilustrada em uma jarra que data do segundo quartel do século VI; nela, Perseu combate o monstro com pedras; Andrômeda não está, como habitualmente, passiva e algemada, mas ao lado de Perseu, como parceira e auxiliadora.

Outra característica simbolicamente importante do mito nos diz que o cavalo alado, Pégasus, brotou do tronco decapitado da Górgona. O cavalo pertence ao mundo ctônico-fálico, é tido como criatura de Poseidon e representa o lado natural e instintivo que ainda é preponderante, por exemplo, nos centauros, que são semi-homens e semicavalos. O cavalo-marinho, como corcel dos mares que cruza os violentos vagalhões, é apenas uma variante do mesmo motivo original. Como parte passiva e ativa do mar tempestuoso do inconsciente, ele é o instinto impetuosamente destruidor, enquanto no cavalo domesticado a natureza é domada e submetida. É interessante observar que, em um antigo quadro da morte da Medusa, datado do século XVII,[224] esta aparece como um centauro.* Esse simbolismo parece primordial e é a base da história de que Pégasus brotou da Medusa morta; o cavalo alado fica livre quando a Medusa centaura é destruída pelo homem alado.

A orientação espiritual ascendente da libido – liberta da Grande Mãe – é simbolizada pelo cavalo alado. Com a ajuda desse mesmo Pégasus, Belerofonte realiza as suas heroicas façanhas. Resiste às seduções de Anteia, que então o envia para o combate à Quimera e às Amazonas, vencido por ele. Uma vez mais, o simbolismo aponta, de maneira bastante clara, para a vitória do espírito consciente masculino sobre os poderes do matriarcado.

Mais ainda do que nos exemplos citados, a profundidade da intuição psicológica do mito é revelada pelo fato de que a Pégasus – que, liberto da Medusa, voa sob trovões e relâmpagos para Zeus – é atribuída uma obra criadora na terra: com um coice, ele faz brotar do solo a fonte das musas.

---

* Para a ligação entre a Grande Mãe como Fereia-Hécate-Deméter, a Medusa e o cavalo, ver Philippson, *Thessalische Mythologie*.

A associação arquetípica do cavalo com a fonte é a mesma que há entre instinto-impulso-natureza e fertilização criadora. Com Pégasus ocorre o mesmo – ele é transformado e sublimado. O cavalo alado faz brotar da terra, com as patas, a fonte da poesia. Esse aspecto do mito de Pégaso está, como veremos adiante, na raiz de toda a criatividade.

Por meio do herói acontece a morte do dragão; essa morte é a libertação da cativa, mas é igualmente a ascensão da libido.[*] O processo conhecido na teoria dos complexos como cristalização da *anima* a partir do arquétipo da mãe é representado dinamicamente no mito do Pégasus. A criatividade ascendente é libertada pela morte do dragão. Pégasus é a libido que, como energia espiritual alada, leva o herói Belerofonte (também chamado Hipôneo, "versado em cavalos") à vitória, mas também é a libido que, voltada para o interior, deixa brotar a criatividade da arte. Em ambos os casos, não é uma libido desorientada que é libertada, mas a libido ascendente, isto é, orientada para o espírito.

Portanto, formulado abstratamente, o herói Perseu se situa do lado do espírito, é o alado aliado aos deuses do espírito, ao empreender a luta com o inconsciente. O que deve ser vencido é a Górgona urobórica na terra da morte ao oeste, rodeada pelas irmãs, as Greias, associadas às profundezas primordiais. Perseu derrota o inconsciente mediante o ato típico da realização consciente. Ele não teria forças suficientes para fitar diretamente o rosto petrificador da ouroboros, razão pela qual eleva a sua imagem à consciência e a mata "por reflexão". O tesouro que ele obtém é, em primeiro lugar, Andrômeda, a cativa libertada, e, em seguida, Pégaso, a libido espiritual da Górgona, ora liberada e transformada. Pégasus é ao mesmo tempo um símbolo espiritual e transcendente. Ele une a espiritualidade do pássaro ao caráter cavalar da Górgona.

O desenvolvimento da personalidade se realiza basicamente em três diferentes dimensões. A primeira é a adaptação e o desenvolvimento para fora, para o mundo e para as coisas, também conhecida como extroversão; a segunda é a adaptação e o desenvolvimento para dentro, para a psique objetiva e para os arquétipos, também conhecida como introversão. A terceira é a centroversão, a tendência autoformadora ou individuadora, que se processa no interior da própria psique, independentemente das outras duas atitudes e do seu desenvolvimento.

Nas páginas anteriores, tentamos mostrar o significado do alvo e do conteúdo da luta com o dragão – a cativa e o tesouro – para os tipos de atitude introvertido e extrovertido. Como conclusão, devemos demonstrar a sua significação para a centroversão, isto é, a transformação como resultado da luta com o dragão.

---

[*] Ver: A Transformação ou Osíris.

II
A Transformação ou Osíris

A forma extrovertida do herói e da sua luta visa à ação. Ele é o fundador, o líder e o libertador cuja ação transforma o mundo. Na sua forma introvertida, ele é o portador de cultura, o redentor e o messias que sublima os valores do aspecto interior, como conhecimento e sabedoria, mandamento e fé, obra e exemplo. Ambos os tipos de herói têm em comum o ato criador da descoberta do tesouro e a condição prévia é a sua união com a cativa libertada, com o aspecto feminino, que é tanto a mãe do evento criador, como o herói é o pai.

A terceira forma do herói não visa à transformação do mundo pelo conflito com o aspecto interior ou exterior, mas tenciona uma transformação da personalidade. O verdadeiro objetivo do herói é então a autotransformação, cujo efeito libertador sobre o mundo é apenas um aspecto secundário. A autotransformação é também um ideal, mas a consciência do herói não é orientada pelo coletivo, no sentido mais restrito, visto que a sua centroversão corresponde a uma tendência natural de desenvolvimento da psique humana, que está presente desde o início e forma a base não apenas da autopreservação, mas também, e especialmente, da autoformação.

Seguimos o nascimento da consciência do ego e do indivíduo por todos os estágios arquetípicos, cujo clímax foi atingido na luta entre o herói e o dragão. Nesse desenvolvimento se constata um aumento contínuo da centroversão como tendência à consolidação do ego e à estabilização da consciência. A centroversão leva à criação de um ponto de apoio e à resistência ao fascínio do mundo e do inconsciente, que tende a abaixar o nível da consciência e desintegrar a personalidade. Ambas as orientações da personalidade, a introversão e a extroversão, podem sucumbir a esse perigo. A centroversão procura, com a formação e a consolidação do ego e da consciência, proteger a personalidade e contrapor-se ao perigo da desintegração. Nesse sentido, a formação da individualidade e o seu desenvolvimento é a resposta produtiva da humanidade aos "perigos da alma", que a ameaçam por dentro e aos "perigos do mundo", que a ameaçam por fora. Magia e religião, arte, ciência e técnica são as tentativas criativas do homem para dar cabo dessa ameaça de duas frentes. No centro desse esforço, está o indivíduo criativo como herói que, formando em nome do coletivo, se forma a si próprio, mesmo quando, sozinho, se opõe a esse coletivo.

Antes de apresentar o aspecto psicológico desse processo – ou seja, a formação da personalidade –, é preciso que nos ocupemos com os mitos que são o seu sedimento arquetípico.

A estabilidade e indestrutibilidade, que são o objetivo da centroversão, têm o seu modelo mitológico na superação da morte, na firmeza do homem perante o poder da morte, que é o símbolo primordial da dissolução e destruição da personalidade. A recusa dos primitivos a tomar conhecimento da morte natural, assim como a eternização do rei no Egito, o culto dos ancestrais e a fé na imortalidade da alma das grandes religiões mundiais, são apenas expressões diferentes da tendência fundamental do homem a se experimentar como algo permanente e indestrutível.

Um exemplo sumamente bom da tendência à centroversão e do seu simbolismo na humanidade encontramos no Egito, no culto e no mito em torno da figura de Osíris. Na história de Osíris, deparamos com a primeira autoapresentação do processo de transformação da personalidade, associado estreitamente à revelação do princípio espiritual, e da sua distinção do princípio da vida e da natureza. Não é por acaso que, nessa figura de Osíris, ocorreu a inversão de um mundo matriarcal de ênfase natural em um mundo patriarcal acentuadamente espiritual. Assim, o mito de Osíris lança luz sobre um importante capítulo da história primordial da humanidade, ao mesmo tempo que fornece a chave para um aspecto vital do mito do herói, a transformação resultante da luta com o dragão, assim como a relação entre o herói-filho e a figura do pai.

Osíris é uma figura multifacetada, mas, na sua forma mais original, é, sem sombra de dúvida, um deus da fertilidade. Vimos que, na fase matriarcal do ritual da fertilidade, dominava a Grande Mãe, e que o despedaçamento sangrento do rei adolescente garantia a fertilidade da terra. A regeneração de Osíris despedaçado por Ísis faz parte desse estágio. Como lemos nos Textos das Pirâmides:

Tua mãe veio a ti, para que não pereças; eis que a grande modeladora chegou, para que não pereças. Ela põe por ti a tua cabeça no lugar, reúne os teus membros por ti; aquilo que ela traz para ti é o teu coração, é o teu corpo. Assim, deves tornar-te aquele que dirige os seus precursores; tu dás ordens aos teus ancestrais e também fazes a tua casa prosperar depois de ti; tu deves defender os teus filhos da aflição.[225]

Ou, na lamentação de Osíris por Ísis:

Vem para a tua casa, vem para a tua casa, ó pilar! Vem para a tua casa, ó belo touro, Senhor dos homens, Bem-amado, Senhor das mulheres.[226]

Embora derivado de um papiro posterior, trata-se da antiquíssima lamentação dos mortos, conhecida como "Lamentação de Manero", cujo objeto é a perda do "falo vivo", que é o motivo pelo qual o símbolo do pilar, a *djed*, emblema de Osíris, está associada com o touro. A identificação de Osíris com o Min itifálico foi mais tarde transferida para Hórus, mas a significação do Osíris ctônico, o bem-amado e Senhor das Mulheres, é muito antiga. Esse mesmo Osíris é chamado, na forma de Hórus, de filho de Ísis, de "touro da sua mãe", do mesmo modo como, em Heliópolis, é invocado como "filho da porca branca".[227] Como Osíris inferior, ele pertence à esfera matriarcal de fertilidade, do mesmo modo como, segundo toda probabilidade, o sacerdote Sem, ornado com pele de leopardo e cauda longa, cujo título era "pilar da sua mãe".[228]

A significação de Osíris como falo vivo vincula-o a Mendes, outro local onde era cultuado, e ao bode sagrado. Não por acaso, o culto atribuía papel especial a certa rainha, cuja imagem era colocada no templo e tinha o nome de "Arsínoe Filadelfos, bem-amada do bode".[229] A união sexual do animal divino com uma sacerdotisa sagrada era um antigo ritual, isto é, estamos novamente na esfera do antigo ritual matriarcal da fecundidade e das suas divindades fálicas.

Essa fase é regida pela Deusa da Terra e por Osíris como deus dos cereais. O simbolismo cereal do deus da fecundidade é tão generalizado quanto a analogia da sua morte e ressurreição com o "perecer e ressurgir" da semente. O significado cereal de Osíris, no ritual de coroação dos reis egípcios, faz parte do acervo mais antigo do Egito.[230] O grão Osíris é despedaçado pelo inimigo Set:

A cevada é espalhada no solo de debulha e o gado marcha sobre ela. O gado representa os seguidores de Set e a cevada, Osíris, que foi feito em pedaços dessa maneira. Há aqui um jogo entre as palavras *i-t*, "cevada", e *i-t*, "pai" que, em copta, são vocalizados como ϬⲰⲦ. Enquanto o gado era levado a circular sobre o solo de debulha, um ato equiparado ao esmagamento dos seguidores de Set por Hórus, este diz: "Esmaguei por ti (Osíris) aqueles que te esmagaram". Terminada a debulha, o trigo era levado no lombo de burros. Isso simbolizava a subida de Osíris ao céu, apoiado por Set e os seus companheiros.

Essa interpretação de Blackman é, sem dúvida, correta, excetuada a última parte referente à ressurreição de Osíris. No *Livro Egípcio dos Mortos*, também encontramos Set identificado com o boi a ser morto, mas essa identificação, apesar de ser pré-dinástica, provavelmente não provém da era mais antiga. A mais antiga é provavelmente o nível em que tanto Set como Ísis e Osíris aparecem como porco ou javali. Frazer assinalou que, originalmente, os grãos foram pisoteados na terra por rebanhos de porcos; essa, porém, parece ter sido a forma mais antiga do assassinato de Osíris por Set e a malhação talvez a segunda forma.*

Como vimos, no mito Osíris é morto por Set duas vezes: numa, ele é afogado no Nilo ou trancado num caixão; na outra, é fragmentado, o que corresponde ao despedaçamento pelo pisoteamento.

O desmembramento do cadáver e o enterro das suas partes nos campos, no ritual de fertilização, é a analogia mágica à inseminação da terra pelos grãos, num ritual que, provavelmente, se relacionava com a forma antiga de sepultamento da população pré-dinástica do Egito, que desmembrava os cadáveres.[235]

Outra característica dos ritos matriarcais da fertilidade tornou-se muito importante. Com toda a probabilidade, o falo do rei desmembrado era mumificado como um símbolo da potência masculina e conservado até a morte do próximo rei do ano. Com base em numerosos exemplos, Frazer demonstrou os últimos vestígios desse rito, em que o espírito da vegetação, na forma de um feixe de espigas etc., era guardado até a semeadura seguinte ou colheita e era considerado objeto sagrado.[236] O rei da fertilidade ou o seu substituto – um animal, um feixe de espigas etc. – sofre um duplo destino. Primeiro, é morto e retalhado, mas uma porção dele, o falo sagrado ou aquilo que o representa, "permanece". Essa parte que "permanece" é guardada "na", ou melhor, "sob" a terra, tal como a semente e o cadáver;

---

* Devido aos tabus que o cercam, o papel desempenhado pelo porco no Egito é por demais obscuro. O fato de não se terem descoberto representações anteriores de porcos pisando o trigo não prova que essa operação fosse realizada originalmente por carneiros, só tendo passado para os porcos no Novo Reino. É sempre possível que os porcos só tenham sido representados no Novo Reino porque o tabu não arrefeceu até aquele momento. A associação entre o porco selvagem e o inimigo e destruidor do jovem deus, que, tal como Átis, Adônis, Tamuz e Osíris, era um deus do trigo, parece indicar ter o porco papel negativo no ritual. É verdade que, nas primeiras cerimônias de coroação, bois e asnos representavam papel de inimigo (Blackman, *op.cit.*, p. 30), mas no *Livro Egípcio dos Mortos* Set ainda aparece como javali e como touro.

A supressão de Set, o javali, e do porco é consistente com a supressão da Grande Mãe e de todos os seus ritos e símbolos. Conquanto no matriarcado fosse um animal favorecido, consagrado às grandes mães-deusas Ísis, Deméter, Perséfone, Bona Dea e Freia, o porco no patriarcado tornou-se o epítome do mal. O "grande deus" Set ainda era associado, como javali, a Ísis, a porca branca. Mas enquanto o porco representava originalmente o poder selvagem destrutivo e ctônico da Grande Mãe[232] (A. Jeremias, *Das Alte Testament im Licht des Alten Orients*, p. 331), então cabia a Set o papel de tio materno assassino, tendo este terminado por ser identificado com tudo que fosse mal.

A afirmação[233] (Hall e Budge, *Guide to the Fourth etc., Rooms*, p. 114) de que os porcos eram considerados sagrados ao extremo e, portanto, impuros, o que os levou a não serem comidos no Egito até a era cristã, dificilmente pode se conciliar com o fato de um dos príncipes que viveu na décima oitava dinastia possuir 1.500 porcos e apenas 122 bois[234] (Erman e Ranke, *Aegypten und ägyptisches Leben*, p. 529). A importância econômica do porco no Egito permanece incerta; é possível que os porcos, assim como os peixes, fossem a dieta básica do povo, mas sendo sagrados e impuros, não fossem comidos pelas classes superiores.

a sua "descida" ao mundo inferior é acompanhada por uma trenodia pelos mortos. A descida, ou *katagogia*, como o calendário camponês de festas a denomina, corresponde ao recolhimento dos cereais em câmaras subterrâneas[237] para futura semeadura. portanto, a descida e o enterro não apenas são idênticos ao funeral dos mortos e à inseminação da terra, mas também correspondem a um ritual de "perpetuação da fertilidade". Nele, o permanente era representado originalmente pelo falo, perpetuado pela mumificação do rei sacrificado ou por símbolos fálicos correspondentes, que eram guardados, juntamente com os cereais, nos subterrâneos, isto é, junto com os mortos, até a "festa da ressurreição" da nova semeadura.

Desde o início, contudo, Osíris não era idêntico a esses jovens deuses da fertilidade. Muito cedo, a ênfase foi colocada não tanto sobre a transitoriedade da figura juvenil como sobre a sua natureza "eterna". Ele é o deus da terra, da natureza e da fertilidade na forma de vegetação, cereal e, em Biblos, de árvore – unindo em si, desse modo, as características dos deuses-filhos da Grande Mãe –, mas ele é também a água, a seiva e o Nilo, ou seja, o princípio vivificador da vegetação. Enquanto, nos Jardins de Adônis, por exemplo, Adônis representa apenas o crescimento, a efígie cerimonial de Osíris, de onde brota o cereal, mostra que ele é mais do que esse cereal, que, na verdade, é também a umidade e a causa primeira da qual surge o cereal. Ele não é só aquele que morre para retornar, mas também aquele que não morre, um "permanente", um paradoxo, a "múmia de membro longo".[238]

É fácil demonstrar que esse cognome expressa a natureza essencial de Osíris. Ele está relacionado com alguns aspectos peculiares do mito, que jamais foram acentuados suficientemente e muito menos compreendidos. O mito relata que, ao serem recolhidas as partes do Osíris despedaçado, não foi possível encontrar o falo e este foi substituído por Ísis por um de madeira, ou seja, um falo de culto, tendo Ísis engravidado do Osíris morto. Portanto, Osíris, privado do falo ou munido apenas de um de madeira, torna-se pai de Hórus, característica mais que estranha para um deus da fertilidade.

Em todos os ritos matriarcais da fertilidade, a castração e a fertilização, o culto fálico e o desmembramento são partes interligadas de um cânone simbólico. No entanto, o problema de Osíris vai mais fundo e requer uma interpretação em muitos mais níveis. Compreender a fertilidade de Osíris apenas como a fertilidade inferior e fálica da terra, como a água, o Nilo fertilizador, a verdura viva da vegetação e os grãos, é limitar o alcance da sua ação; com efeito, toda a natureza de Osíris reside no fato de transcender essa fertilidade inferior.

Ao contrário do "Osíris inferior", a natureza superior dele pode ser compreendida como uma transformação ou nova fase da sua autorrevelação. Ambas as naturezas estão ligadas ao mesmo objeto, o falo de culto.

A morte do rei da fertilidade original levava, como vimos, a duas cerimônias distintas: o desmembramento do corpo e a conservação do falo. O despedaçamento, a semeadura e a debulha correspondem, pelo sentido, ao aniquilamento da personalidade e à destruição da unidade viva. Esse é originalmente o destino do cadáver, do corpo de Osíris. O princípio oposto disso se incorpora na mumificação do falo, a eternização simbolizada pela múmia de Osíris, a "múmia de membro longo".

Essa dúplice significação paradoxal de Osíris, que, evidentemente, existe desde o início, forma a base do seu desenvolvimento na religião egípcia. De um lado, despedaçado, ele é o portador da fertilidade, o rei-adolescente mortal que retorna; mas como múmia procriadora de membro longo, ele é o permanente e o imperecível. Não apenas é o falo vivo, mas mantém sua potência mesmo como falo mumificado. Assim, gera o seu filho Hórus e, como espírito, como o morto que permanece, a sua fertilidade adquire um significado superior. Nesse símbolo misterioso, a humanidade exteriorizou um conteúdo importante, que ela percebeu inconscientemente e não soube formular com mais clareza: o sentido da eternidade e fertilidade do espírito, oposto à eternidade e fertilidade da natureza viva.

O grande antagonista de Osíris era simbolizado por Set, o javali negro, cujo emblema é a antiga faca de sílex, o instrumento do desmembramento do cadáver e da morte. Esse Set é o elemento sombrio, malvado e destrutivo que, como irmão gêmeo de Osíris, é o antagonista arquetípico. Tanto cósmica quanto historicamente, é o poder das trevas, ao representar as características do matriarcado e o lado destrutivo de Ísis contra o qual Osíris luta como fundador do patriarcado.

O desmembramento, cujo símbolo é a "faca de Set", a serpente Apophis e toda a horda demoníaca de escorpiões, cobras, monstros e gorilas, é o perigo que ameaça os mortos.[239] É o perigo da decadência psicofísica e da extinção. As partes mais vitais do culto egípcio, assim como todo o *Livro Egípcio dos Mortos*, são dedicados a evitá-lo.

A tendência da centroversão – a superação da morte pela permanência eterna – encontra em Osíris o símbolo mitológico-religioso. O princípio dele, antagônico ao hostil Set, expressa-se como unidade na mumificação do corpo e na eternização da sua figura.

Osíris é o autorrealizado que venceu Set e superou o perigo do despedaçamento. Conquanto no nível matriarcal renasça do vento-sopro animador por meio da sua mãe-irmã-esposa, ou, nos Textos das Pirâmides, tenha a sua cabeça devolvida pela Mãe-Deusa Mut, como símbolo de unidade,[240] ele termina por ser cultuado justamente porque se renova a si mesmo. Lemos no *Livro Egípcio dos Mortos*:

194

Juntei-me a mim mesmo; tornei-me inteiro e completo; renovei a minha juventude; sou Osíris, o Senhor da Eternidade.[241]

O fato de o costume funerário arcaico de retalhar os cadáveres ter sido repudiado e até anatematizado pela população que imigrou posteriormente é apenas, como ocorre com frequência, a ocasião histórica que revela uma transformação psíquica muito mais profunda. O desmembramento dos mortos só é praticado entre povos primitivos, que não têm consciência da personalidade e para os quais o motivo decisivo é o temor do retorno dos mortos. No Egito, no entanto, a intensificação da consciência do ego e o desenvolvimento da centroversão são particularmente claros; para esse desenvolvimento, justamente esse despedaçamento é tido como a maior ameaça, enquanto a preservação da figura pela mumificação é o bem supremo. O Osíris mumificado pôde se tornar o legítimo expoente dessa tendência, porque, mesmo na época mais remota do culto matriarcal da fertilidade, ele já era, como portador e representante do falo de culto, aquilo que "permanece".

O mais antigo símbolo de Osíris é a *djed* e o seu primeiro lugar de culto, Dedur a antiga Busíris do delta do Nilo. A *djed* é um pilar cujo hieróglifo significa "duração". Geralmente entende-se a *djed* como um tronco de árvore que exige, na parte superior, os cotos laterais dos galhos cortados. Em todo caso, tinha o tamanho e o peso de uma árvore, como se vê nas ilustrações que mostram o levantamento da *djed* nas festividades de culto. Ademais, o culto de Osíris indica, de modo pleno, que ela era um tronco. Ísis foi buscar o corpo de Osíris em Biblos, na Fenícia, guardado num tronco que o rei do local, esposo da "Rainha Astarte", tinha usado como coluna no vestíbulo da corte. Essa árvore, que Ísis "separou da viga",[242] foi embalsamada e envolta em linho, e, nos tempos de Plutarco, ainda era venerada como "madeira de Ísis", em Biblos. Já tratamos da significação do culto da árvore em Biblos em sua relação com Ísis e Osíris e a incorporamos às relações do amante-filho com a mãe-deusa. Aqui queremos chamar a atenção para uma outra característica, isto é, a significação da árvore – o cedro do Líbano – para o Egito. Os vínculos cultuais e culturais entre Biblos, na Fenícia, e o Egito datam de tempos muito remotos.*

A árvore, e especialmente uma gigantesca como o cedro do Líbano, representa – comparada à vegetação transitória, que vem e vai a cada ano no Egito pobre de árvores – a durabilidade, e é compreensível que, nas épocas primevas, se tornasse o símbolo da *djed*, do durável, apesar de ser algo

---

* Se a proposição improvável de que Osíris era originalmente o deus sumeriano Asar e alcançou o Egito via Mesopotâmia[243] for correta, Biblos se torna ainda mais importante como ponto de encontro cultural. Na época do culto matriarcal da fertilidade, o Egito parece ter sido culturalmente dependente de Biblos, como sugere o mito, ao afirmar que Ísis levou Osíris de Biblos para o Egito.

crescido. No Egito primitivo, a madeira era o vivo-durável, ao contrário do morto-durável da pedra e do vivo-perecível da vegetação.[*] Na esfera cananeia de cultura, cujo centro era Biblos, o tronco da árvore era consagrado à Grande Mãe, a "Rainha Astarte", e era justamente aquele tronco com os tocos dos ramos cortados;[245] em todo caso, ela faz parte da categoria geral das árvores e estacas sagradas.

Outra característica igualmente importante é a identidade do tronco de árvore com o sarcófago de madeira, ou seja, com a parte mais importante do ritual funerário dos egípcios.

O enterro mítico de Osíris no caixão-árvore por Set, assim como o episódio em Biblos, acentuam a natureza *djed* de Osíris como coluna-árvore-deus e como múmia. A múmia e o caixão da múmia são, no entanto, meios de conservação e Osíris, tanto como coluna, como árvore ou como múmia, é idêntico ao falo de madeira do culto, que substituía o falo mumificado do rei sazonal.

Segundo a crença egípcia, pela qual as partes despedaçadas de Osíris são distribuídas pelos mais diversos locais de culto, encontra-se a coluna vertebral enterrada em Dedu; e a coluna *djed*, com a sua forma articulada, bem se presta a essa ideia. A coluna se compõe de dois segmentos. Derivado originalmente do tronco de uma árvore, o segmento superior, correspondente à copa da árvore, com as suas quatro cepas, é correlato da região do pescoço e da cabeça de Osíris, ao passo que o segmento inferior, que corresponde ao tronco, foi associado à espinha dorsal. Como tantos outros fetiches egípcios, a coluna *djed* nos mostra com clareza o modo como a figura original se humanizou. Primeiro brotaram braços, como no muro oeste do templo de Abido; depois foram pintados os olhos;[246] e, por fim, equiparou-se a coluna a toda a figura de Osíris.

A maneira pela qual a coluna *djed* surgiu foi demonstrada por Budge, segundo nos parece, de modo inequívoco.[247] A partir de uma comparação entre as pinturas, ele estabeleceu que ela teria sido formada pela combinação do sacro de Osíris, a parte inferior da coluna vertebral, com o tronco da árvore dedicado ao velho deus de Busíris, sobre a qual foi posta: 𓊽. O símbolo *djed* comum é uma estilização dessa combinação: 𓊽.

Conjugam-se aqui três componentes. O primeiro é fálico, visto que o sacro, "a parte mais baixa da espinha dorsal de Osíris era, segundo se acreditava, a sede da sua virilidade". O segundo componente é a citada "duração". O fato

---

[*] Também a carpintaria, como processo sagrado, pertence a esse cânone. Considerava-se a madeira, assim como o leite e o vinho, um princípio de vida de Hórus-Osíris;[244] o óleo de cedro, com as suas qualidades de preservação e endurecimento, desempenhava importante papel no embalsamamento.

de o sacro, a parte óssea da coluna, aparecer aqui no lugar do falo, enfatiza, do mesmo modo que a característica da coluna, a natureza do "permanente". Por isso, o símbolo *djed* e a imagem do tronco com as cepas podiam se fundir facilmente entre si, tanto na forma como no sentido.

Mas o terceiro fator, para nós o mais importante, é a "elevação", isto é, o fato de o sacro ter sido assentado no topo do tronco da árvore.

Desse modo, "o que gera permanentemente", o falo "elevado" e "superior", passa a ser a cabeça, que prova ser algo "espermático", ou um símbolo do espírito. Do mesmo modo como o falo solar é um símbolo do espírito, aqui esse símbolo é a "cabeça" da árvore, que, ao nascer a árvore, se torna o que está gerando e dando à luz, e tanto "o que gera permanentemente" como o "nascido" são representados como "elevados" e não como algo inferior, conforme o demonstra o próprio ritual.

Como a sublimação, isto é, a elevação e transformação do princípio inferior em superior, foi o componente mais importante do símbolo *djed*, a sua parte superior foi, mais tarde, facilmente identificada com a cabeça de Osíris.

Essa reunificação da cabeça com o corpo, destinada a produzir uma figura inteira e a anular o desmembramento, é uma das partes mais importantes do culto de Osíris. Um dos capítulos do *Livro Egípcio dos Mortos* tem como título "De Como Não Deixar que a Cabeça de um Homem Seja Cortada e Separada Dele no Mundo Inferior".[248] A restituição da cabeça era absolutamente essencial à recomposição de Osíris, e aquilo que sabemos do culto dos mistérios de Abido confirma isso. O conteúdo desse culto é "a reconstituição do corpo de Osíris":

> O coroamento da cena era a ereção da espinha dorsal de Osíris e a colocação da cabeça do deus sobre ela.[249]

Desse modo, a coluna *djed* se torna o símbolo de Osíris, o permanente, que reúne a cabeça e o corpo e, por isso, pode dizer de si mesmo: "Tornei-me inteiro e completo".

Esse significado da *djed*, de união de cabeça e espinha dorsal, é atestado também por uma oração que devia ser proferida ao se colocar uma *djed* de ouro na nuca de um morto:

> Levanta-te, Osíris, tens a coluna vertebral, ó coração silencioso, tens as ligaduras do teu pescoço e das tuas costas, ó coração silencioso. Coloca-te sobre a tua base.[250]*

---

* É prometido ao morto que ele se tornará um ser espiritual perfeito, um *khu*, e que, no festival do ano-novo, se juntará aos seguidores de Osíris. Esse é um indício importante quanto à significação da coluna *djed* no festival do ano-novo, que será discutida mais adiante.

Dois motivos determinam a crença egípcia na vida futura e ambos estão associados a Osíris. Um é a duração perpétua, a conservação da figura do corpo e, portanto, da personalidade, no culto funerário, pelo embalsamamento e pela salvaguarda das múmias nas pirâmides; o outro é a ressurreição e transformação.

A figura de Osíris está ligada, desde o início, ao princípio da ascensão. A sua antiga representação mostra-o como "o Deus no Topo da Escadaria".[251] Ele é a escada que vai da terra para o céu, e aqueles que não podiam ser enterrados em Abido tentavam ao menos colocar uma pedra ao pé da "escadaria do Grande Deus".[252] Budge[253] escreve:

> Há uma referência a essa escada nos Textos das Pirâmides. Ela fora feita originalmente para Osíris, que, por seu intermédio, subia ao céu. Fora instalada por Hórus e Set, cada um dos quais segurou um lado, quando ajudaram o Deus a subi-la; nos túmulos do Antigo e Médio Impérios, encontraram-se diversos modelos de escada. [254]

Osíris, o deus da fertilidade, o despedaçado que supera o despedaçamento, assim como o Senhor da ascensão e da escada celeste, é, no nível cósmico da mitologia, equivalente a Osíris, o Deus da Lua.

Briffault[255] reuniu grande quantidade de material, comprovando ser a realeza de Osíris originalmente de caráter lunar. Mas, aqui, também se trata de uma conexão arquetípica. No matriarcado, a realeza devida à fertilidade do amante-adolescente sempre é associada à lua que é fracionada em fases e renasce, garantindo assim a fertilidade. No entanto, o que importa reconhecer é o quanto a figura de Osíris transcende justamente essas associações matriarcais.

O fato de Osíris ter ressuscitado da terra para o céu[256] e de haver superado a morte e o despedaçamento torna-o um exemplo da transformação e da ressurreição. No *Livro Egípcio dos Mortos*, o morto que se identifica com Osíris diz: "Ergui uma escada para o Céu entre os deuses e sou um ser divino entre eles". A ascensão e ressurreição de Osíris correspondem a uma transformação psíquica; esta, como projeção mitológica, é apresentada na união do Osíris inferior e terreno com o superior, ou como a união do corpo de Osíris, despedaçado na morte e reconstituído, com a alma de espírito superior e com o corpo espiritual. Essa autotransformação, ressurreição e sublimação, que é, ao mesmo tempo, a união com o *self*, é descrita como a união de Osíris, Deus do Mundo Inferior, com o Deus do Sol, Rá.

Nas ilustrações do *Livro Egípcio dos Mortos*, a ascensão de Osíris[257] é representada como surgimento do sol-Hórus, símbolo da vida, da coluna *djed*, mostrando a própria coluna posta entre os dois picos gêmeos do nascente e do poente. Nesse caso, a *djed* é o corpo material de onde assoma a alma solar. Por outro lado, no festival de Mênfis, adorava-se a múmia com uma *djed* no lugar da cabeça,[258] ou seja, a integridade do corpo recuperada pela restituição da cabeça.

Dedu Busíris, o mais antigo santuário de Osíris, está situado em um nomo cujo emblema teve grande importância para o desenvolvimento do seu simbolismo. Podemos remontar ao desenvolvimento dos símbolos básicos do culto de Osíris, quando da sua mudança de Busíris para Abido. Ele incorporou os símbolos do antigo deus reinante Anzti, o Senhor de Busíris original, que eram o chicote e o cetro. O símbolo de Anzti consistia, ademais, de um corpo em forma de poste, ou fasces, encimado por uma cabeça com duas plumas de avestruz,[259] sendo claro que Osíris pôde assimilar ambos os símbolos, os fasces e a cabeça.

Ocorreu o mesmo quando a religião de Osíris assimilou os símbolos de Abido. Nesse caso, também os velhos símbolos, aliados ao culto local do "Primeiro entre os do Oeste", ou seja, um deus dos mortos, se acomodaram com a maior facilidade à natureza de Osíris.

Depois de Osíris ter-se estabelecido em Abido, o emblema local – que carrega numa estaca uma espécie de cabeça com duas plumas de avestruz e o sol – foi equiparado ao símbolo de Anzti e à cabeça de Osíris. Um antigo modelo mostra essa coluna de Abido, encimada por uma cabeça-relíquia, com o seu sol e as suas plumas, "plantada no hieróglifo da montanha".[260]

A relação com o sol é reforçada pelo fato de que, no símbolo de Abido, o pé da coluna é ladeado por dois leões, os *akeru*, os símbolos do sol nascente e poente, do ontem e do hoje. Eles são apresentados nas vinhetas flanqueando o sol levante e o sol poente.[261] O símbolo de Osíris em Abido foi – fato que Winlock não percebeu – o sol poente; adorava-se o deus local, tal como a Osíris, como o "Primeiro entre os do Oeste", isto é, o sol poente e deus dos mortos; e, mais tarde, passou-se a considerar Abido o local onde fora enterrada a cabeça de Osíris.

Se resumirmos o simbolismo desse desenvolvimento "sincrético", veremos que ele é extremamente significativo. Osíris, a cabeça de Osíris e Osíris como sol são correlatos, porque o sol e a cabeça correspondem ao símbolo espiritual de Osíris. A cabeça de Anzti, a cabeça de Abido e a cabeça de Osíris são uma só. Mas como está "na direção do oeste", Abido se tornou o local onde se adorava Osíris como sol poente e deus dos mortos e onde "repousa a cabeça de Osíris".

No entanto, Osíris não é apenas o sol que afunda; afirma-se que o emblema de Abido também simbolizava a "Cabeça-Alma" de Rá, sendo os seus adoradores descritos como tendo cabeça de Hórus e como demônios de cabeça de chacal, o que indica que cultuavam tanto o sol nascente quanto o poente.

Osíris tem duas formas: é o deus do mundo inferior ocidental e dos mortos, do mesmo modo como é o Eterno e o Senhor do Céu. Originalmente, era o Soberano da Terra e do Mundo Inferior que reinava no oeste, ao passo que Rá, o Senhor do Céu, reinava no leste. Mas já bem cedo ocorreu a união na estrutura dupla de Osíris, na dupla alma:

> O teu corpo material vive em Dedu (e em) Nif-Urtet, e a tua alma vive no Céu todos os dias.[262]

A afirmação mitológica acerca da dupla natureza de Osíris, a unidade entre Osíris e Rá, corresponde à asserção psicológica sobre a união do coração-alma (*ba*), que é o centro transpessoal do corpo, com a alma espiritual ou corpo sutil (*khu*). Nessa união está o mistério de Osíris:

> Sou a alma divina que habita nos divinos Deuses Gêmeos. Pergunta: Quem, pois, é este? Resposta: É Osíris. Ele vai a Dedu e ali encontra a alma de Rá. Os deuses se abraçam e Almas divinas nascem dentro dos Divinos Deuses Gêmeos.[263]

Esse mesmo capítulo contém outras formulações dessa dupla natureza, tais como:

> Ontem é Osíris e Hoje é Rá no dia em que destruirá os inimigos de Osíris e estabelecerá como príncipe e soberano o seu filho Hórus.
> Conheço o deus que mora ali dentro. Quem, pois, é este? É Osíris; ou (como outros dizem), o seu nome é Rá, (ou) o Falo de Rá, com o qual ele se uniu a si mesmo.

Mais uma vez, no "Livro das Coisas que São e das Coisas que Serão", lemos:

> Quem, pois, é este? É Osíris; ou (como outros dizem), é o seu corpo morto, ou (como outros dizem), é a sua imundície. As coisas que são e as coisas que serão são o seu corpo morto; ou (como outros dizem), são eternidade e sempiternidade. A eternidade é o dia e a sempiternidade, a noite.

O deus que gera a si mesmo é descrito mais particularmente como *khepri*, o escaravelho ou besouro estercoreiro. Devido ao fato de rolar uma bola de esterco diante de si, esse besouro era venerado como o princípio que movimenta o sol. Outro fator importante é que, tendo concluído a sua tarefa, ele enterra o sol-bola num buraco da terra e morre; na primavera seguinte, o novo besouro sai, como o novo sol, da bola e da terra. É, por conseguinte, um símbolo do "Autogerado", sendo considerado "Criador dos Deuses". Diz Budge:

> Forma do sol nascente, o seu lugar é o barco do deus-Sol.

200

É o deus da matéria, prestes a passar da inércia para a vida, assim como do corpo mortal, do qual está em vias de surgir um corpo espiritual e glorificado.[264]

Mas esse *khepri* é também o símbolo do coração (*ab*). E, mesmo que se iguale ao coração-alma que anima o corpo do homem e do qual se diz "meu coração, minha mãe", Osíris é transpessoal. O coração é a figura do escaravelho autogerador, é a sede dos poderes da consciência, que depõem e decidem no Julgamento dos Mortos e, no mito da criação de Mênfis, é o órgão criador por excelência:[*]

> O Coração faz surgir todos os resultados e a língua repete (exprime) o pensamento que o Coração criou... O demiurgo que criou todos os deuses e o seu *kas* em seu Coração.[265]

O hieróglifo de "pensamento" é escrito com o ideograma de "coração", o que indica que o coração-alma é um princípio espiritual. Ao mesmo tempo, é o princípio libidinal de toda a vida na terra, o que explica por que a forma fálica de Osíris – o bode ou carneiro de Mendes (*ba*) – é identificada com o coração-alma (*ba*).

Contudo, Osíris é não apenas o princípio fálico inferior, como também o princípio solar superior; é ainda o pássaro *benu*, a fênix grega:

> Tu és a Grande Fênix que nasceu nos ramos da árvore, na grande Casa dos Príncipes em Heliópolis.[266]

A autorrenovação e o nascimento da árvore como nascimento "superior" são correlatos. O Osíris nascido da árvore é, no mesmo sentido, autonascido como o ressuscitado do caixão, porque Osíris, a árvore e o caixão são uma só e mesma coisa. Por isso, o nascimento da árvore equivale ao renascimento: Osíris é o sol que se eleva da árvore,[267] do mesmo modo como é o símbolo da vida que surge da coluna *djed*. Essa vinheta ilustra um dos mais antigos capítulos do *Livro Egípcio dos Mortos*, o décimo quarto, que talvez remonte ao ano 4266 a. C. (?), e começa com as palavras que resumem todos os pontos essenciais do mistério de Osíris:

> Sou Ontem, Hoje e Amanhã, e tenho o poder de nascer uma segunda vez; sou a divina alma oculta que criou os deuses.

Originalmente, resolvia-se o problema da morte pela concepção de que o além-mundo era apenas a continuação deste mundo. A mudança de perspectiva resultou numa resposta espiritual, e não materialista, a esse problema, mudança que também se reflete na transformação de Osíris; ela pode ser vista

---

* O caráter autorrenovador do *khepri* tem aqui importância básica. Se, como pensa Briffault, uma significação originalmente lunar foi transferida para o sol, é irrelevante nesse contexto.

de maneira muito clara num diálogo entre o Osíris morto e Atum, espécie de deus criador. Diz este último:

Dei glorificação em lugar de água, ar e satisfação dos sentidos, e um coração leve em lugar de pão e cerveja.

E conclui com a seguinte promessa:

Viverás mais do que por milhões de milhões de anos, uma era de milhões. Eu, porém, destruirei tudo que foi por mim criado. A terra voltará a ser o oceano primevo, o dilúvio de águas que foi no princípio. Sou aquele que permanecerá, ao lado de Osíris, depois de me transformar novamente numa serpente, que nenhum homem conhece, que nenhum Deus viu.[268]

A resposta de Atum ultrapassa o além-mundo; é uma resposta escatológica que traz em si a promessa da perpetuidade, mesmo quando o mundo reverter ao estado urobórico. "Ao lado de Osíris" – essa é a promessa feita à alma imortal de ser a companheira eterna do deus criador. A identidade de Osíris com a alma humana e com o poder criador primordial garante, desse modo, a identidade com o poder criador de deus. É esse o mesmo sentido que podemos perceber na misteriosa afirmação do morto, que descreve a sua transformação em Osíris como uma iniciação no mistério da metempsicose:

Entrei como homem sem entendimento e sairei na forma de um espírito forte; e considerarei a minha forma, que será a dos homens e mulheres por todo o sempre.[269]

São abundantes as falsas teorias que tentam provar que os conteúdos simbólicos dessa passagem expressam uma espiritualização posterior. No entanto, o que é demasiado característico, de modo algum a passagem pertence a um capítulo posterior; foi tirada de um texto deveras solene, que resume a essência do *Livro Egípcio dos Mortos* num único capítulo, cuja versão abreviada é atribuída à Primeira Dinastia.*

O Osíris da dupla alma é, portanto, o sol dos mundos inferior e superior, aquele que se unifica a si mesmo e preserva a sua figura, mas é também o que se transforma na ascensão; ele é o vencedor da morte e o autogerador que possui o segredo da criação e do mistério da ressurreição e do renascimento, pelos quais a energia inferior se transforma na superior.

A transformação do rei morto em espírito e habitante do Céu[270] ocorre porque ele é seguidor de Osíris, é a sua "osirificação"; a natureza desta consiste na unificação das partes da sua alma; a sua condição prévia é a conservação

---

* Pouco importa se datarmos a Primeira Dinastia com Petrie, em 4300 a. C., ou, com Breasted, em 3400 a. C. Em ambos os casos, remontamos aos primórdios da época histórica.

da múmia e a ressuscitação mágica desta. Todo o propósito do ritual do *Livro Egípcio dos Mortos* é tornar imortal o corpo terreno por meio da união das suas partes e a prevenção contra o seu desmembramento.

A conservação do corpo pela mumificação, a sua purificação e a purificação do *ka*, a alma-imagem pertencente ao corpo, são as preliminares do grande mistério de Osíris, que é a germinação[*] do corpo espiritual a partir do cadáver mumificado.[272]

O coração-alma (*ba*), um falcão de cabeça humana, que é o princípio da vida do corpo e da múmia, está relacionado com a alma espiritual (*khu*),[273] que é o princípio da vida do corpo espiritual (*sahu*). Enquanto a *khu* é imortal, o seu companheiro coração-alma é material e imaterial, conforme lhe aprouver. O coração-alma, a alma espiritual e o coração, o escaravelho, são grandezas correlacionadas.

Naturalmente, essas almas-partes ou partes da alma são projeções mitológicas, não podendo ser definidas de maneira mais estrita. O que importa é a tarefa da sua transformação ascendente e da sua unificação, que produz o ser duplo, o imortal Osíris-Rá; é a "Grande Obra" realizada por Osíris e, depois dele, pelo rei.

Nesse processo, a alma *ka* desempenha papel especialmente importante. Compreender a alma *ka* é muito difícil, porque ela não corresponde a nenhum conceito da consciência moderna e é de natureza arquetípica. Ela foi interpretada como sósia, gênio, divindade protetora, nome e alimento; é uma "entidade" jovem e imortal, razão pela qual "morrer" é idêntico a "ir viver com a sua *ka*",[274] expressão cujo significado Moret resume da seguinte maneira:

---

[*] Uma questão que não pode ser respondida é a de saber se a significação do grão, em suas muitas permutações, em particular como símbolo de transformação espiritual nas religiões de mistério, não estaria ligada originalmente ao fenômeno da fermentação e da preparação de licor intoxicante. Porque Osíris não é apenas um deus do trigo, mas também um deus do vinho; ademais, a Festa da Epifania, a 6 de janeiro, quando é comemorada a transformação da água em vinho, nas bodas de Caná, é também o aniversário da transformação água-vinho realizada por Osíris[271] (Gressmann, *Tod und Auferstehung des Osiris*). As bebidas intoxicantes e as orgias da fertilidade estavam sempre associadas umas às outras no mundo antigo – e ainda o estão, nas sociedades primitivas. Com efeito, a transformação dos grãos em bebida deve ter causado forte impressão na humanidade, em toda parte, como um dos mais surpreendentes exemplos de mudança natural. A base do licor, seja ela grãos, arroz, milho, tapioca etc., é invariavelmente um fruto da terra, um "Filho da Terra", que ocupa lugar central no ritual da fertilidade. Por meio da sua estranha transformação, esse produto da terra adquire caráter intoxicador de espírito e se torna um sacramento, servindo de mediador à revelação, à sabedoria e à redenção. Essa antiquíssima base do mistério ainda é transparente, não apenas no simbolismo dionisíaco e cristão do vinho, mas onde quer que a intoxicação sacramental desempenhe um papel. Seria surpreendente se as doutrinas secretas da transformação, que floresceram no mundo antigo até a época dos alquimistas, não estivessem ligadas a esse fenômeno elementar. A *prima materia* como o corpo do morto, a sua sublimação e a subida do espírito, a libertação do espírito do corpo, a transubstanciação etc. são processos que tinham um lugar no mistério da intoxicação e ilustram, ao mesmo tempo, a história espiritual do Filho da Terra ou Filho do Milho, de modo que essas imagens podem muito bem ser os protótipos simbólicos da transformação espiritual. Sendo arquetípicas, essas associações não ficam confinadas ao Ocidente; por exemplo, encontramos no México o mesmo vínculo entre o jovem deus do trigo e a intoxicação, nele representado pelas divindades pulques.

Por esse nome *ka*, deve-se entender, portanto, não apenas o princípio de vida do faraó, dos deuses e dos homens; mas o conjunto das forças vitais e a comida que alimenta e sem a qual perece tudo que existe no universo.[275]

Dessa alma *ka* é dito:

Essa *ka* é o pai e o ser que faz o homem viver; ela dirige o intelecto e as forças morais, dá vida física e espiritual.[276]

Ka está relacionada com *ka-u*, "alimento", isto é, é também um símbolo elementar da libido e da vida:

Dessa *ka* essencial e coletiva, uma substância primordial que vive no céu, os deuses retiram uma *ka* individual para o rei.

Quando a *ka* e o corpo são purificados e unidos, o rei, tal como Osíris antes dele, e todos os indivíduos depois dele, é "um ser completo que alcança perfeição".

A alma *ka* é, portanto, uma prefiguração arquetípica daquilo que hoje chamamos de "*self*", e, na sua união com as outras partes da alma e na transformação da personalidade por meio dela, encontramos, pela primeira vez, como projeção mitológica, o evento psíquico que designamos hoje como "individuação ou "integração da personalidade".

Por meio dessa união das partes da alma, o rei se torna um *ba*, um coração-alma que habita entre os deuses e possui o alento da vida; ele é agora um *akhu*, um ser espiritual perfeito:

O rei renasce na glória do horizonte oriental *akhet*; e aquele que nasce no leste se torna um *akh* (um glorioso e reluzente).[277]

As afinidades arquetípicas entre luz, sol, espírito e alma, que se referem a Osíris e à sua transformação, raras vezes foram expressas de maneira mais clara.

Vistos à luz desse fundo simbólico e mitológico, os atos rituais revelam mais facilmente o seu significado.

O nosso conhecimento do ritual de Osíris vem de três fontes: os festivais de Osíris, especialmente a elevação da coluna *djed* na festa da primavera em Dedu Busíris, a cerimônia da coroação e o festival Sed dos faraós, cujo propósito era o fortalecimento e a renovação do poder real.

Em mais de uma ocasião, assinalamos a significação de Osíris para a fertilidade, assim como a sua ligação com a Grande Mãe. No entanto, esse estágio já fora ultrapassado à época em que se celebrava, em Dedu, o ritual de

Osíris como festa da primavera; ainda havia vestígios da velha realeza sazonal, mas a característica dominante era a ideia de "duração", que deu nome à coluna *djed*, assim como à cidade.

Depois do eclipse do seu caráter lunar, Osíris veio a personificar o ano inteiro, conforme mostram as 365 luzes que acompanham os 34 barcos na festividade de todas as almas, no vigésimo segundo dia de Khoiakh.[278] A efígie de madeira de Osíris, que fora enterrada no solo, no ano precedente, era desenterrada e, tendo sido substituída por uma nova, colocada sobre ramos de sicômoro,[279] como símbolo da ressurreição do ano e do nascimento do sol a partir da árvore. A ereção da *djed*, que é o principal conteúdo da festa, simboliza a "ressurreição de Osíris", isto é, a revivificação do morto; portanto, não é a ressurreição de um jovem deus da vegetação.[280]

O calendário de festas de Dendera diz:

> Quanto ao último dia do quarto mês de Akhet, o levantamento da *djed* ocorre, em Busíris, naquele dia do sepultamento de Osíris na região de B'h, na catacumba abaixo das árvores *isd*; porque, naquele dia, o divino corpo de Osíris nasce nele depois da colocação de Osíris no invólucro.

No dia seguinte a essa elevação e ressurreição, celebrava-se o ano-novo; era o aniversário de Hórus de Edfu, também prescrito como o dia da coroação do rei egípcio e da celebração do festival Sed, dedicado à renovação periódica da realeza egípcia.

Nesse ritual ainda se reconhece o sepultamento do rei do ano velho, definitivamente assassinado e a entronização do novo; o levantamento da coluna *djed* corresponde, no antigo ritual de fertilidade, à mumificação sacral do falo e ao assassinato do rei sazonal, o que é confirmado pelo vínculo entre o levantamento da *djed* e a entronização do novo rei. Assim, vemos também, na festa outonal da colheita, que o rei Hórus, como símbolo do antigo espírito da vegetação, corta com a pequena foice um feixe de espigas.

No entanto, a relação entre a entronização do rei Hórus e a simultânea ressurreição e elevação de Osíris revela algo mais que não significa apenas a superação do velho pelo novo. No mito de Osíris, os vestígios do conflito original entre o velho e o novo rei, tão evidentes nos ritos da fertilidade, são ultrapassados de modo integral por uma nova constelação psíquica em que o filho tem com o pai uma relação positiva.

No mito de Osíris, a figura e o ritual da Ísis terrível e matriarcal são substituídos pelo domínio do rei Hórus, sob a proteção patriarcal de Osíris, de quem se diz que "deixa o filho no lugar do pai". Ísis o ajuda nisso: ela estabelece uma exigência em favor da legitimidade do filho e da reivindicação deste ao trono, levando os deuses a reconhecer a paternidade de Hórus, a base do patriarcado.

A substituição da época matriarcal pela patriarcal é um processo arquetípico, ou seja, é um fenômeno universal e necessário da história da humanidade. Nós a interpretamos nesse sentido, sem considerar a possível e até provável conquista de um Egito matriarcal pré-dinástico por tribos patriarcais leais a Hórus e sem discutir a possível união de um culto posterior de Hórus-sol com um culto precedente de Osíris-lua.

Moret examinou a substituição desse "sistema uterino" matriarcal. Ele fala de uma "evolução da sociedade, do sistema uterino, em que cada mulher do clã acredita ser impregnada pelo totem, para o sistema paternal, em que o marido é o verdadeiro pai", e associa esse desenvolvimento à passagem do poder do clã para a família e do poder da comunidade para o indivíduo. Ainda vamos tratar do papel que o rei-deus desempenha como "Grande Indivíduo" na substituição do domínio da Grande Mãe pela consciência representada pelo herói.*

É interessante que ainda se encontrem indícios desse deslocamento tão significativo no rito e no mito egípcios. As primeiras capitais do Alto e do Baixo Egito são cidades de Mães-deusas arcaicas, as "duas soberanas do esplendor perpétuo": a deusa-abutre Necbet, de Nequen, no Alto Egito e a deusa-serpente Uatchit, de Buto, no Baixo Egito. No mito de Osíris, a cidade de Buto é relacionada, de maneira sinistra, com o motivo do despedaçamento; nela, Hórus é morto pelo escorpião, um animal de Ísis e, lá, o cadáver redescoberto de Osíris é despedaçado por Set.

Tanto Buto como Nequen são cidades duplas, conhecidas como Pe-Dep e Nequeb-Nequen. É significativo que, no norte e no sul, as cidades de Hórus e as cidades da mãe estejam localizadas uma diante da outra em margens opostas do rio.

Ainda podem ser vistos, no ritual, vestígios do antiquíssimo conflito entre o Hórus patriarcal e os antigos soberanos matriarcais. Por exemplo, na representação cerimonial da batalha entre Pe e Dep, Hórus é primeiro agarrado, mas o final mostra o seu incesto vitorioso com a mãe, o que comprova ser ele um herói.[281] Mais tarde, na época das Dinastias históricas, os símbolos do abutre e da serpente, das divindades femininas vencidas, aparecem como emblemas na coroa dos reis Hórus, sendo os seus nomes incluídos no título real quíntuplo.

Esses reis patriarcais, os "filhos de Hórus", que tomam posse do legado de Osíris, se tornam necessariamente vingadores do pai e adversários do tio

---

* Ver Apêndices.

materno Set, inimigo mortal de Osíris. Pouco importa se, como resultado disso, o papel de um "Hórus mais velho" recai sobre um "Hórus mais novo": a proteção que Osíris estende ao seu filho deriva das suas antigas batalhas com Set. Nessa luta, Hórus arranca os testículos de Set; a ferida que Hórus recebe no olho fica curada, o Osíris morto é devolvido à vida com a ajuda desse mesmo "olho de Hórus" e Hórus é, desde então, investido dos símbolos do poder: dois cetros, aos quais são incorporados os testículos de Set.[282] O restabelecimento de Osíris é idêntico à sua ressurreição e transformação, que o tornam rei dos espíritos e fazem do seu filho Hórus rei terreno.

Portanto, o requisito da entronização e do reinado do filho Hórus é a elevação e espiritualização do seu pai Osíris. Por isso, a elevação do morto, simbolicamente idêntica ao levantamento da coluna *djed* e à colocação da efígie do Osíris do ano anterior sobre os ramos, precede cada vez tanto a entronização de Hórus quanto o festival Sed.

Uma interpretação que supõe tratar-se, nesses rituais, apenas de rogar a ajuda do morto é absolutamente insuficiente. A relação estreita entre o ritual de Osíris, as cerimônias de coroação e o festival Sed torna impossível uma interpretação generalizadora.

Um dos fenômenos básicos do totemismo e dos ritos iniciáticos é que o totem ou os ancestrais renascem no iniciado, arranjam nele uma nova morada para viver e formam o seu eu superior. O efeito disso abrange desde a elevação do herói Hórus, relacionada com a transfiguração do seu pai Osíris, até o fenômeno cristão da descida de Deus no homem e o processo de individuação do homem moderno.

Entre o filho que, como herói, se autorregenera, a sua descendência divina e o renascimento do pai morto no filho há uma relação fundamental, formulada na frase: "Eu e o Pai somos um". A prefiguração mitológica disso no Egito se realizou no evento repetidamente acentuado: Hórus, como filho e vingador do pai Osíris, torna-se senhor do mundo, mas, ao mesmo tempo, o seu reinado terreno está fundamentado no domínio psíquico de Osíris sobre o reino dos espíritos.

O levantamento da coluna *djed*-Osíris ocupa posição central na entronização de Hórus e no festival Sed. A sucessão hereditária dos reis Hórus se baseia nesse ritual. Nele, a legitimidade da sucessão do filho, que sempre é Hórus, e a elevação do pai, que sempre é Osíris, são estabelecidas arquetipicamente e celebradas como lei mundial. A linhagem patriarcal pai-filho, como fenômeno espiritual da substituição das gerações e de sua ligação mágica, baseia-se justamente na identidade entre eles, que existe apesar do antagonismo. Cada rei era Hórus e se torna Osíris. Cada Osíris foi Hórus. Hórus e Osíris são um só.

Essa identidade é reforçada pela figura de Ísis, que se relaciona com ambos como mãe, esposa e irmã: mãe, porque dá à luz Hórus e desperta o Osíris morto para uma nova vida; esposa, porque concebe Hórus por meio de Osíris e os filhos de Hórus por meio deste; irmã, porque, se equipararmos a função da irmã com o papel desempenhado por Atena com relação a Perseu e Orestes, Ísis luta em favor dos direitos dinásticos do Osíris morto e do Hórus vivo.

Como filho e herdeiro, o rei Hórus reina no "mundo terreno", cuja fertilidade fálica representa. As cerimônias de coroação mostram que ele se tornou o sucessor permanente do antigo rei da fertilidade e o modo como isso ocorreu. O sacrifício original desse rei fora substituído por uma luta com o seu representante; agora, essa luta com o mal cabe ao herói e rei vitorioso. A derrota de Set por Hórus, que tem papel tão importante no festival de Edfu[283] e nas cerimônias de coroação, assim como na elevação da *djed* no decorrer do festival Sed, é a condição da fertilidade triunfante do rei-deus. Esta se manifesta tanto na identificação de Hórus com o deus-touro fálico de Min ou com o deus criador Ptá, quanto na incorporação da energia dos testículos de Set e na vitória do deus dos cereais, no matrimônio sagrado com Hathor, em Edfu, ou no ritual outonal da colheita dos reis.

O rei-filho-de-Hórus já não desempenha o papel transitório de rei anual da fertilidade, sob a dominação da Mãe Terra, mas agora é o pai gerador, que continuamente fertiliza a terra e dispõe patriarcalmente da sua progênie.

A sua função tornou-se independente do ritmo natural, que recebera expressão sagrada no antigo ritual da fertilidade. Mas ela só alcançou independência porque encontrou apoio numa autoridade que era também independente do processo natural e da sua periodicidade. O rei terreno, tal como o divino Hórus filho com o qual se identificava, precisavam de uma sanção superior, o que eles encontraram no princípio espiritual da duração, da imperecibilidade e da eternidade, simbolizados pelo pai, Osíris.

No matriarcado, a morte e a ressurreição ocorriam no mesmo plano terreno; a morte significava a cessação da fertilidade e a ressurreição, o ressurgimento da vegetação viva. Mas ambos os polos permaneciam presos ao ritmo da natureza.

Com Osíris, no entanto, a ressurreição significa perceber sua essência eterna e perdurável, tornando-se uma alma perfeita e escapando do fluxo dos acontecimentos naturais. Porém, com isso, então se associa a entronização de Hórus como filho de Osíris. Como o filho de Ísis, ele seria apenas um fugaz deus da vegetação, tendo as suas raízes assentadas na natureza eterna, mas eternamente mutante, da Grande Mãe. Nesse ponto, contudo, está unido ao pai, o pai espiritual sempiterno e imutável, o deus Osíris, rei dos espíritos. Ele é permanente como este, dura para sempre; é, a um só tempo, o vingador, o herdeiro e a causa da elevação do pai. Quando a escada de Osíris é levantada nas cerimônias de coroação e a ereção da *djed* e a elevação do velho rei precedem a entronização de Hórus, indica-se que o seu poder está fundamentado no pai superior e não mais na mãe inferior.

Podemos entender agora por que é o Osíris *morto* que gera Hórus. Trata-se de uma forma primitiva, simbólica, de expressar a geração espiritual. Não é uma geração terrena: o pai é a múmia de membro longo ou, como diz outra imagem, o escaravelho dotado de falo, eternamente potente.

E também essa é a razão por que Osíris, ao ressurgir dos mortos, não dispunha de um órgão masculino. Ísis substituiu o falo perdido por um falo cultual de madeira. O eunuco é, por assim dizer, um eunuco "espermático", um símbolo não incomum de geração espiritual que aparece repetidas vezes nos mistérios e nos ensinamentos secretos. Desse modo, Osíris é, ao mesmo tempo, o castrado que procria, o que procria com o falo cultual e o morto que procria.

O morto que gera é um ancestral espiritual. Ele é espírito espermático. A sua realidade é geradora, ativadora e invisível como a realidade do espírito do evento. O inconsciente coletivo, expressando-se por meio do moderno psicótico,[284] e o papiro mágico egípcio concordam que a sede desse princípio pneumático é o sol. O falo solar, diz este, é a fonte do vento. Mas o sol é Rá-Hórus e Osíris combinados.

O problema da criação e a questão correlata do espírito encontraram uma formulação simbólica definitiva no mito de Osíris. "Eu e o pai somos um" – Osíris e Hórus são, do ponto de vista psicológico, partes de uma mesma personalidade.

O pai Osíris sem falo ou, para ser mais preciso, dotado de falo-espírito, tem a sua contraparte no filho Hórus ctônico-fálico; ambos são um. A criatividade de ambas as partes depende uma da outra, mas a parte de Hórus é voltada para o mundo e reina terrenamente, ao passo que Osíris, o poder eterno que o sustenta, rege os espíritos. Filho e Pai são o Deus deste e do outro mundo. A sua inter-relação é, em termos psicológicos, a que há entre o ego e o *self*.

O simbolismo que gravita em torno da figura de Osíris abarca os níveis mais primitivos da psicologia humana, assim como os seus mais elevados cumes, tendo as suas raízes em hábitos funerários pré-históricos e terminando em projeções do processo hoje conhecido como integração. Contemplando, mais uma vez, os diversos níveis simbólicos, por meio dos quais se realiza, de modo ascendente, a conscientização do processo de transformação da personalidade, torna-se evidente como, desde o início, procura afirmar-se claramente a tendência de centroversão na humanidade.

O nível mais primitivo é a recombinação das partes separadas, a tentativa de fixação e conservação, mas, ao mesmo tempo, também de "elevação". Esta é apresentada no erguimento do cadáver de Osíris sobre a árvore, no símbolo do nascimento na árvore – um içar do que estava oculto na profundidade –, na colocação do sacro sobre a árvore no símbolo *djed* e, em especial, no levantamento da coluna *djed*. Mas o mistério de levantamento e ascensão está relacionado com a totalização e integração. A reintegração das partes divididas, a mumificação e conservação do corpo são o fundamento, mas esse ritual primitivo transcende o simbolismo da ascensão e da transformação.

A unificação do corpo com a cabeça, correspondente à união do Osíris inferior com o Osíris superior, passa a ser a união de Osíris com Rá. Essa, no entanto, é a autotransformação, pela qual Osíris se une à sua alma Rá e se torna o ser perfeito. Tudo isso é arquetípico enquanto ocorre no meio dos deuses, mas o processo se torna humano quando o papel de Osíris passa para o rei egípcio que, como Hórus, se une a Osíris. A relação Hórus-Osíris corresponde, simbolicamente, à de Osíris e Rá e à do Osíris inferior com o superior. Pela inserção do rei no evento dos deuses, o processo mitológico começa a se revelar como processo psicológico. E então o temos diante de nós, na sua forma mais recente, como processo de transformação e unificação psíquicas pelo qual as diversas partes da alma se integram e a parte terrena do ego-Hórus da personalidade se une ao espiritual, divino *self*. Por meio da unificação e da transformação ascendentes, atinge-se a firmeza e a superação da morte, algo que, como objetivo supremo, já existia na psicologia da humanidade primitiva.

O relacionamento patriarcal pai-filho substituiu a outrora dominante figura da mãe, Ísis, nas esferas religiosa, psicológica, social e política. Restaram ainda vestígios do domínio matriarcal original, mas, nos tempos históricos, estes já haviam sido superados pelo pai-rei. A investidura e entronização do filho têm como base a ressurreição de Osíris e a derrota dos seus inimigos. As lutas de Hórus com o princípio do mal – Set – são o protótipo das futuras "guerras de Deus" que cada um dos seus filhos tem de conduzir.

Com isso, o círculo se fecha e voltamos ao mito do herói e à luta com o dragão. No entanto, devemos ler o mito de Osíris de um modo que inclua Hórus, o herói, como parte de Osíris.

Vimos que há uma associação entre vários elementos do mito do herói. O herói é um ego-heroi, isto é, representa a luta da consciência e do ego contra o inconsciente, que se manifesta no espírito guerreiro do herói. A masculinização e fortalecimento do ego, aparentes nas façanhas marciais do herói, capacitam-no a vencer o seu medo do dragão e lhe dão coragem para enfrentar a Mãe Terrível (Ísis) e o seu representante, Set. O herói é o homem superior, o "falo elevado", e a sua ação é expressa nos símbolos da cabeça, do olho e do Sol. A sua luta testemunha o seu parentesco com o "céu" e a sua parentagem divina, estabelecendo uma relação dual: de um lado, ele necessita do apoio do céu para combater o dragão e, de outro, tem de provar, pela luta, que é digno desse apoio. O herói, o regenerado pela luta com o dragão, é ritualmente idêntico ao pai-deus e à sua encarnação. Nessa identificação recíproca do pai com o filho e do filho com o pai comprova-se a frase: "Eu e o pai somos um". O renascido é filho do pai divino, é pai de si próprio e, como gerador do renascimento do pai dentro de si, é pai do seu pai.

Assim, todos os elementos essenciais do mito do herói estão presentes no mito de Hórus e Osíris. Há apenas uma restrição, que tem relação com a superação patriarcal da Mãe Terrível. É verdade que ainda sobraram vestígios da Ísis terrível, mas a sua superação se vê claramente na sua decapitação por Hórus e quando, nas festividades de Mênfis, este força a Mãe ao incesto:[285] em geral, no entanto, o papel negativo dela passou para Set e Ísis se tornou, basicamente, a "mãe boa".

O centro do mito Osíris-Hórus é a identificação ritual do filho com o pai morto. O fato de Hórus, gerado por Osíris morto, não ter um pai-Osíris pessoal frisa a natureza divina e suprapessoal do pai do herói, assim como a do filho-herói. Hórus assumiu o papel do lutador. A vitória sobre Set é o seu comprovante para ser aceito como filho de Osíris. Como homem superior, ele é tanto Osíris como o falo espiritualizado no levantamento da *djed* e o Hórus-falcão, o típico símbolo solar. Ele é o pai de Osíris, a quem revivifica por meio do olho-Hórus, mas, na identificação ritual com o pai morto, ele obtém a sua própria renovação e o seu próprio renascimento. Ele se torna Deus e Osíris; vivo como rei e, na festa Sed, morrendo como Osíris morto. Une-se à alma-Hórus-Rá com Osíris, tal como este se une a ele.

Osíris é o "renascido em si", aumentando, nesse processo, o grau da sua atividade própria no decorrer do tempo.

Inicialmente, como falo, Osíris é o permanente, mas ao lado disso é também o renascido pela Mãe-deusa Mut ou por Ísis, que o anima com o sopro do vento; é depois regenerado pelo seu filho gerado espiritualmente, Hórus, a encarnação do seu próprio poder vital. Por fim, como aquele que ascende e se une a Rá (Hórus), ele é o que se unifica a si mesmo e renasce por si mesmo. Todos esses estágios estão justapostos e se mesclam, como sempre, nos eventos mitológicos. Osíris é mais permanente do que a coluna *djed* e o falo da múmia, mas, desde o início, é também, como lua, o que se regenera e renasce por si mesmo. Tal como está dito na festividade Sed:

> Tu te renovaste e começaste de novo, tornaste-te jovem como a criança Lua-Deus.

Porém, o decisivo, porém, é que a transformação e o renascimento procuram livrar-se, em geral, do simbolismo cósmico e natural. E isso é, finalmente, conseguido por meio da síntese dos símbolos paradoxais, como já acentuamos. O morto é vivo, o castrado procria, o enterrado sobe ao céu, o perecível se torna eterno, o homem se torna Deus, Deus e homem são um.

Todas essas afirmações gravitam em torno de um dos conteúdos centrais da humanidade, isto é, o objetivo de tornar-se um "ser perfeito", uma alma perfeita. Trata-se da realidade, infinitamente difícil de ser formulada, do princípio espiritual e da sua operatividade, que agora já não é mais concebido por meio do anonimato original do totem, do céu, dos pais, mas como Deus, como figura e como *self.**

O mito do herói evolui para mito da autotransformação: o mito homem filho de Deus, nele latente desde sempre, mas realizável somente pela façanha do herói, pela vida heroica nesta terra, unindo o *self* (Osíris) e o ego (Hórus). Essa união teve o seu primeiro expoente no Hórus mítico e, depois, nos reis egípcios que o sucederam. A estes seguiram-se depois alguns egípcios, embora a identificação deles com o estágio em questão fosse apenas primitivo-mágica; e, por fim, no curso do desenvolvimento espiritual posterior, o princípio da alma imortal passou a ser conteúdo e propriedade de cada indivíduo.

Em toda parte, tem sido prodigiosa a influência do mito de Osíris. Encontramos vestígios seus nos mistérios clássicos,[287] no gnosticismo, no cristianismo, na alquimia, no misticismo e até nos tempos modernos.

Em uma parcela dos mistérios clássicos, estamos diante de rituais iniciáticos, cuja finalidade é estabelecer a masculinidade superior, transformar o iniciado em homem superior e, desse modo, fazê-lo idêntico, semelhante ou associado a Deus. Por exemplo, na *solificatio* do mistério de Ísis, o acento está na identificação com o deus-sol, enquanto o objetivo de outros mistérios é alcançar uma proximidade com Deus por meio da *participation mystique.*

---

* O correspondente feminino do mito Osíris-Hórus encontramos no mito de Deméter e Koré. A documentação referente foi explicada por Kerényi (*Essays on a Science of Mythology*)[286] e interpretada por Jung.

O caminho para isso varia, mas não importa se o místico se torna um *entheos*" ao ser tomado pelo êxtase, ou se é ritualmente regenerado, ou se incorpora a Deus pela comunhão; o objetivo é sempre o homem superior, a conquista da parte espiritual, luminosa e celeste. Como os gnósticos de uma época posterior expressaram, o iniciado se torna um *"ennoos"*, alguém que possui o *nous* ou a quem o *nous* possui, um *"pneumatikos"*.[288]

Uma característica frequente desses mistérios é a castração, que simboliza, como é evidente, a mortificação da masculinidade inferior no interesse da superior. Quando, por exemplo, isso acontece como resultado da identificação com Átis, ou, quando descobrimos, nos mistérios de Adônis, que o leito onde este repousa[290] está forrado de alfaces,[*] comida dos mortos e planta de eunucos, que "expulsa as forças geradoras", e que a cicuta desempenha o mesmo papel nos mistérios eleusinos, vemos que o sacrifício da masculinidade inferior é a pré-condição da espiritualidade.

Todas essas tendências ascéticas estão sob o domínio da ouroboros e da Grande Mãe e fazem parte da *mystique* do filho sofredor. O seu alvo último é o incesto urobórico místico que espreita sedutoramente por trás da castração. A partir da perspectiva do desenvolvimento arquetípico em estágios, os cultos de mistérios ainda não chegaram ao nível da luta do herói ou se acham paralisados nele.

O objetivo da luta do herói é a conquista da masculinidade superior e da inferior, é a combinação da masculinidade fálico-ctônica com a espiritual-celeste, tal como se manifesta no *hieros gamos* pela união criativa com a *anima*. Até onde os mistérios chegaram ao nível da luta com o dragão, essa luta é concebida apenas como combate ao dragão-mãe, representante do aspecto ctônico-inconsciente, tendo como resultado a identificação com o aspecto pai-espírito. O fato de não se realizar a luta com o dragão-pai, que seria a superação do espírito, leva à castração patriarcal, à inflação, à perda do corpo na ascensão extática e, desse modo, à um misticismo de negação do mundo. Esse fenômeno é particularmente evidente no gnosticismo e no cristianismo gnóstico. A infiltração de influências iraniano-maniqueias fortalece de fato o componente marcial do herói, mas este, por ser gnóstico, continua hostil ao mundo, ao corpo, à matéria e à mulher. Embora alguns elementos da gnose já tendam no sentido de uma integração dos opostos, estes, contudo, desmoronam e, no fim de tudo, vence o aspecto celeste com o sacrifício do aspecto terrestre.

Por trás da castração patriarcal – a superpotencialização pelo espírito celeste na ascensão extático-mística – espreita a ameaça, e o fascínio, do

---

[*] Mas essa mesma alface era considerada sagrada, no Egito, pelo Min Copta, devido ao seu "efeito sexualmente excitante".[289]

incesto urobórico. Por isso, os mistérios são mais frequentemente mistérios de renascimento, nos quais o renascido não gera a si próprio de modo ativo como no mito do herói, mas experimenta isso passivamente, como morto. Também nesses mistérios, como, por exemplo, nos frígios, encontramos a reintegração dos membros do morto. O despertar do morto, como mistério de renascimento,[291] é uma característica muito generalizada na humanidade; mas o importante é saber se isso é feito pela intervenção da divindade-mãe ou do sacerdote iniciador representante do *self* ou pelo próprio ego. A situação pretendida no mito e no ritual é que o ego se experimente como morrendo, mas que, simultaneamente, um *self* autogerador surja na figura de uma divindade. O mito do herói só se cumpre quando o ego se identifica com esse *self*, ou seja, quando, no momento da morte do ego, o apoio celeste se realiza como o seu próprio nascimento divino. Somente por essa situação paradoxal, em que a personalidade experimenta a si mesma simultaneamente morrendo e autogerando, o homem ambivalente renascerá como o homem integralizado.

A iniciação do morto, em *O Livro Tibetano dos Mortos*,[*] corresponde a esse aspecto, no sentido de que ele é exortado a ter um conhecimento visionário desse ato gerador. Também a forma frequente dos mistérios, na qual o místico revivifica o deus, é uma pré-formulação mitológico-ritual da autogeração. Por outro lado, quando o celebrante se submete a uma morte simbólica, mas o deus revivificante é representado por um sacerdote, não pode haver plena realização dessa similitude entre pai e filho. Já nos mistérios helenísticos, podemos ver como conteúdos simbólicos antes representados na realização ritual de eventos míticos paulatinamente se voltam para dentro, tornando-se primeiro a experiência sagrada do iniciado e, por fim, processos que ocorrem no interior da psique individualizada.

Essa progressiva interiorização é um sintoma da individualização e da intensificação da consciência humana; e esse mesmo princípio, que antes promoveu o crescimento da personalidade, determina também a continuação do desenvolvimento.[**]

Contudo, historicamente o cristianismo, que se desenvolveu sob a influência gnóstica, não seguiu o caminho sintético – que inclui o estágio da luta como dragão –, ao contrário da alquimia, da cabala e, sobretudo, do hassidismo.

Com referência a isso, na alquimia, de onde provém o termo "ouroboros", ressurgem não apenas os estágios arquetípicos, com quase todos os pormenores e a totalidade do simbolismo, mas até o símbolo de Osíris como

---

* Editora Pensamento: São Paulo, 2ª edição, 2020. (N. da R.T.)

** Ver Parte II.

representação básica da matéria a ser transformada, de modo que todo o processo alquímico de transformação e sublimação pode ser entendido como uma transformação de Osíris.[*]

Assim sendo, o desenvolvimento arquetípico dos estágios da consciência culmina de fato em Osíris e na sua transformação, que formam o protótipo mitológico do fenômeno que milênios mais tarde reapareceria como o processo de individuação do homem moderno. Só agora se intercala um novo desenvolvimento. Como uma revolução copernicana na psique, a consciência se volta para dentro e avista o *self*, ao redor do qual gravita o ego no paradoxo de identidade e não identidade. Desse modo, começa o processo psicológico da assimilação do inconsciente pela consciência moderna; e o consequente deslocamento do centro de gravidade do ego para o *self* assinala o último estágio atingido pelo desenvolvimento da consciência humana.

---

[*] Como a alquimia se originou, na realidade, no Egito, não é improvável que as interpretações esotéricas do mito de Osíris estejam entre os fundamentos da arte alquímica. Osíris é um dos símbolos do chumbo, sendo a transmutação deste no ouro solar de Rá o principal objeto da "grande obra". A ascensão e a sublimação são tão características de Osíris quanto a sua ligação com Rá.

PARTE II

Os Estágios Psicológicos
do Desenvolvimento da Personalidade

Uma Contribuição à Energética Psíquica e à Psicologia da Cultura

A. A Unidade Original

Estágios Mitológicos: Ouroboros e a Grande Mãe

Centroversão e Formação do Ego

A segunda parte desta obra é uma tentativa teórica para compreender, à luz da psicologia analítica, os processos cuja projeção mitológica apresentamos na primeira parte. Nesta, queremos demonstrar o significado do mito para o nascimento da personalidade do homem ocidental moderno.

Ao lado do resumo dos desenvolvimentos psicológicos apresentados na Parte I, poremos agora um pouco de "metapsicologia" à guisa de complemento especulativo e de ampliação. O conhecimento do caráter fragmentário da nossa experiência não nos deve impedir de esboçar – com uma orientação provisória – um aspecto unificador da história do desenvolvimento, único fator a partir do qual se pode atribuir, a cada uma das averiguações, o seu valor e lugar. Trata-se somente de um entre muitos aspectos possíveis e necessários da psicologia analítica; cremos, no entanto, que o aspecto evolutivo dos estágios arquetípicos tem importância não só para a teoria, mas, antes de tudo, para a prática da psicoterapia. A psicologia estadial que buscamos esboçar oferece mais de uma contribuição à psicologia da personalidade individual; isso porque a abordagem psicológica da cultura, que situa em seu contexto próprio o significado humanístico da psicologia profunda de Jung, não teria sido possível não tivesse a psicologia analítica avançado para além da esfera personalista, penetrando na psicologia coletiva. Antes de submetermos o desenvolvimento estadial do ego, discutido na Parte I, à interpretação psicológica, cumpre fazer algumas observações introdutórias sobre o conceito de ego, sobre os estágios e sobre o nosso método de interpretação.

Fundamental para a psicologia analítica é a teoria dos complexos, que reconhece a natureza de complexo do inconsciente e define os complexos como "unidades vivas da psique inconsciente".[1] Ela também reconhece a natureza de complexo do ego, o qual, como centro da consciência, constitui o complexo nuclear do sistema psíquico.

Essa concepção do ego, substanciada pelas descobertas psicológicas e psicopatológicas, é uma das características distintivas da psicologia analítica:

O complexo do ego é um conteúdo da consciência e, ao mesmo tempo, condição da consciência, uma vez que um elemento psíquico é consciente para mim na medida em que está ligado ao complexo do ego. No entanto, considerando-se que é apenas o centro do meu campo de consciência, o ego não é idêntico à totalidade da minha psique, mas apenas um entre outros complexos.[2]

Acompanhamos o desenvolvimento desse complexo do ego na mitologia e, ao fazê-lo, nos familiarizamos com uma parte da história da consciência na sua projeção mitológica. As mudanças no desenvolvimento da relação entre o ego e o inconsciente foram expressas mitologicamente nas diferentes figuras arquetípicas – a ouroboros, a Grande Mãe, o dragão etc. – em que o inconsciente se apresenta ao ego ou que este constela a partir daquele. Ao tomarmos os estágios arquetípicos como etapas de desenvolvimento da consciência, interpretamos as figuras mitológicas da criança, do adolescente e do herói como estágios da própria transformação do ego. O complexo do ego, que é o complexo central da psique, forma o centro atuante dos eventos descritos na Parte I.

Tal como todas as figuras de uma obra de arte, por exemplo, em um drama ou romance, a figura mitológica do herói requer uma interpretação dual, ou seja, uma interpretação "estrutural", cuja base é a natureza da própria figura, e aquilo que poderíamos chamar de uma interpretação "genética", que considera a figura como a expressão e expoente da psique de onde provém.

Assim, por exemplo, a interpretação estrutural da figura do Fausto tem de considerar as características e atividades de que o Fausto é dotado no drama de Goethe, ao passo que a interpretação genética deve tomar o Fausto como parte da personalidade de Goethe, um complexo da sua psique. Essas interpretações são mutuamente complementares. A interpretação estrutural objetiva busca abarcar por inteiro a estrutura representada pela pessoa do Fausto e, em seguida, combiná-la com a interpretação genética, que admite ser a figura do Fausto uma representação da totalidade da situação psíquica, não só consciente, mas inconsciente, de Goethe, assim como da história do seu desenvolvimento. O fato de a mente consciente do poeta usar elementos exteriores no processo criador, como, por exemplo, a história real do dr. Fausto, não refuta as associações interiores que a interpretação genética pressupõe, visto que a seleção e modificação desse material são decisivas e típicas da situação psíquica. Do mesmo modo como resíduos do dia anterior são elaborados nos sonhos, assim também o material literário, histórico e de outro tipo é processado pelo "editor" do inconsciente com vistas à autorrepresentação da psique e, depois de elaborado na consciência do homem criador, é assimilado à situação interior que procura projetar-se.

Assim como as figuras da poesia devem ser interpretadas estruturalmente, isto é, como expressão de si mesmas, e, geneticamente, em sua relação com a histórica da índole e da vida do autor, assim também as figuras do mito devem ser submetidas à mesma interpretação dual. A nossa afirmação de que o desenvolvimento da consciência do ego é descrito no mito parece, contudo, complicada pelo fato de que, ao mesmo tempo que consideramos o mito do ponto de vista literal, descrevendo as experiências do jovem amante, por exemplo, "como se" ele fosse uma figura viva, devemos ainda interpretá-lo como representante simbólico de um estágio definido do ego no desenvolvimento do homem.

Essas figuras do mito são projeções arquetípicas do inconsciente coletivo, ou seja, a humanidade exterioriza no mito um conteúdo seu, de cujo significado não está consciente.

Do mesmo modo como conteúdos inconscientes, como os sonhos e fantasias, nos dizem alguma coisa a respeito da situação psíquica do sonhador, o mito lança luz sobre o estágio da humanidade de que se originou e representa a situação inconsciente dela. Em nenhum dos casos há conhecimento consciente da situação projetada, quer na mente consciente do sonhador, quer na da humanidade criadora de mitos.

Ao falarmos dos estágios do desenvolvimento da consciência, queremos fazer referência – como, sem dúvida, deixamos claro na Parte I – aos estágios arquetípicos, embora, ao mesmo tempo, tenhamos acentuado repetidas vezes o seu caráter histórico e evolutivo. Esses estágios, com os seus variados graus de consciência do ego, têm caráter arquetípico, isto é, são demonstráveis como "presença eterna" e operante na psique do homem moderno e como parte da sua estrutura psíquica. A natureza constitutiva desses estágios da psique vai se desvelando na sequência histórica do desenvolvimento individual, mas é muito provável que, inversamente, a estrutura psíquica do indivíduo também tenha sido construída na sequência histórica do desenvolvimento humano. Podemos considerar o conceito dos estágios tanto no sentido "platônico" como no "aristotélico"; como estágios arquetípicos da estrutura da psique, são constituintes do desenvolvimento psíquico, mas também são o resultado e o depósito desse desenvolvimento ao longo de toda a história humana.[*] As modificações da consciência, cujos depósitos se encontram nos estágios mitológicos, refletem um processo histórico que pode ser correlacionado com as épocas histórica e pré-histórica. A correlação, todavia, não é absoluta, tem caráter relativo.

Flinders Petrie[3] estabeleceu um sistema daquilo que denominou "datação de sequência" (abreviada como "D.S.") para a história primitiva do

---

[*] Contudo, esse paradoxo tem fundamento racional, visto que, embora o arquétipo seja condição e constituinte da experiência psíquica, a experiência do homem só pode se tornar autoexperiência no curso da história humana. O homem experimenta o mundo por meio dos arquétipos, mas estes são, eles mesmos, impressões da experiência inconsciente que o homem tem do mundo.

Egito. Trata-se de sequências no interior das quais podemos acrescentar um "antes" e um "depois" sem ter conhecimento da correlação temporal. Por exemplo, 30 D.S. vem antes de 77 D.S., embora isso não nos diga a que período devemos atribuir 30 D.S. ou 77 D.S., nem a amplitude do intervalo entre eles. De igual maneira, temos de nos conformar com a datação de sequências psicológicas ao lidarmos com os estágios arquetípicos. A ouroboros vem "antes" da Grande Mãe, vindo esta "antes" da luta com o dragão; mas uma correlação absoluta é impossível, em virtude do fato de termos de considerar a relatividade histórica de nações e culturas individuais. Assim é que a cultura cretense-micênica foi, para os gregos, o período pré-histórico da Grande Mãe, uma vez que, naquela cultura, o seu culto era dominante. A mitologia grega é, em larga medida, a mitologia da luta com o dragão por parte de uma consciência que labutava por alcançar independência, revestindo-se essa luta de um caráter decisivo para a importância espiritual da Grécia. Porém, enquanto na Grécia, esse desenvolvimento está situado aproximadamente entre 1500 e 500 a.C., o processo correspondente ocorre no Egito, como parece provável, bem antes de 3300 a.C. O desenvolvimento já está completo no mito de Osíris e Hórus, e a identificação do rei com Osíris remonta, conforme se comprovou, à Primeira Dinastia, o que não quer dizer que não tenha ocorrido antes dela.

Duas importantes consequências decorrem da relatividade desses estágios e do fato de terem ocorrido em diferentes períodos em culturas distintas.

Em primeiro lugar, isso é prova da sua estrutura arquetípica. A universalidade e caráter necessário da sua ocorrência mostra haver um substrato psíquico comum, que funciona de maneira idêntica em todos as pessoas. Em segundo, justifica o nosso método de ilustração de um estágio particular por intermédio da coleta e comparação de dados derivados de épocas e culturas distintas. Por exemplo, Frobenius descobriu que o culto da Grande Mãe e o regicídio ritual desempenham importante papel entre certas tribos africanas.[4] Esses exemplos quase contemporâneos são uma ilustração, assim como um vívido comentário, de costumes religiosos antiquíssimos praticados no Egito há cerca de sete mil anos. A questão de saber se aí se trata da manifestação espontânea do simbolismo arquetípico ou de influências da antiga cultura egípcia[5] é irrelevante no que se refere à atualidade dos estágios e do seu simbolismo, assim como no tocante ao nosso uso de materiais vindos de diferentes esferas de cultura. Sempre que o simbolismo arquetípico se faz presente, o material mitológico tem para nós o mesmo valor do material antropológico. Daí as nossas repetidas referências a Bachofen, uma vez que, embora a sua avaliação histórica da mitologia possa estar superada, a sua interpretação dos símbolos tem sido amplamente confirmada pela moderna psicologia profunda.

A nossa tarefa agora consiste em fazer um juízo sobre os estágios arquetípicos do desenvolvimento da consciência, tal como os conhecemos a partir da projeção mitológica, a fim de compreender a sua significação psicológica para a formação e o desenvolvimento da personalidade. Vimos que os mais remotos desenvolvimentos do ego e da consciência ocorreram nos, e por meio dos, símbolos da ouroboros e da Grande Mãe, e que puderam ser registrados a partir das diferentes relações do ego com eles. A interpretação psicológica desses dois estágios arquetípicos iniciais e do simbolismo correspondente é a nossa preocupação primeira, ou seja, devemos acompanhar o desenvolvimento do ego e da sua relação com o inconsciente desde o germe do ego.

O Germe do Ego na Situação Urobórica Original

Do ponto de vista psicológico, a ouroboros, o estágio arquetípico inicial que forma o nosso ponto de partida, é uma experiência "fronteiriça", sendo individual e coletivamente pré-histórico no sentido de que a história só começa com um sujeito capaz de fazer experiências, isto é, com um ego e uma consciência já existentes. O estágio inicial, simbolizado pela ouroboros, corresponde a um estágio pré-ego e, da mesma maneira que antecede a história humana, assim também, na história do desenvolvimento individual, pertence ao estágio da mais tenra infância, quando há apenas o germe do ego. Embora, esse estágio só possa ser experimentado "na fronteira", os seus sintomas e simbolismos exercem importante efeito sobre amplas áreas da vida individual e coletiva do homem.

A sua situação original, que é representada mitologicamente como a ouroboros, corresponde ao estágio psicológico da pré-história do homem, na qual o indivíduo e o grupo, o ego e o inconsciente, o homem e o mundo, estavam ligados de maneira tão indissolúvel entre si que a lei da *participation mystique*, da identidade inconsciente, prevalecia entre eles.

O destino essencial do homem, pelo menos do homem moderno, se desenvolve em três frentes correlacionadas, porém claramente distinguíveis uma da outra. Os três fatores básicos que determinam o destino do homem são: o mundo como universo exterior dos eventos exteriores ao homem, a comunidade como terreno das relações inter-humanas e a psique como mundo da experiência humana interior. O encontro criativo entre o homem e cada um desses fatores é decisivo para o desenvolvimento do indivíduo. Todavia, no estágio inicial esses territórios ainda não se separaram uns dos outros – nem o homem do mundo, nem o indivíduo do grupo ou a consciência do ego do inconsciente. No fundo primevo em que o homem, o grupo e o mundo estão fundidos entre si, ainda não se distinguem os desenvolvimentos cujas associações e oposições nos ocuparão no decorrer dos estágios. Não se vê ainda o desenvolvimento a ser descrito como o nascimento do ego a partir do inconsciente e a sua relação com este, a sua dependência e emancipação, nem aquele em que o membro do grupo, com a sua ampla identificação com este, passa a ser um indivíduo. Tampouco se distingue o mundo humano, composto de grupo e indivíduos, daquilo que chamamos mundo exterior dos objetos. Mesmo conhecendo a condição original das coisas apenas como experiência fronteiriça ("*borderline*"), ainda temos condições de descrever-lhe os sintomas, porque, com as partes da nossa psique que não são a nossa consciência do ego, ainda partilhamos desse estágio arquetípico.

A indivisibilidade entre grupo, indivíduo e mundo exterior está presente sempre que conteúdos psíquicos, isto é, conteúdos que a nossa cons- -ciência de hoje reconhece como psíquicos e, por essa razão, agrega ao mundo interior do homem, são projetados sobre o mundo exterior, ou seja, deslocados para fora e experimentados como algo exterior. Tais conteúdos são facilmente reconhecíveis como projeções quando provenientes de antigas eras humanas, de esferas culturais estranhas ou de outros povos; porém, isso se torna mais difícil à medida que esses conteúdos se aproximam dos eventos inconscientes do nosso tempo, da nossa cultura e da nossa própria personalidade. O animismo, que dota as árvores de espíritos residentes, ídolos de divindades, locais sagrados com poder de realizar prodígios ou seres humanos de dons mágicos, é percebido com facilidade; trata-se, para nós, de um caso evidente de "projeção". Sabemos que árvores, ídolos, locais sagrados e seres humanos são objetos reconhecíveis do mundo exterior, no qual o homem primitivo projetou os seus conteúdos psíquicos interiores. Ao reconhecê-los, retiramos essas "projeções primitivas", diagnosticando-as como autossugestão ou coisa parecida; anulamos, assim, a fusão produzida pela participação entre o homem e os objetos do mundo exterior. No entanto, quando se trata de perceber a intervenção de Deus na história mundial, da santidade da pátria, simbolizada pela bandeira ou pelo rei, das intenções malignas das nações situadas além de uma fronteira qualquer e até do mau caráter daqueles de quem não gostamos ou do bom caráter daqueles que amamos; quando se trata de vivenciar essas coisas como projeções, a nossa disposição psicológica de reconhecê-los nos abandona facilmente, sem levar em conta que os exemplos realmente "quentes" nem são citáveis, por serem parte das condições ainda totalmente inconscientes da nossa visão indiscutível do mundo.

A fusão original do homem com o mundo, a sua paisagem e a sua fauna têm como expressão antropológica mais conhecida o totemismo, que considera determinado animal como um ancestral, amigo ou algum tipo de ser poderoso e providencial. A afinidade de um membro de um totem com o animal-ancestral desse totem, e com a correspondente espécie animal, é levada até ao ponto da identidade. Que tal afinidade não é uma questão de crença, mas de fatos, isto é, uma realidade psicológica, podendo levar até a magia da caça telepática etc., é amplamente atestado.[6] Não há dúvida de que a visão mágica de mundo do homem primitivo se baseia em relações de identidade dessa natureza.

O mesmo fenômeno de fusão que havia originalmente entre o homem e o mundo também se verifica entre o indivíduo e o grupo, ou melhor, entre o homem como membro de um grupo e o coletivo. A história ensina que, no princípio, o indivíduo não existia ainda como entidade independente, sendo o domínio exercido pela psique grupal, que não permitia a emancipação de um ego individual. Reconhecemos essa situação em todas as áreas da vida social e cultural; em toda parte, há, no início, uma coletividade anônima. Naquele tempo, imperava eticamente a responsabilidade grupal, pela qual o indivíduo não existia independentemente do grupo, mas apenas como parte dele.[7]

Essa unidade de grupo original não implica a existência de uma psique objetiva de grupo, distinta dos seus portadores, e há sem dúvida desde o início diferenças individuais entre membros do grupo, sendo permitidas ao indivíduo certas áreas limitadas de independência.[*] Mas permanece o fato de que, no estágio inicial das coisas, o indivíduo era, em larga medida, integrado por meio do grupo. Essa integração não era necessariamente alguma coisa mística, ao contrário do que a expressão um tanto nebulosa *participation mystique* poderia levar a pensar. Isso quer dizer somente que, no grupo original, a solidariedade dos seus membros deve ser entendida como análoga à relação entre órgão e corpo ou de uma parte em relação à figura inteira e não no sentido de partes que formam uma soma; e que, inicialmente, o efeito da totalidade era de grande preponderância e o ego só muito lentamente se libertou desse predomínio grupal. Esse nascimento posterior do ego, da consciência e do indivíduo é um fato incontestável.[**]

---

[*] Ver Apêndice I.

[**] Isso permanece um fato, sem prejuízo das modificações que a escola de antropologia representada por Malinowski efetuou na concepção da psique coletiva dos primitivos.[8] A descoberta da psique coletiva e da submersão do indivíduo nela fê-la ser enfatizada em excesso no início, e a referência de Malinowski ao papel desempenhado pelo indivíduo, mesmo no estágio primitivo, é importante. Essa correção acentua, com toda justiça, o antagonismo dialético entre indivíduos e grupo, mas isso não restringe o principal fundamento das descobertas da escola de Durkheim. Aquilo que Lévy-Bruhl denominou *participation mystique* e pensamento pré-lógico é idêntico ao que Cassirer,[9] na sua polêmica com a escola de Durkheim, chamou de "experiência da unidade de tudo que vive" e "predomínio do sentimento". É que o conceito de "pensamento pré-lógico" não deve ser interpretado como incapacidade de pensar logicamente. O primitivo é bem capaz disso, mas a sua visão do mundo, determinada pelo inconsciente, não é orientada pela lógica da consciência e do pensamento. Nesse mesmo sentido, há no homem moderno – até o ponto em que é inconsciente – um pensamento pré-lógico, além da sua visão consciente do mundo orientada, por exemplo, cientificamente.[10]

Mesmo que a pesquisa tenha demonstrado que já nos primitivos havia conflitos de indivíduos com o grupo, é certo, no entanto, que, quanto mais retrocedemos na história humana tanto mais rara se torna a individualidade e tanto mais subdesenvolvida ela é. Mas até nos dias atuais a análise profunda se depara com a preponderância de fatores coletivos inconscientes, ou seja, não individuais, na psique do homem moderno. Apenas a partir desses dois fatores já se pode deduzir com certeza que o homem era originalmente uma parte da psique coletiva do seu grupo e, como indivíduo, tinha um âmbito de ação muito reduzido. Todas as evidências de cunho social, religioso e histórico apontam para o nascimento posterior do indivíduo a partir do coletivo e do inconsciente.[*]

A psicologia de grupo e da massa tem ocupado um sem-número de teóricos, que, na presente obra, não podemos considerar.[10a]

A revolução copernicana sinalizada pela aplicação da psicologia profunda a problemas aqui discutidos consiste no fato de que ela parte da psique coletiva do grupo, e não do indivíduo e da consciência do ego, como fator determinante.

O reconhecimento básico da psicologia transpessoal é que a psique coletiva, a camada mais profunda do inconsciente, é o fundo e a energia original de onde vem tudo que se relaciona com o ego e a consciência, o local onde estes têm a sua raiz e nutrição, sem as quais não podem existir. A psique de grupo, que, como veremos, não deve ser confundida com a psique de massa, tem como característica a preponderância primária de elementos e conteúdos inconscientes e a posição secundária da consciência individual. Em relação a isso, é preciso enfatizar que, nesse nível primitivo, não se trata propriamente de uma retração, dissolução ou regressão, mas antes do fato de a consciência ainda não ser desenvolvida ou de o ser apenas em parte. A afirmação de Tardes de que "o estado social, assim como o hipnótico, é apenas uma forma de sonho"[11] formula de maneira exemplar a situação original do grupo. Apenas não devemos tomar a nossa moderna consciência desperta como o ponto de partida óbvio para depois, por analogia com a hipnose, tomar a *participation mystique* da psique de grupo como uma limitação desse estado desperto. O inverso é verdadeiro; o estado consciente é o fenômeno posterior e incomum

---

[*] Nesse ponto, devemos chamar a atenção para o sistema um tanto incomum que governa a organização da Parte II. O desenvolvimento do ego, o problema da centroversão e a formação da personalidade são discutidos nas seções principais, ao passo que, nos apêndices, faz-se uma tentativa de esboço das relações entre o indivíduo e o grupo, assim como dos fenômenos da projeção e da introjeção que opera entre eles. Temos, dessa maneira, duas sequências que, embora relacionadas e complementares entre si, são, no entanto, elaboradas de maneira independente uma da outra. Todavia, é impossível manter essa linha demarcatória em nosso relato do estágio urobórico inicial. Distinguir entre o desenvolvimento psicológico do indivíduo e o do grupo já é um pouco problemático, visto que os dois processos estão em constante intercomunicação; e, no estágio mais remoto, em que o indivíduo e o grupo se encontram num estado de fusão indissolúvel, tal separação está deveras fora de questão.

e alcançá-lo por inteiro é uma raridade muito maior do que o finge, tão soberbamente, o homem moderno, sendo o estado inconsciente a situação psíquica básica, original e predominante em toda parte.

A unidade do grupo na participação ainda prevalece com tal intensidade, no homem moderno, que só os extraordinários esforços de conscientização de alguns indivíduos geniais levam aos poucos à percepção consciente dos fatores psíquicos que, como um "padrão cultural" inconsciente que cegamente aceitamos, regulam a vida e a morte de cada indivíduo. Embora desfrutem de um desenvolvimento consciente provavelmente mais avançado do que qualquer outro antes atingido pela humanidade, os indivíduos dos nossos dias, apesar de todas as suas realizações conscientes, ainda estão envolvidos na estrutura do seu grupo e em suas leis inconscientes.

Podemos observar a fusão entre o indivíduo e o grupo tanto nas coisas pequenas como nas grandes. Assim, por exemplo, relata-se sobre a possessão entre os primitivos, isto é, a tomada da personalidade por certos conteúdos inconscientes, considerados "espíritos", o seguinte:

> A possessão é com frequência provocada intencionalmente, mas, por vezes, também ocorre involuntariamente. Neste último caso, membros da mesma família costumam ser afligidos por sintomas semelhantes.[12]

Esse estágio emocional decorre da fusão inconsciente entre os membros da família. A sua identidade constitui o fator primeiro, embora o próprio termo "contágio" suponha um estado de separação que de fato só existe em grau muito pequeno. Na medida em que exista, como no caso do homem ocidental individualizado, essa separação se refere, em princípio – por razões a serem discutidas –, apenas a uma diferença estrutural da consciência. A emocionalidade do grupo, no entanto, forma uma camada psíquica conectiva inconsciente, que, na maioria das vezes, tem um potencial energético sobremodo maior do que a consciência do indivíduo.

O vínculo emocional entre membros do coletivo nada tem que ver com um relacionamento sentimental consciente ou com o amor. A sua origem tem muitas raízes de que não nos podemos ocupar nesta obra. A descendência comum, a vida comum e, acima de tudo, a experiência comum, até hoje criam laços emocionais, como bem sabemos. Experiências sociais, religiosas, estéticas e outras experiências coletivas de vários matizes – da caça de cabeças tribal à moderna manifestação de massas – ativam as bases emocionais inconscientes da psique do grupo. O indivíduo ainda não se libertou da corrente emocional subterrânea e toda excitação de uma parte do grupo pode afetar o todo, tal como uma febre atinge todas as partes do organismo. A fusão emocional arrasa as diferenças ainda pouco desenvolvidas entre os indivíduos e suas estruturas de consciência pessoal, continuamente restaurando a unidade original do grupo. Esse fenômeno, que se manifesta como recoletivização das massas,[13] ainda exerce poderosa influência sobre a vida do indivíduo na sua relação com a comunidade.

Do mesmo modo, reina, no estado urobórico primevo, uma fusão do homem com o mundo e do indivíduo com o grupo. O fundamento de ambos os fenômenos é a não diferenciação da consciência do ego com relação ao inconsciente; em outras palavras, a separação incompleta desses dois sistemas psíquicos.

Ao falarmos da projeção ou introjeção de um conteúdo psíquico, dizendo com isso que o conteúdo é experimentado como algo exterior, mas, em seguida, absorvido no interior, postulamos uma estrutura de personalidade claramente definida, para a qual há um "fora" e um "dentro". Contudo, na realidade, contudo, a psique é, originalmente, amplamente exteriorizada. A projeção pressupõe que o projetado, ou seja, aquilo que, por meio de um ato, foi deslocado para fora, tenha existido antes como fator psíquico interior. Mas a exterioridade de um conteúdo psíquico, contrastada com a ideia de projeção, implica na existência, no exterior, de algo que originalmente não se encontrava no interior da personalidade. Essa exterioridade de um conteúdo é a sua condição original; significa que o conteúdo só veio a ser reconhecido como pertencente à psique em um estágio posterior de consciência. Portanto, apenas desse ponto de vista é possível diagnosticar como projetado o conteúdo exteriorizado. Por exemplo, enquanto Deus é exteriorizado, a sua ação é do "verdadeiro Deus exterior", embora uma consciência posterior possa então diagnosticá-lo como uma projeção da imagem de Deus que habita a psique.[14] A formação e desenvolvimento da personalidade humana consiste, em larga medida, em "assimilar" – introjetar – esses conteúdos exteriorizados.

Entre os fenômenos básicos característicos da existência urobórica do grupo e da submersão de cada parte na psique grupal encontra-se o governo do grupo pelos dominantes do inconsciente coletivo, pelos arquétipos e pelos instintos. Esses mesmos conteúdos determinam o tom emocional do grupo e, como a sua carga de libido excede a da consciência do indivíduo, a sua manifestação tem até hoje um efeito violento sobre os indivíduos e os grupos.

Em conexão com a submersão do indivíduo no grupo e da consciência do ego no inconsciente, citaríamos a seguinte observação interessante de G. Trotter, referente ao rebanho:

> ... A reação apropriada do animal é seguir o impulso recebido do rebanho e não diretamente a causa do alarme. Parece que, dessa maneira, o indivíduo é protegido contra a excitação do medo, que iria paralisá-lo, uma vez que, sem essa proteção, o efeito do alarme seria apenas a provocação ativa de um terrível pânico.

Em relação a isso, Reinwald, de cuja obra retiramos a passagem acima,[*] acrescenta:

> O comportamento passivo do indivíduo com relação ao rebanho é, até certo ponto, a condição prévia do comportamento ativo do rebanho.

Embora essa interpretação teleológica de Trotter seja um tanto questionável, uma vez que o indivíduo pode algumas vezes ser precipitado no perigo ou na morte pela reação coletiva, o fenômeno tem por si só suficiente importância para merecer atenção. Na situação original, cada parte se ajusta mais ao grupo do que ao mundo exterior, sendo orientada pela sua dependência reativa do grupo. O relacionamento com o mundo exterior é, em larga medida, realizado, não diretamente pelo indivíduo, mas pela entidade imaginária "grupo", cuja encarnação é o líder ou animal dirigente, e cuja consciência representa a de todas as partes do grupo.[**]

Como sabemos, a participação também desempenha importante papel na infância, uma vez que a criança está envolvida na psicologia inconsciente dos pais. Nesse caso, manifesta-se, no plano ontogenético, exatamente a mesma situação urobórica que descrevemos no plano coletivo.

O conceito da transpersonalidade não deve ser confundido com o da exteriorização. Um conteúdo da personalidade pode – como o inconsciente coletivo – ser "transpessoal" no nosso sentido, na medida em que não provém da esfera pessoal do eu ou da esfera do inconsciente pessoal. Por outro lado, por exemplo, um conteúdo do inconsciente pessoal pode ser exteriorizado.

Nessas circunstâncias, em que a consciência ainda não se diferenciou suficientemente do inconsciente, nem o ego do grupo, o membro do grupo encontra-se tanto à mercê do grupo quanto de constelações inconscientes. O fato de ser pré-consciente e pré-individual leva-o a perceber o mundo e reagir a ele de um modo mais coletivo do que individual e mais mitológico do que racional. Uma apercepção mitológica do mundo e um modo instintivo e arquetípico de reação são, por conseguinte, características do homem primitivo. O coletivo e os membros do grupo não experimentam o mundo de maneira objetiva, mas mitologicamente, em imagens e símbolos arquetípicos; e a sua reação a ele é arquetípica, instintiva e inconsciente, e não individual e consciente.

---

[*] Reinwald, *op. cit.*

[**] É evidente o fato de que essa mesma situação ainda continua, de maneira catastrófica, a existir na civilização ocidental. Mesmo em nossos dias, o indivíduo "súdito" é o membro indolente do grupo, sem nenhuma orientação direta. O líder, o Estado etc. representam a sua consciência e o arrastam às cegas para movimentos de massa, como as guerras etc. Vejam-se os Apêndices I e II.

A relação inconsciente do membro submerso no grupo com o grupo que o contém leva invariavelmente a uma hipóstase de uma alma grupal, uma consciência coletiva ou coisa parecida. Isso é bastante justificável se se parte da experiência do membro que percebe o todo como totalidade. No mesmo sentido, falamos de povo, nação etc. E, embora esse "povo" seja uma hipóstase, do ponto de vista psicológico é verdadeiro e necessário fazer tal hipóstase. Porque, considerado psicologicamente, o povo como totalidade operante é mais do que a soma das suas partes e distinto delas e, nesse sentido, continua a ser vivido pelo membro do grupo. Quanto mais inconsciente o todo da personalidade de um homem for e quanto mais germinal for o seu ego, tanto mais a sua experiência do todo será projetada no grupo. A semente do ego e o *"self"* do grupo são diretamente relacionados, da mesma maneira que, inversamente, a individualização, o desenvolvimento do ego e, por fim, a autoexperiência por meio da individuação levam ao recolhimento dessa projeção. Quanto menos individualizadas forem as pessoas, tanto mais forte será a projeção do *self* sobre o grupo e tanto mais fortes serão as participações inconscientes entre os membros do grupo. No entanto, à medida que o grupo se torna mais individualizado e cresce a importância do ego e do indivíduo, tanto mais essas relações inter-humanas devem ser tornadas conscientes e as participações inconscientes, encerradas. Na situação urobórica, no entanto, o ego ainda é germinal e a consciência ainda não se desenvolveu como um sistema.

O Desenvolvimento do Ego Fora da Ouroboros

Inicialmente, a consciência, com os seus respectivos conteúdos, surge à maneira de uma ilha e logo torna a mergulhar na inconsciência, isto é, não há continuidade de consciência. Esse estado é com frequência descrito com referência aos primitivos que, quando não estão ocupados ativamente com algo, ficam sonolentos e se cansam facilmente com esforços conscientes. Só a progressiva sistematização dos conteúdos da consciência leva ao aumento da continuidade da consciência, ao fortalecimento da vontade e à capacidade de ação voluntária, que, no homem moderno, constituem a característica da consciência do ego. Quanto mais forte é a sua consciência, tanto mais ele pode fazer com ela, e quanto mais fraca ela é, tanto mais coisas "apenas acontecem". O estado urobórico é, sem dúvida, um estado "fronteiriço".

Nos sonhos, regredimos com maior prontidão ao estágio urobórico, que, como todos os demais estágios passados, continua a existir em nós e pode ser reativado a qualquer momento, desde que o nível de consciência caia, como ocorre durante o sono ou em consequência de alguma debilidade ou doença, ou de algum abaixamento da consciência induzido de outra maneira.

Quando tornamos a mergulhar no mundo dos sonhos, o nosso ego e a nossa consciência, sendo produtos posteriores do desenvolvimento humano, voltam a se dissolver. Em nossos sonhos, habitamos um mundo interior sem nos apercebermos de que o fazemos, visto que todas as figuras do sonho são as imagens, símbolos e projeções de processos interiores. De maneira semelhante, o mundo do homem primitivo é, em um grau muito amplo, um mundo interior experimentado fora dele mesmo, uma condição na qual ainda não se discrimina entre interior e exterior. O sentimento de unidade com o universo, a capacidade de os conteúdos mudarem de forma e de lugar, segundo as leis da similaridade e da afinidade simbólica, o caráter simbólico do mundo, o sentido simbólico de todas as dimensões espaciais – alto e baixo, direita e esquerda etc. –, a significação das cores e assim por diante, tudo isso o mundo dos sonhos tem em comum com o período inicial da humanidade. Aqui como lá, as coisas espirituais assumem forma "material", tornando-se símbolos e objetos. A luz representa a iluminação, as roupas representam qualidades pessoais e assim por diante. Os sonhos só podem ser entendidos a partir da psicologia do período primevo, que ainda hoje está vivo dentro de nós, como os sonhos demonstram.

A fase em que a semente do ego está contida no inconsciente, tal como o embrião no útero, fase em que o ego ainda não apareceu como um complexo consciente e em que não há tensão entre o sistema do ego e o inconsciente, é o estágio que designamos como urobórico e pleromático. Urobórico, porque é dominado pelo símbolo da serpente circular, característica da total indiferenciação, e que tudo desemboca em tudo, de tudo depende e com tudo está relacionado; pleromático, porque a semente do ego ainda habita o pleroma, a "plenitude" do Deus não formado, e, como consciência não nascida, dorme no ovo primordial, na bênção do paraíso. O ego posterior considera essa existência pleromática a primeira felicidade do homem, uma vez que, nesse estágio, não há sofrimento; este só vem ao mundo com o advento do ego e da experiência do ego.

O ego que desperta, por ser pobre em libido, cansa-se facilmente durante essa primeira fase infantil; em consequência, a semente do ego ainda é, em larga escala, passiva, sem ter nenhuma atividade real por si própria, visto que isso pressuporia um ego com quantidades aplicáveis de libido à sua disposição, por exemplo, na forma de vontade. Assim, no início, a consciência é essencialmente receptiva, mas mesmo essa receptividade cansativa a leva ao esgotamento e, desse modo, à perda da consciência.

A tendência do ego a voltar a dissolver-se na inconsciência recebeu de nós a designação de "incesto urobórico". Este corresponde à tendência do germe do ego a voltar ao estágio original do inconsciente de onde surgiu. Essa regressão

– no estágio em que o ego ainda é fraco e não possui consciência própria – é prazerosa, como o demonstra o caráter positivo dos símbolos da fase urobórica, de que a infância e o sonho são típicos. "Prazeroso" nesse contexto significa a extinção do mundo incipiente do ego e da consciência, com todas as suas tensões. Ego e consciência, todavia, pressupõe uma tensão entre consciente e inconsciente, de cujo potencial energético resultante vive a consciência.

Nesse primeiro estágio, em que o ego e o inconsciente ainda não são diferenciados, todas as experiências do ego relacionadas com o inconsciente são, ao mesmo tempo, agradáveis e desagradáveis. O incesto urobórico é um exemplo típico disso. Mesmo a autodissolução é uma experiência agradável, porque, enquanto o que é dissolvido – o ego – é fraco, o solvente – que acha a dissolução agradável – é forte. A identidade inconsciente com o solvente mais forte, a mãe urobórica, traz um prazer que deve ser considerado masoquista em sua forma posterior, perversa. O sadismo dissolvente da ouroboros e o masoquismo da semente do ego dissolvida se fundem na sensação ambivalente de prazer-desprazer. O sujeito dessa sensação é informe, por ser a unidade psíquica inconsciente entre ouroboros e semente do ego. Essa "morte em êxtase" é simbolizada pelo pleroma, a "plenitude" que o ego conhece como experiência fronteiriça, pouco importando se essa plenitude do inconsciente coletivo é interpretada como a beatitude do paraíso, como o mundo platônico das ideias ou como vazio que a tudo permeia.

O estágio do incesto urobórico é a fase mais inferior e inicial da história do ego. A fixação nela e o regresso a ela desempenham um papel que, na vida do homem comum, é importante, na do neurótico é decisivamente negativo e, na do homem criativo, é decisivamente positivo. O caráter regressivo e destrutivo ou progressivo e criativo do incesto urobórico depende do alcance e da firmeza da consciência e da fase evolutiva do ego. A ouroboros tem também um significado criativo, porque o seu mundo é, ao mesmo tempo, o mundo primordial da origem e da regeneração, do qual a vida e o ego renascem constantemente, como o dia da noite. Por isso, grande parte da mitologia de criação está sob o signo da ouroboros, porque, enquanto o incesto urobórico é o símbolo da morte, a ouroboros maternal é o símbolo do renascimento, da natividade do ego e da alvorada da consciência, o surgimento da luz.

Em seu livro, Reinwald chamou a atenção para uma significativa passagem de Leonardo da Vinci:

> Veja como a esperança e o desejo de retornar ao estado anterior tem o mesmo efeito que a luz sobre a mariposa. É que o homem que, com eterna saudade, espera com júbilo cada nova primavera, cada novo verão, cada novo mês e ano – julgando que as coisas pelas quais anseia sempre vêm tarde demais – não percebe que, desse

modo, anseia pela própria destruição. Mas esse desejo é a energia secreta (quintessência) que ativa os elementos e que, reclusa como a alma no corpo humano, sempre trata de retornar àquilo que a emitiu. Saiba que esse desejo é a energia secreta, indissoluvelmente unida à natureza, e que o homem é a imagem do mundo.[15]

Como a expressão "incesto urobórico" deixa claro, esse anseio de morte é a expressão simbólica de uma tendência autodesintegradora do ego e da consciência, de caráter profundamente erótico. Na Parte I, vimos que esse incesto reflete a atividade da ouroboros maternal, do arquétipo da Grande Mãe, mãe da vida e da morte, cuja figura tem caráter transpessoal e não pode ser reduzida à mãe pessoal. A imagem arquetípica do incesto urobórico está em eterno funcionamento, estendendo-se os seus efeitos de Leonardo e Goethe aos nossos dias, quando encontraram uma expressão contemporânea válida num poema de D. H. Lawrence:

...row, little soul, row on
on the longest journey, towards the greatest goal.

Neither straight nor crooked, neither here nor there
but shadows folded on deeper shadows.
and deeper, to a core of sheer oblivion
like the convolutions of shadow-shell
or deeper, like the foldings and involvings of a womb.
Drift on, drift on, my soul, towards the most pure
most dark oblivion.

And at the penultimate porches, the dark-red mantle
of the body's memories slips and is absorbed
into the shell-like, womb-like convoluted shadow.
And round the great final bend of unbroken dark
the skirt the spirit's experience has melted away
the oars have gone from the boat, and the little dishes
gone, gone, and the boat dissolves like pearl,
as the soul at last slips perfect into the goal, the core
of sheer oblivion and of utter peace,
the womb of silence in the living night.

Ah peace, ah lovely peace, most lovely lapsing
of this my soul into the plasm of peace.
Oh lovely last, last lapse of death, into pure oblivion
at the end of the longest journey peace, complete peace!
But can it be that also it is procreation?

Oh build your ship of death
oh build it!

Oh, nothing matters but the longest journey. [*]

[... rema, pequena alma, rema, / na mais longa jornada, para o alvo maior.

Nem diretamente, nem por desvios; nem aqui nem lá, / mas sombras dobradas em sombras / mais e mais profundas, até um núcleo de total olvido, / como as convoluções de uma concha de sombras / ou, mais para dentro, como as dobras e reentrâncias de um ventre. /

Desliza, desliza, alma minha, rumo ao mais puro, / mais negro esquecimento. / E, nos penúltimos pórticos, alma minha, o manto vermelho escuro / das memórias do corpo escorrega e é absorvido / na sombra convoluta à feição de concha, semelhante ao ventre.

E, em torno da grande volta final de treva espessa, / a veste da experiência do espírito se fundiu, / os remos sumiram do barco, e as pequenas concavidades / já não existem, já não existem, e o barco se dilui como pérola, / quando a alma por fim alcança perfeita o alvo, o núcleo / de total olvido e de profunda paz, / o ventre do silêncio na vívida noite.

Ah paz, formosa paz, tão bela passagem / desta minh'alma para o plasma dá paz.

Ó bela passagem final, última passagem da morte, para o puro esquecimento, / no final da mais longa jornada, paz, paz absoluta! / Mas será possível que também seja procriação?

Oh! constrói teu barco da morte, / oh, constrói-o! / Oh, não importa senão a mais longa jornada.]

Apesar do aspecto de morte que compreende, o incesto urobórico não deve ser considerado a base de uma tendência instintiva que pudesse ser denominada legitimamente "instinto de morte".

O estado inconsciente é o estado básico e natural; o estado consciente, o produto de um esforço que consome libido. Há na psique uma força de inércia, uma espécie de gravitação psíquica que tende a recair na condição inconsciente original. No entanto, apesar da sua natureza inconsciente, trata-se de um estado de vida, e não de morte. É tão ridículo falar do instinto de morte de uma maçã que cai no chão quanto falar de um instinto de morte do ego que retorna à inconsciência. O fato de o ego experimentar esse estado como uma morte simbólica decorre apenas desse estágio arquetípico particular de desenvolvimento consciente, não se podendo derivar de tal estado nenhuma teoria científica especulativa que postule um instinto de morte. [**]

A atração exercida pela grande "massa" do inconsciente, isto é, pelo inconsciente coletivo, com a sua poderosa carga de energia, só pode ser superada

---

[*] "The Ship of Death", *Last Poems*.

[**] O incesto urobórico é o único fundamento psicológico de que dispomos para postular um "instinto de morte", sendo um erro misturá-lo com tendências agressivas e destrutivas. Uma compreensão mais profunda do incesto urobórico – que não é, de modo algum, um fenômeno patológico – impede de confundi-lo com o impulso, inexistente no psíquico, de "dissolver os detalhes e reconduzi-los ao seu estado inorgânico primordial".[154a] O "impulso de morte" do incesto urobórico não é o "adversário de Eros", mas uma das suas formas primordiais.

temporariamente por um desempenho especial do sistema consciente, embora seja possível modificá-lo e transformá-lo por meio da construção de certos mecanismos. Graças a essa inércia, a criança, sobretudo quando pequena, tende, como demonstraram alguns pesquisadores, a persistir em uma dada atitude e a experimentar toda mudança – por exemplo, um estímulo externo ou, mais tarde, uma nova situação, uma ordem etc. – como um choque, um susto, um desprazer, ou, pelo menos, uma inquietação.

Mesmo em seu estado desperto, a nossa consciência do ego, que, de qualquer modo, forma um segmento da psique total, exibe variados graus de animação, que vão do devaneio, da atenção parcial e de um estado difuso de alerta à concentração parcial em alguma coisa, à concentração intensa e, por fim, a momentos de alerta geral e extremo. Mesmo o sistema consciente de uma pessoa saudável só está carregado de libido durante certos períodos da sua vida; no sono, está prática ou completamente esvaziado de libido, variando o grau de animação com a idade. A margem de alerta consciente do homem moderno é também relativamente estreita, sendo limitada a intensidade do seu desempenho ativo; além disso, a doença, o desgaste, a velhice e todos os distúrbios psíquicos se manifestam pela diminuição desse estado de alerta. Parece que o órgão da consciência ainda se encontra em um estágio primitivo de desenvolvimento, sendo novo e pouco estável.

De qualquer modo, o estado primevo psicológico e histórico, cujo emblema é a ouroboros, caracteriza-se por uma acentuada instabilidade do ego. A fusão de áreas da consciência que, para nós, são definidas de modo mais ou menos claro leva, por assim dizer, a uma perpétua brincadeira de esconde-esconde consigo mesmo e a uma confusão de posições do ego. A instabilidade emocional, as reações ambivalentes de prazer-dor, a permutabilidade entre interior e exterior, entre indivíduo e grupo, são condições que resultam em uma insegurança do ego, que é intensificada pelos "vetores" poderosamente emocionais e afetivos do inconsciente.

Faz parte da natureza paradoxal das afirmações simbólicas, que permitem "circunscrever", mas não descrever, o "núcleo inapreensível do significado"[16] de um arquétipo, o fato de a ouroboros ser, como um círculo, não apenas a "figura perfeita", mas também o símbolo do caos e do amorfo. Ela é o símbolo da época pré-egoica e, portanto, do mundo pré-histórico. Antes do começo da história, a humanidade existia em um estado de amorfia anônima, do qual pouco sabemos e não podemos saber mais, porque, naquele período, "dominava o inconsciente", expressão com que circunscrevemos atualmente a ignorância desses fatos. Enquanto faltar uma consciência do ego aperceptiva, não pode haver história, porque esta requer uma consciência "reflexiva", que,

236

ao refletir, a constitua. Daí porque a época que antecede a história deva ser o caos indeterminado e a indiferenciação.

No plano religioso, o equivalente dessa psique amorfa é o númen indeterminado, o agente primeiro ou substrato de cuja matriz "o Divino" e os deuses são, mais tarde, cristalizados. Agentes indeterminados, como mana, orenda ou até aquilo que chamamos de "dinamismo" são típicos do período pré-animista da psiquização universal, quando a psique ainda não havia assumido forma definida por se encontrar ainda, naquela condição, dissociada da ideia de uma alma individualizada e por não poder ser derivada de quaisquer dessas ideias. Essa força vaga e todo-abrangente é o plano em que a magia funciona, atuando sobre todas as coisas por intermédio do princípio de correspondência e similaridade. Contrários lógicos unidos em *participation mystique* – eis a lei desse mundo mágico onde tudo está cheio de mecânicas sagradas. Não há uma separação clara entre sagrado e profano, divino e humano, humano e animal. O mundo ainda está banhado por um meio em que tudo se transforma em tudo e atua sobre tudo. Assim como a natureza ainda germinal do ego leva o arquétipo da totalidade a ser projetado no grupo como o *self* do grupo, assim também, o que é deveras surpreendente, o corolário religioso do nível humano mais primitivo é um monoteísmo primitivo, porque é justamente aqui que encontramos a ouroboros projetada como uma figura da totalidade, ou seja, como a divindade primordial.

Assim, falando da "suprema deidade", cujo culto, no entanto, era "inexistente ou demasiado pequeno" e com a qual nenhuma relação pessoal poderia ser estabelecida, Preuss afirma:

Na maioria dos casos, o que a levava a ser apreendida como uma personalidade era provavelmente o céu noturno ou o céu diurno, ou a combinação dos dois, com todos os seus inumeráveis fenômenos simulando a vida.[17]

E ele prossegue:

Essas concepções de um Deus, que compreendem sensorialmente muitos fenômenos distintos, devemos entendê-las como tendo surgido antes da observação de detalhes, por exemplo, dos astros, que, mais tarde, se tornaram os herdeiros das qualidades do céu.

Essa formulação está aberta ao entendimento errôneo, porque o termo "compreender" pode significar a atividade racional do ego. O processo só será descrito corretamente, se se entender "compreensão sensorial" no sentido original de "visão configurada" dos primitivos. No estado urobórico, impera a totalidade do indeterminado que resume tudo, que une tudo em participação. As figuras individuais só podem ser percebidas à medida que aumenta a capacidade configuracional da consciência e a figura do ego se torna mais claramente formada.

A importância do milharal se torna mais evidente do que a espiga de milho isolada, o céu mais do que as estrelas, a comunidade humana mais do que o homem individual.[18]

Do mesmo modo, Preuss descobriu que

O céu noturno e o céu diurno foram apreendidos em sua totalidade antes das estrelas, uma vez que a totalidade podia ser percebida como um ser uniforme e as concepções religiosas vinculadas às estrelas com frequência levaram estas a serem confundidas com os céus como um todo, razão por que o pensamento do homem era incapaz de libertar-se da visão total.[19]

De igual maneira,

a supremacia do sol é posterior à da lua, que, por sua vez, segue a do céu noturno como um todo.[20]

De modo semelhante, o interior negro da terra, "que contém tudo que aparece na superfície da terra", e a própria terra, com toda a sua vegetação, são identificados com o céu noturno estrelado e só mais tarde é interpretado como uma água igual ao sol.

O desenvolvimento começa aqui, de modo análogo ao da consciência do ego, com a concepção uróborica da totalidade e continua pela apercepção progressiva e cada vez mais clara de formas e figuras até a diferenciação do mundo.

É justamente a debilidade original do ego e do indivíduo, que corresponde em termos ontogenéticos à infância, que leva a uma dependência maior do todo circundante, ao qual cabe transmitir a segurança e proteção que o indivíduo não é capaz de criar por si mesmo. Como é natural, essa situação intensifica os elos emocionais com o grupo e com o mundo extra-humano. A ouroboros é constantemente experimentada outra vez como a Sustentadora de Tudo e o Continente de Tudo, isto é, como a Grande Mãe. Nessa situação uróborica, a "boa" Grande Mãe e as "bênçãos do matriarcado", e não um medo primal, ocupam o primeiro plano.

A participação universal, a exteriorização de conteúdos psíquicos e a presença de componentes de alta carga emocional se combinam para produzir, na fase pleromática, um sentimento indiferenciado de unicidade que une o mundo, o grupo e o homem de uma maneira quase corporal. Embora cause certa desorientação do ego e da consciência, essa "submersão no inconsciente" de modo algum desequilibra a personalidade como um todo. A orientação desta última é ser guiada de maneira segura pelo instinto e pelo padrão de vetores inconscientes, o que é a regra inquestionada em todo o domínio da natureza extra-humana.

Milhões de anos de experiência ancestral estão armazenados nas reações instintivas da matéria orgânica, e nas funções do corpo está incorporado o conhecimento vivo, de alcance quase universal, sem que uma consciência o acompanhe. Nos últimos milênios, a mente humana se tornou laboriosamente consciente, por meio do seu conhecimento científico de física, química, biologia, endocrinologia e psicologia, de alguns parcos fragmentos daquilo que as células, os sistemas funcionais e os organismos fazem "cientemente" nas suas adaptações e reações. Em virtude desse conhecimento incorporado, intui-se ser a fase pleromática uma fase de sabedoria primordial. A Grande Mãe tem uma sabedoria infinitamente superior à do ego porque os instintos e os arquétipos que falam por meio do inconsciente coletivo representam a "sabedoria das espécies" e a sua vontade.

Como vimos, a fase urobórica é regida por um sentimento ambivalente de prazer-desprazer associado com todas as experiências que revertem ao nível urobórico ou são por ele dominadas. No caso do incesto urobórico criativo, esse sentimento se exprime na experiência ambivalente do renascimento via morte; e nas fantasias sádicas ou masoquistas quando o incesto é neurótico ou psicótico. Porém, em nenhuma circunstância, o arquétipo da Grande Mãe do inconsciente coletivo representa o "lugar do prazer". Associar o inconsciente apenas ao princípio do prazer, em oposição ao princípio da realidade, é prova de uma tendência depreciativa e corresponde a um mecanismo consciente de defesa.

Os impulsos e instintos, arquétipos e símbolos, são muito mais adaptados à realidade e ao mundo exterior do que a consciência nos seus estágios iniciais. Nenhum instinto – basta pensar no instinto de aninhar e cuidar – poderia ser adaptado a um mero princípio do prazer "realizador de desejos", uma vez que os instintos dispõem de um conhecimento da realidade que supera enormemente o nosso conhecimento consciente, mesmo nos dias de hoje. A psicologia animal oferece incontáveis exemplos – para nós totalmente enigmáticos e inexplicáveis – de orientações reais em relação ao mundo circundante, outros animais, plantas, estações do ano etc. Essa adaptação do instinto ao ambiente é inconsciente, mas a sabedoria desses instintos é real e, de nenhum modo, determinada por qualquer espécie possível de "desejo".[*]

---

[*] Também nos seres humanos, o inconsciente quase sempre se opõe diretamente à mente consciente "que deseja" e raras vezes é idêntico a ela. Do mesmo modo, não é a sua natureza desejante e de amante do prazer, mas antes o seu caráter coletivo, que coloca a Grande Mãe em oposição à consciência do ego. O desejo sem fundamento não é uma qualidade de um inconsciente tecedor de fantasias, mas de um ego tecedor de fantasias, razão pela qual uma fantasia genuína deve ser avaliada por ser ou "não condicionada pelo desejo". Se for uma fantasia-desejo, derivará da consciência ou, no máximo, do inconsciente pessoal; se não o for, então as camadas mais profundas do inconsciente terão sido ativadas na imaginação.

A verdadeira fonte de conflito entre o indivíduo e o inconsciente reside no fato de este último representar a vontade da espécie, do coletivo, e não da oposição entre os princípios do prazer e da realidade, em que o princípio do prazer é supostamente associado com o inconsciente e o princípio da realidade, com a consciência.

No simbolismo cósmico relacionado com a ouroboros na mitologia da criação, encontramos um autorretrato simbólico da fase psíquica primitiva, em que ainda não há uma personalidade centrada de maneira uniforme. A multiplicidade do mundo e a multiplicidade correspondente do inconsciente se revelam à luz da consciência em evolução.

No decorrer da fase da Grande Mãe urobórica, a consciência do ego, na medida em que esteja presente, ainda não desenvolveu o seu próprio sistema e não tem existência independente. Podemos apenas imaginar a emergência primordial dos elementos da consciência do ego a partir da analogia com aquilo que acontece hoje, quando, em momentos particulares de exaltação emocional ou quando os arquétipos irrompem, ou seja, em determinadas situações extraordinárias, advém uma iluminação, uma elevação momentânea da consciência, como a ponta de uma ilha que alcança a superfície, uma súbita revelação que interrompe o fluxo monótono da existência inconsciente. Esses fenômenos isolados sempre foram considerados pelos primitivos e por nós mesmos como marcas características do "Grande Indivíduo" que, como curandeiro, vidente ou profeta, ou, mais tarde, homem de gênio, é dotado de uma forma de consciência diferente da comum. Tais homens são reconhecidos e venerados como "divinos" e os seus conhecimentos – pouco importando se oriundos de uma visão, máxima, sonho ou revelação de uma aparição "vista exteriormente" – formam as bases mais antigas da cultura.

Em geral, no entanto, o curso da existência humana – e extra-humana – é dirigido, nessa fase, pelo inconsciente. A unidade da psique, que a psicologia analítica define como o *Self*, funciona de maneira imediata e sem reflexos na totalidade de um sistema psicofísico autorregulador e autoequilibrador. Em outras palavras, a tendência que chamamos de centroversão, e cujo desenvolvimento na psique é assunto de nosso interesse, tem um protótipo biológico e orgânico.

A Centroversão no Orgânico e no Nível da Ouroboros

A centroversão é a tendência inata da totalidade a estabelecer a unidade das suas partes e de sintetizar as suas diferenças em sistemas unificados. A unidade do todo é mantida por processos compensatórios que a centroversão controla, processos com a ajuda dos quais o todo se torna um sistema autocriador e em expansão. Em um estágio posterior, a centroversão se manifesta como um centro diretivo, isto é, como centro de consciência no ego e como centro psíquico no *self*. Durante o estágio pré-psíquico, ela funciona como o princípio da enteléquia na biologia, razão pela qual seria melhor denominá-la, nesta fase, tendência integrativa. A tendência específica de centroversão só se afirma no decorrer do estágio formativo, quando um centro visível aparece no ego ou tem de ser postulado no *self*. Ela opera de modo inconsciente, como a função integradora da totalidade, em todos os organismos, da ameba ao homem. Por motivos de simplicidade, manteremos o termo "centroversão", mesmo quando lidarmos com os estágios iniciais, uma vez que a própria integração vem da totalidade de um sistema centrado, mas invisível.

A centroversão se manifesta no organismo como regulação do todo, como tendência compensatória e sistematizadora. Ela promove a agregação celular e facilita o funcionamento harmonioso de diferentes tecidos celulares, órgãos e assim por diante. O próprio fato de a organização diferenciada da ameba, para dar um exemplo, formar um todo que é de ordem superior aos processos metabólicos de nutrição e excreção, exprime a centroversão no nível urobórico.

Manifestando-se na cooperação infinitamente variada e harmoniosa de órgãos e grupos de órgãos, em todos os organismos superiores, a força da centroversão opera de maneira inconsciente. Na medida em que um organismo sujeite todos os processos causais ao seu próprio sistema de relacionamentos voltados para um propósito, a orientação teleológica é um princípio superior que pertence à própria natureza desse organismo e exprime a sua totalidade e unidade. Mas, apesar de todo o nosso conhecimento, não dispomos de bases para coordenar esse princípio teleológico com qualquer centro consciente. Devemos considerar o conhecimento incorporado e a direção teleológica inconsciente como marcas essenciais de todo organismo.

Quanto mais primitivo for o nível psíquico, tanto maior será a sua identidade com os eventos corporais que o regem. Mesmo os complexos pessoais, ou seja, partes separadas e semiconscientes da personalidade que pertencem às camadas superiores do inconsciente pessoal, são carregadas afetivamente e têm "acento emocional", evocam alterações físicas no sistema circulatório, na respiração, na pressão etc. Complexos e arquétipos mais profundos têm as suas raízes ainda mais assentadas na fisiologia do corpo e, ao irromperem na consciência, afetam, de maneira violenta, o todo da personalidade, como o caso extremo da psicose o demonstra tão claramente.[*]

---

[*] A ligação corpo-alma e a questão da causalidade estão excluídas aqui. Orientamo-nos "como se" o biológico e o psíquico fossem dois aspectos de uma "coisa em si" ou de um "processo em si", essencialmente desconhecidos.

Assim sendo, no nível urobórico, em que o ego e a consciência se encontram menos desenvolvidos, a centroversão está ligada a um simbolismo corporal primitivo. O corpo representa a totalidade e a unidade geral, sendo a sua reação total uma totalidade genuína e criativa/criadora. A sensação geral do corpo é a base natural da sensação de personalidade. O fato de o corpo e as suas mudanças constituírem a base natural daquilo que chamamos de nossa personalidade pode ser depreendido do hábito de apontar para o nosso corpo, quando falamos de "nós mesmos"; e não há dúvida de que o caráter ímpar do corpo de uma pessoa e a mistura de fatores hereditários na sua constituição são o próprio fundamento da individualidade. Isso explica a identificação do homem primitivo com o seu corpo e com todas as partes pertencentes e participantes deste, como cabelos, aparas de unhas, excrementos etc., e, do mesmo modo, a sombra, o alento e as pegadas são considerados partes essenciais e integrantes da sua personalidade.

Um exemplo instrutivo desse simbolismo "corpo-*self*" é fornecido pelas "churingas" dos aborígines australianos e pela "*ap*", correspondente da Nova Guiné.

As "churingas" são pedaços de madeira ou pedra que são escondidos em cavernas especiais. A palavra "churinga" significa "o próprio corpo oculto da pessoa". Diz Thurnwald:

> Das lendas, porém, se deduz que os corpos da maioria dos ancestrais totêmicos se transformavam nessas *churingas*.[21]

E mais:

> Considera-se a *churinga* como um corpo comum ao homem e ao seu ancestral totêmico (*iningukua*). Ela associa o indivíduo ao seu ancestral totêmico pessoal, garantindo-lhe a proteção outorgada pelo ancestral totêmico.

A *churinga* não é a sede da vida ou da alma, mas, como diz Lévy-Bruhl:

> A *churinga* é, portanto, um "segundo eu" do indivíduo, ou seja, o próprio indivíduo.

E mais:

> A relação entre o homem e a sua *churinga* se expressa na frase: *nana unta mburka nama* – este (isto é, a *churinga*) corpo és tu.

Assim, quando o jovem chega à maioridade, o avô lhe mostra a *churinga*, proferindo as seguintes palavras:

Isso é o teu corpo, esse é o teu segundo eu.[22]

A relação entre eu, segundo eu, ancestral totêmico e *churinga* é de participação; dela Lévy-Bruhl diz, com acerto, que se equipara à consubstancialidade. O segundo eu é o anjo da guarda do indivíduo; contudo, se se irritar em função de negligência, também pode ser inimigo seu, provocando doenças etc.

> O *iningukua* é o ancestral totêmico idêntico à *churinga*; ele acompanha o homem por toda a vida, advertindo-o dos perigos que o ameaçam e ajudando-o a escapar deles. É uma espécie de espírito tutelar ou anjo da guarda. No entanto, talvez devêssemos dizer, uma vez que o indivíduo e o seu *iningukua* são um só: será ele mesmo o seu próprio guardião? Sim, porque a participação não implica a fusão completa dos dois entes. Não há dúvida de que, num aspecto, o indivíduo é o *iningukua*. Mas de outro ponto de vista, esse *iningukua* é distinto dele. Viveu antes dele e não vai morrer com ele. Por conseguinte, o indivíduo participa de uma entidade que, sem dúvida, está nele, é ele próprio, faz dele o que ele é e, contudo, é muito maior do que ele, dele se distingue por certas características e o mantém em estado de dependência.[22a]

Citamos essa passagem tão extensamente por ser um exemplo clássico do conceito de Lévy-Bruhl, não apenas da *participation mystique*, mas também da projeção daquilo que a psicologia analítica denomina como *self*. O fato de que, no presente caso, o *self* é experimentado como idêntico ao corpo e ao mundo dos ancestrais torna a conexão ainda mais significativa. O ancestral totêmico representa a "experiência ancestral que há dentro de nós", a qual é incorporada ao corpo e é, ao mesmo tempo, a base da nossa individualidade. Observe-se que essa passagem de Lévy-Bruhl se encontra no capítulo intitulado "The Immanence of the Group in the Individual" (A Imanência do Grupo no Indivíduo), isto é, a totalidade do grupo, que é idêntica ao ancestral totêmico comum, é incluída simultaneamente no corpo e no *self*.

Na Nova Guiné, o nome do análogo da *churinga* australiana é *ap*, "homem";[23] aqui também o indivíduo está unido ao coletivo e ao corpo, no corpo ancestral comum aos dois.

Essa união original com o corpo como "propriedade" é a base do desenvolvimento individual. Mais tarde o ego se relaciona com o corpo, com os seus poderes superiores e com o inconsciente, com o qual os seus processos se identificam em larga medida, de uma maneira diferente e até contrária. Como princípio superior que opera por meio da cabeça e da consciência, o ego entra em conflito com o corpo e esse conflito às vezes leva a uma dissociação parcial, neurótica, que, contudo, é apenas produto de uma ultradiferenciação posterior. No entanto, mesmo então a totalidade do corpo parece se encontrar em uma relação de identidade e igualdade com a totalidade da psique, ou seja, com o *self*. Essas duas formações da totalidade, ou imagens de inteireza, são superiores à consciência do ego e regulam os sistemas individuais, inclusive a consciência do ego, a partir de um ponto de apoio total de que o ego só pode ter consciência parcial.

Isso tudo obedece ao estado urobórico de perfeição em que corpo e psique são idênticos. Do ponto de vista psicológico, essa situação básica apresenta dois lados, que sintetizamos no símbolo da "ouroboros alimentar". Por um lado, temos a "psiquização" inconsciente do corpo e a consequente significação simbólica das suas várias partes e regiões e, pelo outro, a preponderância do simbolismo metabólico. Enquanto no desenvolvimento posterior a centroversão progride no sentido da formação da consciência do ego como seu órgão específico, na fase urobórica, em que a consciência do ego ainda não se diferenciou como um sistema distinto, a centroversão ainda está identificada com o funcionamento do corpo como um todo e com a unidade dos seus órgãos. O simbolismo metabólico do intercâmbio entre corpo e mundo está no primeiro plano. O objeto da fome, a comida a ser "tomada", é o próprio mundo; já o lado produtivo do processo é simbolizado pela "saída", isto é, pela eliminação; nesse aspecto, a dominante não é, de modo algum, o sêmen, visto que, nas mitologias da criação, a urina, as fezes, a saliva, o suor e o alento (e, mais tarde, a palavra) também são símbolos elementares do princípio criador.

Quando somos informados de que os mais importantes alimentos das Ilhas Salomão, o *taro* e o *yams*, surgiram dos "excrementos de Tantanu"[24,] de que, nas cerimônias de iniciação da Nova Guiné, os neófitos são tratados como recém-nascidos e só podem comer alimentos misturados com esperma[25] e de que os não iniciados, que nada sabem dos mitos da criação e "não recebem esperma para comer, também não sabem apreciar e estimar, como se deve, todos os vegetais e animais fornecedores de alimento", tudo isso se explica pela ênfase simbólica do corpo, na fase urobórica, e pela "santificação" de tudo que dele faz parte.

A ouroboros alimentar e o seu dinamismo metabólico, como intercâmbio vivo entre corpo e mundo, correspondem a um mundo animal de instintos primitivos, em que "comer e ser comido" é a única manifestação determinante do destino da vida. Até nos estágios mais altos do desenvolvimento a ouroboros alimentar forma a base e só a partir daí cria a condição prévia do estágio sexual. A sexualidade e a prévia diferenciação em dois sexos são produtos posteriores do esquema da evolução. O elemento primário é a reprodução por divisão celular, que leva os organismos a proliferarem em estruturas compostas por miríades de células. Mas a divisão celular como meio primário de propagação só ocorre quando as condições nutricionais de que depende são favoráveis.

Ter e exercer poder, ser forte e ganhar força são tendências que dizem respeito à esfera primordial da ouroboros alimentar. Elas se traduzem no sentimento de bem-estar corporal, em um desempenho físico que é idêntico, em essência, a um metabolismo equilibrado, em que a ingestão e eliminação de matéria – pré-estágios biológicos da introversão e extroversão da libido – estão em equilíbrio. A sensação de saúde, com a sua naturalidade inconsciente e não elaborada pela reflexão, é a base do sentimento prazeroso pela própria existência que precede a formação do ego. Mas mesmo quando inconsciente, sem nenhum centro no ego, o sistema psíquico corresponde à assimilação psíquica do mundo, cuja manifestação se depositou em forma de instintos.

Os instintos do inconsciente coletivo formam o substrato desse sistema assimilativo; na espécie humana, são o depósito da experiência ancestral, isto é, de toda experiência que essa espécie teve do mundo. O seu "campo" é a Natureza, o mundo externo dos objetos, incluindo o coletivo humano e o organismo psicofísico autônomo, assimilador e reativo, do próprio homem. Ou seja, há na psique coletiva do homem, como em todos os animais, porém modificada segundo a espécie, uma camada construída a partir das reações instintivas, especificamente humanas do homem, ao seu ambiente natural. Outra camada contém os instintos de grupo, isto é, a experiência do ambiente especificamente humano, do coletivo como raça, grupo etc. Essa camada abrange desde os instintos de rebanho e reações especificamente grupais, pelas quais uma raça ou um povo se distingue dos outros, até a relação diferenciada com o "tu". Uma camada final é formada por reações instintivas ao próprio organismo psicofísico e às suas modificações. Por exemplo, a fome, as constelações hormonais etc. são respondidas por reações instintivas. Todas essas camadas se intercomunicam. O seu denominador comum é que as reações são puramente instintivas, ou seja, a unidade psicofísica reage por meio de atos inteligentes que não se baseiam na experiência individual, mas da experiência ancestral, atos realizados sem a participação da consciência.

Essa experiência ancestral é ancorada no corpo e se expressa organicamente por meio das reações corporais. A camada mais baixa e maior dessa experiência "incorporada" é de cunho fisioquímico e não dispõe de nenhuma representação psíquica. Os instintos e impulsos, como vetores da ação, têm natureza psíquica, muito embora não precisem ser representados centralmente. A totalidade corpo-psique regulada pelo sistema nervoso responde a eles por meio da ação. Para dar um exemplo, a fome é a representação psíquica de uma deficiência celular e, com a ajuda de reações instintivas e da sua combinação, põe o ser vivo em movimento, impele-o a agir. No entanto, só quando a fome é centralmente representada e percebida por um centro do ego, chegamos ao começo da consciência, e não quando o instinto apenas põe o todo corporal em movimento por ação reflexa.

A Centroversão, o Ego e a Consciência

Devemos passar agora à consideração do significado do ego para a totalidade do organismo psicofísico e da sua relação com a centroversão. É desnecessário dizer que não estamos voltados para a formulação de uma teoria da consciência; em vez disso, fazemos uma tentativa de esboçar certos pontos de vista que demonstraram a sua importância para o desenvolvimento psicológico do indivíduo e do coletivo.

A excitabilidade da matéria orgânica é uma daquelas propriedades elementares que facilitam a orientação do indivíduo no mundo. Graças a essa excitabilidade, o tecido nervoso se diferencia e os sistemas perceptivos dos órgãos dos sentidos se desenvolvem. A consciência, como sistema de controle da centroversão, está coordenada com eles. O registro e combinação de estímulos interiores e exteriores, a reação compensadora a eles, o armazenamento de estímulos e os padrões de reação estão entre as funções essenciais de um sistema de consciência centrada no ego. No curso de milhões de anos de diferenciação, são criados relacionamentos cada vez mais complicados no interior da estrutura do organismo, mas surge também uma crescente necessidade de registro, controle e compensação. A maioria desses inumeráveis pontos de compensação é inconsciente e incorporada; isso significa que eles estão embutidos na estrutura do sistema corporal. Contudo, com o aumento da diferenciação, as zonas sob controle vão sendo crescentemente representadas no órgão de controle da consciência. Essa representação assume a forma de imagens, que são equivalentes psíquicos dos processos físicos que ocorrem nos órgãos.

A consciência do ego é um órgão sensível que percebe o mundo e o inconsciente por meio de imagens, mas essa capacidade de formação de imagens é em si mesma um produto psíquico e não uma qualidade do mundo. Só ela torna possível a percepção e a assimilação. É verdade que um mundo que não possa ser imaginado, como, por exemplo, o dos animais inferiores, não deixa de ser um mundo vivo; há instintos nele e o organismo, como um todo, responde a ele por meio da ação inconsciente. Contudo, um mundo desses jamais é representado num sistema psíquico que o reflita e lhe dê forma. A psique, aqui, é construída por uma série de reflexos; responde a estímulos com reações inconscientes, mas sem nenhum órgão central no qual estímulo e reação sejam representados. Somente à medida que se desenvolve a centroversão, dando origem a sistemas de alcance e graduação crescentes, forma-se a representação do mundo em imagens e o órgão que o percebe, isto é, a consciência. Como qualquer símbolo o demonstra, esse mundo psíquico de imagens é uma síntese das experiências nos mundos interior e exterior.

Assim é que a imagem-símbolo psíquica "fogo", como algo "vermelho", "quente", "ardente", contém não apenas elementos da experiência interior, mas também da exterior. "Vermelho" possui não só a qualidade perceptível de vermelhidão, mas igualmente o componente emocional do calor como um processo interior de excitação. "Ígneo", "quente", "ardente", "flamejante" etc. são imagens mais emocionais que perceptuais. Afirmamos, portanto, que o processo físico de oxidação, o fogo, é experimentado com a ajuda de imagens derivadas do mundo interior da psique e projetadas sobre o mundo exterior e não o contrário, ou seja, que experiências do mundo exterior sejam aplicadas no interior. Do ponto de vista histórico, a reação subjetiva ao objeto sempre tem precedência, enquanto as qualidades objetivas do objeto permanecem ao fundo. No desenvolvimento humano, o objeto só se desenreda, de modo muito gradual e com extrema lentidão, da massa de projeções oriundas do mundo interior da psique, que o envolve.

A tendência à centroversão se manifesta já na função primária da psique, que leva os conteúdos inconscientes a se apresentarem como imagens à consciência do ego. Ela produz primeiro a formação de imagens simbólicas e, em seguida, a reação do ego a essas imagens. Consideramos a formação de imagens e as reações da consciência como uma expressão da centroversão porque os interesses da unidade psicofísica como um todo são conservados de maneira mais efetiva com a ajuda desses processos do que sem eles. A representação central da imagem na consciência dá ao indivíduo uma experiência total mais abrangente dos mundos interior e exterior e, ao mesmo tempo, uma orientação melhor em todo campo da vida. A reação interior, isto é, o ajustamento da consciência do ego ao mundo do instinto, parece ter surgido tão cedo quanto a reação às coisas exteriores. Jung denomina arquétipos os instintos centralmente representados, ou seja, que se manifestam como imagens. Os arquétipos só tomam a forma de imagens quando a consciência está presente; em outras palavras, o autorretrato configurado dos instintos é um processo psíquico de ordem superior. Pressupõe um órgão capaz de perceber essas imagens primordiais. Esse órgão é a consciência, que, graças a isso, está associada a símbolos do olho, da luz e do sol, razão pela qual, na cosmogonia mitológica, a origem da consciência e o advento da luz são uma só e mesma coisa.

No período inicial, a percepção de imagens resultava em uma imediata ação reflexa, porque a consciência só tinha precedência passiva sobre o órgão executivo do corpo, mas não era superior a ele. O fato de o seu substrato orgânico derivar embriologicamente do ectoderma mostra que a consciência era uma espécie de órgão sensível; e, no entanto, ela já estava diferenciada em duas direções e podia perceber imagens vindas de fora e de dentro. Originalmente, o ego não podia distinguir a fonte dessas imagens, uma vez que, no estágio da *participation mystique*, não era possível perceber um fora como algo distinto de um dentro; os dois conjuntos de imagens se sobrepunham, razão por que a experiência do mundo coincidia com a experiência interior.

Essa fase original, em que a consciência era um órgão sensível, é marcada pelas funções de sensação e intuição,[26] isto é, pelas funções perceptivas,* que são as primeiras a aparecer, tanto no desenvolvimento dos primitivos como no da criança.

Assim, a consciência em evolução é pelo menos tão aberta a estímulos internos quanto a estímulos externos. Mas é significativo que o órgão de registro que recebe esses estímulos de dentro e de fora se sinta, e se sente necessariamente, diferente deles, estranho, por assim dizer. Ele se manifesta como um sistema de registro situado a meio caminho entre o mundo exterior e o corpo como campo de estímulos interiores. Essa posição de distanciamento é uma condição primária do sistema de consciência, cujo funcionamento depende, em alto grau, do fortalecimento e da diferenciação dessa posição. Isso significa, do ponto de vista da história do desenvolvimento, que é necessária essa diferenciação em duas direções do órgão de registro e controle que denominamos consciência.

O sistema nervoso, em especial o sistema cerebroespinhal, cujo expoente final é a consciência, é um sistema orgânico que, criado pelo inconsciente, destina-se a controlar o equilíbrio entre os mundos exterior e interior. Este último se estende de modificações e reações físicas às mais complexas reações psíquicas. Não reage apenas a estímulos externos nem é apenas uma máquina de estímulo, como imaginam os materialistas, mas a fonte de movimentos espontâneos dos mais variados tipos, os quais se manifestam como impulsos e complexos, tendências físicas e psíquicas. Todas essas tendências interiores também devem ser reconhecidas pelo sistema consciente e pelo ego e equilibradas e ajustadas ao mundo exterior; quer dizer, a consciência não apenas deve defender a "pessoa" dos animais selvagens e de incêndios, mas também dominar constelações impulsivas ou levá-las à realização, assim como ser responsável e competente para a transformação ambiental a fim de criar alimentos, além das transformações do mundo interior, destinadas a ajustar

---

* Este não é o lugar para tratar, de modo mais específico, da psicologia das funções; observamos apenas que o sentimento e o pensamento, como funções racionais, são produto de um desenvolvimento posterior.[27] Essas funções estão correlacionadas com as leis do raciocínio, que só se tornaram acessíveis à consciência como depósito da experiência ancestral. Jung dá a seguinte definição: "A razão humana, por conseguinte, não é nada mais do que a expressão da capacidade adaptativa do homem ao curso comum de eventos, que foi sendo depositada paulatinamente em complexos solidamente organizados de ideias, que constituem os nossos valores objetivos. Eis por que as leis da razão são as que caracterizam e regulam a atitude 'correta' ou 'adequada'.[28] Assim, é compreensível que as funções racionais sejam, historicamente, produtos posteriores. A adaptação aos eventos comuns e a formação de complexos de ideias solidamente organizadas são a 'obra da história humana', tendo concorrido para a sua organização o 'trabalho de incontáveis gerações'".

as tendências egocentradas do indivíduo ao coletivo. Enquanto esse sistema de consciência do ego funciona de modo sadio, é um órgão filial do todo e combinando em si as funções executora e controladora.

A dor e o desconforto estão entre os primeiros fatores criadores de consciência. São "sinais de alarme" enviados pela centroversão para indicar que o equilíbrio inconsciente está perturbado. Esses sinais de alarme também eram originalmente medidas de segurança do organismo, que se desenvolveram tão ignoradas quanto todos os outros órgãos e sistemas. Entretanto, a função da consciência do ego é não apenas perceber, mas também assimilar esses sinais de alarme, propósito em razão do qual o ego, mesmo quando sofre, deve se manter distante deles, se quiser reagir de maneira adequada. O ego, já destacado como centro da consciência registradora, é um órgão diferenciado que, embora exercendo a sua função de controle no interesse do todo, não é idêntico a este.

Na origem, o ego não passava de um órgão do inconsciente e, por ele impelido e dirigido, perseguia-lhe os objetivos, quer fossem vitais e de ordem pessoal, como, por exemplo, satisfazer a fome e a sede, ou os da espécie, como dominar o ego na sexualidade. O fato de o sistema da consciência ser um produto do inconsciente é amplamente comprovado pelas descobertas da psicologia profunda. A ampla, profunda e subterrânea dependência do ego ao seu fundamento inconsciente é uma das descobertas decisivas dos tempos modernos. A sua importância corresponde à da dependência, igualmente ampla, profunda e subterrânea, do indivíduo com relação à coletividade.

Embora seja um rebento e filho do inconsciente, a consciência é um rebento muito especial. Todos os conteúdos inconscientes têm, como complexos, uma tendência específica, um esforço por se afirmarem. Tal como organismos vivos, devoram outros complexos e se enriquecem com a sua libido. Podemos ver, em casos patológicos, em ideias fixas ou compulsivas, manias e estados de possessão, assim como em todo processo criativo em que "a obra" absorva e esgote todos os conteúdos estranhos, que um conteúdo inconsciente atrai todos os outros para si, consome-os, subordina-os e os coordena, firmando com eles um sistema de relações por ele dominado. Também encontramos o mesmo processo na vida normal, quando uma ideia – amor, trabalho, patriotismo ou outra qualquer – chega ao topo e se afirma à custa de outras. A unilateralidade, a fixação, a exclusividade etc. são consequências dessa tendência, comum a todos os complexos, no sentido de se tornarem o centro.

Mas a peculiaridade do complexo do ego consiste no fato de que, diferentemente de todos os outros complexos, ele tende a se assentar como centro da consciência, agregando a si os outros conteúdos como conteúdos conscientes; além disso, o complexo do ego visa, como nenhum outro, à totalidade.

A centroversão age no sentido de impedir que o ego fique estagnado como órgão do inconsciente, mas se torne cada vez mais o representante da totalidade. Isso significa que o ego se distancia da tendência do inconsciente que quer dominá-lo, não se deixando mais obsedar por ele, mas aprendendo a preservar a sua independência com relação ao interior e ao exterior.

Embora, no reino da natureza, os indivíduos sejam sacrificados em grande quantidade a fim de servirem à vontade de propagação e variação da espécie, esse desejo da Grande Mãe entra cada vez mais em conflito com a consciência do ego, que não concebe a si mesma como mera executora da vontade coletiva, mas de maneira crescente, como uma individualidade ímpar, oposta à vontade coletiva da Grande Mãe.

Todos os instintos e impulsos, todos os atavismos e tendências coletivas podem se aliar à imagem da Grande Mãe e se opor ao ego. Como há grande variedade de conteúdos e o número de símbolos associados à Grande Mãe é amplo demais, a imagem da Grande Mãe adquire tal dote estonteante de características que coincide com "o inconsciente" no sentido das "Mães" no *Fausto*.

Como filho caçula, a consciência do ego precisa primeiro conquistar o seu espaço próprio e defendê-lo dos ataques da Grande Mãe interior e da Mãe-Mundo exterior, para, finalmente, em uma luta longa e sofrida, ampliar esse seu território próprio.

Com a emancipação da consciência e a crescente tensão entre esta e o inconsciente, o desenvolvimento do ego leva a um estágio em que a Grande Mãe já não parece amigável e boa, mas se torna a inimiga do ego, a Mãe Terrível. O lado devorador da ouroboros é experimentado como a tendência do inconsciente de destruir a consciência. Isso é idêntico ao fato básico de que a consciência do ego tem de extrair penosamente libido do inconsciente para assegurar a sua própria existência, porque, sem esse esforço específico, ela afunda novamente no inconsciente, ou seja, é "devorada" por ele.

Portanto, o inconsciente em si não é destrutivo; é apenas o ego que o experimenta como destrutivo, mas não a totalidade. No que se refere ao desenvolvimento adicional do ego, isso é muito importante. Só nos primeiros estágios do desenvolvimento o ego se sente ameaçado e fadado a perecer e acusa o inconsciente de ser destrutivo. Em uma fase posterior, em que a personalidade se sabe unida não apenas ao ego, mas à totalidade, a consciência já não se sente tão ameaçada como se sentia aquele ego adolescente, e outros aspectos do inconsciente, que não são os de perigo e destruição, passam ao primeiro plano.

Aquilo que o ego experimenta como destrutividade é, em primeiro lugar, a imponente carga energética do próprio inconsciente e, em segundo lugar, a fraqueza, a suscetibilidade à fadiga e a inércia da sua própria estrutura consciente. Os dois elementos aparecem projetados no arquétipo do Antagonista.

A emergência dessa imagem induz ao medo como reação defensiva por parte do sistema consciente. No entanto, o próprio fato de o medo poder se tornar visível como imagem mostra que a consciência está ficando mais forte e mais alerta. Do poder atrativo, até então nebuloso, do inconsciente, se separa uma das qualidades negativas e é reconhecida como inimiga da consciência e do ego, o que provoca um movimento de autoproteção e defesa do ego. O temor que o ego tem do inconsciente leva à resistência e, portanto, ao seu fortalecimento; na realidade, sempre vemos que esse temor com relação ao inconsciente e o medo em geral são um sintoma da centroversão, que busca proteger o ego.

A resistência do ego ao inconsciente passa então do medo e da fuga à atitude desafiadora dos "renitentes", que são os expoentes mitológicos dessa fase intermediária, e, por fim, à atitude agressiva do herói, que defende, de maneira ativa, a posição da consciência contra o dragão do inconsciente.

Nos mitos dos "renitentes" se revela claramente a agressão do inconsciente, a Grande Mãe, a primeira a ameaçar a posição do ego da consciência adolescente. O ego, como centro de uma consciência que vai se sistematizando a serviço da centroversão, fica exposto às forças desintegradoras do inconsciente. Deve-se observar que a sexualidade é apenas uma dessas forças, nem sempre a mais importante. A tendência dos conteúdos inconscientes no sentido de inundar a consciência corresponde ao perigo de ser "possuído"; trata-se de um dos maiores "perigos da alma", mesmo hoje. Uma pessoa cuja consciência esteja possuída por um conteúdo particular tem em si um enorme dinamismo, o dinamismo do conteúdo inconsciente; isso, no entanto, elimina a tendência de a centroversão do ego representar a totalidade contra o conteúdo isolado. Em consequência, aumenta o perigo de a consciência ser desintegrada e vencida. A possessão por um conteúdo inconsciente envolve a perda da consciência e tem um efeito inebriante, caindo o ébrio sempre sob o domínio da Grande Mãe e sendo ameaçado pelo destino de todos os amantes-adolescentes: ou são "transformados" nela pela efeminação e castração, ou "despedaçados" pela loucura ou pela morte.

A crescente tensão entre o sistema consciente do ego e o sistema inconsciente do corpo é a fonte de uma energia psíquica que distingue os seres humanos dos animais. A centroversão, que possibilita essa diferenciação e individualização, é uma expressão do princípio criador/criativo que, na espécie humana, realiza as suas experiências novas no indivíduo portador do ego.

O ego e a consciência são o órgão da força inconsciente de centroversão, que cria unidade e equilíbrio no interior dessa unidade. A sua tarefa não é apenas a regulação do equilíbrio, mas apresenta um caráter produtivo. Faz parte da natureza do organismo não só preservar a totalidade e o seu *status*, com a ajuda de regulações compensadoras, mas de se desenvolver, isto é, progredir para totalidades mais complexas e maiores, no sentido de fazer o mundo experimentado e experimentável com que entra em contato aumentar progressivamente.

Aquilo que chamamos ouroboros alimentar tem de ser trazido à fruição pelo princípio criador que nela age desde o início. Esse princípio não se limita a dirigir o metabolismo das forças vitais nem a equilibrar e compensar; ele também gera o desenvolvimento de novas unidades, produzindo novos órgãos e sistemas de órgãos, e experimenta criações novas. A maneira exata pela qual essas inovações têm testado o seu desempenho e capacidade de adaptação é outro problema, para cuja solução o darwinismo fez uma contribuição essencial. Porém, explicar os experimentos de criação em si mesmos é outra coisa. Até agora não conseguimos fazer parecer provável, mesmo de maneira remota, que um órgão surja de uma acumulação de infinitesimais variações causais. É muito fácil explicar desse modo a diferenciação de órgãos, porém não como estes surgem por meio da associação gradual.

A mitologia representa o princípio criador como a natureza autogeradora da ouroboros, que se associa ao símbolo da masturbação criadora. Essa masturbação simbólica, que nada tem que ver com a fase posterior, acentuadamente genital, exprime apenas a autonomia e autarquia da ouroboros criadora, que gera em si mesma, impregna a si mesma e dá à luz a si mesma. O estágio do "circuito fechado" é substituído por um estágio de equilíbrio criador e, em lugar da passividade estática anterior, assume o controle autárquico, nessa fase, uma constelação dinâmica. O símbolo apropriado aqui não é a esfera quiescente, mas a "roda autorrolante".

O desenvolvimento histórico e psicológico do homem mostra que o papel do indivíduo é tão importante para a humanidade quanto o do ego e da consciência para o inconsciente. Em ambos os casos, aquilo que originalmente veio a existir como órgão e instrumento do todo é considerado possuidor de uma atividade específica que, apesar dos conflitos que produz, tem-se mostrado extremamente frutífero para o desenvolvimento global.

A centroversão é uma irredutível função unificadora inata à estrutura psicofísica. Voltada para a unidade, ela é, ao mesmo tempo, a sua expressão, assistindo à formação do ego, isto é, produz o ego como centro de um sistema consciente, composto de conteúdos e funções agrupados em torno desse núcleo do ego.

Por conseguinte, ao lado do processo de integração, que juntou uma infinidade de células e sistemas para formar o universo da unidade psique-corpo, o processo de diferenciação leva à autonomia do sistema de consciência, oposto ao inconsciente. Ambos os processos são a expressão e o efeito da centroversão. O sistema da consciência não é apenas um comutador central destinado ao estabelecimento de relações entre interior e exterior; ele é, ao mesmo tempo, a manifestação da tendência do organismo vivo de criar experimentos novos. Enquanto, porém, no reino animal e biológico essa tendência tem de operar com infinidades de tempo, ela desenvolveu, na consciência humana e no indivíduo, um órgão de economia de tempo, que permite vivenciar as inovações em períodos bem mais curtos. A cultura humana é um produto dessa tendência criadora de experimentos inovadores. Em face da pequena duração de cultura humana, não se pode dizer ainda nada definitivo em relação ao seu sucesso. Permanece, no entanto, o fato de que, no curso desse pequeno – se comparado com a evolução biológica – espaço de tempo durante o qual a consciência humana deu forma à cultura humana, ocorreram as mais extraordinárias mudanças. A tecnologia e a ciência, as ferramentas da consciência, criaram uma gama de órgãos artificiais, sendo o rápido crescimento e a variedade das invenções criativas prova da sua superioridade, quando comparadas à lenta formação e ao lento desenvolvimento de órgãos na biologia. A experiência do princípio criador de vida no sentido de trabalhar com a ajuda do órgão da consciência parece ter sido um feliz evento.

Fazendo tais observações, temos plena consciência da nossa maneira antropomórfica e teleológica de expressão. Mas o próprio fato de que a consciência necessariamente se experimenta a si mesma como o expoente dos experimentos criadores do todo, a partir do momento que começa a examinar-se a si mesma e a examinar sua história, fornece novo peso e nova justificativa ao nosso ponto de vista antropocêntrico. Afinal de contas, há razões científicas justas para que se considere a consciência um dos órgãos experimentais da vida, o que é mais justificável, em todo caso, do que deixar de lado esse fator fundamental da existência espiritual humana e relegá-lo ao campo da reflexologia ou do comportamentalismo. Ao colocar o princípio criador na raiz do mito da criação e, ao pôr esse mito na origem do mundo, a humanidade experimentou a sua própria criatividade, e, por projeção, a criatividade de Deus, bem antes de ter sido descoberta a ideia de evolução criadora.

Como portadora da tradição espiritual, a consciência humana assume coletivamente o papel antes desempenhado pelo fator biológico. Hoje, os órgãos já não são herdados, mas transmitidos. Assim é que surge um mundo espiritual da consciência que, como cultura humana, afirma e precisa afirmar a sua independência contra o mundo natural da vida. Nesse mundo espiritual, o indivíduo, como portador do ego e do princípio consciente a ele associado, é fator decisivo. O protótipo do ego adulto, que se desenvolve e se liberta do predomínio das forças inconscientes, é o herói. Ele é o modelo, o "Grande Indivíduo", e todos os desenvolvimentos individuais são moldados nele.

Antes do exame dos fatores que permitem desfazer a superioridade do inconsciente, devemos esboçar os estágios que levam do ego germinal contido na ouroboros ao ego da luta heroica. Ao acompanharmos essa sequência mitológico-simbólica, a sua interpretação psicológico-energética pode ser apenas insinuada.

A transição da ouroboros para a Grande Mãe se caracteriza pelo desenvolvimento adicional do ego e pelo fortalecimento do sistema da consciência, acompanhados pela simultânea passagem da era de amorfia para a da morfogenia.

A era da morfogenia é a era mitológica do ritual cósmico como sequência dos eventos cósmico-míticos. Os arquétipos, como poderes cósmicos, aparecem principalmente nas mitologias astral, solar e lunar, e nos ritos determinados por elas. Surgem agora as grandes mitologias, nas quais as figuras cósmicas das divindades primordiais – a Grande Mãe e o Grande Pai como causa da criação – se configuram e se cristalizam da massa fluida de poderes indeterminados, da "gigantesca indefinição da divindade da era mais remota antes do tempo".[29] A divindade urobórica, concebida numa perfeição sem forma como o "Deus supremo", é substituída pelas figuras arquetípicas dos deuses. Também eles são ainda puras projeções do inconsciente coletivo sobre o mais remoto objeto possível – o céu. Como a consciência do ego e o indivíduo não se desenvolveram nem operam, eles também não estão relacionados com o evento cósmico que ocorre "no lugar celeste". É como se, no princípio, as figuras dos deuses ainda fossem autônomas, refletindo-se a si mesmas no céu, sem terem passado pelo meio do homem e da sua personalidade e, por isso, não tendo sofrido alteração por essa passagem.

As mitologias que tratam da criação do mundo e as primeiras grandes sequências de deuses e das suas batalhas muitas vezes nos chegaram a partir de períodos posteriores, quando já haviam sido reelaboradas pela filosofia especulativa. No entanto, elas sempre têm como fundamento uma formação mítica anterior. Os mitos e rituais locais brotam então em inumeráveis lugares, contribuindo, todos eles, para "dar forma" aos grandes deuses. A unificação dos inúmeros cultos separados, dedicados às grandes figuras mais conhecidas das divindades, tem importância secundária. Importante é que as divindades de Mãe, Pai, Terra e Céu são veneradas como figuras, isto é, como fatores operantes centrados num ego, aos quais se atribui um cânone de determinadas características, e não mais como demônios mágicos, dotados de poder numinoso a partir de um fundo nebuloso.

Uma rápida observação do desenvolvimento histórico mostra, vezes sem conta, que a forma visível brota do informe, o definido do indefinido, e que, do nível demoníaco-animal, surgem centros de força, seres dotados de características especificamente humanas. O exemplo mais evidente disso é o desenvolvimento da religião grega. Os deuses do Olimpo são a melhor ilustração dessa configuração progressiva, que ultrapassa o estágio arcaico da vaga numinosidade,[30] embora possamos ver esse mesmo desenvolvimento em outros lugares, mas nem sempre com a mesma clareza.

Faz parte desse estágio mitológico do desenvolvimento morfogênico dos deuses a humanização das suas vidas e experiências. Enquanto os deuses primordiais numinosos eram cósmicos, ou seja, carregados de um simbolismo em que o aspecto do poderio obscurecia o da forma, agora surge aos poucos o conflito divino-humano. As batalhas e eventos antes concebidos como fenômenos cósmicos ou conflitos entre os próprios deuses chegam agora ao nível humano.

As primeiras fases da relação entre a consciência do ego e o inconsciente foram marcadas pela dependência e pela resistência. Na ouroboros, o estágio da não diferenciação diante do inconsciente ainda pôde ser experimentado de modo positivo; no estágio simbolizado pela Grande Mãe, no entanto, a dependência do filho, embora positiva no início, cedo assume uma forma negativa.

O inconsciente urobórico, simbolizado na Grande Mãe, é o sistema que deveria libertar o ego e a consciência, se esse desenvolvimento pudesse ocorrer sem atrito.

Contudo, no terreno psíquico, deparamos, repetidamente, com o fato de que o crescimento-desenvolvimento acontece aos trancos. Primeiro surgem fixações e bloqueios da libido que têm de ser superados pela irrupção de uma nova fase de desenvolvimento. O "velho sistema" sempre resiste até que as forças opostas se tornem suficientemente fortes para vencê-lo. Aqui também a "guerra é o pai de todas as coisas". Os sistemas psíquicos são dotados de uma estabilidade interna, a que Jung deu o nome de inércia da libido. Todo sistema – e todo arquétipo corresponde a um grupo definido de conteúdos organizados em um sistema – tende à autopreservação, que se manifesta, psiquicamente, no fato de o ego ser possuído e aprisionado por esse sistema como num círculo mágico. Sair desse sistema e passar para a atuação livre só vem a ser possível se o sistema da consciência egoica dispuser de quantidade de libido maior do que o sistema que a retém, ou seja, se a volição do ego for forte o suficiente para se livrar do arquétipo em questão.

As Fases Subsequentes do Desenvolvimento do Ego

A crescente independência da consciência só alcança o seu momento crítico no mito do herói; até então, ela é ofuscada por suas origens inconscientes. No curso do desenvolvimento, entre a tendência urobórica de autodestruição até a fase do adolescente renitente, podemos observar o crescimento progressivo da atividade do ego e a sua polarização diante do inconsciente, que, originalmente experimentado como paraíso, se torna depois perigosamente fascinante e, por fim, como seu inimigo. E, à medida que crescem a atividade do ego e a intensidade da sua libido, também o simbolismo sofre transformações. No início, os símbolos de plantas são mais proeminentes, dada a sua passividade e ligação com a terra. O jovem é uma divindade da vegetação – flor, trigo, árvore. A colheita, correspondente à sua morte, assim como a sua ressurreição, simbolizada na germinação da semente, são partes do período matriarcal e do poder supremo da natureza. Aqui, a sexualidade é o instrumento da fertilidade da terra e é, como a época do cio, periodicamente condicionada pela natureza, não tendo nada que ver com o mundo da consciência do ego.

A predominância do simbolismo da vegetação significa não apenas, fisiologicamente, a predominância do sistema nervoso vegetativo, mas também, em termos psicológicos, a predominância de processos de crescimento que seguem o seu curso sem a assistência do ego. Apesar da sua incipiente particularização, o ego e a consciência estão aqui caracterizados pela sua dependência do inconsciente, pelo seu enraizamento nele, que é o fundamento determinante, e pela sua dependência do alimento fornecido por esse fundamento.[*]

À medida que aumenta a atividade da consciência do ego, o estágio animal sucede o simbolismo da vegetação; nessa fase, o elemento masculino experimenta a si mesmo como um animal vivo, ativo e selvagem, muito embora ainda subordinado à Senhora dos Animais. À primeira vista, isso parece paradoxal, porque o nível animal parece corresponder antes ao fortalecimento das forças inconscientes do que ao fortalecimento do ego.

---

[*] Briffault[31] discrimina entre o instinto sexual primário, agressivo, e o instinto social de acasalamento. No mundo animal, o instinto sexual é frequentemente acompanhado pela mordedura e, por vezes, o parceiro é concretamente devorado. Discernimos nessa situação a predominância da uroboros alimentar no estágio pré-sexual, isto é, a primazia do instinto alimentar sobre o sexual.

Não podemos, contudo, seguir inteiramente a interpretação de Briffault. Somente em casos isolados e excepcionais o instinto sexual é levado ao absurdo, de maneira tão absoluta, a ponto de o macho devorar a fêmea por ele fertilizada. No entanto, a situação inversa, em que a fêmea fertilizada devora o macho, não é, de modo algum, contra a natureza; corresponde ao arquétipo da Mãe Terrível. Ademais, é algo prefigurado na "ingestão" do espermatozoide pelo óvulo fertilizado. Uma vez terminada a irrupção do instinto sexual e realizada a fertilização, o domínio da uroboros alimentar se reafirma na mãe. Para ela, o supremo princípio consiste em desenvolver a totalidade mãe-filho por meio da ingestão de alimento, isto é, promover o crescimento; e o macho que é comido não passa de objeto de alimentação não vinculado, como tudo mais. A fugaz arremetida do instinto sexual evocada pelo macho não produz nem pode produzir nenhum elo emocional, seja qual for.

Na fase animal, há uma ampla identidade do ego com os componentes impulsivos, os vetores do inconsciente. Embora a Senhora dos Animais, do inconsciente, seja a força regente "por trás" dessa atividade, o ego masculino, porém, já não é mais vegetativo-passivo, mas ativo-ávido. A intencionalidade do ego passa a ser mais forte e mais poderosa, de modo que o "isso me impele" ou "algo dentro de mim impele" passou a ser um "eu quero". O ego, até então quiescente, se torna ativo em relação ao instintivo-animal, ou seja, o ímpeto instintivo se comunica ao ego e à consciência, e é assimilado por eles estendendo o seu raio de atividade.

Na sua primeira fase, a centroversão manifestava-se na consciência como narcisismo, como sensação generalizada do corpo, em que a unidade deste era a primeira expressão da individualidade. A relação mágica com o corpo é característica da centroversão e o amor a ele, o ato de adorná-lo e sacralizá-lo são parte do estágio mais primitivo da autoconfiguração. Isso é evidente na disseminada prática da tatuagem entre primitivos e no fato de a tatuagem individual, que não se conforma ao estereótipo do padrão coletivo, ser uma das mais antigas formas de expressão da individualidade. Conhece-se e distingue-se o indivíduo pela forma específica que dá a si mesmo ao tatuar-se. A maneira individual de tatuar-se mostra o seu nome, do mesmo modo como o nome do círculo mais íntimo com que se identifica – o clã, a casta, a seita ou a corporação profissional. A correspondência mágica entre mundo e esquema corporal também pertence a essa fase narcisista inicial. Nesse sentido, a tendência a "encarnar" qualidades individuais e exibi-las no corpo ainda está viva nos nossos dias; ela varia do mundo da vestimenta e da moda à decoração militar, da coroa ao botão regimental.

O desenvolvimento do ego progride do nível corporal narcisista ao nível fálico, no qual a consciência do corpo e de si mesmo coincide com a masculinidade desperta e desejante. A transição da fase narcisista para a fálica é marcada por numerosos fenômenos em que se acentuam os "estágios intermediários".[32] As figuras andróginas e hermafroditas de deuses e sacerdotes, assim como os cultos que dão ênfase à bissexualidade original da Grande Mãe urobórica caracterizam a transição do feminino para o masculino.[*]

Típico desse estágio é o amante-adolescente, primaveril e afeminado, acentuadamente exibicionista, com a enfatização narcisista da sua beleza corporal. Não se deve, contudo, limitar o exibicionismo e o narcisismo ao aspecto sexual. A centroversão, tal como a autoconfiguração, está estreitamente relacionada com a autorrepresentação, fato que ainda veremos quando tratarmos

---

[*] Sem dúvida, os tipos biológicos intermediários também têm o seu papel aqui, mas a situação arquetípica, isto é, psicológica, é mais importante do que a biológica.

do fenômeno da criatividade e da arte. A perversão sexual não passa de expressão mórbida da dominância dessa fase arquetípica, mas não é idêntica a ela, porque, ao lado dessas expressões mórbidas, existem outras, positivas e produtivas, que determinam esferas extensas da cultura. Do mesmo nível desses adolescentes narcisistas e passivos são os homens identificados com a Grande Mãe, que realizam essa identificação, quer como castrados, que sacrificaram o falo, ou, como "travestis", usando roupas femininas.

Na psicologia, esses níveis intermediários desempenham importante papel nas neuroses, nas quais surgem, de preferência, como estado de fusão do ego masculino com a *anima* e, na mulher, com o *animus*, o que representa uma fixação que impede a completa diferenciação da personalidade.

Também nas neuroses, bem como nas perversões e na homossexualidade – todas pertencentes ao mesmo nível –, o desenvolvimento do ego e da consciência é incompleto e o domínio do inconsciente continua, isto é, em nenhum desses casos foi atingido o estágio da luta heroica.

Conquanto do ponto de vista do indivíduo e da consciência essa situação psicológica deva ser considerada um desenvolvimento defeituoso, ela recebe, contudo, frequentemente, um acento positivo na história humana. Comprovam isso os exemplos da história etnológica e religiosa, em que esses indivíduos "fixados erroneamente" desempenham importante papel.

Faz parte desse nível intermediário a prostituição masculina dos "*kedeshim*", sacerdotes consagrados, assim como feminina das "*kedeshoth*", sacerdotisas. Ambos os grupos estão a serviço da Grande Mãe, relacionado comprovadamente com orgias homossexuais e heterossexuais. É que o êxtase orgástico e a entrega à Grande Mãe das profundezas e do sangue, fazem parte, pela sua natureza, da "fecundidade". A irrupção das "águas obscuras das profundezas" traz, em sentido cósmico-transpessoal, a fecundidade e a orgia – mesmo a homossexual, masculina ou feminina – tem efeito mágico sobre a natureza. O seu efeito transpessoal consiste no surgimento de fatores transpessoais que são vivificados no estado extático. A orgia está relacionada com a camada emocional do sangue e leva aos fenômenos "sadomasoquistas", pertencentes ao culto da Grande Mãe: sacrifícios humanos, castração, flagelação e despedaçamento.[*]

---

[*] Muitos conteúdos que, na "perversão", se tornaram dominantes da vida sexual têm os seus protótipos nesse estágio mitológico intermediário de domínio pela Grande Mãe. Como fatos mitológicos, eles são transpessoais, isto é, estão além e fora da personalidade, e se encontram, por conseguinte, *sub specie aeternitatis*, porque são simbólicos e, como tais, magicamente efetivos. Só quando se intrometem na estreita esfera personalista, eles vêm a ser "pervertidos", ou seja, fatores patogênicos, uma vez que esses "blocos erráticos" de mitologia e transpessoalidade agem então como corpos estranhos que comprometem o desenvolvimento individual.

Mas também o adolescente que se masculiniza em virtude da sua avidez sexual ativa ainda está sob o domínio da Grande Mãe. São ainda potentes demais a fascinação e a magia das forças do inconsciente, configuradas na imagem desta. A castração matriarcal acaba aniquilando a sua masculinidade e dissolvendo a sua figura.

O falicismo* simboliza um estágio primitivo da consciência que o homem tem da sua masculinidade. Somente aos poucos ele vem a perceber o seu próprio valor e o seu próprio mundo. De início, o elemento masculino é o copulador, mas não ainda o gerador; mesmo que o elemento feminino venere o falo como instrumento do ritual de fertilidade, este é mais o abridor do ventre – como no caso de alguns primitivos[33] – do que o fecundador, portador do prazer mais do que da fertilidade.

Originalmente, o culto do falo masculino e o da divindade fertilizadora podem estar equiparados. O prazer sexual e o falo são experimentados de modo orgiástico, sem que se saiba da sua relação direta com a propagação. A virgem-mãe que concebe o deus e as mênades adoradoras do falo correspondem a duas formas distintas de possessão em que o falo e o deus procriador ainda não são idênticos.

Do ponto de vista mitológico, as divindades fálico-ctônicas são companheiras da Grande Mãe e não representantes do especificamente masculino. Da perspectiva psicológica, isso significa que a masculinidade fálica ainda se encontra condicionada pelo corpo e está, portanto, sob o domínio da Grande Mãe, de quem continua a ser instrumento.

Embora busque de maneira ativa e consciente, nessa fase fálica, o seu alvo especial – a satisfação do instinto –, o ego masculino ainda é a tal ponto o órgão do inconsciente que não pode perceber que a satisfação sexual no coito tem relação com a propagação, isto é, ele continua inconsciente a respeito da dependência do impulso em relação à vontade autopropagadora da sua espécie.

À medida que o elemento masculino-ctônico do falicismo se torna mais consciente, a masculinidade ganha força e autorrealização, desenvolvendo-se nela componentes ativos e agressivos de poder. Ao mesmo tempo, os homens – mesmo quando têm a liderança social – ainda podem se submeter à grande deusa ctônica da fertilidade e cultuá-la em uma representante feminina, graças ao domínio do inconsciente masculino pela Grande Mãe.

O crescente poder do falicismo, que depois une a família sob o seu domínio, leva por fim à luta psicológica entre matriarcado e patriarcado, assim como a uma modificação da própria masculinidade.

---

* Deixamos de lado aqui as condições especiais que se aplicam ao elemento feminino.

A acentuação do ego leva do estágio urobórico ao do hermafrodita e, depois, ao estágio narcisista, que a princípio tem caráter autoerótico e representa uma forma primitiva de centroversão. O estágio seguinte é o da masculinidade fálico-ctônica, dominada pela esfera do corpo, à qual sucede uma masculinidade em que a ação da consciência se tornou a atividade específica de um ego autônomo. Em outras palavras, a consciência, como "masculinidade superior da cabeça", alcança o conhecimento da sua própria realidade como autoconsciência. Essa masculinidade superior é a masculinidade do "falo superior", com a cabeça como sede da realização criadora.

O desenvolvimento da consciência do ego tem como paralelo a tendência a tornar-se independente do corpo. Essa tendência encontra a sua expressão mais evidente no ascetismo masculino que nega a terra e a morte do corpo e no ódio à mulher, sendo praticado ritualmente nas iniciações dos adolescentes. Todas essas provas visam ao fortalecimento do ego, da volição e da masculinidade "superior" e estabelecem a experiência do ego e da consciência como superiores ao corpo. Ao elevar-se acima do corpo e ao triunfar sobre as suas dores, os seus medos e a sua luxúria, o ego ganha uma experiência elementar da sua própria espiritualidade viril. Acrescenta-se a essas tribulações uma iluminação advinda do princípio espiritual superior, seja ela transmitida por seres espirituais em visões individuais ou pela comunicação de doutrinas secretas.

O alvo de toda iniciação – dos ritos da puberdade aos mistérios das religiões – é, no entanto, a transformação. Em toda iniciação é gerado o homem espiritual superior. Mas esse homem superior é aquele que tem consciência ou, como o expressa a linguagem iniciática, aquele que possui a consciência superior. Nela, o homem experimenta ser parte do mundo do espírito e do Céu. Quer isso tome a forma de divinização ou de ser filho de Deus, quer o iniciado se tome um *sol invictus* ou, como herói, se transfigure em uma estrela ou um anjo das hostes celestes, quer ainda ele seja identificado com os ancestrais totêmicos, tanto faz; ele sempre mostrará estar associado ao céu, à luz e ao vento que são os símbolos cósmicos do espírito incorpóreo, alheio ao corpo e não terreno.

O céu é a morada dos deuses e dos gênios; é o mundo simbólico da luz da consciência, o contrário do mundo terreno do inconsciente e condicionador do corpo. Olhar e reconhecer são as funções características da consciência; a luz e o sol são os fatores celestes transpessoais que constituem a sua condição superior; o olho e a cabeça são os órgãos físicos ligados à discriminação consciente. Por essa razão, na psicologia simbólica, o espírito-alma provém do Céu e, no esquema psíquico do corpo, é adjudicado à cabeça, da mesma maneira como a perda dessa alma espiritual é representada mitologicamente como cegueira, morte do cavalo solar ou queda na terra ou no mar; isso quer dizer que a derrubada da masculinidade é o caminho da regressão. Ela envolve a dissolução da masculinidade superior em sua forma fálica inferior e, portanto, a perda da consciência, da luz do conhecimento, do olho, e a recaída no mundo ctônico-animal, onde o corpo domina.

O fato de o medo ser sintoma da centroversão, um sinal de alarme enviado para advertir o ego, podemos percebê-lo, de maneira bem clara, a partir do medo de regredir a uma forma mais velha do ego que destrua a nova e, com ela, o novo sistema da consciência do ego. A "tendência autopreservadora" de um sistema determina a sua razão de prazer-desprazer.*

As qualidades prazerosas associadas à fase anterior do ego se tornam, desde que aquele esquema seja superado, algo doloroso para o ego da fase seguinte. Assim, o incesto urobórico só traz prazer para o frágil núcleo de um ego ainda pouco distinto da ouroboros. Porém, à medida que o ego se fortalece, o prazer urobórico passa a ser o temor da ouroboros, o medo da Grande Mãe, uma vez que esse prazer contém o perigo da regressão, o perigo da castração matriarcal que ameaça o ego de extinção.

Por isso, a superação do medo é a característica típica do herói que se atreve a dar o passo evolutivo para o estágio seguinte e não permanece – ao contrário do homem comum, que se apega ao conservadorismo do sistema existente – como inimigo inveterado do novo. Aqui está a verdadeira qualidade revolucionária do herói: somente ele, ao vencer a velha fase, tem sucesso em afastar o medo e transformá-la em júbilo.

---

* A dissolução ameaça de dois lados: da regressão a um nível inferior e da progressão para um nível superior. Eis por que a oscilação típica do prazer para o medo e deste para aquele é marcada no curso das fases transicionais do desenvolvimento do ego, por exemplo, na infância e na puberdade.

B. A Separação dos Sistemas

Estágios Mitológicos: Separação dos Pais Primordiais e Luta com o Dragão

Centroversão e Diferenciação

O desenvolvimento ulterior da personalidade é determinado pela divisão da unidade consciência-inconsciente em dois sistemas, ou melhor, primeiro pela separação entre eles, uma vez que só no desenvolvimento da consciência ocidental a separação viria a tomar a forma mais perigosa de uma divisão. Do ponto de vista mitológico, esse desenvolvimento é representado pela separação dos Pais Primordiais e pelo Mito do Herói; e a separação dos Pais Primordiais já contém uma parte do mito do herói.

Por intermédio da separação dos Pais Primordiais, o céu e a terra se distinguem um do outro, é criada a polaridade e libertada a luz. Trata-se de uma representação mitológica do ego, posicionado a meio caminho entre o mundo inferior, feminino, da terra e do corpo, e o mundo superior, masculino, do céu e do espírito. No entanto, como a consciência e o ego sempre se experimentam a si mesmos como masculinos, esse mundo terreno inferior é considerado por eles o mundo da Grande Mãe, e consequentemente hostil ao ego, ao passo que o céu é entendido como o mundo do grande espírito, íntimo do ego, personificado, mais tarde, como o Grande Pai.

A separação dos Pais Primordiais é a forma cósmica da luta do herói, que representa mitologicamente a emancipação do indivíduo. O seu primeiro estágio consiste na conquista do dragão da Grande Mãe, na libertação do indivíduo e do sistema ego-consciência do domínio dela.

A formação da personalidade continua então seguindo a tendência à centroversão que, unindo, sistematizando e organizando, acentua a formação do ego e, desse modo, consegue também a sistematização dos conteúdos, inicialmente difusos, da consciência.

A tarefa primeira da consciência em relação às tendências subjugadoras do inconsciente consiste principalmente no distanciamento, isolamento e defesa, isto é, no fortalecimento da estabilidade do ego. No decurso desse desenvolvimento – em que o ego adquire consciência de suas diferenças e peculiaridades – a quantidade de libido do sistema consciente aumenta – por meio de processos a serem descritos – e o ego avança para além da autodefesa a fim de ampliar a conquista e a atividade.

Mitologicamente, esse nível está subordinado ao motivo dos gêmeos. As alianças masculinas não só determinam períodos inteiros de culturas, como, por exemplo, na Grécia antiga e no Japão medieval,[34] mas se encontram agregadas a todas as camadas de acento matriarcal. Os heróis, com a sua masculinidade enfatizada, se apresentam, mais que frequentemente, em pares de relação homoerótica, representando muitas vezes a união de uma parte masculina celeste com outra, terrena. Um deles é o amigo ou irmão gêmeo tido como aspecto masculino superior de origem divino-celeste, enquanto o outro representa o aspecto terreno-fálico. Isso se revela, de maneira bem clara, no exemplo mais antigo, o poema épico de Gilgamesh, onde Enkidu é o homem animal e Gilgamesh, o aspecto superior do herói que luta pela imortalidade. A aliança de amigos é uma característica do herói e da sua luta com o dragão. Ambas as formas da situação geminada, tanto a dos Dióscuros como a dos irmãos hostis, desempenham importante papel no desenvolvimento: o papel positivo, como apoio na luta com o dragão e o negativo, como projeção simbólica da autodivisão que conduz ao autoconhecimento.

Mostramos, na seção que tratou do masculino terrível, a maneira como o aspecto do poder masculino destrutivo da ouroboros e da Grande Mãe é assimilado pelo ego e coordenado com a personalidade e a consciência. Parte do arquétipo do antagonista – figura do inconsciente coletivo – é incorporada ao sistema da personalidade.

O antagonista é a figura do poder obscuro de cunho transpessoal, tal como é representada, por exemplo, pelo antigo deus Set, pela serpente Apófis ou pelo javali assassino. No início, a consciência do ego adolescente, que é passiva ou opõe fraca resistência, cai vítima desse poder: a carga de energia do arquétipo é mais forte e a consciência do ego é sufocada. Durante o estágio dos gêmeos, contudo, o adolescente experimenta parte dessa força destrutiva como pertencente também à sua própria pessoa. Ele já não é apenas a vítima da Grande Mãe, mas, pela automutilação e o suicídio, assimila, de modo negativo, a tendência destruidora que se voltara contra ele. O centro do ego se apodera dessa tendência agressiva do inconsciente e faz dela uma tendência do ego e um conteúdo da consciência. No estágio de transição, a tendência destruidora da Grande Mãe contra o ego não é mais inconsciente, tendo passado a ser consciente, porém por ora ainda conserva o antigo objeto, o ego. A resistência do ego à Grande Mãe e a conscientização da sua tendência destruidora caminham juntas. No início, o ego é tomado pelo conteúdo recém-surgido na consciência, ou seja, o arquétipo do antagonista, e afunda. Só aos poucos e à medida que o ego reconhece que essa tendência destruidora não pode ser simplesmente um conteúdo estranho do inconsciente, mas também faz parte de si, a consciência começa a incorporar essa tendência, digerindo-a e assimilando-a, isto é, tornando-a consciente. Então, a destruição pode ser separada do seu antigo objeto, o ego, e se transforma em função deste. Ele pode agora usar ao menos uma parcela dessa tendência no seu próprio interesse. De fato, deu-se que o ego, como dissemos, "virou a mesa" sobre o inconsciente.

A assimilação das tendências destrutivas do inconsciente tem estreitos vínculos com as qualidades "negativas" da consciência. Isso é expresso não só na capacidade de se distinguir do inconsciente e distanciar-se dele, como no uso criativo dessa capacidade pela consciência em suas tentativas expansionistas e conquistadoras de decompor o *continuum* do mundo em objetos por meio dos quais este se torna assimilável pelo ego. A capacidade assimilativa da consciência, que lhe permite apreender os objetos, de início como imagens e símbolos, mais tarde como conteúdos e, por fim, como conceitos, bem como assimilá-los e coordená-los de maneira nova, pressupõe essa função analítica. Nela, a tendência destruidora do inconsciente se tornou uma função positiva da consciência. A separação da consciência do inconsciente só é possível se o dragão dos Pais Primordiais, sobretudo o da Grande Mãe, é vencido. Nisso sempre está acentuada a capacidade da consciência de dizer não, de distinguir, discriminar e excluir, ao contrário da tendência do inconsciente de dizer sim, de unir, abranger e fundir tudo. Com isso se torna mais compreensível ainda por que um está sob o símbolo da masculinidade e o outro sob o da feminilidade.

Na função analítico-redutiva e dissecadora da consciência, há sempre um elemento ativo de defesa contra o inconsciente e contra o perigo de ser tomado por ele. Essa atividade negativa se evidencia quase sempre que deparamos com o simbolismo de facas, espadas, armas etc. Em inúmeros mitos da criação, o retalhamento do dragão precede a construção de um mundo novo. Da mesma maneira como a comida deve ser cortada em pedacinhos antes de poder ser digerida e incorporada à estrutura do organismo, assim também o vasto *continuum* do mundo da ouroboros deve ser decomposto em objetos para a sua assimilação por parte da consciência.

A tendência urobórica do inconsciente a reabsorver tudo que é criado, destruindo para então devolvê-lo renovado e transformado, é repetida, em um nível superior, pela consciência do ego. Aqui também o processo analítico precede a síntese e a diferenciação é o requisito primordial para uma posterior integração.[35]

Nesse sentido, o reconhecimento se baseia em um ato agressivo de incorporação. O sistema psíquico e, em um grau ainda maior, a própria consciência, é um órgão de decomposição, digestão e reconstrução dos objetos do mundo e do inconsciente, exatamente da mesma maneira como o nosso sistema digestório corporal decompõe fisioquimicamente a matéria e a utiliza para criar novas estruturas. Nessa analogia se baseia o simbolismo da consciência da ouroboros alimentar e o seu simbolismo metabólico. Essa consciência, no entanto, corresponde a um sistema assimilador de ordem mais elevada, superior ao sistema assimilador original da psique inconsciente.

A atividade do herói, na sua luta com o dragão, é a do ego atuante, determinado e discriminador, que, não mais fascinado nem dominado, e abandonando a sua atividade juvenil de defesa passiva, procura o perigo, realiza novas e extraordinárias façanhas e combate até alcançar a vitória. A supremacia da Grande Mãe, o controle por ela exercido por meio do poder instintual do corpo, é vencida pela autonomia relativa do ego, do homem espiritual superior, que tem vontade própria e obedece à sua razão. O ato de arrancar terra do mar, realizado por Fausto, simboliza a façanha primal do herói que rouba novos territórios do inconsciente e os coloca sob o domínio do ego. Assim como, no nível adolescente, as características dominantes eram a passividade, o medo e a defesa contra o inconsciente, do mesmo modo, no nível heroico, o ego se arma de coragem e parte para a ofensiva. Pouco importa se a direção desse ataque é introvertida ou extrovertida, uma vez que ambos os flancos são ocupados pelo dragão da Grande Mãe, quer a denominemos natureza, mundo ou psique inconsciente.

Chegamos agora ao incesto ativo do herói, a luta com a Grande Mãe e a derrota desta. O caráter inspirador de assombro desse dragão consistia essencialmente no seu poder de seduzir o ego, castrá-lo e destruí-lo no incesto matriarcal. O medo da dissolução impedia que o ego regredisse à Grande Mãe e à ouroboros; esse medo era a reação protetora do sistema do ego contra a regressão. Se não quiser estagnar no nível dos "renitentes", cheios de medo da Grande Mãe, o ego precisará vencer esse mesmo medo, até então protetor, e realizar o que mais teme, o incesto heroico. Ele deve se expor à força aniquiladora da Mãe-dragão urobórica sem se deixar destruir.

Justamente ao penetrar na Grande Mãe Urobórica que ameaça aniquilá-lo, o ego experimenta, no incesto heroico, a sua masculinidade superior como algo duradouro, imortal e indissolúvel e o medo se converte em prazer. Essa relação entre medo e prazer, ligada aos estágios, desempenha papel decisivo na psicologia normal, mas tem importância particular na psicologia da neurose. Nesse estágio de desenvolvimento, e somente nele, a sexualidade se torna símbolo da luta para "chegar ao topo" e, nesse caso, a terminologia adleriana do impulso de poder é sobremodo apropriada.[36] Mas a permanência sob esse simbolismo, tal como a encontramos, consciente ou inconscientemente, em muitos neuróticos, significa que o estágio arquetípico da luta com o dragão ainda não foi ultrapassado e que o ego está preso a ele. Na maioria dos casos, o fracasso nesse nível não é expresso pelo símbolo da castração e do despedaçamento, como ocorre no estágio da Grande Mãe, mas pelo simbolismo da derrota e prisão e, por vezes, pelo da cegueira.

Tal como a cegueira de Sansão e de Édipo, o cativeiro, que em muitos mitos e contos de fada toma a forma de ser devorado, é uma forma de fracasso superior ao despedaçamento ou à castração fálica. Superior, porque a derrota, nesse estágio, afeta uma consciência do ego mais bem desenvolvida e mais estável. Eis por que tal derrota não precisa ser definitiva, ao contrário da castração e da morte, que estão fadadas a sê-lo, e, em um certo sentido, também da cegueira. O vencido pode, por exemplo, vir a ser resgatado por um herói, e a derrota, ainda assim, culminar em vitória. A consciência, mesmo vencida, pode se preservar no cativeiro até a chegada do resgate. Os diferentes aspectos da salvação correspondem a formas distintas da progressão. Por exemplo, Édipo permanece herói, mesmo regredindo de maneira trágica à mãe; Sansão transcende a sua derrota e morre vitorioso; Teseu e Prometeu encontram a liberdade graças a Héracles, e assim por diante.

De igual modo, o ego-herói que tomba na batalha não é destruído como personalidade individual, no sentido em que o ego é destruído no incesto urobórico ou matriarcal. Esse desenvolvimento do ego, ao passar pelos estágios arquetípicos do mito, mostra ser orientado no sentido do que reconhecemos ser um dos objetivos da luta com o dragão, isto é, a conquista da imortalidade e da permanência. A conquista de algo suprapessoal e indestrutível por meio dessa luta é, no tocante ao desenvolvimento da personalidade, o sentido último e mais profundo do tesouro levantado.

Não é intenção nossa repetir aqui o que foi dito na Parte I a respeito da separação dos Pais Primordiais, da criação da luz e do mito do herói no que se refere ao desenvolvimento e à diferenciação da consciência. A nossa tarefa psicológica é, em vez disso, indicar alguns dos métodos pelos quais o ego se destaca do inconsciente e forma a si mesmo como sistema independente; em outras palavras, o modo como é construída a personalidade do indivíduo. Temos de examinar a maneira pela qual o pessoal e individual se emancipa do transpessoal e coletivo.

A Fragmentação dos Arquétipos

A separação entre a consciência e o inconsciente pode ser efetuada por um dos seguintes meios: (1) a fragmentação – cisão ou fusão – de arquétipos e complexos; (2) a desvalorização ou deflação do inconsciente; (3) a personalização secundária de conteúdos originalmente transpessoais; (4) a exaustão de componentes emocionais capazes de se apossar do ego; (5) processos abstratos que, a partir da representação pictórica do inconsciente, levam à formação da ideia e, finalmente, pela racionalização, ao conceito. Todas essas diferenciações possibilitam a formação, a partir de um inconsciente transpessoal difuso, que não conhece indivíduos e tem caráter puramente coletivo, de um sistema de personalidade, cujo representante superior é a consciência do ego.

Para acompanhar o desenvolvimento da consciência, é necessário fazer uma distinção entre dois componentes do inconsciente. Isso envolve separar o conteúdo material do inconsciente coletivo do seu conteúdo dinâmico ou emocional. O arquétipo não apenas representa, como imagem, algum conteúdo mais ou menos acessível à consciência, mas também possui, independentemente dos seus conteúdos ou em associação com eles, um efeito emocional e dinâmico sobre a personalidade. Aquilo que chamamos "fragmentação de arquétipos" é um processo por meio do qual a consciência busca arrancar do inconsciente o conteúdo material dos arquétipos a fim de agregá-lo ao seu próprio sistema.

Rudolf Otto,[37] na sua descrição do numinoso, denomina-o mistério inspirador de assombro, fascinante e beatífico, o "completamente Outro", o Sagrado. Esse *numinosum* é a experiência central do ego diante de todo e qualquer arquétipo, a experiência básica do ego no tocante ao inconsciente coletivo e ao mundo, sobre os quais projeta os arquétipos. É como se o mundo do inconsciente fosse, com efeito, uma extensão do numinoso, como se a multiplicidade inconcebível dos seus aspectos tivesse sido decomposta nas figuras distintas do inconsciente coletivo para se tornarem experimentáveis pelo ego, quer sucessivamente ou juntas. No curso do desenvolvimento, isto é, durante a transição da fase amorfa para a fase configuradora, o inconsciente coletivo é cindido e se torna o mundo pictórico de imagens arquetípicas; e essa mesma linha de desenvolvimento leva à fragmentação dos próprios arquétipos.

A Exaustão dos Componentes Emocionais: Racionalização

Ocorre uma fragmentação no sentido de que, para a consciência, o arquétipo primordial se decompõe em um amplo grupo de arquétipos e símbolos inter-relacionados. Ou melhor, esse grupo pode ser concebido como a periferia que envolve um centro desconhecido e intangível. Os arquétipos e símbolos separados são agora mais fáceis de captar e assimilar, de modo que não suplantam mais a consciência do ego. Essa experiência discursiva dos arquétipos, um após outro e a partir de diferentes lados, resulta de um desenvolvimento durante o qual a consciência aprende a se proteger do efeito do arquétipo primordial. A grandeza numinosa do arquétipo, tal como o homem primitivo a experimentou originalmente, é a unidade dos grupos arquetípicos de símbolos em que ele agora se manifesta, somada a um excedente desconhecido que resta do processo de fragmentação realizado pela consciência.

Tomemos como exemplo o arquétipo da Grande Mãe. Ele combina em si uma estonteante variedade de aspectos contraditórios. Se considerarmos esses aspectos como qualidades da Grande Mãe e os relacionarmos como qualidades do arquétipo, teremos o resultado do processo que descrevemos. Uma consciência desenvolvida reconhece essas propriedades e qualidades, mas originalmente o arquétipo atuava sobre o ego com toda a massa indiferenciada, paradoxal, da sua natureza em si contraditória. Essa é a principal causa da subjugação do ego e da incapacidade de a consciência orientar-se em relação ao arquétipo que, sempre novo, diferente e inesperado, emerge com assustadora vivacidade e de maneira perturbadora das profundezas e agarra a consciência.

Assim, a Grande Mãe é urobórica: terrível e devoradora e, ao mesmo tempo, boa e criadora; auxiliadora, mas igualmente sedutora e destruidora; fascinante e perturbadora, portadora da sabedoria; animal e deus, prostituta tentadora e virgem intocável, velha como o mundo e eternamente jovem.[38]

Essa ambivalência original do arquétipo, com os seus opostos em justaposição, é rompida em dois quando a consciência separa os Pais Primordiais. Agora, fica à esquerda a série de símbolos negativos – a mãe assassina, a grande meretriz da Babilônia, a bruxa, o dragão e Moloque; à direita, a série positiva, onde encontramos a mãe boa que, como Sophia, Virgem e redentora, dá à luz e alimenta, faz renascer e cura. Lá Lilith, aqui Maria; lá o sapo, aqui a deusa; lá o pântano de sangue devorador, aqui o "eterno feminino".

No mito, o processo da fragmentação do arquétipo é representado como a façanha do herói. A separação dos Pais Primordiais é realizada por ele e somente assim a consciência pôde nascer por si mesma. Justamente no mito do herói podemos acompanhar esse processo de fragmentação até o último detalhe. Primeiro, a luta era contra o arquétipo primordial da ouroboros; após tê-lo partido em dois, a luta tinha de ser dirigida contra a mãe e contra o pai, e no final dela seria atingida uma constelação em que a cisão dos opostos era definitivamente realizada. Opõem-se ao herói a Mãe Terrível e o Pai Terrível; estão com ele o Pai-Deus criador e a Virgem-Deusa doadora de vida. Assim, finalmente, o mundo incipiente da ouroboros se transformou no mundo humano, modelado criativamente pelo herói e pela sua vida. O herói e o seu sucessor, o homem, somente agora encontrou o seu lugar no mundo, entre os reinos superior e inferior.

O entrelaçamento interno e a indiferenciação, o estado fluídico e inapreensível, são o que determina o poder do arquétipo primordial da Grande Mãe. Só mais tarde pode emergir, desse fundo unitário, o caráter pictórico e simbólico, formando um grupo de arquétipos e símbolos interligados em volta desse centro indescritível. A abundância de imagens, qualidades e símbolos citados já é o produto da decomposição, da "fragmentação". Essa fragmentação

270

ocorre por intermédio da consciência, que, a partir da sua distância, percebe, reconhece e registra. *Determinatio est negatio.* À multiplicidade de imagens corresponde uma multiplicidade de atitudes possíveis e de possíveis reações da consciência, ao contrário da reação total-unitária que originalmente se apossava do homem primitivo.

Agora, o dinamismo imponente do arquétipo está detido e já não provoca mais os arrepios e abalos emocionais da loucura, do êxtase, do delírio e da morte. A insuportável radiância branca da luz primordial é decomposta pelo prisma da consciência em um multicolorido arco-íris de imagens, símbolos e aspectos. Assim, por exemplo, da imagem da Grande Mãe é separada a da "Mãe Boa" que, aceita pela consciência, é introduzida como valor no mundo consciente. A outra parte, a Mãe Terrível, é, na nossa cultura, reprimida e sobremodo excluída do mundo consciente. Como resultado dessa repressão, à medida que se desenvolve o patriarcado, a Grande Mãe se torna simplesmente a Boa Mãe, consorte dos Pais-Deuses. No entanto, o seu aspecto animal sombrio, a soberania como Grande Mãe urobórica, é esquecido. Desse modo, nas culturas ocidentais, inclusive na Antiguidade, restaram as "esposas dos deuses" ao lado das divindades-país que as substituíram. Só em tempos recentes foram os antigos cultos da mãe laboriosamente redescobertos, tendo sido reservada a uma época versada em psicologia profunda a escavação do mundo primevo da Mãe Terrível e Urobórica. Do ponto de vista do patriarcado e do desenvolvimento da consciência de tendência acentuadamente patriarcal, a sua repressão foi compreensível e necessária. A consciência do ego tinha de relegar esses aspectos ao esquecimento, visto que o seu medo do abismo ainda apresentava uma proximidade desconfortável demais: muito embora o ego tivesse combatido com sucesso o dragão, os terrores dessa luta ainda estavam por demais vivos. Por isso, temerosa de que o "conhecimento real" invocasse o destino regressivo que tomou conta de Édipo, a consciência reprime a Esfinge, e, com evocações eufemistas, entroniza a Boa Mãe.

A fragmentação dos arquétipos não deve, de modo algum, ser concebida como um processo analítico consciente. A atividade da consciência só tem um efeito diferenciador devido à variedade de atitudes possíveis que pode adotar. O surgimento de um grupo de arquétipos, cindido de um arquétipo mais volumoso, assim como do grupo correspondente de símbolos, é a expressão do processo espontâneo que mantém intacta a atividade do inconsciente. Para o ego consciente, esses arquétipos e símbolos aparecem como produtos do inconsciente, mesmo quando, na realidade, o seu surgimento é constelado pela consciência e pela sua situação geral. Enquanto a consciência não constela o inconsciente, também não surgem símbolos diferenciados e arquétipos. Quanto mais nítida é a sistematização da consciência, tanto mais nitidamente ela constela os conteúdos do inconsciente.

Isso significa que as manifestações do inconsciente variam de acordo com o fortalecimento e ampliação da consciência. O crescimento da consciência e a sua carga ascendente de energia levam à diferenciação, à percepção mais nítida do arquétipo, da rede arquetípica e dos símbolos. A atividade da consciência é, portanto, extremamente importante, mas aquilo que surge e se torna visível continua – como o símbolo em geral – dependente da espontaneidade do inconsciente.

A decomposição do inconsciente amorfo no mundo pictórico de arquétipos permite a representação e percepção destes pela mente consciente. Os impulsos e instintos "sombrios" já não exercem completo controle sobre a totalidade; em vez disso, a percepção de uma imagem interior produz uma reação por parte do ego consciente. Originalmente, essa percepção gerava uma reação total muito parecida com o reflexo, como, por exemplo, o "terror pânico", evocado pela imagem de Pan.

A reação retardada e a desemocionalização seguem paralelas à fragmentação do arquétipo em grupos de símbolos. O ego vai deixando de ser subjugado à medida que a consciência vai se tornando mais capaz de assimilar e compreender os símbolos individuais. O mundo se torna mais claro, a orientação mais possível e a consciência ampliada. Uma divindade primal anônima e amorfa é assustadora em um grau inconcebível; é imponente e inabordável, incompreensível e intratável. O ego experimenta a sua carência de forma como algo inumano e hostil, se é que se preocupa de fato com a impossibilidade de experimentá-la. Dessa maneira, é frequente encontrarmos, no princípio, um deus inumano em forma de besta ou alguma anomalia repugnante, monstro resultante de miscigenação. Essas criaturas horrendas são a expressão da incapacidade do ego de compreender a amorfia original e a natureza incógnita da divindade primal. Quanto mais antropomórfico se torna o mundo dos deuses, tanto mais próximo do ego e mais desprovido de caráter subjugador fica. Os deuses olímpicos são muito mais humanos e familiares do que a deusa primal do caos.

No decorrer desse processo, a divindade primal é cindida em diferentes deuses de individualidade própria. A divindade é agora experimentada e revelada sob tantos aspectos quantos são os deuses. Em consequência disso, a capacidade de expressão e compreensão da consciência do ego aumentou enormemente. A crescente diferenciação de cultos mostra que o homem aprendeu como "lidar com" a divindade na forma de deuses individuais. Ele sabe o que eles desejam e sabe como manipulá-los. Cada um dos deuses que possa ser visto e "manipulado" num ritual representa mais um passo na ampliação da consciência e na conscientização do inconsciente.

É fato conhecido que os deuses "funcionais" das religiões terminam por se tornar funções da consciência. Originalmente, a consciência não possuía libido livre em quantidade suficiente para realizar qualquer tarefa – arar, colher, caçar, mover guerras etc. – pelo seu próprio "livre-arbítrio", sendo obrigada a invocar a ajuda do deus que "compreendia" essas coisas. Mediante a invocação cerimonial, o ego ativava a "ajuda do deus", conduzindo assim o fluxo de libido do inconsciente para o sistema consciente. O progressivo desenvolvimento da consciência assimila os deuses funcionais, que permanecem vivos como qualidades e capacidades do indivíduo consciente que ara, colhe, caça e guerreia, se e quando lhe aprouver. É evidente, no entanto, que, quando a manipulação consciente não tem sucesso, tal como ocorre em uma guerra, o deus da guerra continua agindo como deus funcional até os nossos dias.

Do mesmo modo como uma multiplicidade simbólica de deuses cerca o Deus primordial, assim também, à medida que a consciência se desenvolve, todo arquétipo cerca a si mesmo do seu grupo correspondente de símbolos. A unidade primordial se dissolve em sistemas solares de arquétipos e símbolos agrupados em torno de um arquétipo nuclear e o nexo arquetípico do inconsciente coletivo sai das trevas e vem para a luz.

Assim como o sistema digestório decompõe o alimento nos seus componentes básicos, do mesmo modo a consciência divide o grande arquétipo em grupos e símbolos arquetípicos que, mais tarde, podem ser assimilados, como qualidades e atributos cindidos, pela capacidade perceptiva e organizadora da consciência. Com a progressiva abstração, os símbolos passam a ser atributos de importância variável. Assim, por exemplo, a natureza animal da divindade arquetípica aparece ao lado desta como o seu "mascote". Com o aumento da racionalização, o aspecto "humano", isto é, a afinidade com o ego, passa a ser tão importante que o deus frequentemente combate esse mascote, que é o seu próprio aspecto animal.[39] Se a abstração ou exaustão do conteúdo do símbolo pela consciência assimiladora for levada ainda mais adiante, o símbolo se transforma em qualidade. Por exemplo, Marte, cujo significado original, tal como o de todo deus, era muito complexo, se torna a qualidade "marcial". Essa fragmentação do grupo simbólico também tende a seguir a direção da racionalização. Quanto mais complexo for um conteúdo, tanto menos compreensível e avaliável será pela consciência, cuja estrutura unilateral restringe a percepção clara a uma área muito estreita. Nesse sentido, a consciência tem uma construção análoga à do olho. Há um único ponto de percepção visual nítida; áreas maiores só podem ser percebidas nitidamente se se deixa os olhos "passearem". Também a consciência só consegue reconhecer com nitidez aquilo que está sob seu foco, razão pela qual deve decompor um conteúdo grande em aspectos parciais, experimentando-os paulatinamente, um por um, aprendendo então a ter uma visão sinótica de todo o terreno, mediante a comparação e a abstração.

A importância dessa operação da consciência é particularmente evidente quando se trata da fragmentação de um conteúdo ambivalente, que contêm opostos, tal como vimos no arquétipo da Grande Mãe. Falamos de uma tendência ambivalente da personalidade quando nela existem, simultaneamente, uma tendência positiva e outra negativa em relação a um objeto, como, por exemplo, amor e ódio. O estado de ambivalência, inato nos primitivos e nas crianças, corresponde a um conteúdo ambivalente formado por elementos positivos e negativos. A estrutura antitética de um conteúdo torna impossível a orientação consciente, levando eventualmente ao fascínio. A consciência fica retornando a esse conteúdo ou à pessoa que o encarna ou é portador da sua projeção, sendo incapaz de se livrar dele. Novas reações são liberadas de modo contínuo, a consciência fica perdida e começam a surgir reações emocionais. Todos os conteúdos ambivalentes, que atraem e repelem ao mesmo tempo, atuam sobre o organismo como um todo e liberam reações emocionais, uma vez que a consciência falha e regride, sendo substituída por mecanismos primitivos. Mas as reações emocionais resultantes do fascínio são perigosas; equivalem à inundação da consciência pelo inconsciente.

Por isso, uma consciência em vias de progredir decompõe a ambivalência do conteúdo em uma estrutura dialética de propriedades opostas. Antes dessa decomposição, o conteúdo não é apenas bom e mau ao mesmo tempo; está além do bem e do mal, é atraente e repelente e, portanto, irritante para a consciência. No entanto, se há uma separação entre bem e mal, a consciência pode tomar uma atitude. Aceita e rejeita, se orienta, e, assim, sai do raio de ação do fascínio. Essa inclinação da consciência para a clareza e unilateralidade é reforçada pelos processos de racionalização mencionados.

A racionalização, a abstração e a desemocionalização são, todas elas, expressões da tendência "devoradora" da consciência do ego, que procura assimilar os símbolos aos poucos e de modo progressivo. À medida que é decomposto em conteúdos da consciência, o símbolo perde seu efeito compulsivos sua significação determinante, tornando-se mais pobre em libido. Desse modo, os "deuses da Grécia" já não são, para nós, o que foram para os gregos: forças e símbolos vivos do inconsciente, que requerem uma aproximação ritualística; foram decompostos em conteúdos culturais, princípios conscientes, dados históricos, associações religiosas e assim por diante. Existem como conteúdos da consciência e não mais – exceto em casos especiais – como símbolos do inconsciente.

Contudo, seria errôneo falar de uma natureza destrutiva da consciência em relação à alma, visto que não se deve esquecer que a consciência constrói, ao mesmo tempo, um mundo espiritual novo no qual, transformadas, as figuras soberanas e perigosas do inconsciente têm um novo lugar.

Esse processo de racionalização, que capacita a consciência a formar conceitos abstratos e a adotar uma visão consistente do mundo, vem ao final de um desenvolvimento que mal começa a se realizar no homem moderno.

A formação de símbolos e grupos de símbolos teve amplo papel de auxiliar da consciência na compreensão e interpretação do inconsciente; e, para o homem primitivo, o componente racional de um símbolo tem particular importância. O efeito do símbolo atinge a totalidade da psique e não apenas a consciência, mas o desenvolvimento que leva à ampliação da consciência traz consigo também a diferenciação e transformação da atuação do símbolo. O conteúdo complexo do símbolo continua a "possuir" a consciência, mas, em vez de ser dominada, esta se ocupa dele. Enquanto o seu efeito arquetípico original levava, por assim dizer, a um "nocaute" da consciência e a uma reação total inconsciente, de caráter primário, o efeito posterior do símbolo é estimulante e revigorante. O seu significado intrínseco se dirige à mente e leva à reflexão e ao entendimento, justamente porque ativa alguma coisa além do sentimento e da emocionalidade. Ernst Cassirer demonstrou, de maneira ampla, como o lado emocional, cognitivo e consciente do homem se desenvolve a partir de "formas simbólicas",[40] que, do ponto de vista da psicologia analítica, são expressões criativas do inconsciente.

Assim, a emancipação da consciência e a fragmentação de arquétipos estão muito longe de ser um processo negativo – no sentido de que o homem primitivo tenha experimentado um mundo "animado", enquanto o homem moderno conhece apenas um mundo "abstrato". A existência pura no inconsciente, que o homem primitivo compartilha com o animal, é, de fato, não humana e pré-humana. O fato de a alvorada da consciência e a criação de mundo serem processos paralelos que produzem o mesmo simbolismo indica que o mundo só "existe" de modo concreto na medida em que é objeto da cognição de um ego. Um mundo diferenciado é o reflexo de uma consciência autodiferenciadora. Os múltiplos arquétipos e grupos de símbolos derivados de um arquétipo primordial são idênticos ao escopo mais amplo de experiência, conhecimento e percepção da consciência do ego. Nas experiências primevas, o impacto da totalidade ainda não deixava reconhecer detalhes ou forma, visto que a sua imponente avalanche extinguia o ego num choque numinoso. Mas agora, com a multiplicidade de religiões, filosofias, teologias e psicologias, a consciência humana mais bem informada pode experimentar as muitas manifestações, sentidos e variações dessa numinosidade já decomposta em figuras, símbolos, atributos e revelações. Significa que a unidade primordial só é experimentável pela fragmentação, mas que, por meio desta, passou a ser ao menos relativamente experimentável para o ego e para a consciência, ao passo que, para o ego não desenvolvido, era somente aniquiladora.

Uma consciência autodiferenciadora significa que o complexo do ego pode se associar a qualquer número de conteúdos diferenciados e, assim, ganhar experiência. Embora fosse total, a experiência primitiva não era associada ao complexo do ego e, consequentemente, não se tornava uma experiência pessoal passível de ser recordada. O que torna tão extraordinariamente difícil descrever a verdadeira psicologia infantil é o fato de que não há um complexo do ego desenvolvido capaz de ganhar experiência ou, ao menos, lembrar-se da sua experiência. Por isso, a psicologia infantil, tal como a do homem primordial, é mais transpessoal do que pessoal.

A maior emocionalidade dos primitivos e das crianças pode facilmente produzir a extinção do complexo do ego, quer por ser original, como na infância, ou por irromper na consciência, como ocorre, por exemplo, em um estado de agitação. Se pensamos que a função da consciência deve receber, a fim de trabalhar, uma carga específica de libido, mas não mais do que esta, é óbvio que uma sobrecarga de libido desequilibrará a função e terminará por causar o seu fracasso, de modo que não haverá nem experiência do ego nem memória.

Paralelamente à fragmentação dos arquétipos e, do mesmo modo, com a formação da consciência e o fortalecimento do ego, promovidos por aqueles, manifesta-se na humanidade uma tendência a exaurir a emocionalidade original em favor da razão. Essa exaustão dos componentes emocionais corresponde ao desenvolvimento do homem medular em direção ao homem cortical. As emoções estão ligadas às camadas profundas da psique, aquelas que se acham mais próximas dos instintos. O acento emocional – base daquilo que doravante descreveremos como "componentes dinâmico-emocionais" – tem organicamente a sua base nas partes do cérebro consideradas, em termos evolutivos, as mais primitivas, a saber, a região medular e o tálamo. Como esses centros estão conectados com o sistema nervoso simpático, os componentes emocionais sempre estão ligados, de modo íntimo, aos conteúdos inconscientes. Deparamos de modo contínuo com a relação recíproca em que conteúdos inconscientes evocam emoções e estas ativam conteúdos inconscientes. A relação das emoções e conteúdos inconscientes com o sistema nervoso simpático tem a sua base psicológica nesse ponto. A emoção se manifesta simultaneamente com uma alteração das secreções internas, da circulação, pressão sanguínea, respiração etc., mas, ao mesmo tempo, os conteúdos inconscientes excitam e, no caso dos neuróticos, perturbam o sistema nervoso autônomo, de modo direto ou indireto, por via das emoções despertadas.

A tendência da evolução deixa claro que o homem medular está sendo substituído pelo cortical. Isso se manifesta pela deflação do inconsciente e também da exaustão dos componentes emocionais. Só agora, na crise atual do homem moderno, cuja excessiva ênfase no lado consciente e cortical de si mesmo provocou uma repressão e dissociação demasiadas do inconsciente, tornou-se necessária a sua "reconexão" com a região medular.*

O homem primevo vive intensamente seus aspectos reativos e emocionais. Não nos devemos esquecer de que os "complexos", esses conteúdos do inconsciente que ainda influenciam de modo extraordinário a nossa existência, têm sido caracterizados como "complexos de acento emocional". A tendência dos complexos de se apossarem dos sentimentos – aqui, no sentido de emocionalidade – é, como se sabe, a base dos experimentos associativos de Jung. Tanto as perturbações da estrutura racional da consciência que se manifestam no experimento de associação livre de palavras, como a agitação física verificada no fenômeno psicogalvânico, decorrem de componentes emocionais ativos dos complexos e dos sentimentos que deles despertam, o que levou diretamente à sua detecção.[41]

A evolução humana vem do homem emocional primitivo ao homem moderno, cuja consciência ampliada o protege dessa emocionalidade primitiva ou, pelo menos, se esforça nesse sentido. Enquanto o homem primitivo vivia em ampla *participation mystique* com os conteúdos do inconsciente e enquanto o seu sistema de consciência não foi capaz de existir independentemente do inconsciente, os componentes dinâmicos e materiais, seus respectivos conteúdos, eram tão estreitamente ligados, que se pode falar da identidade e fusão completa de ambos. Pode-se formular isso dizendo que a imagem percebida e a reação instintiva eram uma só. A emergência de uma imagem – o componente material – e a reação instintiva que afetava todo o organismo psicofísico – o componente dinâmico-emocional – se ligavam à maneira de um arco reflexo. Originalmente, portanto, uma imagem perceptiva no exterior ou no interior resultava em uma reação instantânea. Em outras palavras, a ligação entre a imagem e o componente dinâmico-emocional produzia, de modo instantâneo, a fuga ou o ataque, um acesso de ira, a paralisia etc.

Essa reação primitiva e a associação entre os dois componentes cessam à medida que a consciência se desenvolve. Com o desenvolvimento consistente

---

* Cf. Apêndice II.

do cérebro, o reflexo instintivo é retardado pela intervenção consciente na forma de reflexão, deliberação etc. Aos poucos, a reação instintiva é suprimida em favor da consciência.

Há, contudo, dois lados nessa substituição da reação original, de cunho total, pela reação descontínua e diferenciada, "estilhaçada", do homem moderno. A perda da reação total é lamentável, em especial quando leva ao espécime apático e morto-vivo de hoje, que já não responde vivamente a coisa alguma, exceto quando o homem é recoletivizado como parte de uma massa ou, pervertido por técnicas especiais, reverte ao primitivo. No entanto, a reação total do homem primitivo não é romanticamente louvável. É preciso ter presente que o homem primitivo, assim como a criança, é impelido à reação total diante de *qualquer* conteúdo emergente e, tomado por sua emocionalidade e pelas imagens por trás desta, agia como totalidade, mas sem estar livre.

Por essa razão, a tendência antiemocional da consciência, desde que não seja levada a extremos, é absolutamente benéfica para a humanidade. A impulsividade emocional do homem primitivo, do mesmo modo que a da massa – que qualquer conteúdo ou imagem pode induzir a ações catastróficas – é tão perigosa na sua sugestionabilidade imprevisível e "descabeçada", que a sua substituição por diretrizes conscientes é altamente desejável para a comunidade.

A consciência deve opor-se às reações instintivas que ocorrem no inconsciente, porque também o instinto é uma grandeza do inconsciente, pronta a subjugar o ego e da qual o sistema ego-consciência deve se proteger ao longo do seu desenvolvimento. Embora a reação instintiva represente uma "atuação objetiva", há, não obstante, um conflito entre a consciência do ego em desenvolvimento e o mundo do instinto. A consciência sempre deve colocar a sua própria atuação objetiva, distinta e orientada de modo diferente no lugar da reação instintiva, porque esta, de acento coletivo, nem sempre está de acordo com os objetivos individuais do ego e da sua preservação.

Com muita frequência, o instinto tem uma adaptação insuficiente à situação do indivíduo, só sendo apropriado em um nível primitivo e para um ego primitivo, mas de modo algum para um ego desenvolvido. Por exemplo, uma irrupção de reação emocional que leva a desfechar um golpe mortal pode ter extrema utilidade para selvagens na floresta, mas, na vida normal do homem civilizado – exceto em época de guerra – é não só inadequada como positivamente perigosa. A psicologia de massa também mostra com que frequência os instintos atuam de modo desastroso e sem sentido do ponto de vista do indivíduo, embora, às vezes, em favor da coletividade.

Entre os primitivos, como também em qualquer condição primitiva, o conflito entre consciência individual e tendências coletivas do inconsciente é sempre resolvido em favor do coletivo e à custa do individual. Muitas vezes, as reações instintivas não têm ligação com o ego, mas apenas com o coletivo, a espécie etc. A natureza sempre mostra não dar nenhum valor ao indivíduo. Como diz Goethe:

> Ela parece ter investido tudo na individualidade e não se importar nada com os indivíduos.[42]

Porém, ao contrário disso, o desenvolvimento da consciência também serve aos interesses do indivíduo. Na busca de um posicionamento diante do inconsciente, são feitas sucessivas tentativas de proteger a personalidade, consolidar o sistema da consciência e represar o perigo da inundação e invasão pelo lado inconsciente.

Logo, à medida que o ego se desenvolve, é imperativo evitar o surgimento de uma situação em que o componente dinâmico-emocional da imagem inconsciente ou arquétipo o induza a uma reação instintiva e, dessa maneira, subjugue a consciência.

É essa a razão pela qual há muito sentido na tendência a separar a reação da imagem perceptiva que a libera e a cindir o arco reflexo original até que os componentes dinâmico e material do inconsciente coletivo sejam segregados. Se o surgimento de um arquétipo não for seguido de imediato por uma ação reflexa instintiva, tanto melhor para o desenvolvimento consciente, porque o efeito dos componentes dinâmico-emocionais é perturbar, ou até impedir, o conhecimento objetivo, seja do mundo exterior ou do mundo psíquico do inconsciente coletivo. A consciência, com as suas quatro funções, tanto introvertidas como extrovertidas, é o órgão cognitivo por excelência, só sendo possível a sua diferenciação, assim como a das funções, quando se excluem os componentes emocionais do inconsciente. O acerto da função diferenciada é continuadamente obscurecido por uma intrusão de componentes emocionais.

Se o ego deve atingir uma condição de tranquilidade na qual possa exercer a discriminação, a consciência e a função diferenciada devem estar o mais longe possível do campo operacional de componentes emocionais. Todas as funções diferenciadas são passíveis de serem perturbadas por eles, mas o distúrbio é mais evidente no caso do pensamento, que se opõe, pela sua própria natureza, ao sentimento e, mais ainda, à emocionalidade. Mais do que qualquer outra função, o pensamento diferenciado requer "cabeça fresca" e "sangue-frio".

A consciência, o ego e a vontade, que podem ser descritos como a *avant-garde* do desenvolvimento consciente, ao menos no mundo ocidental, tendem a soltar os laços entre os componentes materiais e dinâmicos do inconsciente, de modo a, reprimindo estes últimos – ou seja, as ações e reações instintivas, de acento emocional –, se apoderarem daqueles, isto é, dos conteúdos do inconsciente, e os assimilarem. Essa repressão dos componentes dinâmico-emocionais do inconsciente é inevitável, porque o desenvolvimento da consciência requer a libertação do ego das garras da emoção e do instinto.[*]

A fragmentação de arquétipos e a exaustão dos componentes emocionais são, por conseguinte, tão necessárias ao desenvolvimento da consciência e à despotenciação real ou imaginária do inconsciente como os processos de abstração e a personalização secundária, que discutiremos adiante. Esses processos de abstração não devem ser identificados com a tendência abstrata do pensamento científico nem com a racionalização da consciência; eles se instalam muito mais cedo. O desenvolvimento do pensamento pré-lógico para o lógico[43] representa uma mutação básica que luta por estabelecer a autonomia do sistema ego-consciência com o auxílio desses mesmos processos de abstração. Desse modo, o arquétipo é substituído pela ideia da qual é precursor. Nesse processo, a ideia é o resultado de uma abstração. É a "expressão do sentido de uma imagem primordial que, ao ser subtraída do concretismo da imagem, foi abstraída".[44] Ela é um "produto do pensamento".

Desse modo, o curso do desenvolvimento leva do estado primitivo do homem como presa total da imagem primordial até o estado final em que a deflação do inconsciente avançou a ponto de a ideia ser considerada um conteúdo consciente, em relação ao qual podemos, embora não precisemos, tomar uma atitude. Em lugar de sermos possuídos por um arquétipo, agora "temos uma ideia", ou melhor ainda, "perseguimos uma ideia".

A Personalização Secundária

O fortalecimento do sistema pessoal de ego e consciência e o simultâneo solapamento da supremacia do inconsciente se movimentam em direção à "personalização secundária". Esse princípio sustenta haver no homem uma persistente tendência no sentido de tomar os conteúdos primários e transpessoais e reduzi-los a fatores pessoais. A personalização secundária está diretamente ligada à formação do ego, da consciência e do indivíduo dentro da história da humanidade, formação por meio da qual surge a "personalidade" e a esfera psíquica pessoal, pertencente ao ego, emerge da camada envolvente do evento transpessoal e coletivo.

A personalização secundária também está ligada aos processos de introjeção, isto é, à interiorização de conteúdos "exteriores".

---

[*] O componente reprimido desempenha importante papel compensatório em outros campos da cultura coletiva do homem. Ele forma ainda uma característica específica do inconsciente, que não depende da atitude ou tipo psicológico do indivíduo. A atmosfera peculiar e o colorido do inconsciente, o fascínio que evoca, a atração e repulsa inomináveis que por ele sentimos, assim como a insidiosa influência que exerce sobre o ego, pouco importando o conteúdo, são, todos eles, manifestações dos componentes dinâmicos do inconsciente.

Como vimos, o homem começa por experimentar o transpessoal fora de si mesmo, isto é, projetado sobre os céus ou o mundo dos deuses, e termina por introjetá-lo e torná-lo um conteúdo psíquico pessoal. Na linguagem dos símbolos, no ritual, no mito, nos sonhos e na realidade da infância, esses conteúdos são "ingeridos", "incorporados", e, assim, "digeridos". Mediante esses atos de introjeção e assimilação de conteúdos previamente projetados, a psique se constrói a si mesma, com o sujeito e a personalidade consciente centrados no ego obtendo cada vez mais "peso", à medida que vão sendo assimilados mais conteúdos. No entanto, como já observamos na discussão da fragmentação de arquétipos, só pela configuração daquilo que antes era informe a assimilação consciente vem a ser possível. A consciência em evolução aprende gradualmente a distinguir formas no indistinto e, mais ainda, começa a elaborá-las. Na personalização secundária, o sistema da personalidade em expansão leva as figuras transpessoais para dentro da sua esfera pessoal. Isso envolve não apenas a introjeção, como também a criação antropomórfica de imagens. É essa a verdade do antigo ditado de Xenófanes:[45]

> Porque, se os bois, os cavalos e os leões tivessem mãos e pudessem usá-las para pintar e produzir obras de arte como os homens, os cavalos pintariam as formas dos deuses como cavalos e os bois como bois, dando cada um aos seus deuses a forma física segundo o seu próprio aspecto.

A personalização secundária traz uma consistente diminuição no poder efetivo do transpessoal e promove o contínuo aumento da importância do ego e da personalidade. A sequência começa com a potência impessoal do numinoso, com a mitologia cósmica e as ideias da época dinamista e pré-animista, cujo corolário é a humanidade ainda inconsciente e pouco centrada em termos psíquicos, existindo o ser humano, psicologicamente, como unidade grupal. Vem em seguida a época configuradora em que surgem as figuras da mitologia astral e depois as dos deuses; é a época em que os deuses correspondem terrenamente aos heróis-mana, ou seja, aos heróis de caráter arquetípico e não histórico.

Por essa razão, o herói matador do dragão, que representa o sol na sua "jornada no mar noturno", ou, em outras culturas, a lua, é o modelo arquetípico e figura orientadora de todos os heróis históricos.[*]

---

[*] Por isso, os mais remotos historiadores sempre tentaram alinhar o herói individual com o arquétipo do herói primordial, e, assim, produziram uma espécie de historiografia mitologizada. Um exemplo disso é a cristianização da figura de Jesus, em que todas as características peculiares ao arquétipo do herói foram esboçadas *a posteriori*. O processo de mitologização é o oposto da personalização secundária, mas, nesta como naquele, o centro de gravidade da figura do herói já é deslocado para um ego que atua de maneira humana.[46]

Logo, a idade mítica tem como seguimento o período histórico inicial, com os seus reis-deuses etc., época em que a mistura entre o céu e a terra e a descida do transpessoal ao nível humano se tornam cada vez mais evidentes. A personalização secundária leva, por fim, à transformação das divindades locais em heróis e os animais-totem em espíritos domésticos.

À medida que a consciência do ego e, portanto, a personalidade individual, adquirem crescente importância e se deslocam aos poucos, no período histórico, para o primeiro plano, há um acentuado fortalecimento do elemento pessoal. Em consequência, a esfera humana e pessoal é enriquecida a expensas do extra-humano e do transpessoal.

O peso atribuído à consciência do ego e à individualidade torna o homem consciente de si mesmo como ser humano, ao passo que, no estágio da não discriminação inconsciente, ele era, em geral, um ser puramente natural. O fato de, no totemismo, ele também poder ser um "animal", uma planta ou até mesmo uma coisa, expressa a sua incapacidade de autodiscriminação e o não desenvolvimento da sua autopercepção como pessoa.

Enquanto as formas animais dos deuses e ancestrais simbolizavam originalmente a unidade entre o homem e a natureza que, na prática, se manifestava na magia, no feitiço da caça e na criação de animais domésticos, no teriomorfismo da era posterior essa unidade era a expressão do númen transpessoal dos tempos pré-históricos. Assim, os animais que acompanham os deuses trazem em toda parte a forma original destes. No Egito, por exemplo, podemos acompanhar o desenvolvimento da personalização secundária na crescente humanização dos deuses. Em épocas pré-históricas, as insígnias dos vários nomos eram animais, plantas ou objetos, quer os consideremos símbolos totêmicos ou não. Na Primeira Dinastia, os falcões, peixes etc. desenvolveram braços; no final da Segunda Dinastia, começam a surgir formas híbridas, corpos humanos com cabeças de antigas figuras animais, que se tornaram deuses antropomórficos; e, a partir da Terceira Dinastia, a forma humana vem a ser a regra. Os deuses se estabelecem em forma humana como senhores do céu e os animais se afastam.[47] O avanço da personalização secundária também pode ser observado na literatura, em que os motivos mitológicos se transformam em contos de fadas e, por fim, nos primeiros romances. Um bom exemplo dessa "descida" é a forma pela qual o mito de Set-Osíris ou Set-Hórus se torna a História dos Dois Irmãos. A oposição cósmica original entre luz e treva passa a ser o conflito dos gêmeos divinos e termina por reduzir-se a um "romance familiar" em que o drama imemorial assume características personalistas.

Essa progressiva assimilação de conteúdos inconscientes constrói pouco a pouco, ao longo da história humana, a personalidade, criando assim um sistema psíquico muito amplo, que forma então a base de uma história psíquico-espiritual interior da humanidade que se torna, de modo crescente, independente da história coletiva externa. Esse processo, que fora preparado pela filosofia, alcançou atualmente, na forma de psicologia, o seu último estágio; na verdade, um estágio que mal começou. Paralelamente, há uma "psiquização" do mundo. Deuses, demônios, céu e inferno são, como forças psíquicas, retirados do mundo objetivo e incorporados à esfera humana, que, a partir daí, sofre uma crescente expansão interior. Quando damos o nome de "sexualidade" àquilo que fora experimentado antes como divindade ctônica ou denominamos "alucinação" o que outrora era revelação, e quando os deuses do céu e do mundo inferior são reconhecidos como dominantes do inconsciente do homem, vemos que uma imensa esfera do mundo penetrou no interior da psique humana. A introjeção e a psiquização são o outro lado do processo de tornar visível um mundo cósmico-físico de objetos, que já não é tão modificável por projeções como antes.

Agora, porém, ocorre aquilo que é para o indivíduo o efeito mais importante da personalização secundária, a saber, a projeção de conteúdos transpessoais sobre o campo pessoal restrito, ou seja, sobre as pessoas. Assim como, no processo histórico, imagens de deus foram projetadas sobre seres humanos e neles experimentadas, do mesmo modo, agora, figuras arquetípicas são projetadas no ambiente pessoal, o que leva a uma confusão necessária, mas extremamente perigosa, entre a pessoa e o arquétipo.

Não só esse processo desempenha importante papel na infância, como a projeção de arquétipos parentais nos pais, mas também o destino do coletivo é determinado, em larga medida, por projeções desse gênero sobre Grandes Indivíduos que influenciam a história humana, de modo positivo ou negativo, como heróis, líderes, santos e assim por diante. Veremos que só é possível uma cultura coletiva saudável quando a personalização secundária não é levada ao absurdo; se for demasiado radical, ela provocará projeções deformadas do transpessoal e fenômenos de recoletivização por meio dos quais partes essenciais do acervo cultural são postas em risco ou até se perdem.

A deflação do inconsciente, relacionada com todos os processos descritos, leva, na história do desenvolvimento, à sistematização da consciência e à separação entre os dois sistemas: da consciência e do inconsciente. A relativa despotencialização do inconsciente é absolutamente necessária para o fortalecimento da consciência do ego e o seu enriquecimento pela libido. Nesse processo, o grande muro que delimita consciência e inconsciente se torna cada vez mais forte, com o auxílio de reavaliações – mas também desvalorizações – dos conteúdos do inconsciente. O lema patriarcal "para longe do inconsciente, para longe da mãe" permite não apenas a desvalorização, mas também a supressão e repressão, a fim de excluir da sua órbita conteúdos potencialmente perigosos para a consciência. Disso resulta uma tensão mais acentuada entre consciência e inconsciente, na qual se baseia a atividade da consciência e o seu futuro desenvolvimento.

A atividade da consciência masculina é heroica quando o ego assume e realiza, por si mesmo, a luta arquetípica com o dragão do inconsciente, levando-a a uma conclusão bem-sucedida. Esse domínio do elemento masculino, que tem decisiva importância para a posição do elemento feminino nas culturas patriarcais,[*] determina o desenvolvimento espiritual do Ocidente.

A correspondência da consciência à masculinidade culmina no desenvolvimento da ciência, como uma tentativa do espírito masculino para se emancipar dos poderes do inconsciente. Por toda parte onde surge a ciência, dissolve-se o caráter original do mundo que estava equipado com uma abundância de projeções oriundas do inconsciente. Privado, assim, de projeções, o mundo se torna objetivo, passando a ser uma construção científica da mente. Ao contrário da inconsciência original e do mundo imaginário correspondente, esse mundo objetivo é agora visto como a única realidade. Nessa via, que está sob a tutela constante do espírito masculino, que discrimina, legisla e capitula, o "princípio da realidade" é representado pelo aspecto masculino e pelos homens.

---

[*] A deflação do inconsciente, o seu "destronamento" pela tendência patriarcal de desenvolvimento da consciência, tem estreitas ligações com a depreciação da mulher no patriarcado. Esse fato será tratado com detalhes na minha futura obra sobre a psicologia do feminino; aqui basta fazer a seguinte observação: o estágio psicológico regido pelo inconsciente é, como vimos, matriarcal, sendo o seu emblema a Grande Mãe, que é suplantada na luta com o dragão. A associação entre o inconsciente e o simbolismo feminino é arquetípica, sendo o caráter maternal do inconsciente intensificado ainda mais pela figura da *anima*, que, na psique masculina, representa a alma. Em consequência, a tendência heroico-masculina de desenvolvimento pode confundir "para longe do inconsciente" como "para longe do feminino". Essa tendência na direção da consciência patriarcal se reflete na substituição de mitos femininos da lua por mitos masculinos do sol, remontando à psicologia dos primitivos. Enquanto os mitos da lua, mesmo quando esta é masculina, sempre indicam a dependência da consciência e da luz diante do lado noturno da vida, isto é, o inconsciente, nas mitologias solares patriarcais esse já não é o caso. Nestas, o sol não é o sol matutino que nasce da noite, mas o sol no seu zênite, exatamente ao meio-dia, simbolizando a consciência masculina que sabe ser livre e independente, mesmo na sua relação com o *self*, isto é, com o mundo criativo-criador do céu e do espírito.

Se a visão de Briffault,[48] segundo a qual a maioria dos mistérios era originalmente formada por mistérios femininos que só mais tarde foram adotados pelos homens, estiver correta, as tendências antifemininas das sociedades de homens, cuja base arquetípica já discutimos (cap. B-III), também têm uma base histórica. A degradação da mulher e a sua exclusão de muitos dos sistemas religiosos patriarcais são evidentes, mesmo nos nossos dias. Essa depreciação do feminino vai da intimidação das mulheres pelos usuários do rugidor à *taceat mulier in ecclesia* e a oração judaica diária de graças por ter nascido homem, assim como, na nossa época, à privação do direito de sufrágio da mulher, ainda em 1948, em muitos países europeus.

O ego e a consciência, na medida em que procuram dissolver, com as suas funções discriminadoras, a indeterminação do mundo inconsciente, formam um órgão de adaptação à realidade. Por isso, os desenvolvimentos do ego e da consciência, tanto do homem primitivo quanto da criança, dependem sempre da sua capacidade de apreensão da realidade. Essa é a parte justificada do antagonismo freudiano entre os princípios do prazer e da realidade. No entanto, essa adaptação a uma realidade puramente exterior já não atende às necessidades dos desenvolvimentos posteriores e mais recentes. A nossa consciência moderna começa a reconhecer o fato de que os constituintes da realidade também estão presentes no próprio inconsciente, como dominantes da nossa experiência, como ideias ou arquétipos. Isso quer dizer que a consciência se volta também para o interior. Sendo o órgão da cognição, ela deve funcionar diante do psíquico-objetivo interior do mesmo modo que funciona diante do físico-objetivo exterior. A introversão e a extroversão são agora governadas por um princípio da realidade ampliado que, no interesse da centroversão, deve ser aplicado tanto ao mundo como ao inconsciente. A ascensão da psicologia profunda como meio de investigação do mundo psíquico-objetivo é a expressão dessa nova orientação.

A Transformação dos Componentes Prazer-Desprazer

O caminho da evolução, que leva a humanidade da inconsciência para a consciência, é a via traçada pelas transformações e ascensão da libido. Essa via é acompanhada pelas grandes imagens dos arquétipos e dos símbolos. No seu curso, quantidades cada vez maiores de libido são levadas do inconsciente para a consciência do ego, fortalecendo e ampliando o sistema deste. Assim é que o homem primitivo, com os seus vislumbres apenas breves de consciência, é substituído paulatinamente pelo homem moderno, cujo ego subsiste mais ou menos num *continuum* consciente no âmbito de um mundo cultural produzido pela consciência coletiva do seu grupo e da humanidade em geral.

Dizemos que esse caminho é uma "ascensão", porque experimentamos a consciência e o mundo da luz como algo que se encontra "acima" de nós, assim como experimentamos a inconsciência e a treva como o que se acha "abaixo" de nós, submetidos que ainda estamos ao encanto do simbolismo primitivo, que associa a postura ereta da figura humana ao desenvolvimento da cabeça como a sede dos centros "superiores" e da consciência. A sequência de estágios que começa com o "Grande Redondo" e passa, pelo nexo de arquétipos, para o arquétipo isolado e o grupo de símbolos, e da ideia para o conceito, é uma sequência ascendente, mas também uma limitação. O que, "nas profundezas", era vago, mas carregado de energia e, por isso, operante e fascinante, torna-se, como conteúdo conceitual da consciência, uma grandeza disponível ao pensamento, manipulável e aplicável livremente pela consciência. Esse conteúdo por certo ganhou em valor de utilidade, mas apenas ao custo de transferir uma parte essencial da sua carga inicial de libido para a totalidade da consciência do ego.

O fascínio de um conteúdo inconsciente reside no seu poder de atrair a libido da consciência, atração cujo primeiro sintoma é a fixação do interesse nesse conteúdo; mas o aumento desse interesse leva à exaustão da libido, o que pode se manifestar na perda de consciência, no cansaço e na depressão. Enquanto em uma enfermidade a ativação do conteúdo inconsciente por um afluxo de libido se manifesta sob a forma de distúrbios, sintomas e assim por diante, e, no indivíduo criativo, esse conteúdo se combina espontaneamente com a consciência e se exprime na criatividade, a atuação conscientizadora consiste no fato de o ego dirigir voluntariamente a consciência e a libido disponível para o foco do fascínio. A libido que vivifica o sistema inconsciente, por ser o seu componente emocional, e a libido do sistema reconhecedor e perceptivo do ego, fluem juntas no ato de reconhecimento e formam uma única corrente. Em cada verdadeira conscientização, o ego experimenta essa confluência da libido como um prazer, ocorrendo o mesmo em cada novo conhecimento e descoberta, assim como na decomposição de um complexo e na assimilação de um conteúdo inconsciente. Não importa se o conteúdo causador do fascínio é percebido conscientemente como imagem, sonho, fantasia, ideia, inspiração ou projeção. A assimilação de conteúdos inconscientes, qualquer que seja a sua forma, leva a um enriquecimento não só do conteúdo da consciência, mas também da libido, o que, subjetivamente, é sentido como estimulação, mobilidade, alegria etc. e até como êxtase. Objetivamente, contudo, ela se manifesta no aumento do interesse, na capacidade ampliada e intensificada de trabalho, de atenção etc.

No processo de conscientização e assimilação de um conteúdo inconsciente, o ego faz uma "descida" da perspectiva consciente às profundezas, a fim de desenterrar o "tesouro". O prazer da "vitória do herói" é condicionado energeticamente pela união da libido da consciência com o conteúdo conquistado e com a incorporação da libido deste.[*]

A captação e assimilação do conteúdo pela consciência são a expressão do enriquecimento desta com libido. No entanto, não é possível, de modo algum,

---

[*] A descida é do consciente para o inconsciente, sendo, portanto, o oposto do processo de criação, que começa no inconsciente e sobe. Manifestações do inconsciente na forma de imagens, ideias, pensamentos etc. são experimentadas pelo ego como prazerosas. O prazer do processo de criação é produzido pela inundação da consciência com a libido de um conteúdo ativado até então inconscientemente. O prazer e o enriquecimento de libido resultantes da percepção consciente e da criatividade são sintomáticos de uma síntese em que a polaridade de dois sistemas, o consciente e o inconsciente, é suspensa por determinado período.

transferir para a consciência toda a carga de libido do conteúdo. Ao mesmo tempo que há uma alteração e um enriquecimento da consciência, a cisão do conteúdo também leva, com muita frequência, senão sempre, a uma "animação do inconsciente". Isso se explica pelo fato de que partes da libido libertada não podem ser absorvidas pela consciência e continuam a fluir para o inconsciente, onde "libidinizam" e animam grupos de complexos ou conteúdos arquetípicos. Esses são os conteúdos que depois emergem, se é que emergem, por associação – que se produz, por exemplo, em uma ideia "inspirada" – ou, quando não emergem, esses conteúdos formam uma nova constelação inconsciente. A união dos conteúdos dessa nova constelação com a situação original da consciência representa a continuidade de todo trabalho criativo, cujos componentes essenciais são sempre preparados, transmitidos e produtivamente enriquecidos pelo inconsciente.

A continuidade desses processos não se manifesta apenas na criatividade, mas em toda série de sonhos, visões e fantasias; neles todos, encontramos uma relação interna que se impõe e cuja rede associativa se aglomera em redor de um ou mais conteúdos nucleares.[49]

Faz parte das conquistas mais importantes da consciência a capacidade de deslocar livremente a libido fornecida ao seu sistema, isto é, usá-la, em alto grau, independentemente da fonte de onde provém. Do mesmo modo como a animação causada no leitor por um livro "estimulante" pode ser aplicada a um poema, a uma caminhada, a um jogo de *bridge* ou a um flerte sem que haja uma relação necessária entre o livro e a reação do ego, assim também o ego pode aplicar ao seu bel-prazer uma porção de libido que lhe é fornecida pela percepção consciente de um conteúdo inconsciente. Essa relativa liberdade, por maiores que possam ser os abusos, é uma das maiores conquistas do ego.

No decorrer desses desenvolvimentos, a consciência se tornou capaz de dirigir sua atenção para os objetos que escolhe e o ego alcançou uma relativa independência. O percurso vai do fascínio, momento em que o ego era passivo e estava à mercê de todo conteúdo inconsciente ativado, a um estado em que a consciência dispõe de libido suficiente para a aplicação livre e ativa do interesse a tudo aquilo que o mundo exterior ou o coletivo requeiram ou a qualquer coisa com a qual escolha ocupar-se.

Esse é justamente um dos resultados do desenvolvimento que sempre devemos ter em mente. Antes do advento da psicologia profunda, parecia perfeitamente natural identificar a psicologia com a psicologia da consciência. As descobertas da psicologia profunda produziram agora a impressão contrária, como se todos os conteúdos da consciência fossem determinados apenas a partir do inconsciente. Mas um reconhecimento psicológico verdadeiro só é possível pela compreensão do processo dialético que se desenrola entre o ego e o inconsciente. A formação e consolidação do sistema da consciência e o esforço pela sua autonomia e preservação têm tanta importância na história do desenvolvimento psíquico quanto a relativização dessa autonomia devido à constante tensão entre consciência e inconsciente.

Um problema energético importante, relacionado com a sequência graduada das fases psíquicas, é a modificação de componentes emocionais em decorrência de uma mudança nas qualidades prazer-desprazer. O componente de prazer-desprazer depende da carga de libido do sistema psíquico. O prazer é o equivalente psíquico do funcionamento adequado de um sistema, isto é, da sua saúde, e o sintoma disso é o equilíbrio e a capacidade de expandir-se com a ajuda de quantidades excedentes de libido. A "inércia" de um sistema é proporcional à sua gravidade específica, isto é, ao seu poder de resistência. Todo sistema resiste à dissolução e reage ao perigo com a dor, da mesma maneira como reage à estimulação e ao enriquecimento de libido com o prazer.

Por ser o ego o centro do sistema da consciência, identificamo-nos primariamente com as reações de prazer-desprazer desse sistema como se fossem as nossas próprias reações. Porém, na realidade, a fonte da experiência de prazer-desprazer do ego de modo algum se restringe ao sistema da consciência.

Do desenvolvimento da personalidade em dois sistemas psíquicos, a consciência e o inconsciente, resulta que o conflito entre os dois leva também a um conflito psíquico das posições prazer-desprazer, uma vez que cada sistema parcial quer preservar a sua existência e reage ao perigo com desprazer e ao fortalecimento e crescimento, com prazer.

No entanto, devido a isso, o conflito-prazer – como de agora em diante denominaremos abreviadamente tal situação – depende tanto do grau de integração da personalidade como do estágio de desenvolvimento do ego, que determina as relações entre este e o inconsciente. Quanto menor for o desenvolvimento da consciência, tanto menor será o conflito-prazer, que volta a se reduzir com a maior integração da personalidade, visto que expressa uma dissociação entre consciência e inconsciente.

Não que essas linhas de desenvolvimento sejam sempre paralelas. Em uma criança pequena, um baixo nível egoico é combinado com um alto grau de integração da personalidade, o que produz uma sensação relativamente forte de prazer geral, que encontra a sua expressão mitológica no estado paradisíaco da ouroboros. Ao contrário disso, o processo de amadurecimento da primeira metade da vida está vinculado à diminuição da integração e ao desenvolvimento crescente do ego e da consciência. A diferenciação da consciência causa uma tensão crescente no interior da psique e, portanto, um conflito cada vez maior entre as experiências prazerosas do sistema do ego e as do sistema inconsciente autônomo.

A ideia de que o inconsciente tem "experiências prazerosas" pode, a princípio, parecer paradoxal e, na verdade, até bem desprovida de sentido, visto que toda experiência, inclusive a do prazer, parece passar pela consciência e pelo ego. Não é isso, porém, o que ocorre. A felicidade do bebê é tão manifesta quanto a sua experiência de desprazer e não está, de modo algum, relacionada com uma forte consciência do ego.

Em ampla medida, prazer e desprazer primitivos são justamente a expressão de processos inconscientes. Aqui, o fato de que a consciência do ego é apenas um sistema parcial da psique se torna significativo. Em toda enfermidade psíquica é evidente que a danificação e perturbação da consciência e do ego não são, de maneira alguma, experimentadas como claramente desagradáveis. Somente na medida em que o ego se tornou o centro da personalidade, o seu prazer e desprazer são idênticos ao da personalidade. Nas reações neuróticas, e sobretudo nas histéricas, o fracasso e sofrimento do ego costuma ser acompanhado de um "sorriso de prazer" – por assim dizer, o sorriso do inconsciente vitorioso que se apossou do ego. O caráter medonho de tais manifestações neuróticas e, mais ainda, psicóticas, que correspondem, de certo modo, a uma disfunção das posições de prazer, tem a sua base justamente na dissociação, isto é, na não identidade com o ego.

Na psicologia dos primitivos, esse fenômeno pode ser observado, de maneira mais marcante, na possessão, em que o prazer ou a dor do demônio – o complexo inconsciente que provoca a possessão – se manifesta, de maneira bastante independente da experiência de prazer-desprazer do ego.[50]

No estágio urobórico, domina a indistinção de uma reação mista de prazer-desprazer; esta última se diferencia ao mesmo tempo que ocorre a diferenciação entre os sistemas da consciência e do inconsciente, cuja separação definitiva em opostos ocorre no estágio da separação dos Pais Primordiais. A partir de então, não há mais esse caráter misto original, o prazer é prazer e o desprazer, desprazer; além disso, há agora também uma clara coordenação com os sistemas psíquicos, de modo que o prazer de um sistema é o desprazer do outro, e vice-versa. A consciência do ego vitoriosa experimenta o seu triunfo de maneira prazerosa, mas o sistema do inconsciente, vencido, experimenta "desprazer".

Apesar da ação coordenada entre prazer e desprazer nos sistemas da consciência e do inconsciente, o desprazer do sistema inconsciente "vencido" não permanece inconsciente. A situação da consciência do ego se complica pelo fato de precisar tomar conhecimento também desse desprazer e, assim, torná-lo consciente ou, no mínimo, não continuar a ser indiferente a ele. Desse modo, resulta sofrimento para o ego, mesmo quando, no decorrer do seu autodesenvolvimento, ele se impõe vitoriosamente ao inconsciente.

Os mitos expressam esse fenômeno no sentimento de culpa primordial que acompanha a separação dos Pais Primordiais. No entanto, esse sentimento de culpa ou desprazer que o ego experimenta na realidade provém do sofrimento do inconsciente. "De certo modo, são os Pais Primordiais, isto é, o próprio inconsciente, que fazem essa acusação, e não o ego." Somente pela superação desse sentimento de culpa a consciência do ego alcança os seus próprios valores, responde por si mesma e confirma o seu próprio ato. Também nesse sentimento de culpa o conflito-prazer está vivo e, com a sua superação, o herói, separador dos Pais Primordiais, afirma a vida na luz da consciência, mesmo que no conflito.

Mas o ego assimilador vitorioso só consegue realizar essa superação em um processo prolongado, e não em um ato único. O culto dos deuses derrubados ainda desempenha o seu papel na religião dos próprios vencedores. Assim, por exemplo, a substituição das antigas deusas matriarcais pelos deuses patriarcais, na *Oréstia*, não é feita com a simples expulsão das Erínias, mas, ao contrário, com a instituição de um culto para elas. Há procedimentos semelhantes por toda parte.

Enquanto é totalmente inconsciente e dirige, desse modo, a totalidade, um conteúdo possui o máximo grau de efeito. Porém, se o ego tiver sucesso na luta com o inconsciente e tornar esse conteúdo consciente, ele foi vencido. No entanto, como mesmo depois esse conteúdo continua a gastar libido, o ego é forçado a ocupar-se dele, a trabalhá-lo etc., até que ele seja definitivamente incorporado à consciência e totalmente "digerido". Assim, a consciência do ego continua a lidar com o conteúdo "vencido", sofrendo por causa dele.

Para exemplificar: o asceta cuja consciência do ego repeliu vitoriosamente os componentes instintivos que ameaçavam a sua consciência, experimenta prazer com o seu ego, mas "sofre", pois a parte instintiva renegada também pertence à sua estrutura total. O "conflito-prazer" entre os dois sistemas ocorre principalmente na consciência, determinando por isso a vida do adulto, do mesmo modo como o sofrimento que envolve caracteriza a vida do herói na mitologia. Somente com o início da maturidade esse sofrimento é superado, em parte, no processo de individuação. Nesta, a altura do nível egoico coincide outra vez com a integração da personalidade e, com o progressivo equilíbrio entre os dois sistemas – consciência e inconsciente –, o "conflito-prazer" também é compensado.

A Formação das Instâncias da Personalidade

O "conflito-prazer" é muito importante por estar relacionado com a mudança dos componentes emocionais e não apenas com a transformação do prazer em desprazer e vice-versa, mas também com outra modificação, psicologicamente mais significativa, que transforma prazer em medo e medo em prazer, tal como o apresentamos ao tratar do incesto do herói.

Sempre que uma fase do ego é substituída por outra, surge o medo, simbolicamente relacionado com a morte. E, de fato, o ego caracterizado pela sua fase está realmente ameaçado de morte. Tudo depende da ocorrência de uma regressão à fase anterior ou de uma transição para uma fase superior do ego. No primeiro caso, por exemplo, na regressão à ouroboros, o medo se transforma no prazer passivo do incesto urobórico; no segundo, o medo se torna o prazer ativo do incesto heroico. Nesses casos, a passividade e a atividade são sintomas de queda ou ascensão da independência do ego.

As fases arquetípicas do desenvolvimento da consciência correspondem também a níveis egoicos do indivíduo que, juntamente com uma série de experiências individuais, se coordenam com determinadas épocas da vida. Essas experiências pertencem ao acervo pessoal – consciente e inconsciente – da memória do indivíduo, que, no seu desenvolvimento ontogenético, passa pelas fases arquetípicas do desenvolvimento da consciência.

Jung[51] acentuou que os arquétipos não são determinados pelo seu conteúdo, mas apenas pela forma:

> Uma imagem primordial só é comprovadamente determinada quanto ao seu conteúdo quando preenchida de modo consciente, e, portanto, com material da experiência consciente.

De acordo com isso, a experiência consciente do arquétipo consiste na maneira pessoal ímpar por meio da qual o transpessoal passou a ser uma realidade para o indivíduo.

Portanto, o grau de individualidade da experiência das fases arquetípicas depende da personalidade, que tem uma das suas partes formada pelo inconsciente "pessoal". Em consequência, o "preenchimento" ontogenético da estrutura arquetípica já é feito conscientemente por meio da elaboração analítica do inconsciente pessoal, quando esses conteúdos são reatualizados pela memória ou quando a sua efetividade, até então desconhecida, é reconhecida, ou seja, dissolvida. Também aqui deparamos com a ligação de estruturas arquetípicas de pré-formação coletivo-inconsciente com conteúdos pessoais ímpares, sem que uns possam ser derivados dos outros. Embora a maneira "*como* se faz uma experiência" seja prescrita de forma arquetípica, *o quê* da experiência sempre é individual.

Essa duplicação de características individuais e arquetípicas se revela com especial clareza em um fenômeno de grande importância para a formação e o desenvolvimento da personalidade, a saber, a criação de várias instâncias da personalidade. Além do ego, a psicologia analítica distingue como instâncias da personalidade o *self* como totalidade da psique, a *persona*, a *anima*, ou *animus*, nas mulheres, e a sombra.[52] O fato de essas instâncias aparecerem como "pessoas" corresponde ao ensinamento fundamental da teoria dos complexos de que todos os conteúdos inconscientes se manifestam "como personalidades parciais".[53] Cada uma dessas instâncias pode, como complexo autônomo, influenciar ao ego e levá-lo a um estado de possessão, como o demonstra claramente a psicologia dos primitivos e também a do homem civilizado. A psicologia das neuroses está repleta desses estados de possessão. Não obstante, a formação de instâncias psíquicas como órgãos psíquicos é significativo para o indivíduo, uma vez que estas possibilitam a unidade da personalidade. A formação dessas instâncias no curso da história humana, assim como o desenvolvimento da estrutura de uma personalidade como unidade dessas instâncias, é um processo contínuo.

Não temos, infelizmente, condições de escrever uma história dessas formações, muito embora possamos seguir a sua atualização, no plano ontogenético, no desenvolvimento do indivíduo. Vamos dar apenas uma breve ideia do que é possível dizer sobre esse processo do ponto de vista do desenvolvimento estadial, ou seja, por etapas.

No seu posicionamento "heroico" diante dos mundos exterior e interior, o ego estabelece relações objetais com o mundo e com a psique mediante a introjeção de uma série de conteúdos, com os quais constrói a sua visão do mundo. Surge aqui uma complicação porque o sistema do ego que busca dominar as realidades interna e externa, ainda não está consolidado definitivamente, mas opera como um mecanismo assimilador que tem a sua própria história, ao longo da qual irá retraçar, passo a passo, as fases arquetípicas do desenvolvimento da consciência. Há, assim, no sistema psíquico e na consciência, na medida em que esta representa aquele, diferentes fases de desenvolvimento, tanto do ego quanto do mundo, diferentes maneiras de apreensão e diferentes símbolos, tentativas bem-sucedidas e fracassadas de assimilação, tudo isso coexistindo lado a lado, razão pela qual a orientação só vem a ser possível por meio da articulação hierárquica do desenvolvimento em fases. A introjeção na consciência das posições inconscientes já atravessadas, e dos níveis de desenvolvimento do ego já superados, complica repetidamente a situação do ego pelo fato de que essas posições são atualizadas e podem influenciar a consciência.

A formação da personalidade, tal como a do ego e da consciência, é regulada pela centroversão, cuja função é promover a unidade criativa do organismo vivo. O perigo da dissolução pela via da participação é extremamente grande para uma existência toda inconsciente, mas não tanto para uma personalidade consciente e integrada. Os processos que promovem uma maior estabilidade do ego e da consciência, caracterizados por nós como fragmentação de arquétipos, exaustão de componentes emocionais, personalização secundária, deflação do inconsciente e racionalização, são todos, apesar da tendência à cisão e diferenciação, guiados pela centroversão, a cujo serviço estão também a formação da personalidade e das instâncias psíquicas consteladas por esses processos.

À medida que se desenvolve, a personalidade deve incorporar amplas áreas do inconsciente. A tarefa das instâncias é proteger a personalidade das forças desintegradoras do inconsciente coletivo sem romper a relação viva com este, mas também garantir a existência do indivíduo sem danificar o seu contato vivo com o grupo e o mundo.

A formação da *persona*, como mecanismo de defesa e meio de adaptação ao coletivo, foi apresentada pormenorizadamente por Jung,[54] mas parece ser mais difícil interpretar, nesse contexto, as origens da *anima* e da sombra.

Parte substancial da sombra também resulta da adaptação coletiva. Ela contém os elementos da personalidade que o ego condena como valores negativos. Essa valoração seletiva é determinada coletivamente pela classe de valores correntes no cânone cultural do indivíduo. Uma vez que esses valores positivos se referem tão somente a uma cultura particular, a sombra, que contém os seus valores negativos, também será relativa.

Mas a sombra só pertence ao ego em parte, visto que também é um elemento do inconsciente pessoal e, como tal, componente do coletivo. Por outro lado, ela também é constelada pela figura do Antagonista no inconsciente coletivo, residindo a sua importância como instância da personalidade justamente nessa posição intermediária entre o consciente pessoal e o inconsciente coletivo. O efeito da sombra sobre a inteireza da personalidade reside na sua função compensatória diante do ego. Como o ego e a consciência têm uma tendência altaneira e, em certo sentido, estão libertos do corpo ou são alheios a ele, a tendência da centroversão "pendurou" neles – como "peso de chumbo" – a sombra, "que cuida para que as árvores não cresçam até o céu", ainda que a atitude generalizadora e postuladora da consciência não deixe de levar em consideração o condicionamento individual, coletivo, histórico e biológico da pessoa. Desse modo, a sombra impede uma dissociação da personalidade, que sempre resulta da hipertrofia da consciência e da excessiva ênfase no ego.[*]

A formação da sombra na personalidade está relacionada com a introjeção da figura do antagonista, que já nos ocupou quando tratamos da psicologia do mito. A assimilação do mal e a incorporação da tendência agressiva à consciência giram em torno da figura da sombra. Tanto o "irmão escuro" como a "alma-arbusto" do primitivo são símbolos do aspecto sombra.[56] Só ao incorporar esse aspecto sombrio a personalidade consegue "armas". O mal, pouco importando o cânone cultural

---

[*] Um quadro alquímico do *Viridarium chymicum*, que mostra Avicena com uma águia acorrentada a um sapo, ilustra simbolicamente esse mesmo problema.[55]

pelo qual seja julgado, é um constituinte necessário da individualidade, tomando a forma de egoísmo, prontidão para se defender ou atacar e, não por último, capacidade de distinguir-se do coletivo e manter a sua "alteridade" diante das exigências niveladoras da comunidade. Por meio da sombra, a personalidade se arraiga ao reino ctônico do inconsciente. Essa aliança da sombra com o arquétipo da figura do antagonista – isto é, o diabo – faz parte do fundamento abissal e criador, no sentido mais pleno, de cada personalidade viva. É por isso que, nos mitos, a sombra costuma aparecer como um gêmeo, uma vez que este não é apenas o "irmão hostil", mas também o companheiro e amigo, sendo, por vezes, difícil dizer se esse gêmeo é a sombra ou o *self*, o "outro" imortal.

Nesse paradoxo opera a antiga lei segundo a qual o superior e o inferior são reflexos um do outro. No desenvolvimento psicológico, o *self* se oculta na sombra, que é o "guardião do portão",[57] do limiar. O único caminho para o *self* passa pelo guardião. Por trás do aspecto escuro que a sombra representa está o aspecto da totalidade, e só a amizade com a sombra leva à amizade com o *self*.

A complicação que se infiltra na cultura devido ao conflito do ego com a sombra, e, mais ainda, do conflito do coletivo com a sombra do indivíduo, ainda nos ocupará noutra parte.[58]

Essas indicações a respeito da psicologia da sombra devem ser suficientes; nesta obra, podemos fazer apenas algumas observações sobre a história da formação de uma outra instância conhecida como imagem d'alma ou *anima* (ou *animus*).[*]

Observando a sequência Ouroboros – Grande Mãe – Princesa, vemos uma evolução consistente a partir da ouroboros, ao caráter indefinível, imenso e paradoxal, da Grande Mãe e daí à figura humana e inequívoca da cativa libertada. Quanto mais recuamos, tanto mais complexos e multifacetados, porém também mais inapreensíveis, enigmáticos e sinistros, se tornam os elos dessa cadeia; contudo, quanto mais próximos do ego, tanto mais apreensíveis, nítidos e referenciáveis eles são.

É como uma imagem que, enquanto é vista fora do foco, permanece sem contornos e indiferenciável, mas que começa a tomar forma à medida que o olho ganha a distância correta e as figuras, partes e relações se tornam visíveis. O desenvolvimento da consciência muito tem que ver com essa mudança de foco; esta até parece depender diretamente da medida em que a consciência consegue ganhar a distância necessária para transformar o indistinto e confuso em algo claramente inequívoco.

---

[*] Não trato aqui da "psicologia do feminino" nem do aspecto em que esta se desvia da do ego masculino.

Com a libertação da cativa – a *anima* – do poder do dragão urobórico, um componente feminino é construído na estrutura da personalidade do herói. É agregado a ele a sua própria contraparte feminina, essencialmente como ele mesmo, quer como mulher real ou como alma, e a capacidade do ego de se relacionar com esse elemento feminino constituem o cerne da conquista. Justamente aqui está a diferença entre a princesa e a Grande Mãe, com a qual seria impossível uma relação nos mesmos termos. A união, externa e interna, do aspecto masculino com o feminino leva aos frutos do portador de cultura e fundador de reinos, da família e da produção criativa.

A religação com a Grande Mãe, com o solo e suas origens, passa pela princesa-*anima*, visto ser esta o aspecto feminino das profundezas primordiais em forma alterada, personificada como humana. Somente nela o feminino se torna parceiro do homem. A ajuda deste é a libertação da princesa do poder do dragão ou a retirada de um feitiço que a mantenha sob a forma de um dragão, o que deforma a ela e a sua humanidade como ilustrado em muitos mitos e contos de fada que tratam do tema do desencantamento.

Uma parte substancial da figura da *anima* é formada mediante a fragmentação do arquétipo da mãe urobórica e da introjeção dos seus aspectos positivos. Vimos a maneira pela qual esse arquétipo se decompõe aos poucos em um grupo arquetípico. Enquanto na ouroboros e na Grande Mãe as qualidades de velho e jovem ou deus e animal se mantêm juntas, no curso do desenvolvimento a "jovem" – a Princesa ou *anima* – se separa da "velha", que, independentemente disso, continua desempenhando no inconsciente seu papel de velha, boa ou má.

Também a figura da *anima* é simbólica e arquetípica. Ela encerra elementos mágico-fascinantes, sedutores, perigosamente enredantes e portadores tanto de sabedoria quanto de loucura. Ela possui traços humanos, animais e divinos e pode assumir essas formas no encantamento e desencantamento. Como alma, a *anima* só pode ser definida na medida em que um homem seja capaz de definir uma mulher; contudo, ela entrou definitivamente na esfera humana, ultrapassando o homem para cima e para baixo, sendo, todavia, um "tu" acessível a um "eu" e não apenas adorável em um culto.

A figura da *anima* se situa "à margem" da personalidade individual porque possui características coletivo-arquetípicas e pessoais; é, no entanto, uma parte assimilável pela estrutura da personalidade, tornando-se uma de suas instâncias.

Quando, por exemplo, no processo de individuação a figura da *anima* é cindida e passa a ser uma função de relacionamento entre o ego e o inconsciente,[59] temos uma ilustração da fragmentação e assimilação de arquétipos, cuja importância histórica para a evolução da consciência procuramos descrever.

A união com as profundezas do inconsciente só passou a ser criativa pelo relacionamento com a realidade da alma – a cativa libertada –, pois a criatividade, em todas as suas formas, é sempre o produto de um encontro entre o mundo masculino da consciência do ego e o mundo feminino da alma.

Da mesma maneira como a projeção do *self* no grupo, como o *self* coletivo, forma a base libidinal da psique grupal e, portanto, da vida social conjunta,[*] assim também a projeção da *anima* e do *animus* é a base da vida conjunta dos sexos. Enquanto o símbolo abrangente do *self* é projetado sobre o aspecto abrangente do grupo, a figura *anima* da alma, com forte ligação com o ego e com a personalidade, é projetada sobre a figura feminina que lhe for mais íntima. Sempre que é inconsciente, a *anima* (e, naturalmente, também o *animus*) é projetada e, por meio disso, impele o indivíduo para a relação humana com o portador da projeção, prende-o ao coletivo na figura do parceiro e o força à experiência do "tu" humano, mas, ao mesmo tempo, também à conscientização gradual, e pelo menos parcial, da própria alma inconsciente do indivíduo. Embora sejam de início instâncias da personalidade de operação inconsciente, o *self* e a *anima* já delimitam, dentro da multiplicidade de participações possíveis, esferas menores, mais íntimas do ego. Mas na realidade do convívio, a forte ligação libidinal entre os parceiros leva também à progressiva tomada de consciência e, portanto, à diminuição da fascinação inconsciente.

A existência da figura da *anima*, ou do *animus*, significa que a personalidade tem um sistema ainda fortemente movido pelo inconsciente, mas em comparação com a situação do homem primitivo, sujeito a qualquer momento à dissolução urobórica pela *participation mystique*, esse componente representa uma estrutura já relativamente estável contra os ataques e irrupções do inconsciente coletivo. Assim, a capacidade divinatória da psique, de oferecer direção e avisar dos perigos, também está a serviço da centroversão. Essa sua função básica como parceira superior e auxiliadora do ego é claramente revelada pela "Sophia", a sua representação mais elevada.

A Função Sintética do Ego

O ego tem funções ativamente lutadoras e heroicas em relação à conquista do inconsciente; porém, o fato de possuir as mesmas funções na conquista do mundo exterior não será acompanhado por nós, porque se presume que essa atividade é conhecida como fundamento da ciência ocidental. Mas uma função não menos importante do ego é a capacidade de síntese, que possibilita reconstruir uma totalidade inteiramente nova a partir das partes "decompostas", pela assimilação do material previamente fragmentado e modificado pela

---

[*] Cf. Apêndice I.

capacidade analítica. A visão do mundo, como concepção que a consciência tem do todo, é a unidade do mundo transformado por nós mesmos que, antes, como unidade inconsciente, engolira a consciência.

Descrevemos certo número de processos que ilustram a polaridade e a colaboração entre os dois sistemas psíquicos, as suas separações e recombinações parciais, as suas tendências a se isolarem mutuamente e a tentarem dominar um ao outro. Essas evoluções iriam se tornar desastrosas para o indivíduo em que ocorrem e até prejudicar gravemente a sua existência, caso não fossem controladas e equilibradas, em alto grau, por uma tendência à totalidade reguladora da harmonia psicofísica, assim como dos sistemas psíquicos; introduzimos essa tendência nos termos do conceito de centroversão. Esta intervém, do mesmo modo, quando a totalidade é ameaçada pela sobrecarga do inconsciente e dos seus conteúdos autônomos ou, ao contrário, quando há um isolamento demasiado ou uma exagerada autoestima do sistema de consciência. Com a ajuda da compensação – fator básico de toda vida orgânica e psíquica –, ela mantém unidos o psico e o físico e o seu efeito compensador vai desde o equilíbrio metabólico do organismo unicelular até o equilíbrio reinante entre o inconsciente e a consciência.

A diferenciação da consciência em relação ao inconsciente, assim como do indivíduo diante do coletivo que a tudo permeia, é típica da espécie humana. Enquanto o coletivo tem suas raízes assentadas na experiência ancestral e é representado pelo inconsciente coletivo, o indivíduo está enraizado no ego, cujo desenvolvimento se efetua principalmente com a ajuda da consciência. Ambos os sistemas são amalgamados em uma só psique em que um se desenvolve, filogenética e ontogeneticamente, a partir do outro. O ego é o centro da ação e da vontade, mas a consciência de que ele é o centro também tem, como órgão da representação e da cognição, a capacidade de perceber processos do inconsciente coletivo e do corpo.

Todos os objetos dos mundos interior e exterior são introjetados como conteúdos da consciência e nela representados de acordo com o seu valor. A seleção, arranjo, graduação e delimitação dos conteúdos assim representados dependem muito do cânone cultural em cujo âmbito se desenvolve a consciência e pelo qual ela é condicionada. Mas independentemente da vastidão da visão do mundo, é característico do indivíduo criar, em todo caso, uma imagem do mundo constelada pela consciência do seu ego e por ele configurada sinteticamente.

A semelhança entre a consciência do ego e a ouroboros é, em princípio, a semelhança existente entre *self* e ego, que corresponde, mitologicamente, à de pai e filho. Como o ego e a consciência são, do ponto de vista psicológico, órgãos de centroversão, o ego enfatiza com razão a sua posição central. Esse fato fundamental da condição humana corresponde, do ponto de vista mitológico, ao nascimento divino do herói e à sua filiação "celeste". Aquilo que, no homem primitivo, aparece como "antropocentrismo" – a crença de que da sua atuação mágica depende a existência do mundo e de que do seu ritual depende o andar do sol – representa uma das mais profundas verdades da humanidade. A semelhança pai-filho entre *self* e ego se manifesta não apenas na luta vitoriosa do filho-herói, mas também no poder sintético da consciência, que, à semelhança de Deus, cria o novo mundo – espiritual – da cultura humana.

Essa função sintética da consciência do ego, que ocupa o seu lugar ao lado da analítica, pressupõe uma faculdade para a qual chamamos a atenção repetidas vezes: a faculdade de objetivização. A consciência do ego, situada entre os mundos interior e exterior dos objetos, que conquista, decompõe analiticamente e constrói sinteticamente, sendo por isso forçada a realizar sem cessar novas introjeções, é compelida, desde o início do seu desenvolvimento, em virtude das suas funções registradoras e compensadoras, ao distanciamento, terminando por se distanciar também de si mesma. Isso produz uma espécie de autorrelativização que, como ceticismo, humor, ironia e um sentido da própria relatividade, promove uma forma superior de objetividade psíquica.

Nesse processo, a consciência do ego se distingue de todos os outros sistemas psíquicos parciais – sendo ela mesma um deles – pelo fato de livrar-se da obsessão fanática por si mesma, que é sintomático da vontade primária de autopreservação de todos os outros sistemas. Justamente por meio desse desenvolvimento da reflexão, da autocrítica e da tendência para a verdade e a objetividade, a consciência se torna cada vez mais capaz de fazer representações adequadas até mesmo para as posições de oposição. Ao chegar ao seu desenvolvimento máximo, essa crescente auto-objetivização a consciência aprende a abandonar o autocentramento do ego e se permite ser integrada pela totalidade da psique, o *self*.

A atividade sintética, que é também o pressuposto da integração da personalidade centrada em volta do *self*, é uma das funções elementares da consciência. Ela é um resultado direto da centroversão e dos seus efeitos sintetizadores. Mas o fator decisivamente novo é o caráter consciente da síntese realizada pelo ego nesse ponto, isto é, o aspecto da unidade não permanece no nível biológico, mas é sobrelevado pelo psicológico. Nesse sentido, a totalidade faz parte dos objetivos dessa síntese.

Como parece indicar o processo de integração que ocorre durante a segunda metade da vida, a extensão da síntese é um pressuposto essencial da estabilidade da personalidade. Só quando o material sintetizado atinge certo grau de completude, a tendência à centroversão é atendida e passa a posicionar o *self* como centro da personalidade, com todos os seus fenômenos.

A integração da personalidade equivale a uma integração do mundo. Da mesma maneira como uma psique não centrada e dispersa em participações está diante de um mundo difuso e caótico, assim também a personalidade integrada está contida em um mundo constelado em ordem hierárquica ao seu redor. A correspondência entre a visão que cada pessoa tem do mundo e a formação da sua personalidade se estende do nível mais inferior ao mais elevado.

Somente agora, quando a separação da personalidade nos sistemas da consciência e do inconsciente foi superada, é restabelecida a unidade da psique pela capacidade sintética da consciência, mas em nível superior. Aquilo que o herói sonhava ser o objetivo mais elevado da luta com o dragão – a imortalidade e a perenidade – é então alcançado. Pelo deslocamento do centro, do ego para o *self*, que corresponde a uma experiência íntima do processo de individuação, o caráter transitório do ego é relativizado. A personalidade já não é identificada por inteiro com o ego efêmero, mas experimenta uma identidade parcial com o *self*, quer essa experiência assuma a forma de "semelhança com Deus" ou da "união com a cabeça de deus" (aderência), de que falam os místicos. A característica predominante agora é o senso da personalidade que, ao não se identificar mais com o ego, prevalece também sobre as ameaças de extinção do ego. Essa, no entanto, é a meta suprema do mito do herói. Na sua luta vitoriosa, o herói comprova a sua origem divina e atende a condição primária que o levou à jornada, expressa na formulação mitológica: "Eu e o Pai somos um".

C. A Consciência em Equilíbrio e em Crise

A Compensação dos Sistemas Separados: o Equilíbrio na Cultura

No Apêndice I, traçaremos algumas das linhas do desenvolvimento que leva da situação original do grupo a um coletivo formado por indivíduos relativamente fortes, tentando, ao mesmo tempo, mostrar o papel desempenhado pelo "Grande Indivíduo" que os mitos representam como herói. Esse desenvolvimento corresponde a outro, no qual se realizam a diferenciação da consciência do ego em relação ao inconsciente, a separação da consciência e do inconsciente em dois sistemas e a emancipação do sistema da consciência do ego.

Com isso, deixamos a esfera do homem primevo e penetramos no domínio da cultura, devendo agora examinar os problemas culturais surgidos com a separação dos dois sistemas psíquicos.

A primeira parte desta seção, que lida com "o equilíbrio da cultura", oferece um esboço da situação em que a saúde psíquica do coletivo é garantida pela "natureza", graças à tendência compensatória, cuja efetividade se comprova tanto no coletivo humano como nas ocorrências psíquicas do indivíduo.

A segunda parte, que é igualmente um esboço, mostra até que ponto o mal-estar da nossa cultura decorre do fato de que a separação dos sistemas, em si mesma um produto da evolução, degenerou em uma cisão e, desse modo, precipitou uma crise psíquica, cujas catastróficas consequências se refletem na história contemporânea.*

Acentuamos que, na evolução da humanidade, os eventos sagrados e extraordinários são precursores de processos que mais tarde ocorrem em cada indivíduo. A ampla discrepância entre a consciência do ego, de um lado, e o mundo e o inconsciente, de outro, torna imperativo que se auxilie o ego, se o papel do indivíduo e da sua consciência do ego é de fato tão importante para a espécie quanto julgamos. Essa ajuda é garantida ao indivíduo, dentro e fora dele, com a condição de que o ego em processo de amadurecimento emule todos os feitos heroicos e lutas com o dragão que a humanidade como um todo realizou antes dele. Mais correto seria dizer que o indivíduo deveria reencenar todos esses atos heroicos realizados pela humanidade, emulando os

---

* No Apêndice II, se fará uma tentativa de interpretar essa degeneração do grupo na massa e os fenômenos decorrentes desse processo; assim, num certo sentido, esta seção e os dois apêndices se complementam, formando uma unidade.

Grandes Indivíduos, os heróis originais e grandes criadores, cujas conquistas foram incorporadas ao acervo humano coletivo.

O coletivo transmite ao indivíduo em vias de amadurecimento, como bens culturais do seu mundo de valores, aqueles conteúdos que, dentro da história do homem, fortaleceram o desenvolvimento da consciência humana e, ao mesmo tempo, proíbe todas as evoluções e atitudes contrárias a esse desenvolvimento. Como veículo da tradição espiritual, o coletivo apoia no exterior o que, no interior, é pré-formado arquetipicamente e é agora atualizado pela educação.

As exigências educacionais do coletivo compõem, com a necessidade de o indivíduo se adaptar a elas, uma das mais importantes colaborações concedidas ao frágil ego individual em luta pela sua independência. O "céu" e o mundo dos pais, agora como superego e consciência, constituem uma instância da personalidade, representando os valores da consciência coletiva em seu interior, muito embora estes valores variem de acordo com o tipo de coletivo e de valores do coletivo, assim como o estágio da consciência que este alcançou.

Já indicamos a significação do céu e da masculinidade para a luta do herói. Aqui devemos acentuar, mais uma vez, que em diversas culturas, na primeira infância, o pai pessoal, representante do coletivo, passa a ser portador do complexo da autoridade ligado aos valores coletivos e que, mais tarde, na puberdade, essa representação é assumida pela sociedade dos homens. Ambos os representantes oferecem grande ajuda na luta com o dragão, a qual determina, na infância e na puberdade, a situação psíquica do ego normal.[*]

O coletivo põe à disposição do ego um mundo de valores conscientes, na forma de tradição cultural do grupo. Um fortalecimento unilateral da tendência ao desenvolvimento do ego e da consciência, no entanto, só aumentaria o risco de dissociação dos dois sistemas, precipitando, portanto, uma crise psíquica. Por isso, em todo coletivo e em toda cultura há uma tendência inerente a estabelecer um equilíbrio entre as suas próprias posições e as do indivíduo neles contido.

Dentro da cultura, as tendências compensatórias são representadas, sobretudo, pelas esferas em que o inconsciente coletivo toca a vida da coletividade, isto é, pela religião e pela arte e por todos os eventos cerimoniais do grupo, dependentes ou não desta, que abrangem as guerras, festividades, procissões e reuniões.

A importância dessas esferas para o equilíbrio cultural reside no fato de que elas garantem a unidade das funções psíquicas pela prevenção da cisão entre consciência e inconsciente.

---

[*] Ambos se transformam no dragão que deve ser vencido, caso se trate do desenvolvimento de um ego extraordinário, como o é, por exemplo, um homem criativo.

Nesse sentido, devemos elucidar o papel do símbolo para a consciência. O mundo dos símbolos forma uma ponte entre a camada da consciência em vias de se emancipar e sistematizar-se e o inconsciente coletivo, com os seus conteúdos transpessoais. Enquanto esse mundo existir como mundo operante no ritual, no culto, no mito, na religião e na arte, não haverá ruptura entre as duas camadas; isso porque, por meio do efeito dos símbolos, um lado do sistema psíquico influencia continuamente o outro e o força a um posicionamento dialético.

O símbolo é o mediador da passagem de energia psíquica do inconsciente para ser aplicada conscientemente nas atividades práticas, conforme demonstrou Jung,[60] sendo entendido por este como "máquina psicológica" que "transforma energia".[61] Com a ajuda do símbolo, a libido é desviada do seu curso natural, isto é, dos hábitos condicionados, e conduzida para uma "atividade incomum".

Nas primeiras culturas, o hábito quotidiano é a existência inconsciente do homem primitivo, o apego habitual da sua libido ao mundo da *participation mystique*, no qual se desenrola a sua vida natural. Pelos símbolos, a energia é libertada desse condicionamento e conduzida para a atividade da consciência e sua obra. O símbolo é o transformador da energia, que converte em outras formações a libido por meio da qual o homem primitivo se torna capaz de algum desempenho. Por isso, toda atividade dele tem de ser iniciada e acompanhada por uma variedade de medidas simbólicas e religiosas, seja essa atividade a lavoura, a caça, a pesca ou qualquer outra atividade "incomum", isto é, não quotidiana. Somente com a ajuda do efeito fascinante, captador da libido e ego-absorvente do símbolo, pode a "atividade incomum" ser empreendida.

Essas mesmas condições ainda operam no homem moderno, mas nós não estamos conscientes delas. A "santificação" da atividade "incomum" é ainda hoje o caminho para demover o homem do seu hábito quotidiano e condicionado para animá-lo a fazer o não habitual, mas requerido. Por exemplo, a transformação de um pequeno escrivão no líder responsável de um esquadrão de bombardeiros mortíferos é provavelmente uma das mais radicais transformações psíquicas que se podem exigir do homem moderno. Essa metamorfose do cidadão normal e pacífico em um guerreiro só é possível, mesmo hoje, com a ajuda dos símbolos. Essa transformação da personalidade se consegue com a invocação dos símbolos – Deus, rei, pátria, liberdade, os "bens mais sagrados da nação" –, em meio a cerimônias saturadas de símbolos, realizadas pela comunidade, e com o recurso a todas as oportunidades, oferecidas pela religião e pela arte, capazes de comover o indivíduo. Somente desse modo é psicologicamente possível desviar a energia psíquica do curso normal da serena vida privada para a "atividade não habitual" da matança.

Tal como o símbolo individual, o símbolo social, válido para o grupo, jamais tem "origem exclusivamente consciente ou inconsciente", sendo produzido pela "colaboração igualitária de ambos (os sistemas)". Por conseguinte, o símbolo tem um lado racional, "que atende à razão", e outro que é "inacessível à razão, uma vez que é composto não apenas de dados racionais, mas também dos dados irracionais da pura percepção interior e exterior".[62]

O componente sensível e figurativo do símbolo – o componente oriundo da sensação ou da intuição, as funções irracionais – não pode ser apreendido pela razão. Embora perfeitamente óbvio com símbolos evidentes como a bandeira, a cruz etc., isso também se aplica a ideias mais abstratas, na medida em que estas remetem a realidades simbólicas. A significação simbólica da ideia de "pátria", por exemplo, transcende o elemento racional que sem dúvida contém; é justamente o fator emocional inconsciente ativado pela invocação que mostra ser o símbolo um transformador energético, cujo fascínio retira a libido das suas vias habituais.

Geralmente, para o primitivo e para o homem moderno, o efeito do símbolo corre em sentido oposto.* Em termos históricos, o símbolo levou o homem primitivo ao desenvolvimento da consciência, à adaptação à realidade e à descoberta do mundo objetivo. Sabe-se agora, por exemplo, que os animais sagrados surgiram "antes" da pecuária, da mesma maneira como, em geral, o significado sagrado de uma coisa precede o profano. O significado "objetivo" só se torna visível mais tarde, por trás do significado "simbólico".

No período da alvorada do homem, o componente racionalizável de um símbolo tinha decisiva importância, visto ter sido esse o momento em que a visão de mundo do homem passou do plano simbólico para o racional. Da mesma maneira, o progresso do pensamento pré-lógico para o lógico também se processou por meio do símbolo, conforme comprova o fato de o pensamento filosófico e científico do homem só se ter diferenciado do pensamento simbólico aos poucos, mediante a progressiva emancipação em relação aos componentes dinâmico-emocionais do inconsciente.

Como o homem primitivo projeta os seus conteúdos inconscientes sobre o mundo e seus objetos, estes se afiguram a ele prenhes de símbolos e carregados de mana, o que dirige o seu interesse para o mundo. A sua consciência e a sua vontade são fracas e difíceis de mover; a sua libido está amarrada ao

---

* No "caminho interior" do homem moderno, o surgimento de símbolos tem significado e função opostos. Como representa uma ligação de elementos inconscientes e conscientes, o símbolo ocupa uma função mediadora, fato que mostra que não apenas a religação da consciência com o inconsciente ocorre por meio do símbolo, como outrora, no homem primevo, a consciência se desenvolveu a partir do inconsciente, ou seja, no sentido oposto.

inconsciente e só se põe à disposição do ego em pequenas quantidades. Mas o símbolo, por ser um objeto animado pela projeção, fascina, isto é, põe a libido e, desse modo, o homem inteiro, em movimento, "comovendo-o". Esse efeito ativador do símbolo é, como Jung[63] assinalou, um elemento importante de todo culto. Somente por meio da animação simbólica da terra foi superado o caráter penoso inerente à agricultura, do mesmo modo como somente a comoção pelo símbolo, nos *rites d'entrée* (ritos de passagem), torna possível uma atividade que requeira quantidades maiores de libido.

No entanto, o símbolo, entretanto, sempre é também uma expressão do lado espiritual, como princípio formativo inerente ao inconsciente, pois também "o espírito aparece na psique sob a forma de instinto", como um "princípio *sui generis*".[64] Para o desenvolvimento da consciência humana, esse lado espiritual do símbolo não é um fator qualquer, e sim diretamente o fator decisivo. Ao lado do aspecto comovedor do símbolo, há o aspecto do significado: é mais do que um signo, ele indica um sentido que insinua e exige interpretação. Esse é o aspecto que fala à compreensão e exige consciência e reflexão e não apenas sentimento e comoção. O fato de esses dois aspectos atuarem lado a lado no símbolo constitui a sua natureza característica, ao contrário do signo e da alegoria, associados a significados fixos, determinados pelo conteúdo. O símbolo, que, enquanto vivo e ativo, ultrapassa a capacidade da consciência que o experimenta, é a "formulação de um componente essencial do inconsciente", fato que constitui o seu efeito inquietante e atraente.[64a] Por causa disso, a consciência sempre volta a ele e, na meditação e na contemplação, gira ao seu redor, executando a *circumambulatio* que se repete, como atuação externa, em tantos ritos e cultos.

Na "vida simbólica",[65] o ego não toma um conteúdo pelo lado racional da consciência, a fim de analisá-lo, isto é, decompô-lo e, dessa maneira, digeri-lo, mas em vez disso, a totalidade da psique se expõe ao efeito do símbolo e se deixa "co-mover" por ele. Essa permeabilidade afeta toda a psique e não unicamente a consciência.

Imagem e símbolo são, como produtos criativos do inconsciente, manifestações do aspecto espiritual existente na alma humana. Neles se expressa o significado e a tendência atribuidora de sentido do inconsciente, quer em uma visão, sonho ou fantasia, quer em uma imagem interior vista externamente, como, por exemplo, na manifestação visível de um deus. O interior se "expressa" por meio do símbolo.

Por meio do símbolo, a consciência do homem se torna espiritualmente capaz e atinge a autoconsciência:

O homem apreende e reconhece o seu próprio ser apenas até o ponto em que é capaz de fazê-lo visível na imagem dos seus deuses.[66]

O mito, a arte, a religião e a linguagem são expressões simbólicas do espírito criador do homem; neles, esse espírito criador se torna "objeto" que pode ser percebido e obtém autoconsciência por meio da consciência humana.

Mas a função atribuidora de sentido dos símbolos e arquétipos também tem um forte lado emocional; e esta emocionalidade, ativada pelos símbolos, tem igualmente uma orientação, isto é, um caráter significativo e ordenador:

> Toda referência ao arquétipo, quer vivida ou apenas dita, é "comovente", isto é, atua, porque libera em nós uma voz mais forte do que a nossa. Aquele que fala nas imagens primordiais fala com milhares de vozes; cativa e subjuga, ao mesmo tempo que eleva a ideia que tenta expressar do campo casual e transitório à esfera do eterno; eleva o destino pessoal a destino da humanidade, evocando em nós, assim, todas aquelas forças benéficas que, por todo o sempre, permitiram que a humanidade se salvasse de todo perigo e sobrevivesse à mais longa noite.[67]

Desse modo, a possessão pelo arquétipo traz sentido e redenção ao mesmo tempo, por estar libertando uma parte das energias emocionais bloqueadas pelo desenvolvimento da consciência e pela respectiva exaustão de componentes emocionais. Ademais, nessas experiências e por meio delas – que, como vimos, eram originalmente experiências de grupo –, ocorre uma reativação da psique grupal que põe fim, pelo menos temporariamente, ao isolamento do ego individual.

Ao ser possuído pelos arquétipos, o indivíduo é religado à humanidade, imerge na torrente do inconsciente coletivo e se regenera pela animação das suas próprias profundezas coletivas. Como é natural, essa experiência era originalmente vivida como fenômeno sagrado e festejado pelo grupo como fenômeno coletivo. Tal como as celebrações religiosas, que eram e, na sua maioria, ainda são fenômenos de grupo, também a arte foi um dia um fenômeno coletivo. Sem levar em conta que a arte, na medida em que está voltada para a autorrepresentação dos símbolos arquetípicos, sempre se relacionou com a esfera sagrada, seja como dança, canto, escultura ou narração mítica, deve-se assinalar ter ela preservado esse caráter sagrado-coletivo, mesmo em épocas posteriores, como na tragédia grega, nos dramas medievais de mistérios, na música de igreja etc. Só aos poucos, com a progressiva individualização, o seu caráter coletivo foi regredindo e o indivíduo se destacou do grupo como orador, espectador e ouvinte.

Agora, a cultura de uma nação ou grupo é determinada pelo fato de atuar nela um cânone arquetípico, representante dos seus valores mais profundos e elevados, que determina a vida nos aspectos religiosos, artísticos, comemorativos e quotidianos. Enquanto a cultura estiver num estado de equilíbrio, o indivíduo estará seguro no cânone cultural do seu grupo, sustentado pela sua vitalidade, mas bem fixado.

Isso quer dizer que enquanto estiver contido na cultura do seu grupo, o sistema psíquico do indivíduo estará equilibrado, porque a sua consciência é protegida, desenvolvida e educada pelo "mundo celestial" tradicional, que vive nos valores coletivos, e que, por outro lado, o seu sistema de consciência é compensado pelos arquétipos encarnados nas projeções da religião, da arte, dos costumes etc. Sempre que surge uma situação crítica, individual ou coletiva, apela-se para os transmissores competentes do cânone. Se estes são xamãs, profetas, sacerdotes, comissários, líderes, ministros ou oficiais, depende do cânone, do mesmo modo como depende desses cânones a constituição do fundamento dessas instituições por espíritos, demônios, deuses, um único Deus, imagens de árvore, pedra, animal, um lugar sagrado ou outra coisa.

Em todo caso – em relação ao estado relativo da consciência grupal ou individual – o efeito psicológico desse apelo é a compensação, uma reorientação ao cânone vigente e uma religação com o coletivo, superando assim a crise. Enquanto a rede de valores permanecer intacta, o indivíduo comum estará seguro no seu grupo e na sua cultura. Em outras palavras, os valores e símbolos existentes do inconsciente coletivo são suficientes para garantir o seu equilíbrio psíquico.

Os símbolos e arquétipos são as projeções do aspecto formativo da natureza humana que cria ordem e define significados. Por isso, os símbolos e figuras simbólicas são os dominantes de toda cultura humana, antiga e moderna. São o casulo de sentido que a humanidade tece em torno de si mesma, e todos os estudos e interpretações da cultura são o estudo e a interpretação dos arquétipos e dos seus símbolos.

A reencenação coletiva dos arquétipos determinantes nas festividades religiosas, assim como pelas artes associadas a estas, dá sentido à vida e a preenche com as emoções liberadas graças às energias psíquicas transpessoais que operam nos bastidores. Além da experiência religiosa e sacramental dos arquétipos, há também o seu efeito catártico e estético a ser considerado, se abstrairmos a comoção orgiástica primitiva por meio de alimentos e bebidas inebriantes ou excessos sexuais, guerreiros e sádicos. Também nesse aspecto ocorre aos poucos uma mudança no desenvolvimento.

A linha do desenvolvimento começa com a comoção e a compulsão emocionais inconscientes, provocadas pelos símbolos tornados visíveis no ritual, cuja atuação os traduz e representa. Aqui, como, por exemplo, nos antigos rituais de coroação, o símbolo e o ritual são ainda completamente idênticos à vida exemplar do rei, que representa um modelo para os outros.

Mais tarde, o ritual é executado como ato cúltico diante do coletivo e para ele, mas dotado de todo o peso da eficácia mágica e ritual.

Aos poucos, o significado do símbolo se cristaliza e se separa da sua característica atuante e, como conteúdo cultural, torna-se conscientizável e interpretável. Embora seja executado como nos primeiros tempos, o ritual não deixa de ser um jogo que tem significado, por exemplo, como rito iniciático, no qual a interpretação dos símbolos representados e encenados se torna parte essencial da iniciação. A ênfase, portanto, já recaiu na assimilação consciente e no fortalecimento do ego.[*]

A lei da compensação, como expressão da centroversão, atua por todo o campo da cultura e nas suas manifestações, enquanto e até o ponto em que essa cultura esteja em equilíbrio. A compensação do coletivo mediante a intervenção dos elementos transpessoais do cânone cultural e da atuação destes na religião, na arte e no costume de maneira alguma traz apenas "orientação" em seus efeitos, ou seja, algo produtivo em sentido e valor, mas também traz consigo uma libertação emocional e uma ressintonização. Essa compensação emocional se torna cada vez mais importante à medida que o sistema da consciência passa a ser mais diferenciado e especializado.

Nesse contexto, é significativa também a analogia do sonho, uma das compensações da consciência dirigida pela centroversão. Os conteúdos necessários à consciência são fornecidos a ela, no sonho, sob a orientação da centroversão, cuja tendência ao equilíbrio busca corrigir as aberrações, unilateralidades e erros da consciência que ameaçam o todo.

Quando compreendido, o sonho causa uma alteração na orientação da consciência, mas, além disso, leva a uma ressintonização desta e da personalidade. Essa ressintonização manifesta-se em uma mudança da atitude geral, por exemplo, no fato de se acordar, após o sono, renovado, alerta e cheio de vigor, ou, ao contrário, amuado, deprimido e irritado. No entanto, verifica-se também que os conteúdos da consciência podem ser alterados por uma carga emocional diferente. Conteúdos até então desagradáveis de repente parecem agradáveis e, por isso, materialmente diferentes; assim, coisas atraentes são experimentadas como indiferentes, o desejado como desgostoso, o inatingível se torna uma necessidade urgente, e assim por diante.[**]

---

[*] Podemos acompanhar o efeito da personalização secundária desde o começo, da modificação do velho ritual simbólico aos mistérios e à tragédia clássica, alcançando, por fim, o teatro moderno. Mais uma vez, encontramos a mesma linha de desenvolvimento, com a sua série descendente de fatores transpessoais e a sua série ascendente de fatores pessoais; no início, eram jogos cúlticos, que representavam os poderes sobre-humanos e os deuses; no fim, o teatro de câmara, representando os destinos pessoais familiares.

[**] Essa alteração dos humores e da emocionalização tem sido, até agora, demasiado negligenciada pela psicologia profunda, porque a pesquisa dos componentes dos conteúdos vem prendendo nosso interesse. A interpretação do conteúdo de um sonho, no entanto, não explica plenamente a sua capacidade de alteração emocional. Aqui, desejamos apenas chamar a atenção para a importância dos componentes emocionais na interpretação dos sonhos e na terapia.

Desse modo, a ressintonização emocional da consciência produz também uma reorientação inconsciente da sua atividade. Esta, nos doentes, é causada por constelações inconscientes, que, por não serem partes da estrutura global, podem perturbar a vida e até destruí-la; na pessoa saudável, contudo, a ressintonização é dirigida pela centroversão e a emocionalidade é para ela o fator que estimula positivamente, põe em movimento, atrai ou repele. Quando falta esse fator, há coisas mortas – conhecimento morto, fatores mortos, dados sem sentido, detalhes da consciência desassociados e sem vida ou referências mortas. Quando, no entanto, irrompe o jato de um componente emocional, surge uma torrente libidinal de interesse e novas constelações e novos conteúdos psíquicos são postos em movimento. Esse interesse pode atuar, em grande parte, de maneira inconsciente, por exemplo, como afetividade orientadora, pois o interesse dirigível da consciência é apenas um pequeno afluente da corrente principal, inconsciente, que movimenta e dirige a vida psíquica.

Também essa corrente emocional de vitalidade é, dentro dos limites de uma cultura, canalizada para os arquétipos do cânone cultural do grupo. Nesse processo, a emocionalidade mantém a sua força viva e regenera o indivíduo, apesar de ela estar limitada, mais ou menos, aos caminhos prescritos e tradicionais dos costumes e hábitos da comunidade.

Todavia, as comemorações coletivas do grupo não são a única cena em que se apresentam as forças transpessoais. Também a vida normal do indivíduo está envolvida em uma rede de símbolos. Todos os períodos e eventos naturalmente importantes da vida – nascimento, puberdade, casamento – são destacados e comemorados. Como são vividos de modo coletivo e transpessoal, ou seja, ultrapassando o quadro do puramente individual, eles sempre são sacralizados pelo contato com o cânone cultural dos arquétipos.

Esse contato com os grandes processos da natureza regula e dá sustentação à vida do grupo e do indivíduo. As festas cósmicas dos períodos lunares e solares e dos ciclos anuais, que dão à vida não só um quadro sagrado, mas também uma orientação, se unem ao evento histórico em que o coletivo festeja a sua história como história da humanidade. Assim, por toda parte, a vida é permeada de épocas santas, lugares santos e dias santos. A paisagem é permeada de santuários, templos, igrejas, monumentos e memoriais, nos quais a religião ou a arte se estabelecem, no espaço mundano, com os seus conteúdos arquetípicos e, por toda parte, o cânone transpessoal de valores se imprime na comunidade dos homens cativados por ele. Da mesma maneira, também o tempo é capturado em um nexo de dias de festa, com as suas celebrações solenes, espetáculos, competições, festivais de primavera e de colheita, consagrações e rituais, nos quais a vida cósmica se encontra com a vida terrena.

Mas a força sagrada e emotiva do transpessoal penetra mais profundamente ainda na vida íntima do indivíduo. O nascimento e a morte, a maturidade, o casamento e a geração de filhos são para o ser humano, em todos os lugares, "sagrados", do mesmo modo como a doença e a recuperação, a alegria e a tristeza lhe dão a oportunidade de ligar o seu destino pessoal àquilo que o transcende. Em todo o mundo, o contato com os arquétipos modifica o mundo puramente pessoal.

Não temos o desejo de citar uma série de particularidades para demonstrar como o influxo constante do transpessoal garante a vitalidade também do pessoal.[68] Nossa preocupação é apenas com a situação básica, a saber, o fato de que, enquanto a cultura estiver "em equilíbrio", o indivíduo nela contido se manterá, normalmente, em uma relação suficiente também com o inconsciente coletivo, mesmo que seja uma relação com as projeções arquetípicas do cânone cultural e dos seus respectivos valores mais elevados.

A organização da vida dentro dessa estrutura impede, em grande medida, na pessoa normal, as perigosas invasões do inconsciente, garantindo ao indivíduo uma relativa segurança interior e uma existência ordenada, em um mundo em que o humano e o cósmico, o pessoal e o transpessoal, se encontram articulados entre si.

As exceções a essa regra – exceções, no entanto, de que a comunidade depende – são os *outsiders*, os que não seguem a regra do grupo, homens que se enquadram no conceito mais amplo daquele que, no mito, é o "herói" e o "Grande Indivíduo".

A dialética entre o Grande Indivíduo e o coletivo continua ainda hoje. Para o Grande Indivíduo, vale a lei do extraordinário. Ele precisa vencer o poder do antigo, que quer prendê-lo. No entanto, superar a vida normal, isto é, a vida não heroica, sempre significa também sacrificar os valores normais e entrar em conflito com o coletivo. Se, mais tarde, é honrado como um introdutor de cultura e salvador etc., isso em geral acontece depois que o herói foi liquidado pelo coletivo. O acesso mitológico ao poder pelo herói só é verdadeiro em sentido transpessoal. Ele, isto é, o seu mundo de valores, vence e chega ao poder, mas, como pessoa, é demasiado frequente que não chegue a viver até lá.

Esse herói ou "Grande Indivíduo" é sempre, e por princípio, o homem da experiência interior direta, que, como vidente, artista, profeta ou revolucionário, vê, formula, representa ou realiza os novos valores e conteúdos, isto é, as "novas imagens". A sua orientação é "a voz", a manifestação interna, individual, do *self*, com toda a sua espontaneidade e todas as suas "exigências" diretas. Isso constitui a orientação extraordinária desse tipo de indivíduo.

Conforme ainda é parcialmente constatável, a "fundação" dos cânones sempre se realizou, segundo toda probabilidade, por essas revelações da "voz" a um indivíduo. Mas não é só isso; em alguns lugares, a experiência dessa voz se torna até conteúdo do próprio cânone, como ocorre, por exemplo, no caso dos "espíritos-guardiões" dos povos originários norte-americanos, ou quando um indivíduo tem de obter o seu totem particular. Mas, mesmo quando patologicamente tomado pelo movimento espontâneo do inconsciente coletivo e com a mente perturbada ele anuncia a vontade do transpessoal, ainda é considerado "santo" justamente por estar louco. A humanidade, com profunda percepção psicológica, vê nele uma vítima dos poderes que existem, santificado pelo fato de ter sido "tocado" pelo transpessoal.

Não podemos tratar aqui da questão de saber se, no caso do indivíduo criativo, a possessão resulta da atividade da psique coletiva ou da sua própria consciência, ou se se deve a um excesso ou falta no seu sistema psíquico pessoal. Todas essas possibilidades existem, mas só podem ser examinadas em um estudo dedicado ao problema da criatividade.

O que importa, contudo, é o fato de que o cânone arquetípico sempre foi criado e trazido à vida pelos indivíduos "excêntricos". Esses são os fundadores de religiões, seitas, filosofias, ciências políticas, ideologias e movimentos espirituais, em cuja segurança o homem coletivo vive, sem precisar entrar em contato direto com o fogo primordial da revelação e sem ser forçado a sentir as agonias da criação.

Falando da função compensadora da arte criativa, escreve Jung:

> Eis em que consiste a significação social da arte: ela trabalha sem cessar pela educação do espírito da época, apresentando aquelas formas que fazem mais falta a ela. Insatisfeito com o presente, o anseio do artista se retira até ter atingido aquela imagem primordial do inconsciente, que seja mais apropriada para compensar a insuficiência e a unilateralidade do espírito da época. Ele pega essa imagem e, enquanto a retira do inconsciente mais profundo para aproximá-la da consciência, ela muda também de forma até que possa ser aceita pelos contemporâneos, segundo a sua capacidade de compreensão.[69]

O criativo, que, de certo modo, ilustra e decora o cânone existente, não é um "herói", embora também ele possa criar coisas grandes, se for capaz de plasmar os conteúdos arquetípicos vigentes. "Herói" é aquele que traz o novo e desmantela a estrutura dos valores antigos que, como Pai-dragão, procura impedir o nascimento do novo mediante todo o peso da tradição e do poder coletivo.

Dentro do coletivo, os homens criadores formam o elemento que, ao mesmo tempo, segue adiante e se religa às origens. Em lutas sempre renovadas com o dragão, conquistam novos territórios, estabelecem novas áreas da consciência e derrubam sistemas antiquados de moral e conhecimento, obedecendo à voz cujo chamado seguem, pouco importa se formulam a sua missão como vocação religiosa ou como exigência prática da vida. As profundezas da camada de que brota o novo e a intensidade com que essa camada comove o indivíduo são os critérios daquilo que designamos como "voz", e não a ideologia da mente consciente.

Por meio do símbolo, os arquétipos penetram, por meio do homem criador, na esfera da cultura e da consciência. É a realidade das profundezas que fertiliza, transforma e amplia, dando à vida do coletivo e do indivíduo o fundo único que torna a existência plena de sentido. O significado da religião e da arte é positivo e sintético, não apenas para as culturas primitivas, mas também para a nossa cultura e para a nossa consciência superacentuadas, justamente porque elas oferecem um canal de saída para conteúdos e componentes emocionais cuja supressão foi demasiado rigorosa. Tanto no individual como no coletivo, o mundo patriarcal da cultura, com a sua primazia na consciência, forma apenas um segmento do todo. As forças positivas do inconsciente coletivo que foram excluídas lutam por expressão no homem criativo e, por meio dele, fluem para a comunidade. São em parte forças "antigas", excluídas pela ultradiferenciação do mundo cultural e, em parte, forças novas, nunca presentes antes, destinadas a dar forma à face do futuro.

Ambas as funções ajudam a manter a cultura "em equilíbrio", cuidando para que ela não se afaste em demasia das suas raízes ou, por outro lado, se fossilize devido ao conservadorismo.

Contudo, o herói, como portador desse esforço compensatório, torna-se alheio à situação humana normal e coletiva. Ele sofre tanto sob essa descoletivização quanto pelo fato de, na sua luta libertadora, sempre representar também o superado e de ser forçado a levá-lo e a "carregá-lo" consigo.

Na sua obra *Símbolos da Transformação*, Jung já havia indicado o significado e a interpretação desse fato, ou seja, a compulsão fatal que leva o herói ao sacrifício e sofrimento.

O motivo do sacrifício e do sofrimento encontramos por toda parte, quer os feitos do herói sejam considerados serviços, como no caso de Héracles, cuja vida, à feição da de tantos, se não de todos os heróis, era uma série de obras penosas e tarefas difíceis, quer esse símbolo tome a forma do sacrifício do touro, no caso de Mitra, na crucificação de Jesus ou ainda no agrilhoamento de Prometeu no Cáucaso.

O sacrifício a ser feito pode se apresentar como perda do mundo maternal costumeiro da infância ou como sacrifício do mundo real do adulto; uma

313

vez é preciso sacrificar o futuro por causa do presente a ser realizado pelo herói; em outra, o presente, para que o herói torne possível o futuro. A natureza do herói é tão multifária quanto as aflitivas situações da vida real. No entanto, ele sempre é compelido a sacrificar a vida normal, seja qual for o modo como esta o afete, quer sob a forma da mãe, do pai, do filho, da pátria, da namorada, do irmão ou do amigo.

Jung afirma que o perigo a que o herói se expõe é "o isolamento dentro de si mesmo".[70] O sofrimento envolvido no próprio fato de ser um ego e um indivíduo está implícito na situação do herói; o ter de distinguir-se psicologicamente dos seus semelhantes. Ele vê coisas que estes não veem e não se apaixona por coisas que os apaixonam, mas isso significa ser ele um tipo diferente de homem e, portanto, forçosamente solitário. A solidão de Prometeu na rocha ou de Cristo na cruz é o sacrifício que devem suportar por terem trazido o fogo e a redenção para a humanidade.

Enquanto o indivíduo comum não tem alma própria, porque o grupo e o seu cânone de valores lhe dizem o que ele pode ou não ser psicologicamente, o herói possui uma alma própria, a alma que conquistou lutando. Desse modo, não pode haver aspecto criador, no sentido do herói, sem a conquista da *anima*, razão por que a vida individual do herói está profundamente envolvida na luta pela realidade psíquica da *anima*.

Criação é sempre uma conquista individual, pois o trabalho ou feito criativo é de alguma forma novo e não existia antes, é único e não será repetido. Assim, a *anima* como instância da personalidade está relacionada com a "voz" que expressa o aspecto criativo no interior do indivíduo, oposto à convencionalidade do pai, do coletivo e da consciência. A *anima*, como profetisa e sacerdotisa, é o arquétipo da alma que concebe o *Logos*, o "verbo criador" de Deus. Ela é inspirada e inspiradora; como Virgem-Sophia, concebe pelo Espírito Santo e, como Virgem-Mãe, dá à luz o filho *Logos*-espírito.

Na fase primeva, urobórica e matriarcal, há um só tipo de visionário que, sacrificando o seu ego, e assim se afeminando em identificação à Grande Mãe, entrega a si mesmo sob o imenso impacto do inconsciente. Esse tipo de visionário é muito frequente. A mais conhecida é a forma mântica, em que uma mulher desempenha o papel profético de vidente e sacerdotisa, sibila e pitonisa. A sua função é assumida, mais tarde, pelo vidente-sacerdote masculino, identificado com ela. Esse fenômeno ainda é reconhecível na relação de Wotan com Erda. Ele recebe da Grande Mãe a sabedoria primordial na forma de dom de profetizar, mas tem de sacrificar a ela o olho direito. Assim, a toda a suprema força do wotanismo, tanto na sua forma orgiástica como na mântica, falta, no êxtase arrebatador, na inundação emocional, o olho-luz do conhecimento superior, perdido na "castração superior" por Erda.

314

O tipo sombrio, de espírito wotânico, do caçador selvagem e do "Navio Fantasma" pertence ao séquito da Grande Mãe. Por trás da sua inquietação espiritual, surge sempre de novo o anseio pelo incesto urobórico como vontade de morrer, que parece tão profundamente enraizado na alma germânica.[71]

Não por acaso há, oposto a esse visionário aprisionado pela Mãe, o tipo de profeta que se desenvolveu, de maneira mais nítida, na Antiguidade judaica. A sua característica essencial é a afinidade com a figura paterna, assim como a preservação e intensificação da consciência por meio dessa afinidade. Para ele, a profecia mântica e oniromântica é bem inferior à profecia que mantém inalterada a consciência. O "grau" da profecia depende do grau da consciência e Moisés, que contemplou Deus face a face, de dia, é considerado o maior profeta. Isso significa que a profundidade da camada transpessoal posta em movimento e a agudeza da consciência precisam se relacionar entre si, uma não se desenvolvendo à custa da outra.[*]

Logo, o herói, assim como o ego, está situado entre dois mundos: o interior, que ameaça inundá-lo, e o exterior, que quer liquidá-lo por ele ter infringido as velhas leis. Permanecer independente e ser fiel a si mesmo perante essas forças coletivas só é possível para o herói que tem a individualidade e a luz da consciência a ela associada, representando-as exemplarmente.

Não obstante a sua hostilidade original, o coletivo mais tarde aceita o herói no seu panteão e a sua qualidade fundadora e criadora perdura, pelo menos no cânone ocidental, como um valor. O paradoxo do fato de o infrator do cânone antigo estar contido no próprio cânone é típico da consciência criadora ocidental, cuja singular posição já indicamos repetidas vezes. A tradição pela qual o ego é educado exige a imitação do herói até o ponto em que este foi o criador do cânone de valores vigentes. Isto é, a consciência, a responsabilidade moral, a liberdade etc. são tidos como os valores mais elevados. O indivíduo é educado para eles, mas ai dele se ousar não se submeter ao nexo dos valores culturais; logo virá o repúdio dele como "destruidor das antigas tábuas da lei" pelo coletivo e passará a ser um criminoso.

Só o herói pode destruir o velho e se libertar do nexo da cultura, atacando-o de modo criativo; mas, normalmente, a estrutura compensatória da cultura deve ser preservada a todo custo pelo coletivo. A resistência deste ao herói e o fato de expulsá-lo têm o seu aspecto bom como autodefesa contra a revolução. É que a revolução posta em movimento pelo novo trazido pelo Grande Indivíduo é um evento fatídico para milhões de pessoas. Quando um velho cânone cultural é destruído, sobrevém primeiro um período de caos e de

---

[*] Em relação a isso cabe aqui apenas indicar o quanto a significação elementar e sacral da consciência é importante para a compreensão do homem judeu e do judaísmo.

destruição do mundo, que pode se estender por séculos e sacrificar centenas de milhares de homens, até que por fim se constitua um novo cânone cultural cuja estrutura garanta uma relativa segurança ao coletivo e ao indivíduo.

A Cisão dos Sistemas: Cultura em Crise

Agora que estamos chegando ao ponto de apresentar o desenvolvimento no curso do qual a emancipação da consciência levou à crise, e como a separação entre consciente e inconsciente gerou o perigo da cisão, entramos na esfera da crise cultural do nosso tempo e do desenvolvimento ocidental em geral. A nossa tarefa é apenas continuar seguindo as tendências psicológicas até agora apresentadas e, desse modo, dentro do quadro do nosso trabalho, oferecer uma contribuição à compreensão da problemática cultural. É grande a tentação de ir além, uma vez que as questões abordadas têm palpitante atualidade. No entanto, como em tantos outros tópicos, devemos nos contentar com alusões, indicando apenas os fenômenos, sem entrar na discussão das concatenações causais.[*]

A cultura ocidental, cuja crise ora experimentamos, difere de todas as demais culturas que conhecemos pelo fato de, apesar de ser um contínuo, encontrar-se em constante transformação, embora a mudança nem sempre seja claramente visível. A divisão tradicional em Antiguidade, Idade Média e Tempos Modernos é totalmente desencontrada. Toda análise mais profunda mostra que a imagem do homem ocidental, em contínuo movimento e contramovimento, tem-se transformado em uma dada direção desde o início, a saber, a emancipação do homem diante da natureza e da consciência em face do inconsciente. O cânone cultural do homem medieval também se encontra mergulhado nesse contínuo, não apenas devido à ênfase que esse cânone fez recair sobre a alma individual e sobre a sua salvação, mas também em função da sua herança espiritual da antiguidade clássica, que não foi tão somente uma mera questão de forma exterior, como ensina toda a história eclesiástica.

Apesar da tendência ao conservadorismo inerente a todo cânone, o ocidental traz em si um componente revolucionário decorrente da sua aceitação do arquétipo do herói. Não é preciso dizer que essa figura do herói não é o ponto central do cânone, nem é a sua influência revolucionária muito fácil de reconhecer; mas quando vemos o curto espaço de tempo necessário à assimilação das figuras mais revolucionárias da história eclesiástica, que produziram uma nova variação do cânone, percebemos a plena significação da aceitação, no cânone ocidental, do arquétipo do herói. A santidade da alma individual que, apesar de toda a ortodoxia e queima de

---

[*] No Apêndice II apresentaremos elementos adicionais sobre problemas a que apenas fizemos referências aqui.

hereges, continuou em vigor, mesmo na Idade Média cristã, tornou-se secularizada a partir da Renascença, muito embora existisse bem antes dela.

O mesmo ocorre em relação à ênfase dada ao indivíduo e à consciência. A recoletivização do homem medieval, comparada à do homem da Antiguidade, é muito mais um problema sociológico do que teológico. Justamente agora, isto é, há cerca de 150 anos, quando podemos observar o desenvolvimento absolutamente não teológico de um processo análogo, somos capazes de compreender melhor as conexões. Trata-se do problema da massificação, que, em virtude da cristianização dos povos primitivos da Europa, levou a uma recoletivização oposta ao alto padrão da consciência individual do homem desenvolvido na Antiguidade. E, também hoje, quando as massas tiranizadas e as massas asiáticas estão entrando na história, deve inevitavelmente haver um temporário rebaixamento do nível da consciência e do desenvolvimento individual, em comparação com o indivíduo particular como produto final do desenvolvimento da burguesia ocidental.

Os quatro fenômenos – o agregamento das massas, a decadência do antigo cânone, a cisão entre consciência e inconsciente e o divórcio entre indivíduo e coletivo – são paralelos entre si. Até que ponto estão causalmente correlacionados é difícil determinar. Em tudo isso já se vê claramente que, na atualidade, está se formando um novo cânone no coletivo massificado. Psicologicamente, reina uma situação coletiva primitiva e, nesse novo coletivo, dominam as antigas leis da *participation mystique* num grau muito maior que no desenvolvimento ocidental dos últimos séculos.

Essa massificação psicologicamente reacionária do homem moderno coincide com outros fenômenos sociológicos, a saber, a entrada na história de novos grupos raciais primários. Quer dizer, não devemos confundir a situação primária coletiva das massas asiáticas que ora entram para a história com o fenômeno da recoletivização, em que milhões de habitantes das metrópoles, altamente individualizados e ultraespecializados, regridem a um coletivo massificado.[*] O entrelaçamento de linhas progressivas e regressivas de desenvolvimento é uma das complicações da moderna psicologia cultural e coletiva.

Embora desde o princípio esteja sob o lema "para longe do inconsciente", o ego, como o órgão da centroversão, não deve perder a relação com o inconsciente; faz parte da sua função natural compensatória dar ao mundo transpessoal o seu devido lugar.

O desenvolvimento que levou à separação dos sistemas da consciência e do inconsciente corresponde a um processo de diferenciação necessária da psique; mas como toda diferenciação, corre o risco de se tornar superdiferenciado e

---

[*] Cf. Apêndice II.

perverso. Da mesma maneira que a diferenciação das funções da consciência no indivíduo encerra o perigo da excessiva diferenciação e da unilateralidade, assim também o desenvolvimento da consciência ocidental, como um todo, não escapou a esse risco. Surge agora a questão de até onde o processo de diferenciação da consciência deve ir e em que ponto começa a converter-se no oposto, ou seja, em que ponto do desenvolvimento do herói surge o perigo de uma mutação e, como tantos exemplos míticos ensinam, leve à sua ruína.

A excessiva estabilidade do ego pode degenerar em rigidez enquanto a excessiva independência da consciência do ego pode levar ao isolamento do inconsciente, e a autoestima e a autorresponsabilidade podem se perverter em presunção e megalomania. Em outros termos, a consciência, que se acha no polo oposto ao inconsciente e que, originalmente, tem de representar a tendência integradora da personalidade, pode perder essa relação com o todo e adoecer.*

O perigo da alienação com relação ao inconsciente apresenta-se sob duas formas: a rigidez da consciência e a possessão. No caso da rigidez da consciência, uma forma posterior do desenvolvimento e, por isso, desconhecida na mitologia, a autonomia do sistema consciente foi levada tão longe que o vínculo vivo com o inconsciente sofreu perigosa atrofia. Esta se manifesta na perda da função integradora da consciência do ego e na crescente neurotização da personalidade.

A possessão, segunda forma da perda de relação com o inconsciente, apresenta um quadro distinto. Nesse caso, o sistema da consciência é subjugado pelo aspecto espiritual, com a ajuda do qual ele havia lutado para se libertar da tirania do inconsciente. Denominamos esse fenômeno "castração patriarcal" porque, nesse caso, a atividade criadora do ego é impedida pelo Pai, do mesmo modo como antes o fora pela Mãe.

Ao contrário da inundação do sistema da consciência do ego pelo inconsciente, que termina no despedaçamento da consciência, trata-se aqui de uma expansão ilimitada do ego.

A castração matriarcal envolve a perda da consciência masculina, a deflação e a degradação do ego. Os seus sintomas são a depressão, um refluxo de libido para o inconsciente, a anemia do sistema da consciência e um *"abaissement du niveau mental"* (Janet).

Na inflação da castração patriarcal, causada pela identificação do ego com o espírito, o processo segue na direção oposta. Leva à megalomania e à exagerada expansão do sistema da consciência. A consciência é sobrecarregada

---

* Esse fenômeno, que ocupa lugar central em todas as enfermidades psíquicas, faz parte da teoria geral da neurose.

de conteúdos espirituais que não pode assimilar e de unidades de libido pertencentes ao inconsciente. O símbolo dominante dessa condição é a "ascensão", sendo os seus sintomas "a sensação de que o chão falta sob os pés", a perda do corpo em vez do desmembramento, a mania em lugar da depressão.

A mania está ligada a todos os sinais de acentuação excessiva do sistema da consciência, tais como a intensificação de associações, que, por vezes, beira uma "fuga" associativa, paroxismos da vontade e da ação, otimismo privado de sentido, e assim por diante; tudo isso se opõe à dificuldade associativa, ao enfraquecimento da vontade e da ação e ao pessimismo tão evidente na fase depressiva. Assim como a identificação com a Grande Mãe provoca o enfraquecimento do lado masculino da consciência e o empobrecimento da atividade volitiva e dos poderes diretivos do ego, do mesmo modo a identificação com o pai espiritual debilita o lado feminino. Falta à consciência os contrapesos do inconsciente, cuja atividade equilibradora levaria ao aprofundamento e retardamento dos processos conscientes. Em ambas as formas, há um distúrbio de compensação, mas a manifestação é, em cada caso, distinta.

A compensação é o primeiro requisito de uma relação produtiva entre ego e inconsciente. Isso significa que a princesa, a alma, se perde para o ego tanto na castração patriarcal como na matriarcal.

Mas, como deixamos claro na Parte I deste livro, por trás de ambas as formas surge a castração urobórica, na qual as tendências à diferenciação são canceladas. Falando em linguagem psicológica, da mesma maneira que a mania e a melancolia não passam de duas formas de alienação, duas manifestações do estado urobórico devorador que destrói toda a consciência do ego, assim também a regressão ao inconsciente, isto é, ser devorado pela Grande Mãe, e "voar para a pura consciência", isto é, ser devorado pelo Grande Pai, são duas formas pelas quais se perde a consciência genuína, equilibrada e direcionada à totalidade. Tanto a deflação como a inflação destroem a eficácia da consciência; ambas são defesas do ego.

A inflação espiritual, representada de modo exemplar pela comoção de Nietzsche no *Zaratustra*, é o típico desenvolvimento ocidental levado ao extremo. Por trás da superacentuação da consciência, do ego e da razão, que são os objetivos orientadores do desenvolvimento psíquico, ameaça o imponente poder do "Céu", perigo que ultrapassa o conflito heroico com o dragão ctônico e culmina em uma espiritualidade sem conexão com a realidade e com os instintos.

A forma comum dessa degeneração ocidental não é a inflação espiritual, mas a rigidez da consciência, na forma de identificação do ego com a consciência, sendo esta considerada como uma das formas do espírito. Isso envolve com frequência uma identificação do espírito com o intelecto, da consciência com o pensamento. Essa é de fato uma restrição totalmente errada, mas a tendência patriarcal de desenvolvimento humano "para longe do inconsciente" e na direção da consciência e do pensamento torna essa identificação compreensível.

Em consequência desse extremismo, o sistema da consciência perde a sua verdadeira função, como órgão da centroversão, de representar e realizar o caráter integrador da psique. Com essa degeneração, o ego passa a ser um complexo psíquico como qualquer outro e o seu egocentrismo exibe a auto-obsessão, característica de todo complexo.

Nessa situação, todo o desenvolvimento que havia contribuído de modo significativo para a formação da consciência fica extremado e se perverte. Da mesma maneira como, por exemplo, a divisão de um conteúdo inconsciente em seus componentes material e emocional, que atende originalmente os interesses do desenvolvimento da consciência, é agora um dos pontos críticos de uma consciência hipertrofiada, separada do inconsciente. A exaustão dos componentes emocionais e a alienação do ego em relação às imagens arquetípicas resultam na indisposição da consciência para reagir a imagens psíquicas, fato muito evidente no homem moderno. O confronto com uma imagem inconsciente, ou mesmo com uma situação inesperada, encontra-o imune à reação. Ao contrário da ação reflexa instantânea do primitivo, o intervalo entre a situação e a reação é agora extremamente prolongado, se é que há reação.

A perda da afetividade e da emocionalidade, que é aumentada ainda mais pela diferenciação especializada da consciência em funções separadas, é por certo uma condição essencial da atividade consciente e, sem dúvida, ajudou o homem moderno em seu esforço racional nas ciências, mas revela, não obstante, grandes aspectos sombrios. O conhecimento consciente, que pressupõe a repressão dos componentes emocionais, é, até onde foi de fato realizado, típico da atividade não criativa, sendo favorável apenas a esta. No processo criativo, ao contrário, não está excluído um componente fortemente emocional e estimulante, que parece ser um ingrediente necessário. Toda concepção nova e toda inspiração criativa contêm elementos que, até este momento, eram inconscientes, e a inclusão dos componentes emocionais associados aos conteúdos inconscientes leva ao surgimento de uma comoção. Só a união do sistema da consciência do ego com as camadas profundas, de tonalidade emocional, do inconsciente possibilita um processo criativo. Portanto, no seu aspecto extremo, a diferenciação e a tendência repressora de emoções, no desenvolvimento da consciência ocidental, têm um efeito esterilizador e impede a expansão da consciência. Essa correlação é confirmada pelo fato de que as pessoas criativas sempre têm algo de criança e não totalmente diferenciado nelas; são núcleos plasmáticos da criatividade e é bem fora de propósito considerar essas características "infantis", tentando reduzi-las ao nível de experiências do tipo do romance familiar.

Essa tendência a reduzir todos os conteúdos transpessoais ao nível personalista é a maneira mais extrema da "personalização secundária". Do ponto de vista histórico do desenvolvimento, a exaustão dos componentes emocionais, assim como a personalização secundária, têm de realizar uma função essencial, promovendo a extração da consciência do ego e do indivíduo da esfera envolvente e dominadora do inconsciente. Isso explica por que esses dois aspectos sempre aparecem na transição do pré-pessoal e suprapessoal para o pessoal. Quando, porém, a personalização secundária procura impor o seu efeito mediante a desvalorização das forças transpessoais, produz-se uma perigosa superestimação do ego. É uma típica constelação falsa da mente moderna, que agora já não é capaz de perceber o que ultrapassa a esfera pessoal da consciência do ego.

A personalização secundária é agora explorada pelo homem ocidental a fim de desvalorizar as forças inconscientes das quais ele tem medo. A supremacia do transpessoal e, portanto, do inconsciente, sede psíquica da transpessoalidade, é denegrida e até difamada. Essa forma apotropaica de magia defensiva tenta invariavelmente "exorcizar" ou "conjurar" os movimentos perigosos com evasivas – como "isso não passa de..." ou "isso não é tão ruim como você pensa". Da mesma maneira como o mar selvagem e perigoso passou a ser o mar "hospitaleiro", as Erínias foram rebatizadas como Eumênides, e a abissal incognoscibilidade da divindade se tornou o "todo-amoroso e querido Deus" ou o "nana neném" das crianças, assim também agora se confunde o transpessoal como algo meramente pessoal. A divindade primordial do Criador e o totem-animal ancestral, implacável e estranho ao infinito, que habita a alma humana, foram adulterados e agora se pretende que tenham se originado de um pai-gorila pré-histórico ou do sedimento de muitos pais dessa espécie, que não se conduziram bem com os seus "filhos".

Mesmo os exageros da personalização secundária são expressões do esforço da consciência humana para recuperar, por meio da introjeção, os conteúdos psíquicos exteriorizados. No entanto, a consequência necessária desse processo, por meio do qual conteúdos que antes pareciam estar no exterior são diagnosticados como interiores, seria o aparecimento de forças transpessoais na psique humana, reconhecidos como "fatores psíquicos". Quando isso acontece, parcialmente na psicologia dos instintos e, de modo consciente, na teoria junguiana dos arquétipos, conclui-se ter sido alcançada uma assimilação adequada. Mas quando a personalização secundária é pervertida, leva à exagerada expansão do ego, que procura demolir o transpessoal considerando-o algo meramente ilusório e reduzindo-o a dados personalistas do ego.

Como resultado, desaparece todo o sentido da personalização secundária como condição da assimilação consciente, devido ao fato de que agora o transpessoal é praticamente reprimido. Ele não pode mais ser assimilado conscientemente e passa então a atuar negativamente como um vago e poderoso fator inconsciente dentro da psique, tal como o fez, no exterior, nos primórdios do desenvolvimento humano. O aspecto problemático dessa sequência de eventos reside em ser, em si, legítima e necessária, só levando ao absurdo e ao perigo se exagerada.

Encontramos um processo correspondente na racionalização, na qual o arquétipo é elaborado como um conceito. A linha abarca, como vimos, desde o arquétipo como figura transpessoal efetiva até a ideia e, em seguida, o "conceito" ao qual damos "forma", como, por exemplo, o conceito de Deus, que agora é, inteiramente, originário da consciência – ou pelo menos acredita ser à medida em que o ego se autoengana. Agora já não há o transpessoal, mas apenas o pessoal; não há mais arquétipos, e sim conceitos, nem há símbolos, mas signos.

Essa separação do inconsciente leva, de um lado, a uma vida egoica vazia de sentido e, no entanto, do outro, a uma ativação das camadas profundas, agora tornadas destrutivas, que devastam o mundo autocrático do ego com invasões transpessoais, epidemias coletivas e psicoses de massa. Pois uma perturbação do relacionamento compensatório entre consciência e inconsciente não é um fenômeno a ser encarado frivolamente. Mesmo quando não são agudas a ponto de provocar uma doença psíquica, a perda do instinto e a exacerbada ênfase que se confere ao ego têm consequências que, multiplicadas aos milhões, constelam a crise civilizatória.

Embora não pretendamos acompanhar aqui as consequências psicológicas e éticas dessa situação com referência ao indivíduo e à sua relação com o grupo respectivo,[72] precisamos ainda nos demorar um pouco com aquilo que tem sido caracterizado como decadência de valores dos tempos modernos e que preferimos descrever como desmoronamento do cânone arquetípico.

O cânone cultural se origina da projeção de imagens arquetípicas do inconsciente. A sua eficácia pode variar, seja porque a consciência do grupo passa por uma mutação progressiva ou regressiva, seja por ocorrerem modificações do inconsciente coletivo, de modo espontâneo ou como reação a mudanças sociais e políticas. Teremos de deixar sem exame a questão de saber quando e em que circunstâncias as mudanças do mundo real provocam reações do inconsciente coletivo, assim como quando e em que circunstâncias as modificações deste último se exprimem em reviravoltas sociológicas. O fato de o cânone de valores vir se desintegrando nos últimos séculos do desenvolvimento ocidental é um truísmo que, não obstante, não nos impede de perceber, com horror e assombro, as tenebrosas consequências desse processo no futuro.

A desintegração do antigo sistema de valores ainda se acha em pleno desenvolvimento. Deus, Rei e Pátria se tornaram grandezas problemáticas, o mesmo ocorrendo com Liberdade, Igualdade, Fraternidade, amor e justiça, progresso humano e sentido da existência. Isso não significa que eles não continuem a influenciar a nossa vida como grandezas transpessoais de natureza arquetípica, mas a sua validade, ou ao menos o seu valor posicional, tornaram-se precários e a sua relação uns com os outros questionável, tendo a sua velha ordem hierárquica encontrado o fim.

Dessa maneira, o indivíduo que carece do apoio de um movimento compensatório dentro de si mesmo é posto para fora do nexo ordenador da civilização. Isso significa para ele a deterioração da experiência transpessoal, o estreitamento dos horizontes do mundo e a perda de toda certeza e do sentido da vida.

Em tal situação, podem-se observar duas reações gerais. A primeira é a regressão à Grande Mãe, ao inconsciente, uma prontidão para se arrebanhar nas massas e, assim, como um átomo coletivo com novas experiências transpessoais, obter uma nova certeza e um novo ponto de vista; a segunda é a fuga para o Grande Pai, para o isolamento no individualismo.

Quando o indivíduo se desconecta do tecido cultural dessa maneira, ele fica completamente isolado no mundo privativo do seu ego inflado. A inquietude, o descontentamento, os excessos, a falta de contorno e de sentido de uma vida puramente egocêntrica, em comparação à vida simbólica, são o resultado dessa apostasia psicológica.

Seguindo o colapso do cânone arquetípico, arquétipos isolados se apossam dos homens e os consomem como demônios malévolos. Típico e sintomático desse fenômeno transicional é o estado de coisas da América, embora o mesmo se aplique a quase todo o hemisfério ocidental. Toda espécie concebível de dominante rege a personalidade, da qual só resta o nome. O fato grotesco de que assassinos, bandoleiros, gangsters, ladrões, falsificadores, tiranos e trapaceiros, com um disfarce que a ninguém engana, tenham tomado o controle da vida coletiva, é característico da nossa época. A sua falta de escrúpulos e a sua desonestidade são reconhecidas e admiradas. A sua energia implacável, eles a obtêm de algum conteúdo arquetípico extraviado que se apoderou deles. O dinamismo de uma personalidade possuída é, por essa razão, muito grande porque, em seu primitivismo unilateral, ela não conta com nenhuma das diferenciações que tornam os homens humanos. O culto da "besta" não se confina, de modo algum, à Alemanha; ele prevalece onde quer que a unilateralidade, o impulso e a cegueira moral sejam aplaudidos, isto é, onde os complexos resultados da história do desenvolvimento humano sejam descartados em favor da ambição bestial. Basta observar os ideais educacionais ora em vigor no Ocidente.

A possessão, característica dos nossos magnatas financeiros e industriais, por exemplo, é psicologicamente evidente a partir do próprio fato de que eles estão à mercê de um fator suprapessoal – "trabalho", "poder", "dinheiro" ou qualquer outro nome que lhe queiram dar – que, na reveladora expressão, os "consome", deixando-lhes pouco ou nenhum espaço para uma vida privada. Acoplada a uma atitude niilista com respeito à cultura e à humanidade, há uma exacerbação da esfera do ego, que se exprime, com brutal egoísmo, em uma total desconsideração para com o bem comum, assim, como em uma tentativa de levar uma existência egocêntrica em que o poder pessoal, o dinheiro e as "experiências", triviais em um grau indescritível, mas copiosas, ocupam cada uma das horas do dia.

Antes, a estabilidade do cânone cultural assegurava ao indivíduo um conjunto de valores ordenados no qual todas as coisas tinham o seu devido lugar. Isso agora se perdeu e o indivíduo atomizado é apanhado e devorado pelo dominante arbitrário de uma "grandeza" transpessoal qualquer.

Não apenas o poder, o dinheiro e a sexualidade, mas também a religião, a arte e a política, como determinantes exclusivos, na forma de partidos, nações, seitas, movimentos e "ismos" dos mais diversos tipos, se apoderam de pessoas e massas e desintegram os indivíduos. Longe de nós comparar o homem predatório e industrial, egoísta e destrutivo, da economia e do poder político, com o homem dedicado a uma ideia; pois este último é tomado pelos arquétipos que moldam o futuro da humanidade e a essa comoção sacrifica a sua vida. Não obstante, é tarefa de uma psicologia cultural baseada na psicologia profunda inaugurar uma nova ética que leve em conta o efeito coletivo dessas possessões-comoções, não apenas na sua consideração mas também na sua responsabilidade.

A desintegração da personalidade provocada por uma ideia não é menos perigosa do que aquela causada pelo vazio da obsessão personalista pelo poder. As consequências e a manifestação da desintegração da personalidade, nós as vemos nos processos catastróficos de massificação e recoletivização do tempo moderno.[*] Em outra obra, tentamos mostrar a relação entre "Psicologia Profunda e Nova Ética". Uma das consequências mais importantes dessa nova ética é que a integração da personalidade, isto é, o seu caráter de totalidade, é o objetivo ético supremo de que depende o destino da humanidade. E mesmo

---

[*] Cf. Apêndice II.

que a psicologia profunda nos tenha ensinado a compreender o quanto é necessário, especialmente para os "homens mais elevados", ser possuído pelos arquétipos, isso não nos fecha os olhos para as possíveis consequências fatais dessa possessão.

O quadro da nossa época que descrevemos não se propõe a ser uma acusação e muito menos uma glorificação dos "bons velhos tempos", porque os fenômenos que vemos à nossa volta são sintomas de uma reviravolta que, tomada no seu sentido geral, é necessária. O colapso da antiga cultura e a sua reconstrução, em um nível inicialmente até inferior, se justificarão, uma vez que a nova base terá sido imensamente ampliada. A cultura prestes a nascer será uma cultura humana de sentido sobremaneira mais elevado do que qualquer outra até agora existente, porque terá superado importantes limitações raciais, nacionais e sociais. Não se trata de ideias fantásticas impraticáveis, mas de fatos concretos, e as suas dores de parto trarão infinitos sofrimentos a um número infinito de homens. Espiritual, política e economicamente, o nosso mundo é um todo indivisível. Comparado a isso, as guerras napoleônicas eram rixas regionais, e a visão de mundo daquela época, em que qualquer coisa fora da Europa mal começava a surgir, é quase inconcebível para nós na sua estreiteza.

O colapso do cânone arquetípico na nossa cultura, que gerou uma tão extraordinária ativação do inconsciente coletivo – ou que talvez seja o seu sintoma, manifestando-se em movimentos da massa que têm profundo efeito sobre os nossos destinos pessoais –, é no entanto, mero fenômeno passageiro. Já agora, época em que as guerras interiores do velho cânone ainda estão sendo travadas, podemos discernir, em indivíduos particulares, onde estão as possibilidades sintéticas do futuro, e quase podemos ver que aparência terão. A retomada consciente da relação com o inconsciente e o posicionamento responsável da consciência humana diante dos poderes da psique coletiva é a tarefa do futuro. Nenhuma modificação externa do mundo ou da ordem social será capaz de aquietar o demônio, os deuses e os diabos da alma humana, impedindo-os de destruir repetidas vezes o que a consciência constrói. Eles jamais deixarão a humanidade em paz, se não ganharem o seu devido lugar na consciência e na cultura. Mas a preparação para esse posicionamento está, como sempre, com o herói, o indivíduo; ele e a sua transformação são o modelo a ser seguido pela humanidade; ele é o campo de provas do coletivo, assim como a consciência o é do inconsciente.

D. A Centroversão
nas Fases da Vida

A Significação dos Níveis Etários

Na Parte I, apresentamos as fases arquetípicas do desenvolvimento da consciência tal como se manifestam nas projeções mitológicas do inconsciente coletivo da humanidade. Na Parte II, faz-se uma tentativa para mostrar de que maneira, dentro do curso da história humana, a personalidade chega a se formar, assim como a sua relação com as fases arquetípicas.

Agora, neste capítulo conclusivo, queremos indicar de que maneira as leis básicas cujos efeitos acompanhamos na história psíquica da humanidade, são recapituladas e transformadas na vida ontogenética do indivíduo da nossa cultura.

Trata-se apenas de indicações, porque, nesta obra, não podemos apresentar uma psicologia detalhada da infância e da puberdade; no entanto, um esboço desse desenvolvimento nos parece ser importante, uma vez que sublinhará a relação da história evolutiva da humanidade com a vida atual e a vida de cada indivíduo. Na verdade, juntando a ontogenia com a história da humanidade, justifica-se o fato de termos nos ocupado tão pormenorizadamente nas exposições históricas, permitindo-nos afirmar que o verdadeiro objeto do nosso esforço é o tratamento do homem moderno e seus problemas mais urgentes.

Uma psicoterapia do indivíduo e uma terapia cultural da sociedade como um todo só nos parecem possíveis quando tivermos logrado elaborar uma visão sinótica da origem e da significação da consciência e da sua história, visão capaz de nos permitir um diagnóstico da situação consciente do indivíduo e do coletivo.

Devemos às pesquisas de Jung[73] o reconhecimento da enorme importância que têm para a psicologia e a psicoterapia as fases da vida, assim como a descoberta do desenvolvimento do processo de individuação na segunda metade da vida. Os fatores mais importantes para a compreensão do desenvolvimento individual são a direção diferente e o efeito distinto da centroversão nas duas metades da vida. A primeira metade, como processo de diferenciação, está sob a orientação do modelo histórico da formação e desenvolvimento do ego; nessa primeira parte da vida, a centroversão sai da totalidade psíquica do *self* inconsciente e se move na direção do ego.

No decorrer da primeira metade da vida, um período de ego-centração que termina na puberdade, a centroversão se manifesta como relação compensatória entre os sistemas da consciência e do inconsciente, mas permanece inconsciente, ou seja, o órgão central da centroversão, o ego, não tem conhecimento da sua dependência com relação ao todo. Na segunda metade da vida, que quase sempre se inicia com uma transformação psicológica da personalidade, surge no ego a crescente percepção da centroversão. A partir desse ponto pode-se iniciar o processo de individuação, resultado da constelação do *self* como centro psíquico da totalidade, que agora já não atua apenas inconscientemente, mas é experimentado também de modo consciente.

O retardamento da maturidade e a dependência do indivíduo diante do grupo social, ao longo de quase dezesseis anos, são, como sabemos, uma característica preeminente da espécie humana. Essa juventude prolongada, em contraste com o rápido desenvolvimento das outras partes do mundo animal, é a mais importante condição para a cultura humana e a sua transmissão. A inclusão de um duradouro período de aprendizagem e educação, que se estende à plena maturidade, tem a sua contraparte no desdobramento da consciência ao longo da história humana. Durante esse período, o cérebro se desenvolve até o nível em que o homem como espécie o levou. O período de aprendizagem, que termina com a puberdade, é dedicado à educação cultural, consistindo na adoção de valores coletivos e na diferenciação da consciência, facilitando a adaptação do indivíduo ao coletivo e ao mundo.[*] Por último, ocorre também nesse período uma diferenciação adicional da personalidade, cujo estágio derradeiro encontramos no adulto e cujo desenvolvimento, na medida em que faz parte da tendência patriarcal de evolução da consciência, ainda vamos esboçar de maneira resumida.

A educação e a crescente experiência de vida fortalecem a adaptação à realidade, que é largamente idêntica à adaptação ao coletivo e às suas exigências. Neste meio-tempo, o coletivo compele o indivíduo, por mais diferente que possa ser a sua orientação nas distintas etapas, a desenvolver uma unilateralidade que convém ao respectivo coletivo.

Para essa adaptação contribuem vários fatores. O seu denominador comum é o fortalecimento da consciência e da sua capacidade de ação, com a exclusão simultânea das forças disruptivas do inconsciente.

Um desses fatores é a diferenciação do tipo psicológico. Ou seja, todo indivíduo adota uma atitude definida, introvertida ou extrovertida, diante do mundo. Ao lado da atitude habitual de cada um, há a diferenciação pela função principal da consciência, função essa que difere de indivíduo para indivíduo.[74]

---

[*] Em seu *Biologische Fragmente zur Lehre vom Menschen*, a que só tive acesso após completar o meu manuscrito, A. Portmann apresenta ideias que coincidem surpreendentemente com as minhas. O fato de termos chegado às mesmas conclusões, embora abordando a questão de dois pontos de partida tão diferentes quanto a biologia e a psicologia profunda, não faz pouco pela objetividade dessas conclusões.

Essa diferenciação de tipo, condicionada constitucionalmente ou de outra maneira, garante ao indivíduo o máximo de oportunidades de adaptação, porque a função mais eficiente e congenitamente melhor é desenvolvida como a principal. Essa diferenciação é acompanhada pela supressão da função menos eficiente, a qual, como "função inferior", continua em grande parte inconsciente.

Um objetivo importante do desenvolvimento infantil e da educação é a preparação do indivíduo no sentido de torná-lo útil para a comunidade. Essa utilidade, obtida mediante a diferenciação de alguns dos componentes e funções da personalidade, ocorre forçosamente em detrimento da totalidade. A necessidade de ter de renunciar à totalidade inconsciente da personalidade é uma das principais dificuldades desenvolvimentais para a criança e, em particular, para a criança introvertida.

A transição da "orientação pela totalidade" que vemos na criança, da direção da atividade inconsciente do *self* para o ego-centramento consciente e a necessária divisão da totalidade em dois sistemas separados, constitui naturalmente uma dificuldade toda especial. Nessa fase crítica da vida, o ego infantil tem de reexperimentar o legado histórico do herói, o desenvolvimento sistemático da consciência e sua proteção, e tomar firme posse dele, se quiser ter acesso à cultura do coletivo e ocupar o seu lugar na comunidade.

Na primeira metade da vida, o desenvolvimento é marcado por duas crises decisivas, cada uma correspondendo a uma luta com o dragão. A primeira crise se caracteriza pelo encontro com o problema dos Pais Primordiais e pela formação do ego. É encenada entre os 3 e os 5 anos, tendo a psicanálise nos familiarizado com certas partes e formas desse conflito, por ela denominado complexo de Édipo. A segunda crise é a puberdade, na qual a luta com o dragão tem de ser travada, uma vez mais, num nível novo. Nessa fase, a forma do ego é fixada em definitivo; mas, dessa vez, com o apoio do que chamamos o "Céu", ou seja, vão se formando novas constelações arquetípicas e uma relação nova do ego com o *self*.

No processo de diferenciação da infância são características a perda e a renúncia relativas a todos os elementos de completude e inteireza que, dados na psicologia da criança, são determinados pelo pleroma, isto é, a ouroboros. Justamente aquilo que a criança tem em comum com o gênio, o criador, e com o homem primitivo, e constitui o encanto e o charme da sua existência, tem de ser sacrificado. Toda educação, e não apenas a da nossa cultura, esforça-se por expulsar a criança do paraíso de sua genialidade nata e para forçá-la, mediante a diferenciação e a renúncia à inteireza, no sentido da utilidade coletiva.

Do princípio do prazer ao princípio da realidade, que transformamos em de queridinho da mamãe à criança escolar ou da ouroboros ao herói – eis o curso normal do desenvolvimento infantil. O retrocesso da fantasia e das forças artístico-criadoras, que a criança possui por natureza em alto grau, é um dos sintomas típicos do empobrecimento que envolve esse vir a ser um adulto. A perda crescente da vivacidade do sentimento e das reações espontâneas no interesse do "bom senso" e do "bom comportamento" determina a conduta que sempre é exigida da criança em relação ao coletivo. O fortalecimento da eficiência existencial à custa da profundidade e da intensidade é a marca desse processo.

Ontogeneticamente, desenvolvem-se agora todos os processos descritos como indispensáveis à formação do ego e à separação nos dois sistemas da consciência e do inconsciente. A apercepção da criança[75] de um mundo primário, transpessoal e mitológico é limitada pela "personalização secundária e, no final, eliminada. Essa personalização é necessária para o desenvolvimento da personalidade que se inicia; ela ocorre com a ajuda do ambiente pessoal sobre o qual são primeiramente projetados os arquétipos. À medida que essa relação se fortalece, o arquétipo é substituído pela imago, na qual se percebe uma mistura de características pessoais e transpessoais ativas. Desse modo, os arquétipos transpessoais são aos poucos bloqueados e dissimulados pelas figuras pessoais do ambiente com as quais o ego está relacionado. Ou, para expressá-lo com os versos de Rilke:

> *...du rufst ihn nicht ganz aus dunkelem Umgang.*
> *Freilich, er will, er entspringt; erleichtert gewöhnt er*
> *sich in dein heimliches Herz und nimmt und beginnt sich.*
> *Aber begann er sich je?*
> *Mutter, du machtest ihn klein, du warst's, die ihn anfing;*
> *dir war er neu, du beugtest über die neuen*
> *Augen die freundliche Welt und wehrtest der fremden.*
> *Wo, ach, hin sind die Jahre, da du ihm einfach*
> *mit der schlanken Gestalt wallendes Chaos vertratst?*
> *Vieles verbargst du ihm so; das nächtlich verdächtige Zimmer*
> *machtest du harmlos, aus deinem Herzen voll Zuflucht*
> *mischtest du menschlichern Raum seinem Nachtraum hinzu.*[76]

[...sequer podes afastá-la dessa sinistra companhia. / Na verdade, ele tenta, ele escapa, e se aninha, aliviado, / em teu secreto coração, ao qual se apega e onde é refeito. / Mas terá ele um dia começado a si mesmo? / Mãe, tu o fizeste pequeno, tu o começaste; / para ti, ele foi novo; e, sob os jovens / olhos, tu depuseste um mundo amigo, e afugentaste o estranho. / Onde, ó, onde estão os anos em que tu, apenas ao se pôr à sua frente, / encobrias com a tua esguia figura o agitado abismo? / Assim escondeste muito dele; o quarto que à noite causava calafrios, / Tu o tornaste seguro; e, com o teu coração pleno de refúgios, / agregaste um mundo mais humano ao seu espaço noturno.]

Segue-se então a fragmentação dos arquétipos e a separação entre o lado pessoal "bom" da figura da Mãe e o seu lado negativo transpessoal ou vice-versa. O medo da criança e o seu sentimento de se encontrar ameaçada não decorrem do caráter traumático do mundo – pois o trauma não existe em condições humanas normais, mesmo primitivas – mas o trauma vem do "espaço noturno" ou, para ser mais preciso, surge quando o ego sai desse espaço noturno. A consciência germinal do ego experimenta a superioridade da sensação do mundo-corpo quer como sensação direta, quer na projeção. A importância das relações familiares reside justamente no fato de que as figuras pessoais do ambiente, que são a primeira forma de sociedade, devem oferecer o aconchego secundário do mundo humano ao ego que precisa sair do aconchego primário do estado urobórico.

Ao lado desse desenvolvimento, ocorre também a exaustão dos componentes emocionais e a superação da ênfase corporal da primeira fase, o que conduz à construção gradual do Superego por meio das exigências e proibições do ambiente.

Outra característica geral do desenvolvimento da consciência, a deflação do inconsciente, pode ser acompanhada ao longo do desenvolvimento normal da criança; nessa deflação, o mundo primordial e inconsciente da infância, o mundo do sonho e dos contos de fada, assim como dos desenhos e jogos infantis, vai recuando gradativamente diante da realidade do mundo exterior. A libido retirada do inconsciente vivo é empregada na construção do sistema da consciência e na sua ampliação. A implementação desse processo marca a transição do brincar para o aprender. A escola é, na nossa cultura, o arquiteto a quem o coletivo designou a tarefa de erigir, de maneira sistemática, um bastião entre o inconsciente deflacionado e uma consciência orientada para a adaptação coletiva.

A linha patriarcal do desenvolvimento da consciência, com o seu lema "Para longe do mundo da Mãe! Rumo ao mundo do Pai!", é imposta, sem distinção, a crianças do sexo masculino e do feminino, embora cada qual a solucione à sua maneira. Ser um queridinho da mamãe é um indício de não ter realizado a luta com o dragão da primeira fase, que encerra a primeira parte da infância. Esse fracasso impossibilita o ingresso na escola e no mundo de outras crianças, do mesmo modo como o fracasso na iniciação da puberdade impede a entrada no mundo dos adultos, de homens e mulheres.

Chegamos agora à formação das instâncias da personalidade, cuja descoberta devemos à psicologia analítica de Jung: a *persona*, as figuras da *anima* e do *animus* e a sombra. Elas são produzidas pelos processos de diferenciação já descritos, que ocorrem durante a primeira metade da vida. Neles todos, características personalísticas e individuais são combinadas com características arquetípicas e transpessoais, e os componentes da personalidade que regularmente existem na estrutura psíquica, sob a forma de órgãos psíquicos potenciais, agora se tornam amalgamados com as características das variantes individuais impostas pelo destino e que são realizadas pelo indivíduo no curso do seu desenvolvimento.

O desenvolvimento da *persona* é o resultado de um processo de adaptação que suprime todas as características e tendências individualmente significativas, disfarçando-as ou reprimindo-as no interesse de fatores coletivamente práticos ou desejáveis. Aqui também a totalidade é trocada por uma personalidade aparentemente eficiente e bem-sucedida. Nisso, a formação do Superego, representante dos valores coletivos na personalidade, faz emudecer a "voz interior". A voz, a experiência individual do transpessoal, particularmente forte na infância, é abandonada em proveito da consciência. Ao se abandonar o paraíso abandona-se também a voz da divindade que nele fala; agora, são os valores do coletivo, dos Pais, das leis, da consciência, da moralidade vigente etc., que devem ser aceitos como valores supremos a fim de tornar possível a adaptação social.

Enquanto a disposição natural de todo indivíduo o inclina a uma bissexualidade física e psíquica, o desenvolvimento diferencial da nossa cultura força-o a deslocar o elemento contrassexual para o inconsciente. Como resultado, somente os elementos que estejam de acordo com as características sexuais externas e conformes à valoração coletiva são reconhecidos pela consciência. Assim é que as características "femininas" e "relativas à alma" são consideradas indesejáveis em um garoto, pelo menos na nossa cultura. Tal acentuação unilateral da sexualidade específica de cada pessoa termina por constelar o elemento contrassexual no inconsciente, na forma da *anima*, nos homens, e do *animus*, nas mulheres; a *anima* e o *animus*, sendo figuras parciais que permanecem inconscientes, dominam a relação do inconsciente com a consciência. Esse processo é apoiado pelo coletivo e, como a repressão do lado contrassexual é com frequência difícil, a diferenciação sexual é de início acompanhada pelos modos típicos de antipatia com relação ao sexo oposto. Esse desenvolvimento também obedece ao princípio geral da diferenciação, que pressupõe o sacrifício da totalidade, aqui representada pela figura do hermafrodita.

Da mesma maneira, como vimos, a formação da sombra, o lado sombrio da personalidade, é determinada em parte pela adaptação à consciência coletiva.

O preparo da função volitiva e o treino da ação objetiva e disciplinada à custa da reatividade instintivo-inconsciente são igualmente necessários para a adaptação à realidade, que a criança em crescimento tem de realizar. Mais uma vez, há a repressão dos componentes emocionais. A paixão e a afetividade da criança cedem lugar ao controle dos afetos e à repressão dos sentimentos, observáveis na criança bem-educada.

A formação de todas essas instâncias promove o fortalecimento do ego, da consciência e da vontade e leva, em virtude do relativo isolamento do lado instintivo, a uma maior tensão no interior da personalidade. Pela sua identificação com o ego, a consciência perde o contato com o inconsciente e, portanto, com a totalidade psíquica. Na verdade, a consciência agora afirma estar representando a unidade, mas esta é apenas uma unidade relativa da consciência e não a da personalidade. A totalidade psíquica se perdeu, sendo substituída pelo princípio dualista dos opostos, que governa todas as constelações do consciente e do inconsciente.

Em um certo sentido, portanto, o desenvolvimento e o cultivo da consciência, requeridos pelo coletivo, constituem, ao mesmo tempo, um processo de desenraizamento. O vínculo coletivo interior com os instintos deve ser, em larga medida, abandonado, e como uma segurança secundária do ego, novas raízes devem crescer no subsolo do coletivo e em seu cânone de valores culturais. Nesse processo de transplante, que significa o deslocamento da centração inconsciente nos instintos para a centração no ego, qualquer falha causa um sem-número de perturbações e adoecimentos mentais.

A progressão pelas fases arquetípicas, a orientação patriarcal da consciência, a formação do Superego como representante de valores coletivos no interior da personalidade e a existência de um cânone coletivo de valores, são, todas elas, condições necessárias do desenvolvimento ético normal. A inibição de qualquer um desses fatores causa perturbações do desenvolvimento. Um distúrbio dos dois primeiros fatores – de natureza interior, psíquica – leva à neurotização da personalidade, e uma perturbação dos outros dois, que são fatores culturais, se manifesta na forma de desajuste social, delinquência e criminalidade.

A criança normal não apenas passa bem por esse processo de desarraigamento, mas ainda recebe dele uma tensão interior intensificada. A relativa perda de unidade, a polarização em dois sistemas psíquicos, o isolamento do mundo interior e a formação das instâncias da personalidade criam conflitos produtivos, mas não de modo que constituam a base de um desenvolvimento neurótico da personalidade. São, pelo contrário, normativos, e é a sua ausência, ou melhor, incompletude, que leva ao adoecimento.

A orientação unilateral do desenvolvimento, ao favorecer a consciência, caracteriza, em um certo grau, a estrutura psíquica especificamente ocidental, o que inclui de antemão conflitos e sacrifícios. Entretanto, essa estrutura psíquica contém, ao mesmo tempo, a capacidade de dar um sentido ao sacrifício e tornar o conflito frutífero. A centroversão se manifesta, na psique, como tendência à totalidade que, à medida que a vida segue o seu curso, equilibra a unilateralidade da primeira metade da vida mediante um desenvolvimento compensatório na segunda. A tensão do conflito entre a consciência e o inconsciente, desde que as tendências naturais de compensação do inconsciente estejam atuando, leva ao crescimento contínuo da personalidade e, à medida que esta amadurece, a intensificação da relação da consciência com o inconsciente substitui o conflito original pela síntese crescente, enriquecedora e cada vez mais ampla.

No início, entretanto, a mesma diferenciação e divisão que reconhecemos como inevitáveis no desenvolvimento da humanidade são também necessárias ao indivíduo, que repete, no seu desenvolvimento, os velhos caminhos da humanidade. A tensão decorrente dessa polarização psíquica interior forma o potencial energético da personalidade e promove a sua relação com o mundo de duas formas.

O crescimento da consciência do ego leva a uma progressiva transferência da libido para o mundo, isto é, a um investimento libidinal cumulativo nos objetos externos. Essa transferência deriva de duas fontes: de um lado, da aplicação do interesse da consciência por meio do ego e, de outro, da projeção de conteúdos inconscientes. Sempre que a carga energética dos conteúdos inconscientes se torna excessiva, estes se desprendem do inconsciente e são projetados. Agora, eles se apresentam à consciência como imagens que animam o mundo exterior e o ego os experimenta como conteúdos desse mundo. Assim, a projeção leva a uma fixação mais forte no mundo e nos portadores dessa projeção.

Esse processo é particularmente perceptível na puberdade. A ativação do inconsciente, que, nesse período, ocorre como fenômeno paralelo à mudança psicofísica, se manifesta nos efeitos mais ativos do inconsciente coletivo, os arquétipos; estes se estendem para muito além da estimulação da esfera sexual, consistindo as suas manifestações não apenas no perigo da invasão, como o evidencia a frequência de psicoses nesse período, mas, de maneira mais particular, no surgimento de um novo e vivo interesse por tudo que é suprapessoal, em ideias e ideias de importância universal, algo que muitas pessoas só encontram nesse período de atividade intensificada do inconsciente coletivo. A puberdade também se caracteriza pela mudança do sentimento diante do mundo e da vida, sentimento que se assemelha mais ao sentimento de vida do homem primitivo conectado à unidade universal que à disposição do adulto moderno. A animação lírica do mundo e o aparecimento de motivos mitológicos, nos sonhos e poemas deste período, são sintomas típicos dessa estimulação da camada do inconsciente coletivo.

Como, porém, o trabalho compensatório da consciência também é intensificado na puberdade, a percepção direta do movimento no inconsciente ocorre apenas nas naturezas fortemente introvertidas ou criativas. Em geral, esse movimento ocorre por trás da divisória entre o ego e o inconsciente e apenas as suas irradiações alcançam a consciência. Além dessa irradiação do inconsciente sobre o interesse e o sentimento, a estimulação do inconsciente se manifesta também no aparecimento de projeções arrebatadoras, que iniciam e garantem a continuidade de um desenvolvimento normal.

As projeções mais importantes do período são as da *anima* ou do *animus*, as imagos contrassexuais adormecidas no inconsciente, que são então ativadas. Essas imagens, envoltas na luminosidade do inconsciente, são projetadas no mundo e nele procuradas, constelando, desse modo, o problema de um(a) parceiro(a), tema principal da primeira metade da vida.

Ativação do Inconsciente Coletivo e as Mudanças do Ego na Puberdade

A separação das imagos parentais das dos pais reais, que deve ser realizada na puberdade, tem como condição a ativação dos arquétipos dos pais transpessoais, dos pais primordiais, tal como o mostram os rituais de iniciação dos primitivos. Essa estimulação é explorada institucionalmente pelo coletivo para o coletivo, promovendo e exigindo a projeção dos arquétipos parentais[77] sobre conteúdos transpessoais, que passam a ser reconhecidos como realidades transpessoais. Agora, a relação com a figura do mestre, do professor, do líder, da personalidade-mana, como projeção do arquétipo do pai, tem a mesma importância que a projeção do arquétipo da mãe sobre a sua terra natal, a comunidade, a igreja ou movimento político. A partir de então, tendo saído do círculo familiar e entrado no coletivo, a vida do adolescente é cada vez mais conclamada e usada por esses conteúdos.

O critério determinante do ser "gente grande" é a condução do indivíduo para fora do círculo familiar e a sua introdução no mundo dos "grandes pais da vida". Por isso, a puberdade corresponde a uma época de renascimento e de um simbolismo que representa a autogeração do herói pela luta com o dragão. Todos os ritos característicos desse período têm o propósito de renovação da personalidade mediante uma jornada no mar da escuridão noturna, em que o princípio de espírito-consciência vence o dragão-mãe e o vínculo com a mãe e com a infância, assim como com o inconsciente, é cortado. A estabilização definitiva do ego, obtida estágio após estágio, corresponde ao despacho do dragão-mãe na puberdade. Assim como a separação da *anima* em relação à mãe ocorre neste ponto do desenvolvimento ontogenético, e a importância da mãe é eclipsada pela da parceira de alma, assim também, nessa mesma época, é normalmente concluída a luta com o dragão-mãe. Agora, o renascido o é pelo princípio paterno, identificando-se com ele na iniciação. Ele se torna filho do pai, sem mãe, e, ao tornar-se idêntico ao pai, torna-se também o pai de si mesmo.[*]

No desenvolvimento da infância até a puberdade, o ego foi gradualmente tomando uma posição central; agora, na puberdade, o ego se torna em definitivo o portador da individualidade. Está realizada a separação do inconsciente até o ponto em que é necessária para o estabelecimento da tensão entre os sistemas da consciência e do inconsciente. A iniciação da puberdade é a expressão de uma estimulação do inconsciente coletivo, que, no entanto, está agora relacionada com a comunidade, visto que, geralmente, nesses ritos, o cânone cultural arquetípico é transmitido pelos anciãos, representantes do Céu, como o mundo espiritual do coletivo. No entanto, mesmo que não receba uma revelação individual, como, por exemplo, na iniciação do "espírito guardião" entre os povos originários norte-americanos, o indivíduo é conduzido para a nova experiência da sua centralidade dentro do coletivo. Então, ser iniciado e ser adulto significa representar o coletivo de maneira responsável, pois daí em diante o significado suprapessoal do ego e do indivíduo é embutido na cultura do coletivo e no seu cânone.

A Centroversão na Realização do Self na Segunda Metade da Vida

A primeira condição desse desenvolvimento é concluir com sucesso a luta do herói, em que o vencedor se une às forças suprapessoais que se mostram a ele no mundo espiritual da iniciação. O iniciado se experimenta, na sucessão, como herdeiro desse mundo pelo qual aceita o esforço terreno. Se a sua separação do mundo do inconsciente se efetua por meio do reconhecimento do mundo da religião e da ética, ou pela aceitação de tabus e leis religiosas, é algo que tem importância secundária.

A vitória é a autogeração da masculinidade e, como vencedor do dragão, o vitorioso é recompensado com a princesa. Então, ao se tornar adulto e ao ter admitido o seu acesso à sexualidade, a amada ocupa para ele o lugar da mãe. O adulto precisa agora desempenhar o seu papel sexual e perseguir um objetivo tanto pessoal quanto coletivo.

A primeira parte da vida é largamente ocupada pela adaptação aos "poderes do mundo exterior" e às suas exigências suprapessoais.

O desenvolvimento de uma consciência orientada no sentido do mundo exterior só é possível pela projeção dos arquétipos dos pais

---

[*] A antecipação dessas iniciações para a primeira infância é um sinal típico das culturas patriarcais, de espírito acentuadamente masculino. Nelas, pela circuncisão e pelo batismo, a separação da mãe por meio do pai é proposta já no início da vida; desse modo, reduz consciente e decisivamente a esfera da mãe.

primordiais, da *anima* e do *animus*. A "queda" da psique pelo exterior, característica do desenvolvimento normal na primeira metade da vida, só é obtida por meio do fascínio pelas imagens arquetípicas que atuam "por trás" da realidade a ser conquistada.

Nesse período, o desenvolvimento é marcado pelo gradual desdobramento da consciência e da ampliação da relação com a realidade. Essa orientação é dada por natureza, correspondendo aos instintos e mecanismos psíquicos inatos da espécie humana, que promovem o desenvolvimento e a estabilização da consciência. Corresponde à mesma orientação o fato de que até o impulso para a ativação do inconsciente na puberdade é dado pelo processo natural de assimilação e projeção que leva ao voltar-se-para-fora.[*]

Após a puberdade, o adulto possui normalmente uma consciência do ego firme, porém elástica, dotada de uma quantidade relativamente grande de libido livre e protegida das influências do inconsciente, mas nem por isso encapsulada; essa consciência, de acordo com a sua amplitude e carga de libido, se orienta, de maneira positiva, para uma parte maior ou menor do mundo dos objetos. Pela progressiva conquista do mundo dos objetos e pela adaptação a ele, formam-se agora, tanto no extrovertido como no introvertido, a consciência e a personalidade. Constituem exceção os indivíduos criativos, dotados de um excesso de atividade do inconsciente, nos quais, no entanto, a capacidade da consciência está à altura do excesso; outra exceção são os neuróticos, nos quais – não importam as causas – o desenvolvimento da consciência foi perturbado.

Na nossa cultura, a ausência de ritos e instituições destinados, tal como os ritos da puberdade, a facilitar a passagem do adolescente para o mundo é um dos motivos da incidência de neuroses da juventude, sendo comum a todas elas a dificuldade de encontrar o acesso ao mundo pela adaptação ao coletivo e ao parceiro. A falta de ritos correspondentes ao climatério tem efeito semelhante. As neuroses climatéricas da segunda metade da vida têm em comum a dificuldade de se encontrar o distanciamento do apego ao mundo, tão necessário ao envelhecimento e às suas tarefas. As causas dessas neuroses são, portanto, muito diferentes das que ocorrem na primeira metade da vida; são, na verdade, opostas.

Enquanto na primeira metade da vida a posição central do ego não permite que o efeito da centroversão chegue à consciência, o período da segunda metade se caracteriza por uma marcada mudança de personalidade. A centroversão se torna consciente; o ego é exposto a um processo um tanto doloroso que, começando no inconsciente, permeia toda a personalidade.

---

[*] A análise das dificuldades de desenvolvimento e dos distúrbios neuróticos na vida adulta prova também o caráter natural desse desenvolvimento.

Essa transformação psicológica, com a sua sintomatologia e o seu simbolismo, foi apresentada por Jung como processo de individuação e, nos seus trabalhos, como, por exemplo, sobre a alquimia, foi enriquecida por um extraordinário material.

No contexto das nossas exposições, poderíamos dizer que, no fenômeno da segunda metade da vida, se chegaria a uma segunda fase do desenvolvimento pessoal da centroversão. Enquanto a sua fase inicial levou ao desenvolvimento do ego e à diferenciação do sistema psíquico, a segunda leva ao desenvolvimento do *self* e à integração do sistema psíquico. No processo de transformação, que segue o sentido oposto ao do desenvolvimento da primeira metade da vida, não ocorre, contudo, uma desintegração do ego e da consciência, mas, pelo contrário, uma ampliação por meio da ação autorreflexiva do ego. Nesse desenvolvimento, a posição original do ego é restabelecida; ele emerge da sua obsessão monomaníaca e volta a ser o veículo para a função integradora.

A atividade inconsciente do *self* domina toda a vida, mas somente na segunda metade vem a ser consciente. Durante a formação do ego na primeira infância ocorre pela primeira vez uma centração na consciência, tornando-se o ego o órgão representativo da totalidade. Na puberdade, o indivíduo, como um ego, sente-se a si mesmo como o representante da totalidade coletiva. Torna-se um membro responsável da comunidade e se relaciona com ela da mesma maneira criativa com que o ego se relaciona com o inconsciente. Entre a puberdade e a época do climatério, um período de expansão ativa, que se reverte no início da segunda metade da vida, é resolvida a dialética exterior entre o indivíduo e a coletividade. A segunda metade da vida leva depois, pela individuação, à resolução da dialética interior, isto é, entre o ego e o inconsciente coletivo.

No processo de integração, a personalidade percorre de volta o caminho tomado na fase de diferenciação. Então a questão é alcançar uma síntese entre a mente consciente e a psique como um todo, ou entre ego e *self*, para que uma nova inteireza possa ser constelada entre os sistemas da consciência e do inconsciente, diametralmente opostos. As diferenciações e instâncias da personalidade formadas pelo desenvolvimento da consciência na primeira metade da vida agora estão sendo desmontadas. Isso, no entanto, não ocorre no sentido de uma regressão, como na recoletivização de massas,[*] mas no de uma integração, na qual a ampliação e o desenvolvimento da consciência continuam, mas numa nova direção.

Nesse processo de transformação da segunda metade da vida, que não aparece apenas na sua forma consciente como processo de individuação, mas determina, pela autorregulação da psique, a maturação de cada personalidade,

---

[*] Cf. Apêndice I.

o ego chega a alcançar a consciência do *self*. A partir da sua atuação inconsciente, o *self* se desenvolve, por meio da autoconscientização do ego, até alcançar o estágio da sua atuação consciente. O caminho de transformação pela individuação é o processo alquímico-hermético, uma nova forma de luta com o dragão, que culmina também na mudança qualitativa da consciência. Aquilo que chamamos "Osíris ou a transformação" torna-se então uma realidade psicológica para a consciência, como "experiência da unidade da psique".

A deflação do inconsciente, a diferenciação e a formação de um gradiente externo para o coletivo, são substituídas agora pela deflação do mundo, pela integração e pela formação de um gradiente ao interior, cujo foco é o *self*. Na primeira metade da vida, a existência impessoal e inconsciente da criança tinha de evoluir até a vida pessoal do adulto, que, comprovado pelo coletivo e no coletivo, é forçado a colocar a esfera do seu ego no ponto central, quer essa esfera seja a de uma capacidade, de um relacionamento, de uma influência ou de uma operatividade. A essa fase de desenvolvimento da personalidade sob o domínio do ego sucede agora outro estágio; nele, a assimilação de conteúdos externos suprapessoais leva ao deslocamento do centro, isto é, do ego pessoal, centro da consciência, para o *self*, centro da psique total.

A integração das instâncias da personalidade na unidade psíquica em vias de se totalizar une as partes que foram separadas daconsciência, ou que jamais foram agregadas a ela e, esse processo, ativa tanto componentes emocionais como encerra a personalização secundária. Embora esse desenvolvimento normalmente se realize sem afetar a integridade da consciência, as crises e perigos envolvidos são semelhantes aos que ameaçam o ego primitivo e até podem, em casos infelizes, destruir a personalidade. Também aqui inundações emocionais e arquetípicas ameaçam o ego, no momento em que este, na sua jornada heroica para o mundo inferior, abandona voluntariamente as limitações e defesas do desenvolvimento da consciência. Assim, por exemplo, surgem por trás das imagos parentais arquétipos primários e, à medida que o processo progride, as figuras encontradas se tornam mais numerosas, contraditórias e complexas. Da mesma maneira que a personalidade renuncia à primazia da sua sexualidade específica e, pela assimilação da figura oposta do *animus* ou da *anima*, recupera o seu hermafroditismo, assim também os arquétipos deixam o seu caráter inequívoco e recuam para a multiplicidade de significações contraditórias. Ao contrário, porém, da situação do primitivo, agora há uma consciência capaz de experimentar toda a polivalência e paradoxalidade dos arquétipos, que outrora teria levado à extinção da consciência. Enquanto, no desenvolvimento da humanidade, a manifestação espontânea do inconsciente ocorria por meio do símbolo natural, agora encontramos, ao lado disso, o fenômeno que Jung chamava "símbolo unificador" e "função transcendente".[78]

O símbolo unificador é o produto de uma situação especial em que, em vez do predomínio da criatividade do inconsciente, como ocorre ao aparecer um símbolo natural, o elemento decisivo é a atitude do ego consciente em relação ao inconsciente, isto é, a estabilidade do ego. Como produto da função transcendente, o símbolo unificador resolve a tensão energética e material existente entre a estabilidade egoica da consciência e a tendência oposta do inconsciente de subjugar a consciência.

O símbolo unificador é, portanto, uma manifestação direta da centroversão, da totalidade do indivíduo. Com a inclusão criativa de elementos novos, até então ainda não operantes, as posições da consciência e do inconsciente são superadas, isto é, "transcendidas". O símbolo unificador é a mais elevada forma de síntese, o mais perfeito produto da tendência da psique no sentido da integralidade e da autocura, que não somente integra todos os conflitos – desde que levados a sério e sofridos até o seu esgotamento ao transformá-los em processos criativos – como também os torna ponto de partida para novas expansões da personalidade total.

Jung diz: "a estabilidade e determinação da individualidade, de um lado, e a energia superior da expressão inconsciente, de outro, não passam de sinais de um mesmo fato".[79] Estabilidade e determinação da individualidade: isso significa a força e a integridade, inclusive integridade moral, da consciência, que não se deixa derrubar pelas exigências do inconsciente e do mundo. Mas a "energia superior da expressão inconsciente" é a função transcendente, que corresponde ao componente criador da psique, capaz de superar uma situação de conflito, não solucionável pela consciência, pela descoberta de um caminho, de um valor ou de uma imagem novos. Juntos, os dois fatores, exprimem a realização de uma constelação eficiente da totalidade da personalidade, na qual o aspecto criador da psique e a determinação da consciência já não funcionam como oposição entre dois sistemas separados, mas chegaram à síntese.

Essa síntese da psique surge com frequência sob símbolos que representam uma nova unidade do princípio dos opostos, como, por exemplo, o símbolo do hermafrodita. Aqui, a natureza hermafrodita da ouroboros surge em um novo nível.

Assim como, na alquimia, o estado hermafrodita inicial da *prima materia* é sublimado mediante sucessivas transformações até alcançar o estado final, novamente hermafrodita, da pedra filosofal, o *rebis*, assim também o caminho da individuação leva, através de sucessivas transformações, a uma síntese superior entre ego, consciência e inconsciente. Enquanto, no princípio, a semente do ego jazia presa ao abraço da ouroboros hermafrodita, no final o *self* se torna o núcleo de ouro da ouroboros sublimada, uma união de elementos masculinos e femininos, conscientes e inconscientes, em meio aos quais o ego não sucumbe, mas, como *self*, experimenta a si mesmo como símbolo unificador.

Nesse processo, há uma "sublimação" do ego à medida que realiza a sua conexão com o *self*, o que aparece, mais que frequentemente, na identidade paradoxal dos mitos de Osíris e de Hórus. Na sua autoexperiência, o ego se sente divino no *self* e mortal em si próprio; a correlação do símbolo aparece na frase hassídica: "O homem e Deus são gêmeos"; o mesmo acontece no simbolismo da identidade pai-filho ou mãe-filha. Ao ceder o seu título de unicidade e a sua posição central ao *self*, o ego, como representante indireto dele, se torna "rei do mundo", do mesmo modo como o *self* é o "rei do mundo espiritual".

Uma das fases desse processo de "osirificação" e de transformação, que equivale ao processo de individuação, ainda se encontra no âmbito do arquétipo do herói, isto é, na fase da luta com o dragão e do *hieros gamos* com a *anima*. Ambos perfazem um estágio preliminar da transformação que se conclui na realização do *self*, da unidade, como autogeração e glorificação interior. A introjeção do arquétipo do herói, a união com a alma, a fundação do reino que "não é deste mundo" e o nascimento do rei são tanto mistérios da alquimia como do processo de individuação.[80]

O ato de autogeração, que ocorre bem no início da vida, quando a consciência do ego se liberta do abraço devorador do dragão do inconsciente, tem a sua contraparte nesse renascimento do ego como *self*, quando este, na segunda metade da vida, se liberta do poder esmagador do dragão do mundo. A luta com o dragão da primeira metade da vida começa no encontro com o inconsciente e termina com o nascimento heroico do ego. A jornada pelo mar da escuridão noturna da segunda metade da vida começa no encontro com o mundo e se encerra com o nascimento heroico do *self*.

Essa última fase do desenvolvimento da consciência já não é arquetípica, ou seja, coletivamente condicionada, mas individual. Nela, na verdade, também há matérias arquetípicas a serem assimiladas, mas isso é feito conscientemente e por um indivíduo que se experimenta a si mesmo na sua união única e singular com os mundos transpessoais interno e externo. Não é mais o mundo inconsciente e puramente coletivo da ouroboros que ora domina o ego, nem o mundo consciente e puramente coletivo da comunidade, mas ambos são combinados e assimilados de maneira única. Enquanto o ego fragmentário se reconhece como um átomo no meio dos mundos coletivos originais da *psyche* objetiva e da *physis* objetiva, o ego unido ao *self* se experimenta, no sentido antropomórfico, como o centro do universo.

342

Tendo passado por todas as fases da experiência do mundo e de si mesmo, o indivíduo alcança a consciência do seu verdadeiro significado. Reconhece-se como princípio, meio e fim no autodesenvolvimento da psique, que se revela primeiro como ego para ser experimentado posteriormente como *self* por esse mesmo ego.

No entanto, essa experiência de *self* do ego está relacionada com o vir a ser perene, com o vir a ser imortal, tal como na osirificação. Essa inteireza em estado de vir a ser como resultado do processo de individuação corresponde a uma profunda mudança estrutural, uma nova configuração da personalidade. Enquanto, na primeira metade da vida, havia uma tendência à diferenciação e à tensão sempre crescentes à custa da inteireza, o processo de integração é orientado para o fortalecimento da estabilidade e à redução da tensão. Essa tendência de desenvolvimento está de acordo com a maturação natural de todas as estruturas vivas. Ela tem os seus equivalentes biológicos e físico-materiais. De acordo com isso, a gênese, a estabilização, a estruturação e a consolidação da personalidade também estão relacionadas com um simbolismo que contém a forma perfeita, o equilíbrio, a harmonia e a firmeza. A mandala, quer apareça como círculo, como esfera, como pérola ou como flor simétrica, contém todos esses elementos, enquanto o diamante e a pedra ou a rocha, como símbolos do *self*, representam a indestrutibilidade daquilo que já não pode ser separado pelas oposições.

Mas quando a ênfase não recai na indestrutibilidade, na eternidade e na imortalidade, a estabilidade da psique mostra ser a de um organismo vivo que cresce, se desenvolve e se renova a si mesmo. Aqui, a diminuição da tensão existente entre os opostos significa, portanto, principalmente um relacionamento e boa formação das forças atuantes, isto é, uma transformação qualitativa, e não apenas a sua diminuição quantitativa. A maturação corresponde aqui à transformação de tensões potenciais quantitativamente maiores em estruturas qualitativamente mais elevadas e estáveis.

A inteireza estruturada, tendo o centro do *self* como centro da psique, é simbolizada como mandala, como círculo centrado, como a ouroboros hermafrodita. Esse círculo urobórico tem agora por centro, no entanto, o núcleo luminoso do *self*. Enquanto, no começo, a ouroboros estava no seu nível animal, em que o germe do ego nela contido como centro estava quase oculto, no desabrochar da flor-mandala a tensão animal dos opostos é superada e transcendida por um *self* que se abre como uma coroa de pétalas de opostos. No início do desenvolvimento, a consciência é quase extinta pela supremacia do inconsciente; no fim, é ampliada e fortalecida pela sua união com o *self*. Essa combinação do *self* com a estabilidade do ego serve para dominar e vincular os conteúdos do mundo e do inconsciente, do exterior e do interior.

A estrutura autodiferenciadora da psique é refletida no mundo que, diferenciado pelo princípio dos opostos, se dividiu em interior e exterior, consciência e inconsciente, espírito e vida, masculino e feminino, indivíduo e coletivo. Mas para a psique em maturação, que se integra paulatinamente sob o signo do hermafrodita, o mundo também assume a aparência do círculo hermafrodita da existência, no interior do qual um centro humano toma forma, seja ele o indivíduo que se realiza entre os mundos interior e exterior, ou a própria humanidade. Porque a humanidade como um todo e o indivíduo isolado têm a mesma tarefa, ou seja, realizarem-se a si mesmos como uma unidade. O indivíduo e a humanidade são postos em uma realidade na qual uma metade os confronta como natureza e mundo exterior, mas a outra se aproxima deles como alma e inconsciente, espírito e poderes invisíveis. Ambos precisam experimentar-se a si mesmos como centro dessa realidade.

No início, o ego estava oculto e jazia como embrião no ventre do dragão urobórico, os pais primordiais, na indistinção entre interior e exterior ou mundo e inconsciente. No fim, tal como nas ilustrações da alquimia, o hermafrodita está em pé sobre esse dragão, tendo superado a situação original pela sua capacidade de síntese; por cima dele paira a coroa do *self* e, em seu coração, resplandece o diamante.

Mas somente quando o desenvolvimento da consciência da humanidade como um todo, e não apenas o de indivíduos isolados, alcançar esse estágio de síntese, a situação urobórica supraindividual será superada de fato e, com ela, o perigo coletivo do dragão. A consciência da humanidade deve experimentar o inconsciente coletivo da humanidade como solo primordial, comum a todos, e torná-lo consciente. Só quando a diferenciação da humanidade em raças, povos, tribos e grupos for transcendida em uma síntese por meio de um processo de integração, será superado também o perigo do dragão primordial ou a ameaça de inundação pelo inconsciente. Uma futura humanidade então compreenderá que o centro, que a personalidade individual hoje experiencia como seu próprio *self*, se tornará um com a própria humanidade, cujo nascimento finalmente vencerá e expulsará a velha serpente, o dragão urobórico primordial.

Apêndice I

O Grupo, o Grande Indivíduo
e o Desenvolvimento do Indivíduo

Fizemos uma tentativa de esclarecer a significação psicológica da situação uróbórica e de representá-la como a situação original do ego. A nossa tarefa agora consiste em mostrar como o ego e o indivíduo se desenvolvem a partir do grupo. Devemos demonstrar, em primeiro lugar, o significado positivo do grupo para o indivíduo e distinguir entre o grupo e a massa. O grupo é uma unidade viva, onde todos os membros se acham vinculados uns aos outros, seja essa conexão de ordem biológica natural, como ocorre no grupo tribal, na família, no clã e nas associações primitivas, ou institucional, caso do totem, da seita e do grupo religioso. No entanto, mesmo no grupo institucional, os membros estão emocionalmente ligados uns aos outros por meio de experiências coletivas, iniciações etc. A formação de um grupo depende, portanto, da existência de *participation mystique* entre os seus membros, de processos inconscientes de projeção, cuja significação emocional já discutimos. Sintomático dessa situação é, por exemplo, o fato de que os membros do grupo se tratam por irmãos e irmãs, reproduzindo assim, por analogia, o grupo familiar original, nos quais se têm por certos esses laços.

Ademais, é da natureza do grupo ter caráter permanente, garantido pelos laços inconscientes entre os membros. Todo grupo genuíno é permanente e, por meio dessa permanência, adquire também caráter histórico. Mesmo grupos temporários, tais como classes escolares, regimentos etc., revelam uma tendência a construir uma história para si próprios, a fim de se tornarem um grupo genuíno. Tentam fazer a experiência original, que serviu de fundamento ao grupo – as experiências da juventude ou da guerra –, assumir cunho histórico, assim como demonstrar a sua permanência por meio de convenções, reuniões, registros, atas etc.

As associações de massa, por outro lado, não passam de associações nominais a que não podemos atribuir caráter nem nome de grupo. Nelas, a questão sempre se concentra naquilo que a teoria da Gestalt denomina partes aditivas, isto é, uma agregação de indivíduos que não estão vinculados emocionalmente e entre os quais não ocorre nenhum processo inconsciente de projeção. O uso comum de um trem ou teatro e a união em sindicatos, sociedades, corporações, associações, partidos etc. não constituem uma comunidade grupal. Por certo é possível que associações de massa desse tipo venham a ser secundariamente transformadas em grupo, de modo que haja uma semelhança parcial com genuínos fenômenos de grupo. Mas nesse caso a natureza parcial do agrupamento fica evidente. Em uma emergência, verifica-se que o impulso do grupo primário, por exemplo, a nação, é mais forte do que a condição de membro de um partido. O destino da socialdemocracia, por exemplo, demonstrou repetidas vezes que o partido político é uma associação de massa, que entra em colapso tão logo se ativa o grupo primário e a lealdade grupal à nação se reafirma em uma crise emocional, como ocorre na eclosão de uma guerra.

Do mesmo modo, as associações resultantes do fenômeno da recoletivização, a ser discutido adiante, são associações de massa. A comoção do indivíduo atomizado em um movimento de massa é um processo psicológico que jamais pode formar um grupo e não tem caráter permanente. Como veremos, faltam à massa todas as marcas positivas do grupo, muito embora o indivíduo que se encontra em uma massa possa confundi-la com um grupo e pensar que experimenta uma unidade, cujo caráter ilusório, todavia, se manifesta na sua própria transitoriedade.

Por isso, o grupo, no sentido que damos à palavra, é uma unidade psicológica de caráter permanente, seja natural ou institucional, que contrasta com as associações de massas. O grupo em que o indivíduo está contido representa um todo natural, cujas partes estão integradas, como podemos ver com mais clareza na situação urobórica original. A superioridade dessa totalidade grupal com relação à parte individual investe a primeira de todas as marcas de um arquétipo. Ela possui um poder superior, tem natureza espiritual e exibe as qualidades de liderança; é numinosa e sempre é o "outro sagrado", como se torna evidente em todos os grupos institucionais, nos quais o fundador do grupo tem um papel. O mais claro exemplo desse fenômeno – a projeção da totalidade do grupo – é o totemismo.

O totem é uma grandeza inconcebível, relacionando-se com ele as partes do grupo por *participation mystique*. Essas partes são idênticas a ele, mas, entre eles há também uma relação genealógica, sendo o totem o ancestral e possuindo qualidade geradora; porém, antes de tudo ele é algo numinoso, um ente espiritual transpessoal. O totem é transpessoal, seja ele animal, planta ou

346

objeto, mas não o é como ente separado, como pessoa, por ser uma ideia ou uma "espécie". É um ente espiritual, possui mana, está sob tabu, é dotado de operatividade mágica e é preciso haver-se com ele de modo ritual.

Essa entidade totêmica é base de um todo, a sociedade totêmica, uma formação espiritual-psíquica não idêntica a nenhuma unidade biológica natural. Desse modo, já é uma liga ou uma irmandade no sentido em que atualmente entendemos um coletivo de natureza espiritual. Ao contrário do grupo natural, que constitui uma unidade biológica, o totem e a ordem social dependente dele são "fundados", ou seja, nascem por um ato espiritual. Esse fenômeno é significativo em vários sentidos. É característico do papel que o espírito desempenha na situação original do grupo, assim como do papel do indivíduo que se destaca, o "Grande Indivíduo".

Sabemos[81] que, entre os povos originários norte-americanos – e não só entre eles –, a aquisição de um espírito guardião individual é o conteúdo essencial da iniciação. Este espírito, cuja "sede" pode ser um animal etc., ao ser revelado a um indivíduo, que, desse modo, passa a ser "consagrado", implica, na vida deste, uma série de compromissos rituais e cúlticos, que desempenham importantíssimo papel na vida de todos os xamãs, sacerdotes e profetas, não apenas dos primitivos, mas também dos da era clássica. O surgimento do totemismo deve ser entendido como a fundação de uma religião em nível primitivo; ele admite que um indivíduo dotado com a visão de um espírito forme, em um ritual iniciático, um grupo, que ele inclui no seu relacionamento com o espírito. Encontramos até hoje essa maneira de formar um grupo na fundação de seitas, tendo os mistérios antigos e as grandes religiões surgido do mesmo modo. Na religião primitiva, o totemismo, o fundador é o sacerdote-profeta, que tem trato particular com o seu espírito individual e transmite aos outros o seu culto. Ele é, como se vê repetidamente nos mitos, o herói da história do totem e o ancestral espiritual.

Ele e o totem são um, sobretudo para a comunidade agregada posteriormente. O herói e fundador, como ego pessoal, e o totem por ele experimentado como entidade espiritual, são, do ponto de vista psicológico, grandezas inseparáveis, por ser o *self* que, como entidade espiritual, "aparece", sob alguma forma, ao ego. Também para a comunidade posterior essas duas figuras são sempre idênticas. Dessa maneira, mesmo nas religiões bem posteriores, Moisés, por exemplo, recebe as características de YHWH ou o Deus do amor é venerado na figura do Cristo. A fórmula sagrada "eu e o Pai somos um" sempre existe, do ponto de vista psicológico, entre o ego e o fator transpessoal que se apresenta a ele, quer na forma de animal, espírito, pai, mãe ou qualquer outra.

Assim, o totem, como espírito, e o ancestral ao qual apareceu primeiro, se unem na figura do pai espiritual fundador. Aqui a palavra "fundador" deve ser entendida como "gerador espiritual". O fato de essa "fundação" ser inspirada é visto claramente na descrição e na análise de qualquer ritual iniciático ou culto totêmico.

A natureza espiritual do totem tem significação religiosa e, em um grau ainda maior, social e ética. É o princípio formativo de toda a vida primitiva, uma vez que as condutas, ritos e festivais, assim como a hierarquia social estabelecida pelo totem, são por ele determinados.

A aquisição de um totem individual, como ocorre na América do Norte, não é, de modo algum, a regra; pelo contrário, temos aí a exigência coletiva de que o indivíduo se individualize por meio da experiência da "voz", da revelação interior direta, que difere sobremaneira da vida comum dos primitivos, na qual o totem é herdado. Mas mesmo assim o totem costuma ser transmitido por meio dos ritos de iniciação, ou seja, é transformado na herança espiritual do indivíduo. O fenômeno do espírito guardião tem particular importância, porque, nele, podemos observar, em forma coletiva, o ato que normalmente foi a experiência exclusiva de Grandes Indivíduos e que levou, em toda parte, à formação do totemismo. Não apenas o espírito vivo e ativo está na psique grupal, isto é, no inconsciente do grupo, como também esses fenômenos espirituais do inconsciente coletivo se manifestam em revelações percebidas por indivíduos com dons especiais, que, justamente porque se tornam portadores revelatórios do transpessoal, provam ser Grandes Indivíduos.

O inconsciente coletivo do grupo se manifesta pela comoção do indivíduo, tomando-o, cuja função é, como órgão do grupo, transmitir-lhe os conteúdos do inconsciente, cujas manifestações são condicionadas pela situação do grupo e a maneira pela qual o inconsciente coletivo é constelado.

Por conseguinte, temos toda uma hierarquia de fenômenos que revelam as camadas mais profundas da psique, assim como uma hierarquia correlata de portadores da revelação que aparecem como Grandes Indivíduos. De modo geral, duas coisas distinguem os portadores da revelação uns dos outros: a primeira é o grau de participação da consciência nos fenômenos de revelação; a segunda, o alcance dos conteúdos emergentes.

O lugar mais baixo da hierarquia é ocupado pelo Grande Indivíduo que é apenas um portador passivo de projeções, isto é, aquele cuja consciência e personalidade não têm nenhuma forma de relação com aquilo que é projetado sobre si. Um exemplo disso é a frequente instituição de um portador de símbolo como vítima de sacrifício, tendo de representar uma divindade a ser sacrificada. Esta pode ser escolhida em função da sua beleza, como no caso das deusas da fertilidade ou por ter algum sinal simbólico – e, para nós, de fato acidental – no seu corpo, podendo, por exemplo, ser albina ou possuir estigmas especiais, como as marcas das bruxas da Idade Média. É frequente que os portadores do símbolo sejam puramente institucionais, situação verificada no sacrifício de prisioneiros de guerra no México Antigo. Essa forma, que não revela nenhuma relação direta entre a personalidade e os conteúdos projetados sobre ela, tem como fundamento instituições religiosas dotadas de um séquito de sacerdotes, profetas, feiticeiros etc., que determinam a vítima por meio da divinação etc. e que são, portanto, os verdadeiros fatores operantes. Mas mesmo nesse caso atua o fenômeno da projeção de um conteúdo inconsciente do grupo sobre um indivíduo, que, desse modo, passa a ser um Grande Indivíduo, o que se constata em uma série de medidas que revelam ser ele um ente "distinto", ao qual não se aplicam os tabus.

Em um nível bem diferente está o indivíduo cuja personalidade é tomada diretamente pelo conteúdo inconsciente – espírito, demônio, Deus –, mesmo quando a sua consciência não participa da sua assimilação e interpretação. Essa hipnose passiva por parte do inconsciente é um fenômeno muito comum, que é bem conhecido como xamanismo, podendo ser observado nos estados de possessão de praticamente todos os curandeiros, profetas etc. A essa categoria pertence ainda o doente mental, no qual o transpessoal, o inconsciente coletivo ou o mundo dos espíritos se manifestam sem a participação da consciência e do ego. Como sabemos, entre povos primitivos em que não há personagens "psicopáticas" correspondentemente dotadas, esse estado pode ser induzido de modo artificial, levando-se à loucura um membro da tribo e, assim, tornando-o curandeiro. Dessa maneira, ele passa a ser o porta-voz do transpessoal e transmite ao grupo os conteúdos de que este necessita, os quais foram ativados no inconsciente coletivo.

Esse estágio é dotado de muitas formas e variantes, uma vez que a possessão passiva por um conteúdo do inconsciente coletivo pode levar à identificação com esse conteúdo, isto é, à inflação, mas, de igual modo, a uma "vida simbólica", na qual o conteúdo é "representado" na realidade, fato que ainda encontramos entre os profetas judeus e, naturalmente, em toda espécie de "imitação" da vida de uma figura divina.

Também o líder temporário de um grupo, que não tem com ele uma relação de líder permanente, mas apenas realizou alguma coisa notável, em uma situação peculiar, sendo, portanto, um Grande Indivíduo somente por algum tempo,[*] é um exemplo típico dessa vinculação entre a possessão inconsciente e a importância da personalidade para o grupo.

---

[*] Como é natural, isso não se aplica aos "especialistas", tais como os profissionais que travam guerras, organizam uma expedição de pesca etc.

A figura mediúnica do *Führer*, o hipnotista hipnotizado, também se enquadra ainda na categoria inferior dos curandeiros, para a qual a possessão do Grande Indivíduo é o "caminho" para o coletivo apossar-se de si mesmo, isto é, a sua significação como personalidade individual é sufocada pela função de porta-voz do inconsciente, fator que ele compartilha com o homem enlouquecido.

Chegamos agora a um critério importante. Muitos homens genuinamente "grandes" se distinguem desses estágios inferiores pelo fato de que a sua consciência participa ativamente do processo e adota uma atitude responsável com relação a ele. O que caracteriza o hipnotista hipnotizado pelo inconsciente é a banalidade de sua mente, a ausência de problemas na sua consciência. Porque, no caso em que a invasão do conteúdo inunda por completo a consciência, esta é incapaz de ter uma posição própria diante desses conteúdos do inconsciente, mas é arrastada, preenchida e possuída por ele até o ponto de se identificar com ele.

O Grande Indivíduo, por outro lado, aquele que é, na realidade, um homem importante, no sentido de uma grande personalidade, caracteriza-se pelo fato de ser apanhado pelo conteúdo inconsciente ao mesmo tempo que a sua consciência apanha ativamente esse conteúdo. Pouco importa se a sua assimilação do conteúdo assume a forma de criação, interpretação ou ação, porque a todas essas atividades é comum a participação responsável do ego no diálogo com o conteúdo invasor, isto é, não só em relação à sua participação, mas também na habilidade de tomar uma posição.

Somente então o Grande Indivíduo se torna um ser humano criativo. A ação já não cabe exclusivamente ao conteúdo invasor, mas também à centroversão, que opera por meio da consciência do ego; em outras palavras, há agora uma reação integradora criativa, na qual é preservada a qualidade especificamente humana da formação de ego e na elaboração pela consciência.

Essa categoria de Grandes Indivíduos serve de modelo para o desenvolvimento da humanidade em geral. O destino individual do herói – e o Grande Indivíduo criativo é, na realidade, um herói – é, na verdade, uma exceção, mas é também o padrão de um processo que, mais tarde, afeta todos os indivíduos em graus variáveis.

O ego comum, o indivíduo comum, permanece dentro do seu grupo, embora seja compelido, no decorrer do desenvolvimento, a abandonar a segurança original do inconsciente, a desenvolver um sistema de ego e consciência e a tomar a si todas as complicações e sofrimentos que tal desenvolvimento envolve. Em lugar da segurança primária no inconsciente, ele ganha agora a segurança secundária no seu grupo. Torna-se parte do grupo, e encaixar-se no grupo, adaptar-se a ele e deixar-se ser formado pelas tendências do coletivo constitui, para o homem comum, o seu desenvolvimento essencial, no qual passa, no mínimo, a metade da sua vida.

O papel desempenhado pelo coletivo na cultura do indivíduo é decisivo. A sociedade, com os seus postulados inconscientes, estabelece uma autoridade, uma tradição espiritual, que, patente ou velada, forma a base da educação. O indivíduo é moldado pelo coletivo por meio do seu *ethos*, seus costumes, suas leis, sua moralidade, seu ritual e sua religião, suas instituições e seus empreendimentos coletivos. Quando se considera a inclusão original do indivíduo no coletivo, compreende-se por que todas as orientações coletivas são tão comprometedoras e aceitas sem questionamento.

Além dessa tendência do coletivo no sentido de formar membros, educando o ego e a consciência segundo a norma cultural do grupo cujos portadores são os homens idosos, há outro desenvolvimento em direção ao "Grande Indivíduo".

Para o membro do grupo, o Grande Indivíduo é primariamente um portador de projeções. A totalidade psíquica inconsciente do coletivo é experimentada, de maneira arquetípica, na pessoa do Grande Indivíduo, que é, ao mesmo tempo, o *self* grupal e o *self* inconsciente de cada membro do grupo. Aquilo que está presente em toda parte do grupo como inteireza criativa inconsciente da psique, isto é, como *self*, torna-se visível no Grande Indivíduo ou, em um nível superior, é atualizado na sua vida. As partes coletivas ainda são infantilmente dependentes, sem a centração própria do ego, sem responsabilidade ou vontade própria, que pudessem destacá-los, como indivíduos, do coletivo; assim, o "Grande Indivíduo" é considerado a força diretiva, o próprio centro da vida, recebendo honras institucionais como tal.

Por isso, a sua redução à figura do pai pessoal ou a sua derivação dessa figura são absolutamente inadmissíveis. Descobrimos que, assim como, na história primitiva do homem, o Grande Indivíduo se torna portador de imagens arquetípicas, como, por exemplo, o *self*, a figura-mana, o herói e o arquétipo do pai, da mesma maneira, no curso do desenvolvimento ontogenético, a figura que representa a autoridade – na nossa civilização, o pai – se torna com frequência o portador dessas projeções. No entanto, de modo algum o arquétipo do pai é o único a ser projetado sobre ele: com frequência é bem outra imagem, por exemplo, a do mágico, a do velho sábio, a do herói ou, ao contrário, a do demônio, a da morte e assim por diante.

O Grande Indivíduo que se destaca do anonimato do coletivo primordial é, no plano celestial, a figura do deus, ao passo que, no plano terreno, é o curandeiro, o chefe e o rei-deus. Os desenvolvimentos sociológicos e religiosos encontram-se aqui em união bem estreita, correspondendo a mudanças psíquicas; e a diferenciação por meio da qual o ego se separa do inconsciente indiferenciado se manifesta tanto em mudanças sociológicas como, no terreno religioso, na diferenciação teológica da visão do mundo.

Em termos históricos, o Grande Indivíduo é mais compreensível para nós, quando no papel de rei-deus ou rei. O mais antigo pictograma cuneiforme para "rei" significa "grande homem", forma que o representa também na arte do Antigo Oriente. O "Grande Rei" ou a "Grande Casa", o *Faraó*, é a encarnação e o representante do povo. Se o hieróglifo para rei do Baixo Egito é a abelha, e a mesma imagem ocorre igualmente na esfera cultural do Eufrates, isso apenas nos diz a mesma coisa. A "grande" abelha que governa a colmeia, e que hoje chamamos abelha-rainha, era considerada na Antiguidade a abelha-rei. No Egito, no entanto, a designação do rei como "Primeiro Homem" ou "Grande Homem" já é um desenvolvimento posterior, precedido pela fase da sua identidade com deus, em cuja majestade ele era para o povo, também ritualmente, tão distante quanto um deus. Referindo-se a esse estágio, os Textos das Pirâmides dizem que o rei já existia antes da criação do mundo,[82] ideologia que ressurge, mais tarde, relacionada com o Messias.*

Mostramos como, no processo de autodeificação, o rei egípcio se torna o detentor humano de uma alma imortal. Ele é o único homem que, ao ser transformado ritualmente num deus em vida, unifica todas as partes da alma, tornando-se o "ser perfeito",[83] ou seja, o primeiro e, no seu tempo, o único homem feito à imagem de Deus, conceito que, no judaísmo e, em uma forma um tanto modificada, no cristianismo, viria a ser um fator básico da vida psíquica do homem.

A história do Egito nos permite acompanhar, de maneira ímpar, o modo como o ego se desenvolve a partir da sua identidade coletiva original e como o Grande Indivíduo, na condição de portador da projeção do *self* coletivo, exemplifica a formação do ego nos indivíduos, estimulando-a e promovendo-a. Enquanto, inicialmente, em uma coletividade de seres humanos ainda não individualizados, o rei-deus representa a figura arquetípica da totalidade do grupo, essa figura evolui aos poucos para uma função mediadora, que transmite progressivamente o seu mana aos membros do coletivo e, assim, se desintegra, é "desmembrada". O mesmo processo de incorporação e assimilação do maior, que acontecia originalmente entre o rei e Deus, é reencenado agora entre o indivíduo e o rei, que é "comido".

---

* Sabe-se que a principal parte do culto egípcio dos mortos se destinava à eternização do rei, mesmo após a morte, por meio da mumificação do corpo, isto é, torná-lo indestrutível, e das pirâmides, símbolos da imortalidade. Enquanto, inicialmente, apenas o rei, como símbolo do *self* coletivo, alcançava a eternização, e exércitos de homens trabalhavam durante décadas na sua pirâmide para possibilitar-lhe a autoeternização, mais tarde esse processo não se limitou mais a ele.

A sua divina realeza vai sendo reduzida de modo contínuo, enquanto os membros incompletos do coletivo, que antes existiam apenas como instrumentos da sua supra-humanidade, tornam-se indivíduos autônomos. Agora, o rei é, como homem, um "soberano mundano" e o seu despotismo é humano e político; mas a sua degradação é acompanhada por um processo no qual cada indivíduo adquire uma alma imortal, ou seja, torna-se Osíris, e introjeta o *self*, o rei-deus como centro sagrado do seu próprio ser. Vemos a mesma secularização de um conteúdo sagrado na crescente consciência de uma ancestralidade pessoal e de um nome próprio. Na origem, esses dois elementos pertenciam ao rei; mais tarde, passaram a ser uma propriedade de todo indivíduo.[84]

O desenvolvimento da consciência do ego e da individualidade, por meio do Grande Indivíduo, é efetuado pela transmissão dos conteúdos por ele revelados e pela transformação destes em parte do cânone cultural, ou seja, parte dos valores e forças suprapessoais que determinam a cultura e a vida. Isso é feito principalmente pelo grupo dos homens, fato de especial significação para a linha patriarcal do desenvolvimento da consciência e para a compreensão psicológica de partes importantes do mito do herói.

Nos primórdios da cultura, o desenvolvimento espiritual é promovido pelas sociedades de homens na forma de sociedades secretas que, mais tarde, se tomam seitas, mistérios e religiões. Essas sociedades secretas parecem ter surgido, desde o início, em oposição ao matriarcado:

> As sociedades secretas constituem um fenômeno muito antigo na história da humanidade. Parecem ter sido fundadas pelos homens autoafirmativos, não muito tempo depois de as mulheres terem introduzido a agricultura mais primitiva. Do ponto de vista da pré-história, isso remonta provavelmente ao Período Mesolítico.[85]

Além disso, diz Koppers:

> As respectivas condições etnológicas fazem supor que a mulher desenvolveu a coleta de plantas do período aborígine até torná-la agricultura. Dessa maneira, valorizou o solo e, em consequência, tornou-se a sua proprietária. Com isso, a mulher ganhou uma posição de precedência, primeiro, econômica, e, dentro em pouco, social. Era a formação do conhecido complexo do matriarcado.
>
> A situação pouco agradável e pouco aconchegante para a qual os homens se viram empurrados dessa maneira causou neles uma reação. Esta se manifesta nas sociedades masculinas secretas, cujo caráter secreto e cujo terror se dirigiam primariamente contra a parte feminina da população. Dessa maneira, procuraram, por meios intelectuais e religioso-mágicos, compensar o que perderam no terreno da vida socioeconômica.

Afora ser incorreto reduzir um fenômeno histórico e espiritual, como a ascensão de sociedades secretas, a sentimentos personalistas de ressentimento, o ponto principal foi deixado de lado. Mesmo se aceitarmos essa "teoria da compensação", permanece o fato – que é justamente o ponto a ser esclarecido – de que, para os grupos de homens, os conteúdos religioso-mágicos e espirituais não eram menos importantes do que a supremacia social e econômica do matriarcado. A acentuação espiritual da masculinidade, que é o cerne de todas as sociedades secretas e mistérios, é o elemento significativo. E se, invariavelmente, encontramos, como centro da iniciação, o fato de ser mostrado ao neófito, sob ameaça de morte, caso traísse o segredo, que os espíritos e máscaras que apareceram e lhes meteram medo foram representados por homens do seu ambiente pessoal, tudo isso então corresponde de fato à transmissão de um segredo. Não devemos, como faz a ciência atual, explicar isso no sentido de que o neófito receberia, de certo modo, o mesmo esclarecimento que se dá à criança quando se revela que Papai Noel é, na verdade, o parente fulano.

Também aqui, como mais tarde nos mistérios, trata-se de um genuíno processo de transformação que deve ser levado a sério. Da mesma maneira como a identidade do primitivo com o totem não apenas é representada com dança e máscara, mas se estabelece de fato, assim também a relação da sociedade secreta com o seu espírito protetor tem caráter sacramental. Do mesmo modo que a hóstia não é pão feito de trigo, assim também o espírito que aparece na iniciação não é somente o homem que o representa.

Assim, diz Koppers a respeito do festival de Kina, festival dos povos originários Yamana, da Terra do Fogo:

> Aqui, o termo "secreto" é bem acertado, porque Kina só é festejado pelos homens. As mulheres não podem participar dele e, com efeito, toda a instituição se dirige principalmente *contra* elas. Os homens se pintam e põem máscaras para representarem espíritos e espera-se que as mulheres os tomem por verdadeiros espíritos. Desse modo, os homens enganam conscientemente as mulheres e, ao menos em princípio, a pena para a traição ao segredo do Kina junto às mulheres ou aos não iniciados é a morte.

O mito correspondente diz:

> que antigamente as mulheres, sob a liderança de Kina, a mulher-lua, encenavam exatamente o mesmo rito que agora performam os homens. A servidão que disso resultava para os homens foi violentamente rompida pelo homem-sol. Liderados por este, os homens (daquele tempo) mataram todas as mulheres, mas pouparam as garotinhas, a fim de assegurarem a sobrevivência da tribo.[*]

---

[*] Trata-se de um mito do assassinato da mãe, em oposição ao mito do assassinato do pai forjado por Freud.

A afirmação de que as mulheres são "conscientemente iludidas e enganadas" é, se não uma falsa interpretação europeia, pelo menos uma compreensão posterior errônea dos seus próprios mistérios por parte dos nativos, algo que encontramos com frequência. Na origem, o mistério consistia justamente no fato de os homens pintados e mascarados serem "verdadeiros espíritos". Além de sentir a sua genuína transpessoalidade como iniciado, o indivíduo experimentava igualmente um pouco de "personalização secundária" ritualística. A separação com relação ao inconsciente, ocorrida na iniciação da puberdade, é reforçada ao serem conhecidos como pessoas os portadores de máscaras. Essa experiência dissipa o medo e fortalece o ego e a consciência. Contudo, esse conhecimento não contradiz de modo algum a outra experiência do iniciado, segundo a qual este e o mundo dos espíritos estão estreitamente ligados. Pelo contrário, a dupla relação que permite a apreensão do ego iniciado e individualizado tanto como pessoa privada quanto como máscara, pessoal e transpessoal a um só tempo, é uma forma elementar daquilo que os mitos denominam a descendência divina do herói.

A oposição da sociedade dos homens a todas as tendências do matriarcado sem dúvida existe, mas os fatores de efeito sociológico não explicam, de modo algum, essa inimizade, porque a encontramos mesmo sob condições sociológicas patriarcais, que determinam de antemão uma supressão dos homens, supressão, aliás, não comprovada nem sob o matriarcado. Mas a explicação psicológica, pela qual o matriarcado não é um dado sociológico, mas um estágio psicológico, nos leva mais longe. Já no mito de Kina encontramos a oposição arquetípica entre Mulher-Lua e Homem-Sol, em relação à qual Koppers observa: "À luz da etnologia universal, a espiritualidade totêmica revela uma preferência por concepções solares". Quer dizer, o mundo coletivo das iniciações, sociedades secretas, seitas e mistérios; assim como de religiões, é espiritual e masculino e, apesar do seu caráter comunitário, é acentuadamente individual, no sentido de que cada homem foi iniciado individualmente e, na iniciação, passou por uma experiência individual que marca a sua individualidade. Essa ênfase individual, com o seu caráter eletivo, está em forte tensão oposicional ao grupo matriarcal. Neste dominam o arquétipo da Grande Mãe e o estágio correspondente da consciência, acompanhados por todas as características já apresentadas na *participation mystique*: emocionalidade etc. No entanto, no grupo oposto de sociedades de homens e organizações secretas dominam o arquétipo do herói e a mitologia da luta com o dragão, isto é, o estágio seguinte do desenvolvimento da consciência. É verdade que a sociedade de homens também leva a uma vida comunitária entre os membros, mas esta até apoia o caráter individual, a masculinidade e a acentuação do ego. Por essa razão, a masculinidade característica do grupo favorece a formação dos tipos do líder e do herói. A individualização, a formação do ego e o heroísmo pertencem à própria vida do grupo masculino e são de fato a sua expressão. Parece que as condições do grupo feminino diferem também em relação a esse ponto e é essa diferença que explica a tendência antifeminina das sociedades masculinas. O grupo feminino, a mulher, assim como o sexo, representantes principais das constelações dos impulsos inconscientes cujo estimulante é o aspecto feminino, formam a zona de perigo, são o "dragão a ser vencido". Por isso, em parte alguma se admitem mulheres nessas sociedades. Para a masculinidade – neste nível ainda não definitivamente segura – elas são difamadas como perigosas e sedutoras, tal como é ainda com frequência o caso nas culturas determinadas por religiões patriarcais.[*]

A masculinidade coletiva é uma força educativa e criadora de valores. Todo ego e toda consciência são tomados e formados por essa masculinidade. Dessa maneira, o lado masculino ajuda o ego em desenvolvimento a reviver individualmente os estágios arquetípicos e a estabelecer contato com o mito do herói.

Mesmo essas poucas indicações serão suficientes para deixar claro o motivo de falarmos de uma linha patriarcal de desenvolvimento da consciência. O desenvolvimento vai da mãe para o pai. É favorecido por uma série de instâncias coletivas que, como Céu, pais e superego, têm o mesmo acento masculino do próprio sistema da consciência e do ego. Uma continuação das pesquisas poderia revelar que os nossos termos "matriarcal" e "patriarcal" só são característicos das culturas mediterrâneas primevas, ao longo da costa da Ásia Menor e da África. Esse fato apenas modificaria a nossa terminologia, sem alterar o conteúdo e a substância do desenvolvimento estadial. Da mesma maneira como o complexo paterno pode ser decomposto e o complexo da autoridade delimitado por ele, assim também pode ocorrer com a oposição entre matriarcal e patriarcal. O simbolismo arquetípico do masculino e do feminino não é biológico e sociológico, mas psicológico; em outras palavras, pessoas femininas também podem ser portadoras do aspecto masculino e vice-versa. Trata-se sempre de grandezas relativas e jamais de determinações fixas.

As figuras do Líder e do Grande Indivíduo, como projeções do inconsciente coletivo, não se confinam ao grupo masculino, embora este participe

---

[*] O desenvolvimento patriarcal provoca uma reavaliação e uma desvalorização do feminino, sendo o melhor exemplo conhecido o mito da criação do Gênesis. Nele, o Verbo é o princípio criador; mundo e matéria surgem do abstrato, do espírito; a mulher é derivada do homem e surge depois. Ao mesmo tempo, é negativa e sedutora, a fonte de todos os males, devendo ser subjugada pelo homem. O mundo do Antigo Testamento é sobremaneira colorido por essa reavaliação, em que todas as características materno-ctônicas do mundo primitivo do povo de Canaã foram desvalorizadas, reinterpretadas e substituídas pelos critérios valorativos patriarcais de Jeová. Essa polaridade Jeová-terra e a sua história são um fator básico da psicologia judaica. Sem compreendê-lo, é impossível compreender os judeus.

356

mais do acento espiritual dessas figuras do que o grupo feminino, cuja auto-projeção encontra na figura da Grande Mãe um representante mais próximo da natureza do que do espírito. Seja como for, a figura do Grande Indivíduo é de importância crucial para o desenvolvimento da individualidade. A sua cristalização a partir do coletivo é evidentemente um avanço evolutivo, uma vez que a progressiva diferenciação do indivíduo e, em consequência, a de uma infinita variedade de sistemas de consciência do ego, leva a possibilidades, igualmente infinitas, de experiências no âmbito da vida da humanidade. Enquanto antes, como vimos, somente o "grande homem" possuía uma consciência e representava para o coletivo o papel de líder, o curso ulterior da evolução se caracteriza por uma progressiva democratização, na qual um vasto número de consciências individuais trabalha de maneira produtiva em prol da tarefa humana comum. Nesse sentido, o líder portador da responsabilidade coletiva é um atavismo e a democracia é a futura forma da humanidade, pouco importando os expedientes políticos que possam vir a ser escolhidos.

Essa democratização da consciência da humanidade é compensada pelo gênio, o Grande Indivíduo que é líder e herói em um sentido "interior", e que representa agora justamente aquelas forças e conteúdos de que carece uma consciência democratizada – e que surgem pela primeira vez nele, chegando assim à consciência. Ele é o ambiente especial das novas experiências da humanidade, do coletivo, e nele se constelam os conteúdos que, mais tarde, ampliam a consciência da humanidade.

Entre a consciência democratizada da humanidade, que, em milhões de representantes, vive, trabalha, percebe, pensa, formula, interpreta e compreende, e os centros criativos da humanidade, isto é, os gênios, há um intercâmbio contínuo. Juntos, como aspecto espiritual-cultural da humanidade, eles formam uma frente unida contra o inconsciente, mesmo que, a princípio, o gênio seja sufocado, deixado à míngua e silenciado pela democracia da consciência. O fato de milhões de seres humanos trabalharem juntos, conscientemente, e de se preocuparem simultaneamente com os problemas vitais do coletivo – de ordem política, científica, artística ou religiosa – aumenta também a probabilidade de um gênio ser aceito. O hiato temporal entre o aparecimento de um gênio e a sua assimilação pela democracia da consciência é relativamente pequeno. Para o próprio gênio, pode ser trágico, mas, no que diz respeito à humanidade, é irrelevante.

Apêndice II

A Formação do Homem de Massa
e os Fenômenos da Recoletivização

O processo, em si positivo, da emancipação do ego e da consciência diante da tirania do inconsciente tornou-se negativo no desenvolvimento ocidental. Ultrapassou em demasia a distinção entre os sistemas da consciência e do inconsciente e provocou uma cisão entre eles; e, da mesma maneira como a diferenciação e a especialização degeneraram em superespecialização, assim também esse desenvolvimento foi além da formação da personalidade individual e deu origem a um individualismo atomizado. Enquanto, de um lado, formaram-se grupos cada vez maiores de pessoas superindividualizadas, por outro lado, no processo histórico, destacaram-se massas humanas cada vez maiores, que se afastaram da situação original do grupo primário. Ambos os desenvolvimentos tendem a reduzir a significação do grupo como unidade composta de pessoas consciente ou inconscientemente vinculadas entre si e a exaltar a importância da massa como conglomerado de indivíduos não relacionados uns com os outros.

Enquanto o clã, a tribo ou a aldeia formam quase sempre um grupo homogêneo de origem comum, a cidade, o escritório e a fábrica formam, do ponto de vista psicológico, unidades de massa. O crescimento dessas unidades de massa à custa das unidades grupais intensifica o processo de alienação em relação ao inconsciente. As participações emocionais são fragmentadas e personalizadas, isto é, continuam apenas dentro da esfera pessoal mais restrita. Como se vem observando há muito tempo, no lugar de um grupo, um povo, por exemplo, surge agora uma unidade de massa como o Estado, uma estrutura puramente nominal que, na forma de um conceito, compreende uma variedade de coisas distintas, mas não representa uma ideia que emana como a imagem central de um grupo homogêneo. As tentativas românticas de revalorizar ou reverter esse desenvolvimento resultam necessariamente em regressões, devido ao fato de não levarem em consideração a tendência progressista desse desenvolvimento e de desconhecerem a sua relação com o desenvolvimento, historicamente positivo, do ego e da consciência.

Em consequência do processo de massificação, o grupo original só continua a existir na forma de família, mas também nela já se revela uma tendência desintegradora que restringe cada vez mais a influência do grupo familiar, deixando-lhe um lugar apenas na infância ou até mesmo somente nos primórdios desta. No entanto, a existência da família é de fundamental importância para a psicologia pré-consciente e transpessoal da criança.

Em nossa cultura, tem havido uma desintegração progressiva de grupos pequenos, assim como de nações pequenas, o que levou ao enfraquecimento também das bases psicológicas desses grupos, manifestando-se na massificação, na atomização e na internalização consciente do indivíduo. Um dos resultados dessa expansão da consciência é que, independentemente de todas as ideologias nacionais conflitantes, cada consciência moderna é confrontada com a de outras nações e raças, assim como de outras culturas, outros padrões econômicos, outras religiões e outros sistemas de valor. Desse modo, a aceitação natural da psicologia do grupo original, bem como do seu cânone cultural, é relativizada e fortemente alterada. Assim, a visão de mundo do homem moderno se transformou de uma maneira que ainda não foi possível assimilar do ponto de vista psicológico. A longa perspectiva da história humana, que se estende para bem além das épocas pré-históricas, remontando ao reino animal, a ascensão da etnologia e da religião comparada, as revoluções sociais que progridem, embora de modo diferente, para o mesmo objetivo, o reconhecimento da psicologia primitiva e sua conexão com a psicologia moderna[86] – por trás de tudo isso percebemos forças que correm na mesma direção. O fundo e substrato humano comum – existente no inconsciente coletivo e cuja descoberta científica devemos a Jung – começa a revelar a sua atuação universal dentro da humanidade. No entanto, essa imagem de um céu estrelado de forças arquetípicas, que aparece como uma abóboda para toda a humanidade, é acompanhada do ocaso das constelações parciais que, nos respectivos cânones dos grupos, eram tidas como "O Céu". Embora o conhecimento de outras religiões leve à experiência de uma tendência religiosa comum atuante na humanidade, ele também relativiza, dessa maneira, toda forma individual de religião, cujas raízes são sempre condicionadas pelo solo psicológico, histórico, racial e social do grupo que a nutriu.

A revolução global que se abateu sobre o homem moderno e em cujo centro tempestuoso nos encontramos hoje levou, com a sua conversão de todos os valores, a uma desorientação do indivíduo e do todo, cuja repercussão experimentamos e sofremos diariamente, tanto em termos políticos, na vida coletiva, ou na vida individual.

O processo cultural provoca uma cisão entre a consciência e o inconsciente, manifesto no que descrevemos como processo característico do desenvolvimento individual da primeira metade da vida. A formação da *persona* e a adaptação à realidade sob a orientação do superego que, como instância da consciência corresponde aos valores coletivos, provocam, com a ajuda da supressão e da repressão, a constelação da sombra, assim como a da *anima* e do *animus*, na forma de instâncias da personalidade, no inconsciente.

No entanto, essa parte sombria da personalidade, que, devido à sua mistura com os aspectos inferiores, isto é, não desenvolvidos e arcaicos da personalidade,[87] carrega todas as características da psique primitiva, se acha em uma significativa oposição ao homem primitivo dos grupos originais.

Por causa disso, designamos o sub-homem em nós como "homem de massa", em oposição ao "homem de grupo", porque a sua psicologia tem características essencialmente distintas da deste último. Embora seja, na maioria das vezes, inconsciente, o homem de grupo genuíno vive, não obstante, sob o domínio da centroversão; é uma inteireza psíquica na qual agem poderosas tendências que seguem a direção da consciência, da individualização e do crescimento espiritual. Acompanhamos essas tendências, razão pela qual será compreensível se agora dissermos que, apesar da sua inconsciência, das projeções, da emocionalidade e assim por diante, o homem de grupo possui enormes poderes construtivos, sintéticos e criativos que se manifestam na sua cultura, na sua sociedade, na sua religião, na sua arte, nos seus costumes e até naquilo que denominamos como suas superstições.

O homem de massa que está no inconsciente do homem moderno é um fragmento psíquico, uma personalidade parcial que, quando integrada, traz consigo uma considerável expansão da personalidade,[88] mas que pode produzir consequências desastrosas caso aja de modo autônomo.

Esse componente inconsciente de massa se opõe à consciência e ao mundo da cultura. Ele resiste ao desenvolvimento da consciência, sendo irracional, emocional, anti-individual e destrutivo. Corresponde mitologicamente ao aspecto negativo da Grande Mãe – é seu cúmplice homicida, o adversário, o javali matador de homens. Essa parte negativa e inconsciente da personalidade é arcaica, no sentido mais negativo do termo, visto ser o homem-besta acuado. Ele só se torna a sombra e irmão sombrio do ego se, por meio de um processo de integração, o ego descer conscientemente nas profundezas do inconsciente para ali procurá-lo e ligá-lo à consciência. Quando, porém, ocorre o inverso, isto é, quando a consciência é subjugada e possuída por ele, acontece então o horrível fenômeno da regressão ao homem de massa, tal como se manifesta na epidemia de massa da recoletivização.

Nessas circunstâncias, a consciência do homem moderno, desorientado, racionalista, atomizado e separado do inconsciente, desiste da luta; porque, como é bem compreensível, a sua solidão em uma massa que não mais oferece a ele qualquer suporte psíquico, se torna insuportável. Para o indivíduo, a tarefa do herói, da qual deveria ser o sucessor no desenvolvimento da humanidade, torna-se demasiado difícil. O tecido do cânone arquetípico, que costumava apoiar o homem comum, se desintegrou e os heróis reais, capazes de tomar para si a batalha por novos valores, são, naturalmente, raros.

O ego do homem moderno que, dessa maneira, renegou-se, sucumbe a um processo reacionário de massificação e é vitimado pela sombra coletiva, pelo homem de massa que está dentro dele. Enquanto, em uma psique homogênea, o elemento negativo tem um lugar significativo como decomposição e como morte, como caos e como *prima materia* e, tal como um contrapeso de chumbo, enraíza o crescimento à terra, em uma psique fragmentada, com um ego defendido e regressivo, ele se torna um câncer e um perigo niilista. Com a desintegração da consciência do ego, todas as posições construídas no curso do desenvolvimento humano são destruídas regressivamente como numa psicose.

Como resultado, a esfera egoica do humano e do pessoal é dissolvida. Os valores da personalidade já não contam e a suprema realização do indivíduo – o seu comportamento como ser humano individual – é fragmentada e substituída por modalidades coletivas de comportamento. Os demônios e arquétipos voltam a ser autônomos, a alma individual é engolida novamente pela Mãe Terrível e, com isso, é invalidada a experiência da voz e da responsabilidade individual diante do homem e de Deus.

O fato de o fenômeno de massa ser estatisticamente uma regressão ao nível mais baixo é autoevidente, visto que a própria posição da consciência começa a decair. Ao mesmo tempo, contudo, há uma reativação do homem medular e da sua imponente emocionalidade. Com o colapso da consciência orientada pelo cânone cultural, também é destruída a atuação dos poderes da consciência, do superego, bem como a masculinidade da consciência. A "efeminação" faz então a sua entrada como uma invasão a partir do lado inconsciente, manifestando-se na irrupção de complexos, da função inferior e da sombra e, por fim, em uma erupção semipsicótica de arquétipos. Toda a frente defensiva da consciência desmorona e arrasta consigo o mundo dos valores espirituais a que está ligada. Do mesmo modo se perdem a esfera egoica pessoal, a autarquia da personalidade e todas as manifestações essenciais da centroversão.

Cada um desses fenômenos pode ser comprovado hoje na situação da massa e nos fenômenos de recoletivização.[*]

---

[*] O livro visionário de Alfred Kubin, *Die andere Seite*, escrito em 1908, não só antecipa os eventos que viriam a eclodir na Alemanha, muitos anos mais tarde, como percebe, com notável intuição, o seu vínculo com o inconsciente coletivo.

O que há de ímpar e assustador na recoletivização é o fato de ela não significar, nem poder significar, uma genuína regeneração. É que a regressão não restabelece a situação original do grupo, mas estabelece uma massa até então não existente, que é, em termos psicológicos, um fenômeno novo.

Regressão ao inconsciente de um sem-número de pessoas urbanizadas não produz, de modo algum, uma unidade psicológica que, de uma maneira ou outra, seja comparável ao grupo original e à sua psicologia. Enquanto no grupo original, como devemos enfatizar uma vez mais, a consciência, a individualidade e o espírito existiam em estado germinal e pressionavam poderosamente a fim de se manifestarem pelo inconsciente coletivo do grupo, o outro inconsciente, para o qual os indivíduos resignados são agora impelidos a recuar, é, de certo modo, um inconsciente sem a tendência à conscientização, à individualização e à espiritualização. A autonomia desse inconsciente, ao menos de início, impera na psique da massa com a ajuda do homem-sombra-massa da personalidade inconsciente, sem a intervenção reguladora da centroversão e sem a regulação do cânone cultural do grupo. A massa é, portanto, a degenerescência de uma unidade mais complexa, não em uma unidade mais primitiva, mas em uma aglomeração desprovida de centro. A regressão ao homem de massa só é possível com base em um processo anterior de separação extrema entre a consciência do ego e o inconsciente e da perda consequente da centroversão. Essa ausência da regulação integralizadora leva então ao caos.

Usando a analogia do adoecimento psíquico, poderíamos talvez, mesmo nessas circunstâncias, falar ainda de uma ação da centroversão. Também no indivíduo, uma rígida exclusão do inconsciente e uma sistemática desconsideração dos seus esforços de compensação levam este último a se tornar destrutivo. Verificamos então que a compensação cessa e ocorre algo que Jung descreveu como "tendência destrutiva do inconsciente contra a consciência e o ego". Essa atitude "se não o fazes de boa vontade, eu te forço" pode às vezes gerar uma conversão, do mesmo modo como o "castigo" pode levar o pecador a se converter. Também a decadência destrutiva do indivíduo na massa encerra essa possibilidade, mas somente se for tornada consciente, compreendida, assimilada e, desse modo, integrada.

Mas o grande perigo, que, como é claro, muito se opõe à percepção consciente dessa situação, reside nos fenômenos ilusórios que acompanham a recoletivização e cegam o ego. O efeito tóxico da situação de massa está justamente no seu caráter extático, que é sempre concomitante à dissolução da consciência e das suas instâncias discriminadoras. Como vimos antes, o vínculo libidinal entre o sistema de consciência do ego e o inconsciente é "prazeroso". E também o é na decadência, isto é, quando o sistema do ego mergulha na regressão. A velha isca com que esse astuto caçador de ratos, o "hipnotista hipnotizado" da epidemia da massa, nos seduz é o incesto urobórico.

Na recoletivização, o ego que abandona a si mesmo projeta a imagem do grupo original e o seu caráter de inteireza sobre a massa. O ego se entrega e, re-emocionalizado, despejando orgiasticamente participações sobre a massa, experimenta com prazer um *self* de massa análogo à figura da ouroboros, como algo que o suga para dentro, que o abraça e o envolve. Mas uma perversão niilista regressiva do verso "Abraçai-vos, ó milhões" só pode ser do diabo. O homem-sombra de massa, o rebanho de indivíduos atomizados e o *self* de massa se combinam para formar uma pseudounidade que é pura ilusão. O fato de isso ser uma mera questão de unificação de massa e uma perversão da unidade fica evidente pela rápida desilusão que sobrévm e pela incapacidade de essa ilusão de massa estabelecer uma genuína participação duradoura e muito menos algo construtivo. A ilusão de unidade, em uma concentração de massa, sequer leva a uma autêntica *participation mystique* com o espírito da massa, para não falar em uma relação dos participantes entre si. No grupo verdadeiro, o fenômeno grupal da participação produz um desenvolvimento sintético, que toma a forma de responsabilidade mútua, crescente espírito de sacrifício etc., o que não se manifesta como um mero êxtase temporário, mas se encarna em instituições e empreendimentos comunitários. Assim, por exemplo, as festividades orgiásticas dos primitivos e das culturas antigas levavam à formação de grupos e comunidades, bem como a religiões e a outros fenômenos, cuja importância para o desenvolvimento da consciência já enfatizamos.

Mas nos fenômenos de massa, a comoção ilusória e, tal como a da hipnose, apenas transitória, não deixa marcas na mente consciente, levando-a a uma síntese criativa, mas se dissolve como uma embriaguez passageira. E, no entanto, mesmo esse êxtase ilusório, causado pelo frenesi da massa, é desejado pelo ego esvaziado de qualquer significado, e faz parte das seduções com as quais o hipnotizador de massa trabalha sempre com sucesso.

A moderna propaganda de massa busca, em parte com bastante consciência, restaurar a antiga unidade de grupo e as projeções mútuas dos participantes, ao lado de todos os sintomas de possessão emocional que lhe são pertinentes. Ela o faz, como se pôde observar, em especial no Nacional-Socialismo, também por meio de símbolos e arquétipos. Já assinalamos o erro básico e os perigos dessas tendências recoletivizadoras. Os indivíduos a serem vitimizados por essas possessões, principalmente nas metrópoles, são os indivíduos atomizados e dissociados do inconsciente, e apesar de serem capazes de regredir ao estado inconsciente por algum tempo ao entregarem seus egos, o delírio subjetivo que acompanha esse processo encerra as consequências mais perigosas e destrutivas.

O cidadão e trabalhador moderno, com a sua educação científica e a sua propensão a "reduzir" tudo que é transpessoal, torna-se ele próprio um indivíduo reduzido, ao ser recoletivizado pela massa. Ao contrário disso, um homem primitivo e arcaico, com uma consciência e um sistema egoico relativamente não desenvolvidos, experimenta, em um evento coletivo do grupo, como em uma iniciação ou culto dos mistérios, uma progressão e uma ampliação de si mesmo por meio dos símbolos e arquétipos. Ele é iluminado por eles e não reduzido. Esses fenômenos de grupo tendem a constelar o homem superior e uma irmandade superior, e não um ajuntamento de homens-massa que produz aquele conglomerado a respeito do qual Jung pôde dizer: "As massas são animais cegos".[89] Observe-se que a ênfase é posta sobre "cegos" e não sobre "animais". A possessão pelo grupo, portanto, jamais é destrutiva no mesmo sentido que a ação da massa – a qual, em termos psicológicos, é constituída apenas de indivíduos atomizados, não relacionados ou relacionados momentaneamente. O grupo contém o seu próprio regulador, não apenas na forma do cânone dominante, mas também no conhecimento mútuo que os membros têm um do outro. O próprio anonimato do indivíduo na massa intensifica a ação do lado sombra. É um fato significativo que, para levarem a efeito as suas execuções sádicas, os nazistas tenham sido forçados a afastar o executor do seu próprio grupo. É muito mais difícil, se não impossível, que uma comunidade interiorana liquide os "seus" judeus. Não tanto por causa da maior humanidade do grupo – aprendemos a não considerar isso uma das principais qualidades éticas –mas porque o indivíduo tem de realizar os seus feitos sob os olhos do grupo. Mas separado do grupo e submetido ao terror, o indivíduo é capaz de tudo.

No entanto, mesmo na situação de massa, é importante a qualidade do indivíduo, uma vez que também a composição da massa determina os seus atos. Sighele[89a] ainda pôde acreditar que a violência ou o comportamento pacífico de uma massa são determinados pelos criminosos nela incluídos ou por aqueles membros seus cuja profissão é "ver sangue", mas a psicologia profunda tem uma visão diferente. O "homem de massa interior", a sombra, é o fator determinante da situação da massa, e não apenas a consciência e a sua orientação. Na realidade, o decisivo é a qualidade do indivíduo; e, todavia, esta não se forma pela qualidade da consciência, mas sim pela qualidade da personalidade como um todo, a qual deve, por essa mesma razão, ser a base psicológica de um novo *ethos*.

A expansão da consciência, a formação do superego pela adaptação aos valores do coletivo, dos anciãos, é interrompida justamente no ponto em que, devido ao desmoronamento do cânone cultural, perde-se também a base transpessoal dessa instância coletiva. É então que a consciência se torna uma "invenção" judia, capitalista ou socialista. Mas a "voz", a orientação interior que se faz conhecida pelos sussurros do *self*, nunca falará a uma personalidade desintegrada, a uma consciência falida ou um sistema psíquico fragmentado.

Notas Bibliográficas

1. Jung-Kerényi. *Einführung in das Wesen der Mythologie*, p. 110.
2. Jung-Kerényi. *Op. cit.*, p. 112.
3. Margaret Mead. *Sex and Temperament in Three Primitive Societies.*
4. E. Cassirer. *Philosophie der symbolischen Formen*, vol. II (cit. Cassirer. *Philosophie*).
5. C. G. Jung. *Integration of the Personality.*
6. Platão. *Timaios.*
7. Frobenius. *Vom Kulturreich des Festlandes*, S'atapatha Brahmana, 6.1.1.8; K. F. Geldner, *Vedismus und Brahmanismus*, p. 92s, in Bertholet. *Religionsgeschichtliches Lesebuch*, caderno 9 (cit. Geldner. Cad. rel. 9).
8. *I. Ging, Das Buch der Wandlungen* (do chinês para o alemão com explicação de Richard Wilhelm) vol. I, p. VIII. Lao Tsé. *Vom Sinn und Leben* (do chinês para o alemão com comentário de Richard Wilhelm), p. 89. R. Wilhelm. *Chinesische Lebensweisheit*, p. 15.
9. Frobenius. *Vom Kulturreich des Festlandes.*
10. Brihadâranyaka Upanishad. Deussen. *Sechzig Upanishads des Veda* (traduzido do sânscrito e com introdução e comentários) (cit. Deussen. *Upanishads*).
11. Platão. *Timaios.*
12. G. Goldschmidt. *Alchemie der Ägypter*, revista da Ciba 1938, n° 57, Der Ursprung der Alchemie.
13. C. G. Jung. *Einige Bemerkungen zu den Visionen des Zosimos*, Anuário de Eranos, 1937.
14. Ilustração do Arquivo de Eranos, Ascona.
15. H. Leisegang. *Das Mysterium der Schlange*. Anuário de Eranos, 1939.
16. H. Kees. *Der Götterglaube im alten Ägypten* (cit. Kees, Götterglaube).
17. *Pistis Sophia*, org. Carl Schmidt.
18. K. Kerényi. *Die Göttin Natur*, Anuário de Eranos, 1946.
19. Ilustração do Arquivo de Eranos, Ascona.
20. Ilustração do Arquivo de Eranos, Ascona.

21. Cf. ilustração em C. G. Jung. *Psychologie und Alchemie*, Paracelsica.

22. Ilustração na revista da Ciba n⁰ 31, *Heil-Aberglaube der Zigeuner*.

23. Lao Tsé. *Vom Sinn und Leben* (R. Wilhelm), p. 90. [*Tao-Te King*. São Paulo: Pensamento, 1987]

24. C. G. Jung. *Die psychologischen Aspekte des Mutterarchetypus*. Anuário de Eranos, 1938.

25. H. Schoch-Bodmer. *Die Spirale als Symbol und als Strukturelement des Lebenden*, revista suíça sobre a Psicologia e seus usos, n⁰ 314, vol. IV, 1945.

26. H. Leisegang. *Das Mysterium der Schlange*. Anuário de Eranos, 1939.

27. *Pyramiden-Texte*, § 1248, editado por Sethe.

28. Apophisbuch, G. Roeder. *Urkunden zur Religion des alten Ägypten*, p. 108 (cit. Roeder. *Urkunden*).

29. A. Moret. *The Nile and the Egyptian Civilization* (cit. A. Moret. *The Nile*). H. Kees. *Ägypten*, p. 11. *In* Bertholet. *Religionsgeschichtliches Lesebuch*, caderno 10 (cit. Kees. Cad. rel. 10).

30. Kees. *Götterglaube*.

31. S'atapatha Brahmana, 11, 1, 67. Geldner. Cad. rel. 9.

32. Apophisbuch, Roeder. *Urkunden*.

33. Taittiriya Brahmana 2,910. Geldner. Cad. rel. 9, p. 90.

34. C. G. Jung. *Seelenprobleme der Gegenwart*, p. 162.

35. R. Briffault. *The Mothers*, vol. II.

36. *Das Tibetanische Totenbuch*, organizado por W. Y. Evans-Wentz, com comentário de C. G. Jung [*O Livro Tibetano dos Mortos*. São Paulo: Pensamento, 2ª edição, 2020.]

37. A. Wünsche. *Kleine Midraschim*, III, apêndice.

38. S. A. Hórusdetzki. *Thorat Rabbi Nachman* (hebr.), p. 188.

38a. C. G. Jung. *Seelenprobleme der Gegenwart*.

39. Bischoff. *Die Elemente der Kabbalah*.

40. *Pyramiden-Texte*, Spruch 273-274, A. Erman. *Literatur der Ägypter* (cit. Erman. *Literatur*).

41. Aitareya Upanishad 21, Deussen. *Upanishads*, p. 16.

42. Taittiriya Upanishad 22, Deussen. *Upanishads*, p. 228.

43. Taittiriya Upanishad 32, Deussen. *Upanishads*, p. 236.

44. Mundaka Upanishad, 1.18, Deussen. *Upanishads*, p. 547.

45. Maitrâjana Upanishad, 6, 91 ss., Deussen. *Upanishads*, p. 335.

46. Brihadâranyaka I1,1, Deussen. *Upanishads*, p. 382.

47. Brihadâranyaka I2,5, Deussen. *Upanishads*, p. 384.

48. K. Abraham. *Entwicklungsgeschichte der Libido*. E. Jones. *Psychoanalyse der christlichen Religion*.

49. Platão. *Timaios*.

50. C. G. Jung. *Psychologie und Alchemie*, p. 30.

51. W. F. Albright. *Archeology and the Religion of Israel,* p. 72 (cit. Albright, *Archeology*).

52. J. J. Bachofen. *Mutterrecht und Urreligion*, p. 122.

53. Platão. *Menexenos.*

54. A. Moret. *Les Mystères d'Isis, The Cambridge Ancient History*, vol. de gravuras I, p. 197.

55. M. P. Nilsson. *Religion der Griechen*, Chantepie de la Saussaye. *Lehrbuch der Religionsgeschichte*, vol. II, p. 319 (cit. Nilsson. *Griechen*).

56. Nilsson. *Griechen*, II, p. 319.

57. Jung-Kerényi. *Op. cit.*, p. 110.

58. J. Przyluski. *Ursprünge und Entwicklung des Kultes der Muttergöttin*, Anuário de Eranos, 1938 (cit. Przyluski, Ursprünge).

59. J. Frazer. *Der Goldene Zweig* (edição em um só volume).

60. J. J. Bachofen. *Urreligion und antike Symbole* (Reclam Ausg., III vols.), ed. Bernoulli, vol. II, p. 357/8 (cit. Bachofen. *Reclam*).

61. Bachofen. *Reclam*, vol. II, p. 359.

62. Kaiser Wilhelm II. *Studien zur Gorgo.*

63. H. Gunkel. *Schöpfung und Chaos*, p. 46.

64. Hoernes-Menghin. *Urgeschichte der bildenden Kunst in Europa*, Ilustração, p. 154 e p. 678.

65. F. G. Wickes. *Mysteries of Women.*

66. R. Briffault. *The Mothers*, vol. II, p. 444 (cf. locais citados).

67. A. Erman. *Die Religion der Ägypter*, p. 33. (cit. Erman. *Religion*).

68. Erman. *Religion*, p. 77.

69. Roeder. *Urkunden*, p. 143.

70. Kees. *Götterglaube.*

71. Erman. *Religion*, p. 34.

72. Erman. *Religion*, p. 67.

73. Errnan. *Literatur.*

74. J. Frazer. *Der Goldene Zweig.*

75. C. G. Seligman. *Egypt and Negro Africa*, p. 33.

76. J. Frazer. *Der Goldene Zweig.*

77. R. Pietschmann, *Geschichte Phöniziens.*

78. W. F. Albright. *From Stone Age to Christianity* (cit. Albright. *Stone Age*).

79. R. Pietschmann. *Geschichte Phöniziens*, Enciclopédia Judaica Kedesha.

80. A. Jeremias. *Das Alte Testament im Lichte des Alten Orients* (cit. Jeremias. *A. T. A. O.*); F. Jeremias, *Semitische Völker in Vorderasien in* Chantepie de la Saussaye. *Lehrbuch der Religionsgeschichte*, vol. I.

81. Gilgamesh. Tábua 6. A. Ungnad. *Die Religion der Babylonier und Assyrer*, p. 80 s.

82. A. Moret. *The Nile*.

83. A. Moret. *The Nile*.

84. Kees. Cad. rel. 10, p. 35.

85. Erman. *Religion*, p. 80.

86. Erman. *Religion*, p. 77.

87. Erman. *Religion*, p. 85.

88. Erman. *Religion*, p. 150.

89. Erman, *Religion*, p. 177.

90. E. A. W., Budge. *The Book of the Dead*, cap. 153b (cit. Budge. *Book*). [*O Livro Egípcio dos Mortos*. São Paulo: Pensamento, 1985 (fora de catálogo).]

91. Budge. *Book*, cap. 138.

92. E. A. W. Budge. *British Museum, Guide to the 1st, 2nd and 3rd Egyptian Rooms*, p. 70.

93. Budge. *Book*, p. 33.

94. Budge. *Book*, p. 135.

95. Erman. *Religion*, p. 229.

96. Budge. *Book*, p. 461.

97. Ch. Virolleaud, I. *Ishtar-Isis-Astarte*; II. Anat-Astarte, Anuário de Eranos, 1938.

98. Erman. *Religion*, p. 85.

99. *Märchen von den zwei Brüdern*. Erman. *Literatur*, p. 197 s.

100. J. Frazer. *Der Goldene Zweig*.

101. Kees. *Götterglaube*.

102. Estrofe XVII, p. 818. Kees. *Götterglaube*.

103. A. Moret. *Les Mystères d'Isis*.

104. *The Cambridge Ancient History*, vol. de gravuras I, gravura 196a.

105. Bin Gorion. *Sagen der Juden*, vol. I. *Die Urzeit*, p. 325 (citação do Sohar); G. Scholem. *Ein Kapitel aus dem Sohar*, p. 77; J. Scheftelowitz. *Alt-palästinensischer Bauernglaube*.

106. Albright. *Archeology*.

107. Erman. *Literatur*.

108. Albright. *Stone Age*.

109. Albright. *Stone Age*, p. 178.

110. Nilsson. *Griechen*.

111. D. Mereschkowskij. *Das Geheimnis des Westens*, p. 484 e 321 (cit. Mereschkowskij. *Geheimnis*).

112. G. Glotz. *The Aegean Civilization*, p. 75.

113. Ch. Picard. *Die Grosse Mutter von Kreta bis Eleusis*, Anuário de Eranos 1938.

114. A. B. Cook. *Zeus, nach Mereschkowskij, Geheimnis*, p. 157.

115. W. Hausenstein. *Die Bildnerei der Etrusker*, Ilustrações 2 e 3.

116. *The Cambridge Ancient History*, vol. de gravuras I, Ilustração 200b.

117. J. Frazer. *Der Goldene Zweig.*

118. P. Philippson. *Untersuchungen* über *den griechischen Mythos.*

119. *Heródoto*. Livro II.

120. Mereschkowskij. *Geheimnis*, p. 514.

121. Ch. Picard. *Die Ephesia von Anatolien*, Anuário de Eranos, 1938 (cf. com Pietschmann. *Geschichte Phöniziens*, p. 228).

122. Ch. Picard. *Die Grosse Mutter von Kreta bis Eleusis*, Anuário de Eranos, 1938.

123. Jes. 6617.

124. A. Jeremias. *A. T. A. O.*

125. Kees. *Götterglaube*, p. 42.

126. Kees. *Götterglaube*, p. 6.

127. Metternich Stele, Roeder. *Urkunden*, p. 90.

128. H. R. Hall-Budge. *Introductory Guide to the Egyptian Collections in the British Museum* (cit. Hall-Budge. *Guide*).

129. G. E. Smith. *The Evolution of the Dragon* (cit. Smith. *Evolution*).

130. Smith. *Evolution*, p. 216.

131. L. R. Farnell. *Cults of the Greek States*, vol. I.

132. E. Renan. *Mission de Phenice*, tábua 31, Pietschmann. *Geschichte Phöniziens*

133. J. Frazer. *Der Goldene Zweig.*

134. Jung-Kerényi. *Op. cit.*

135. Smith. *Evolution*, p. 153.

136. J. Hastings. *Encyclopaedia of Religion and Ethics, Art. Aphrodisia from W. I. Woodhouse.*

137. C. A. Bernoulli. *In* Bachofen. *Reclam* II, p. 274.

138. Euripides. *Hyppolytos*, v. 1064 e 1080, grego. Trag. I, traduzido por Wilamovitz- Möllendorf.

139. Euripides. *Op. cit.* V. 13.

140. J. J. Bachofen. *Der Bär.*

141. K. Breysig. *Urgerschichte der Menschheit, I, Die Völker ewiger Urzeit.*

142. L. Frobenius. *Kulturgeschichte Afrikas.*

143. H. Winkler. *Himmels – und Weltbild der Babylonier.*

144. A. Jeremias. *Handbuch der Altorientalischen Geisteskultur*, p. 265. (cit. Jeremias. *Handbuch*).

145. Albright. *Archeology*, p. 79.

146. Albright. *Stone Age*, p. 178.

147. Lord Raglan. *Jocaste's Crime.*

148. Rigveda, X, *1845*. Geldner. Cad. rel. 9, p. 70.

149. A. Bastian. *Die heilige Sage der Polynesier, in* Eckart von Sydow. *Kunst und Religion der Naturvölker.*

150. J. Frazer. *The Worship of Nature*, I, p. 26 s.

151. Cassirer. *Philosophie.*

152. Brihadâranyaka Upanishad, Deussen, *Upanishads*, p. 392.

153. K. v. d. Steinen. *Unter den Naturvölkern Zentral-Brasiliens.*

154. Chandogya Upanishad, Deussen. *Upanishads*, p. 115.

155. Cassirer. *Philosophie*, vol. II.

156. Th. Danzel. *Magie und Geheimwissenschaft*, entre outros.

157. R. M. Rilke. *Duineser Elegien* VIII.

158. *Die Vorsokratiker*, publicado por Nestle.

159. J. Tischbi. *Die Lehre vom Bösen und der Klipah in der Kabbala des Ari* (hebr.).

160. G. Scholem. *Major Trends of Jewish Mysticism.*

161. A. Jeremias. *Handbuch.*

162. R. Briffault. *The Mothers.*

163. O. Rank. *Mythos von der Geburt des Helden.*

164. Przyluski. *Ursprünge.*

165. A. Drews. *Die Marienmythe.*

166. A. M. Blackman. *Myth and Ritual in Ancient Egypt*, Hooke, *Myth and Ritual*, p. 34.

167. Erman. *Religion.*

168. O. Rank. *Mythos von der Geburt des Helden.*

169. R. Briffault. *The Mothers.*

170. R. Briffault. *The Mothers.*

171. A. Goldenweiser. *Anthropology.*

172. A. Goldenweiser. *Anthropology.*

173. A. Goldenweiser. *Anthropology.*

174. Van der Leeuw. *Phänomenologie der Religion*, p. 163 (cit. Leeuw, *Phänomenologie*).

175. Erman. *Religion.*

176. Ev. Joh. Kap. 3.

177. C. G. Jung. *Wandlungen und Symbole der Libido* (cit. Jung. *Wandlungen*).

178. O. Rank. *Mythos von der Geburt des Helden.*

179. C. G. Jung. *Wandlungen.*

180. E. Carpenter. *The Intermediate Types among Primitive Folk.*

181. C. G. Jung. *Die psychologischen Aspekte des Mutterarchetyps*, Anuário de Eranos, 1938.

182. A. Jeremias. *A. T. A. O.*

183. Albright. *Archeology.*

184. H. Silberer. *Probleme der Mystik und ihrer Symbolik.*

185. W. Wundt. *Elements of Folk Psychology.*

186. J. J. Bachofen. *Mutterrecht.*

187. C. I. Gadd. *Babylonian Myth and Ritual.* Hooke,. *Myth and Ritual.*

188. E. Barlach. *Der Tote Tag.*

189. H. Zimmer. *Der indische Mythos.*

190. Lucy Heyer. *Erinnyen und Eumeniden*, aus: *Das Reich der Seele.*

191. Leeuw. *Phänomenologie* (O exemplo, conforme Leeuw, foi elaborado por von Frick,. *Ideogramm, Mythologie und Wort.*)

192. C. G. Jung. *Die Beziehungen zwischen dem Ich und dem Unbewussten.*

193. Gênesis 12.1.

194. Bin Gorion. *Sagen der Juden*, II. *Die Erzväter*, XI.

195. O. Rank. *Mythos von der Geburt des Helden.*

196. S. Freud. *Der Mann Moses.*

197. O. Rank. *Psychoanalytische Beiträge zur Mythenforschung.*

198. R. Briffault. *The Mothers.*

199. B. Malinowski. *Mutterrechtliche Familie und Ödipus-Komplex, The Father in Primitive Psychologie*, entre outros.

200. C. R. F. Aldrich. *The Primitive Mind and the Modern Civilization.*

201. H. Leisegang. *Die Gnosis*, p. 129 s.

202. Albright. *Stone Age.*

203. S. Freud. *Infantile Neurose.*

204. Entre outros C. G. Jung. *Das Geheimnis der Goldenen Blüte.*

205. H. Jonas. *Gnosis und spätantiker Geist, Lied von der Perle.* K. Th. Preuss. *Geistige Kultur der Naturvölker*, p. 18. C. G. Jung. *Psychologie und Alchemie*, p. 184.

206. C. G. Jung. *Psychologische Typen.*

207. C. G. Jung. *Über die Energetik der Seele*, p. 162.

208. Kees. *Götterglaube*, p. 134 ss.

209. Kees. *Die Befriedgung des Raubtiers*, Ae. Z. 67, p. 56 s.

210. Erman. *Religion*, p. 66 s.

211. C. G. Jung. *Die Psychologie der Übertragung.*

212. C. G. Jung. *Wandlungen*, p. 164.

213. C. G. Jung. *Wandlungen*, p. 246.

214. Barlach. *Der tote Tag.*

215. S. H. Hooke. *The Myth and Ritual Pattern of the Ancient East.* Hooke. *Myth.*

216. J. Frazer. *Der Goldene Zweig*, p. 529.

217. Hooke. *Myth.*

218. Hooke. *Myth.*

219. J. M. Woodward. *Perseus, a Study in Greek Art and Legend* (cit. Woodward. Perseus).

220. Woodward. *Perseus*.

221. Woodward. *Perseus*, p. 39.

222. Woodward. *Perseus*, p. 74.

223. Nilsson. *Griechen*, p. 316.

224. Woodward. *Perseus*.

225. *Pyramiden-Text*, § 834, edição Sethe.

226. Kees. Cad. rel. 10, p. 29.

227. Metternich Stele, Roeder. *Urkunden*, p. 90.

228. Budge. *Book*, Introdução, S. C. (Ver *O Livro Egípcio dos Mortos*, Ed. Pensamento).

229. Erman. *Religion*, p. 362 s.

230. Blackman, Hooke, *Myth*.

231. Blackman, Hooke, *Myth*.

232. A. Jeremias. *A. T. A. O.*

233. Hall-Budge. *Guide*.

234. Erman-Ranke. *Ägypten und ägyptisches Leben*, p. 529.

235. Budge. *Book*, Introdução, p. XIX e CXX.

236. J. Frazer. *Der Goldene Zweig*.

237. Leeuw. *Phänomenologie*, p. 77.

238. Das preces de um injustificadamente perseguido, Erman. *Literatur*, p. 375.

239. Budge. Apêndice de *Book*, cap. 28 e 149.

240. Pyramiden v. Sakkara. Cf. Budge. *Book*, Introdução, p. CXX.

241. Budge. *Book*, cap. 43.

242. Erman. *Religion*, p. 85.

243. Winlock: *Basreliefs from the Temple of Ramses I at Abydos*, Metropolitan Mus. of Art Papers, vol. I, Parte I (cit. H. F. Lutz).

244. Blackman, Hooke. *Mythe*, p. 30.

245. A. Jeremias. *A. T. A. O.*, cap. 125.

246. Budge. *Book*, Ilustração, pp. 73, 77, 121.

247. Hall-Budge. *Guide to the 1st to 6th Room*, p. 98.

248. Budge. *Book*, cap. 43.

249. Budge. *Book*, introdução ao cap. 43, p. CXXI.

250. Budge. *Book*, cap. 155.

251. Flinders Petrie. *The Making of Egypt*, gravuras X, LII.

252. Erman. *Religion*, p. 265.

253. Budge. *Book*, introdução p. CLII a cap. XCVIII.

254. Budge. *Book*, introdução p. CLII a cap. XCVIII.

255. R. Briffault. *The Mothers*, II, p. 778 s.

256. *Pyramiden-Texte*, §§ 472, 974. Erman. *Religion*, p. 219.

257. Budge. *Book*, pp. 55, 73, 77.

258. Erman-Ranke. *Ägypten*, p. 318.

259. A. Moret. *The Nile*.

260. Winlock. p. 21 (cit. H. F. Lutz).

261. Budge. *Book*, Ilustrações pp. 81 e 94.

262. Budge. *Book*, Ilustração p. 666.

263. Budge. *Book*, cap. 17.

264. Budge. *Book*, Anmerkung zu p. 4

265. Moret. *The Nile*, Kees. Cad. rel. 10, p. 11.

266. Metternich Stele, Roeder. *Urkunden* p. 90.

267. Budge. *Book*. Ilustração p. 211.

268. *Totenbuch*, Kees. Cad. rel. 10, p. 27, cap. 175.

269. Budge. *Book*, cap. 64.

270. *Pyramiden-Texte*, §§ 370-375, edição Sethe.

271. H. Gressmann. *Tod und Auferstehung des Osiris*.

272. Budge. *Book*, caps. 83, 94, 154.

273. Budge. *Books*, Introdução, p. IXII.

274. Pyr. de Pepi I, Moret. *Mystères Egyptiens*, Paris 1927.

275. A. Moret. *Mystères Egyptiens*, p. 210.

276. A. Moret. *The Nile*.

277. A. Moret. *The Nile*.

278. Blackman e Hooke. *Myth*, p. 20.

279. Blackman e Hooke. *Myth*, p. 20.

280. Cit. Gardiner, *in* Blackman, p. 21. Hook. *Myth*.

281. Erman-Ranke. *Ägypten*, p. 318.

282. Blackman e Hooke. *Myth*, p. 32.

283. Blackman e Hooke. *Myth*, p. 33.

284. C. G. Jung. *Seelenprobleme der Gegenwart*, p. 163.

285. *Heródoto*, Livro II.

286. Jung-Kerényi. *Op. cit.*

287. R. Reitzenstein. *Hellenistische Mysterienreligionen*.

288. C. G. Jung. *Verschiedene Aspekte der Wiedergeburt*, Anuário de Eranos, 1939.

289. Kees. *Götterglaube*, p. 349.

290. Mereschkowskij. *Geheimnis*, p. 320.

291. Reitzenstein. *Mysterienreligionen*, p. 252.

PARTE II

1. C. G. Jung. *Allgemeines zur komplextheorie.*
2. C. G. Jung. *Psychologische Typen. Definitionen: Ich.*
3. Flinders Petrie. *The Making of Egypt.*
4. L. Frobenius. *Monumenta Africana*, Vol. 6.
5. C. G. Seligman. *Egypt and Negro Africa.*
6. L. Frobenius. *Kulturgeschichte Afrikas*, p. 127 s.
7. L. Lévy-Bruhl. *Die Seele der Primitiven*, 2° cap.
8. B. Malinowski. *Crime and Custom in Savage Society.*
9. E. Cassirer. *An Essay on Man.*
10. C. R. Aldrich. *The Primitive Mind and Modern Civilization.*
10a. P. Reiwald. *Vom Geist der Massen.*
11. C. G. Jung. *Die psychologischen Grundlagen des Geisterglaubens, in Energetik der Seele.*
12. R. Thurnwald. *Die Eingeborenen Australiens und der Südseeinseln*, p. 30 *in* Bertholet. *Religionsgeschichtliches Lesebuch* cad. 8 (cit. Thurnwald. Cad. rel. 8).
13. C. G. Jung. *Psychologie und Erziehung.*
    A. Wickes. *Analyse der Kindesseele.*
    M. Fordham. *The Life of Childhood.*
14. S. Freud. *Das Unbehagen in der Kultur.*
15. Hildebrandt. *Leonardo da Vinci in P. Reiwald, op. cit.*
15a. S. Freud. *Das Unbehagen in der Kultur.*
16. Jung-Kerényi. *Op. cit.*
17. K. Th. Preuss. *Die geistige Kultur der Naturvölker*, p. 60 (cit. Preuss. *Naturvölker*).
18. Preuss. *Naturvölker*, p. 72.
19. Preuss. *Naturvölker*, p. 9.
20. Preuss. *Naturvölker*, p. 42.
21. Thurnwald. Cad. rel. 8, p. 3.
22. Strehlow. *Die Aranda*, nach Lévy-Bruhl. *Die Seele der Primitiven*, p. 190 ss.
22a. Strehlow. *Die Aranda*, nach Lévy-Bruhl. *Die Seele der Primitiven.*
23. Thurnwald. Cad. rel. 8, p. 18.
24. Thurnwald. Cad. rel. 8, p. 28.
25. Thurnwald. Cad. rel. 8, p. 33.
26. C. G. Jung. *Psychologische Typen*, p. 642 (cit. Jung. *Typen*).
27. C. G. Jung. *Typen, Definitionen: Rational.*
28. C. G. Jung. *Typen.*
29. E. Rhode. *Psyche.*

30. G. Murray. *Five Stages of Greek Religion*.

31. R. Briffault. *The Mothers*.

32. E. Carpenter. *Intermediate Types among Primitive Folk*.

33. B. Malinowski. *The Father in Primitive Psychology*.

34. E. Carpenter. *Intermediate Types Among Primitive Folk*.

35. S. Spielrein. *Die Destruktion als Ursache des Werdens*, Jahrbuch für Psycho-Analytische Forschung 4, vol. I.

36. A. Adler. *Über den nervösen Charakter*.

37. R. Otto. *Das Heilige*.

38. C. G. Jung. *Psychologische Aspekte des Mutterarchetyps*, Anuário de Eranos, 1939.

39. J. G. Frazer. *Adonis*.

40. Cassirer. *Philosophie*.

41. C. G. Jung. *Diagnostische Assoziationsstudien*.

42. Goethe. *Die Natur, Aphoristisches*, 1780.

43. Cassirer. *Philosophie*. L. Lévy-Bruhl. *Das Denken der Primitiven*.

44. C. G. Jung. *Typen*, p. 630.

45. Die Vorsokratiker: ed. Nestle.

46. A. Jeremias. *Handbuch der altorientalischen Geisteskultur*, p. 205.

47. A. Moret. *The Nile*.

48. R. Briffault. *The Mothers*.

49. J. Jakobi. *Die Psychologie von C. G. Jung*, p. 119.

50. Soeur Jeanne. *Memoiren einer Besessenen*.

51. C. G. Jung. *Psychologische Aspekte des Mutterarchetyps*, Anuário de Eranos, 1939.

52. C. G. Jung. *Beziehungen zwischen dem Ich und dem Unbewussten* (cit. Jung. *Beziehungen*).

53. C. G. Jung. *Allgemeines zu Komplextheorie*.

54. C. G. Jung. *Beziehungen*.

55. J. Read. *Prelude to Chemistry*.

56. Ruth Benedict. *Patterns of Culture*; Marg. Mead. *Sex and Temperament in 3 Primitive Societies*.

57. C. G. Jung. *Über die Archetypen des koll. Unbew.* Anuário de Eranos, 1937; Moses-Chidher-Analyse in: *Die verschiedenen Aspekte der Wiedergeburt*, Anuário de Eranos,1939.

58. Apêndice II e Verfasser: *Tiefenpsychologie und neue Ethik*.

59. C. G. Jung. *Beziehungen*.

60. C. G. Jung. *Wandlungen*.

61. C. G. Jung. *Energetik der Seele*, p. 76 (cit. Jung. *Energetik*).

62. C. G. Jung. *Typen*, p. 679.

63. C. G. Jung. *Wandlungen*.

64. C. G. Jung. *Energetik*, p. 98.

64a. C. G. Jung. *Typen*, p. 679.

65. C. G. Jung. *The Symbolic Life*.

66. Cassirer. *Philosophie*.

67. C. G. Jung. *Seelenprobleme der Gegenwart*, p. 70.

68. Leeuw. *Phaenomenologie: Das heilige Leben*.

69. C. G. Jung. *Seelenprobleme*, p. 71.

70. C. G. Jung. *Wandlungen*.

71. C. G. Jung. *Aufsätze zur Zeitgeschichte: Wotan*, M. Ninck. *Wodan und germanischer Schicksalsglaube*.

72. Verfasser: *Tiefenpsychologie und neue Ethik*.

73. C. G. Jung, entre outros. *Die Lebenswende aus Seelenprobleme der Gegenwart*; G. Adler. *Phasen des Lebens*, agora em *Studies in Analytical Psychology*.

74. C. G. Jung. *Typen*.

75. C. G. Jung. *Kindertraumseminar*, p. 13; C. G. Jung. *Psychologie und Erziehung*; A. Wickes. *Analyse der Kindesseele*; M. Fordham. *The Life of Childhood*.

76. R. M. Rilke. *Duineser Elegien*, III.

77. C. G. Jung. *Beziehungen*.

78. C. G. Jung. *Typen: Definitionen*.

79. C. G. Jung. *Typen*, p. 684.

80. C. G. Jung. *Psychologie und Alchemie*.

81. A. A. Goldenweiser. *Anthropology*.

82. Erman-Ranke. *Ägypten*, p. 62.

83. A. Moret. *The Nile*.

84. Erman-Ranke. *Ägypten*, pp. 185-90.

85. W. Koppers. *Zum Ursprung des Mysterienwesens*. Anuário de Eranos, 1944.

86. C. R. Aldrich. *The Primitive Mind and Modem Civilization*.

87. C. G. Jung. *Typen, Beziehungen* etc.

88. Verfasser. *Tiefenpsychologie und neue Ethik*.

89. P. Reiwald. *Vom Geist der Massen*.

89a. P. Reiwald. *Vom Geist der Massen*.